TROISIÈME RACE.

ORDONNANCES DES BOURBONS.

RÈGNE DE HENRI IV,

PUBLIÉ PAR M. ISAMBERT.

RECUEIL GÉNÉRAL

DES

ANCIENNES LOIS FRANÇAISES,

DEPUIS L'AN 420, JUSQU'À LA RÉVOLUTION DE 1789;

ISAMBERT et TAILLANDIER, Avocats aux Conseils du Roi et à la Cour de cassation;
Et par M. DECRUSY, Avocat à la Cour royale de Paris;

> « Voulons et Ordonnons qu'en chacune Chambre de nos Cours de
> « Parlement, et semblablement es Auditoires de nos Baillis et Sé-
> « néchaux y ait un livre des Ordonnances, afin que si aucune
> « difficulté y survenait, on ait promptement recours à icelles. »
> (Art. 79 de l'Ordonn. de Louis XII, mars 1498, 1re de Siècle.)

TOME XV.

AOUT 1589. — MAI 1610.

PARIS,

BELIN-LEPRIEUR, LIBRAIRE-ÉDITEUR,
RUE PAVÉE-SAINT-ANDRÉ-DES-ARTS, N° 5.
VERDIÈRE, LIBRAIRE, QUAI DES AUGUSTINS, N° 25.

AOUT 1829.

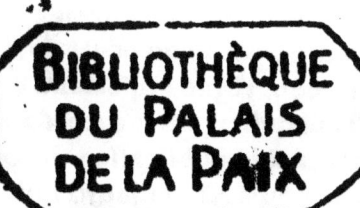

PARIS, IMPRIMERIE DE E. POCHARD,
RUE DU POT-DE-FER, N° 14.

AVIS.

Nous avons, pour notre part, accompli la tâche qui nous était imposée. L'un de nos collaborateurs, M. Jourdan, a publié les quatre premiers volumes de Louis XVI. M. Armet, que des circonstances malheureuses ont empêché de poursuivre la période qu'il avait entreprise, a terminé ce règne important. Un publiciste qui a fait ses preuves, M. Taillandier, lui a succédé avec M. Decrusy. Il poursuit en ce moment la publication des ordonnances des règnes de Louis XIV et de Louis XV. Aujourd'hui nous livrons au public les monumens des règnes de Henri IV et de Louis XIII. Notre collection peut donc être considérée comme achevée.

Ce n'est pas sans un profond regret que nous avons abandonné l'exécution du dessein que nous avions formé de reprendre le travail des deux premières races, d'extraire des historiens et des annalistes des chartes et diplômes, la nomenclature complète des lois dont l'existence nous est attestée, mais dont les textes sont perdus, et d'éclairer les origines de notre droit public, par des dissertations spéciales, comme nous avons commencé de le faire (1). Nous aurions voulu aussi émettre notre jugement sur les progrès de la législation à chaque règne, et essayer d'assigner aux princes et à leurs ministres, la part d'éloge et de blâme qui nous paraît leur appartenir. Peut-être ces explications eussent-elles tempéré l'aridité d'un ouvrage consacré uniquement à la production de textes qui parlent rarement à l'imagination ou au raisonnement, et dont l'importance ne saisit que les esprits attentifs, déjà instruits dans la politique et dans la législation.

Les intérêts du libraire-éditeur ne nous ont pas permis ces courts développemens, ils nous ont même obligé à des sacrifices dont nous n'aurions pas parlé, s'ils n'eussent intéressé que notre amour-propre, ou notre intérêt personnel (2), mais dont il est nécessaire de dire ici un mot.

Le plan primitif de cet ouvrage fut la publication d'un abrégé

---

(1) Préfaces des tomes 3 et 4, 5 et 6, 7 et 8.
(2) Les règnes de François II, Charles IX, Henri III, Henri IV et Louis XIII se publient et resteront à nos frais si cette édition ne se place pas tout entière.

ou extrait des **Monumens** législatifs de la troisième race, qui pouvaient être encore invoqués, soit devant les tribunaux, soit devant les administrations, c'est-à-dire de la **collection de Laurière et de ses continuateurs**, une édition plus ample du recueil incomplet et inachevé de Néron et Girard (2 vol. in-fol.).

Nous obtînmes de nos collaborateurs que l'on donnerait au moins une notice des monumens des deux premières races. Lorsque la première livraison parut, on nous reprocha, avec raison, de n'avoir guère donné que des titres pour une période aussi intéressante, et le reproche était d'autant mieux fondé que pour la première race, à part les Codes de la loi salique, de la loi Ripuaire, et de celle des Bourguignons, qui forment des collections à part, et demandent une place et des travaux critiques que nous ne pourrions leur accorder, le nombre des textes des lois connues sont infiniment peu nombreux. Il eût été possible aussi de donner le texte des capitulaires authentiques de la deuxième race, en laissant de côté les formules et autres monumens publiés par Baluze, dont le recueil est dans toutes les bibliothèques.

Les recherches des érudits, depuis que Baluze a publié le fruit de ses laborieuses et immenses recherches, nous eussent mis à même de compléter peut-être la nomenclature, et d'avertir nos lecteurs des doutes qui se sont élevés sur l'authenticité de plusieurs.

M. Champollion-Figeac a formé à la bibliothèque nationale une division toute nouvelle, intitulée : *Cabinet des chartes*, dans lequel il a réuni tous les monumens échappés aux savans ses devanciers.

Il existe d'ailleurs dans ces archives une quantité considérable de parchemins qui n'ont point encore été déchiffrés. Si l'on réunissait à ce dépôt, beaucoup plus accessible au public que les archives de l'hôtel Soubise, les monumens Mérovingiens, Carlovingiens et Capétiens qui y sont enfouis, et que personne ne songe à exploiter, il est à croire qu'on recueillerait une moisson assez abondante pour compléter les origines de notre droit public.

La série des monumens législatifs à partir de l'avènement des Valois, renferme assez de pièces et documens de tout genre, pour qu'on puisse, avec assurance, juger de l'état du droit public et de ses progrès de règne en règne.

La collection de Laurière, dite du Louvre, dont l'académie des inscriptions et belles-lettres de l'Institut paraît avoir abandonné la continuation à M. Pardessus (1), renferme un vice capital ; elle ne contient pas les actes des états-généraux, les traités, les conciles, les bulles de papes qui ont eu autorité de loi en France, ni les arrêts de la cour des pairs, c'est-à-dire qu'elle passe sous silence les actes qui font le mieux connaître l'état du droit public, les vœux et les besoins de la nation aux diverses périodes de notre histoire. Sitôt que nous nous en sommes aperçu, nous avons reconnu la nécessité de suppléer à ces lacunes, de sorte que notre collection, qui ne devait être qu'un extrait ou abrégé de celle publiée en quelque sorte officiellement aux frais de l'état, s'est trouvée augmentée de cette classe de monumens.

On aperçoit comment notre plan primitif s'est trouvé agrandi malgré nous. Nous ne pensons pas qu'on nous en sache mauvais gré, nous craignons bien plutôt le reproche contraire. Mais le libraire-éditeur a vu ses intérêts lésés par cette déférence que nous avons eue aux exigences du public, et aux justes observations de la critique de M. Daunou, et il nous a tracé un cercle si étroit, que nous aurions dû sacrifier presque entièrement l'ouvrage et le réduire à un misérable squelette.

Nous avons préféré nous imposer des sacrifices pécuniaires, pour que le plan adopté et déjà exécuté pour les dix premiers volumes ne fût pas abandonné ; nous espérons qu'on nous en saura gré.

Nous n'avons sacrifié aucun monument qui nous ait paru véritablement important ; nous manquions des moyens de compulser les archives de Provence, de Grenoble, de Toulouse, qui ne sont pas dans les dépôts de Paris, et qui nous eussent peut-être donné quelques lois de plus, d'une assez grande importance. Il n'existe pas de recueil imprimé des ordonnances enregistrées au parlement d'Aix, et c'est un mal ; car ce pays a conservé des mœurs et des institutions divergentes de celles du reste de la France, à laquelle il a été incorporé assez tard. Le recueil du

---

(1) N'ayant pas à nous louer jusqu'à présent de l'impartialité de M. Pardessus qui dans sa collection des lois commerciales, a cru devoir passer sous silence ce que nous avons dit dans la Thémis des lois rhodiennes, lorsqu'il cite de simples dissertations d'étrangers fort obscurs, ainsi qu'on le lui a déjà reproché publiquement, nous prenons les devants en indiquant ce qui manque à notre collection, afin que le savant professeur, dont l'esprit de justice est connu envers ceux qui ne courent pas la même carrière politique que lui, puisse adresser plus sûrement ses critiques.

parlement de Grenoble et des autres grandes provinces de France ne commence guère qu'au règne de Louis XIV. Les collections en feuilles de la cour de cassation, du conseil d'état, et même des archives du royaume, ne nous ont donc été presque d'aucun secours, pour les périodes de temps que nous avons embrassées. Elles serviront beaucoup et abondamment aux règnes de Louis XIV et de Louis XV. Mais nous avons été réduit à puiser presque exclusivement aux archives de l'hôtel Soubise, aux registres du parlement, au palais de justice, et à la bibliothèque du roi, quand Fontanon et les recueils imprimés nous ont manqué.

Nous avons souvent rencontré dans l'histoire des faits graves pour la justice et le droit public, dont la solution a eu lieu par l'intervention arbitraire du pouvoir royal. Mais les ordres émanés à cet égard de la Cour, n'ayant été soumis à aucun enregistrement, quand nous n'en avons pas trouvé le texte dans les mémoires du temps, nous avons été contraint de nous borner à les rappeler en passant.

Les Archives de la chancellerie n'ont point été à notre disposition; et d'ailleurs il est possible qu'on n'ait pas fait registre de ces ordres, qu'on avait intérêt à faire disparaître après leur exécution.

Il existe encore aujourd'hui une fabrique d'ordonnances secrètes, qui ne sont pas classées dans les Archives, et qui ne voient jamais le jour. C'est à elles qu'on peut assigner toutes les résistances que l'ordre constitutionnel éprouve dans son établissement, depuis 15 ans.

On nous a refusé aux Archives judiciaires, au Palais de Justice, communication des minutes des arrêts, des procès faits aux grands, et des registres du conseil secret du parlement.

C'est ainsi que chez nous on entend les intérêts de la vérité et de l'histoire.

Nous avons été singulièrement aidé dans nos fastidieuses et longues recherches, par M. BURNEL, jeune avocat du barreau de Rennes, d'une grande sagacité et d'une intelligence parfaite, qui n'a pas ménagé sa santé pour hâter la conclusion de cette publication.

ISAMBERT.

Paris, ce 30 août 1829.

ORDONNANCES
DES
BOURBONS.

CINQUIÈME SÉRIE.
HENRI DE BOURBON,
ROI DE NAVARRE,

Succède, sous le nom de Henri IV, au dernier des Valois, son parent au 22ᵉ dégré par saint Louis, le 2 août 1589, sacré dans la cathédrale de Chartres le 27 février (1), reçu à Paris le 22 mars 1594, assassiné par Ravaillac le 14 mai 1610.

CHANCELIERS ET GARDES DES SCEAUX. — 1° Charles de Bourbon, cardinal de Vendôme, reçoit les sceaux de Montholon, aussitôt après la mort de Henri III et les garde, comme *chef du conseil*, jusqu'au 10 décembre 1589 (2); 2° Ph. Hurault, comte de Cheverny, chancelier sous Henri III, disgracié en 1588 (3), reprend les sceaux au mois d'août 1590; 4° le président de Bellièvre, chancelier le 2 août 1599 à la mort de Cheverny; 4° Brulart, seigneur de Sillery, nommé garde des sceaux pour exercer cet office en cas d'empêchement du chancelier, suivant lettres de décembre 1604, vérifiées au parlement le 14 mars, reçu au serment le 3 janvier 1605 (4); chancelier à la mort de Bellièvre, le 9 décembre 1607, suivant lettres du 10, vérifiées au parl. le 4 février 1609.

---

(1) V. à cette date le serment du sacre.

(2) A cette époque, le roi prit le sceau en main et le fit tenir par son conseil, sous la présidence du maréchal de Biron. Quand le roi fesait sceller en sa présence, il apposait lui-même le visa sur les lettres, ou le fesait mettre par de Loménie, secrétaire des commandemens et de la maison du roi qui avait la garde du sceau.

(3) Ce chancelier n'ayant pas voulu sceller les lettres données au duc de Guise pour le gouvernement de Provence en 1594, Henri IV lui donna décharge de son opposition par un brevet signé des quatre secrétaires d'état. Néanmoins, le chancelier mit à la place du sceau que les lettres avaient été données contre son avis.

Le garde-des-sceaux de la Ligue fut Louis de Brège, évêque de Meaux. — V. arrêt du 18 août 1589 aux registres du parlement de Paris.

(4) De Bellièvre resta chef du conseil jusqu'à sa mort.

HENRI IV. — INTERRÈGNE. — GUERRE CIVILE.

Ministres secrétaires d'état. — Maximilien de Béthune, marquis de Rosny, duc de Sully, succède en 1596, sous le titre de *surintendant des finances* (1) aux huit intendans contrôleurs généraux des finances ; — Nicolas de Neufville de Villeroy, ex-ministre de Henri III, remercié en 1588, rappelé en 1594, fut chargé de l'administration de la guerre et des affaires étrangères ; — Pierre Forget, seigneur de Fresne et du Fau, créé secrétaire d'état par Henri III, en 1589, administra les affaires de la religion (2) jusqu'à sa mort arrivée en avril 1610, remplacé par P. Phélippeaux, seigneur de Pont-Chartrain ; — Martin Ruzé, seigneur de Beaulieu et de Lonjumeau, secrétaire d'état créé par Henri III pour administrer la maison du roi (3), fut remplacé dès le commencement du règne de Henri IV, par A. de Loménie, seigneur de la Ville-aux-Clercs (4).

Duchés-pairies existant à l'avènement de Henri IV à la couronne. — 1o *Guise*, érigé en 1527, éteint par confiscation, en 1641 : 2o *Montpensier*, érigé en 1538, éteint en 1608 : *Aumale*, érigé en 1547, éteint en mars 1618 : 4o *Montmorency*, érigé en 1551, éteint en 1632 : 5o *Mercœur*, érigé en 1569, éteint en 1712 : 6o *Penthièvre*, érigé en 1569, éteint en 1669 : 7o *Uzès*, érigé en 1572, en faveur de Jacques de Crussol, *subsiste encore* : 8o *Mayenne*, érigé en 1573, éteint en 1621 : 9o *Saint-Fargeau*, érigé en 1575, éteint en 1608 : 10o *Epernon*, érigé en 1581, éteint en 1661 : 11o *Elbeuf*, érigé en 1581, éteint en 1825 : 12o *Réthel*, érigé en 1581, éteint vers la fin du 16o ou au commencement du 17e siècle : 13o *Joyeuse*, érigé en 1581, éteint en 1675 : 14o *Piney-Luxembourg*, érigé en 1581, éteint en.... : 15o *Retz*, érigé en 1581, éteint en 1633 : 16o *Halwin*, érigé en 1581, éteint en 1598 : 17o *Montbazon*, érigé en 1588, *subsiste encore* : 18o *Ventadour*, érigé en juin 1589, éteint en 1717 (5).

INTERRÈGNE. — Du mois d'août 1589 au 22 mars 1594.
GUERRE CIVILE. — Août 1589. — Mars 1598.

No 1. — LETTRE *de Henri IV au chancelier Montholon, immédiatement après la mort de Henri III, par laquelle il le maintient dans son office de chancelier* (6).

Saint-Cloud, 2 août 1589 ; (bibl. royale, manuscr. de Béthune, vol. coté 8919, fol. 56.)

---

(1) Il exerça jusqu'à la mort de Henri IV et mourut en 1641.
(2) Ce fut lui qui rédigea l'édit de Nantes. — V. à sa date, avril 1598.
(3) M. Bajot le donne comme ministre de la marine, le 5e secrétaire d'état depuis la création de ce département. (Répert. de l'administrateur de Marine (1814), p. 28.)
(4) Son père fut enveloppé dans le massacre de la Saint-Barthélemy.
(5) Les pairies ecclésiastiques étaient au nombre de six ; elles n'étaient point personnelles, mais attachées aux sièges suivans, 1o archevêché de Lyon, 2o évêché de Laon, 3o évêché de Langres, 4o évêché de Beauvais, 5o évêché de Châlons, 6o évêché de Noyon.
6) Montholon ne voulant pas continuer l'exercice de sa charge sous un roi

N° 2. — DÉCLARATION *et serment du roi à son avènement à la couronne, suivie de l'adhésion des princes, ducs, pairs et autres seigneurs présents, sous condition de maintenir la religion catholique, etc.* (1).

Au camp, devant Saint-Cloud, 4 août 1589, reg. au parl. de Tours le 14.
(Vol. 99, f° 64.)

Nous HENRI, par la grâce de Dieu, roi de France et de Navarre, promettons et jurons en foy et parole de roi, par ces présentes, signées de nostre main, à tous nos bons et fidels sujets, de maintenir et conserver en notre royaume, la religion catholique, apostolique et romaine en son entier, sans y innover (2), ni changer aucune chose, soit en la police et exercice d'icelle, ou aux personnes et biens ecclésiastiques, provision et économie d'iceulx à personnes capables et catholiques selon qu'il a été cy-devant accoutumé, et que suivant la déclaration patente par nous faite avant nostre advenement à ceste couronne, nous sommes tous prêts et ne désirons rien davantage que d'estre instruits par un bon légitime et libre concile général et national pour en suivre et observer ce qui y sera conclu et arrêté : qu'à ces fins nous ferons convoquer et assembler dans six mois ou plus tôt s'il est possible (3).

Cependant, qu'il ne se fera aucun exercice d'autre religion que de ladite catholique, apostolique et romaine qu'ès villes et lieux de notre royaume où elle se fait à présent, suivant les ar-

---

hérétique, remit les sceaux au cardinal de Vendôme. — V. le sommaire en tête de ce volume. — V. aussi note ci-après sur la lettre du 10 décembre suivant.

(1) C'est grâce à cette déclaration que Henri IV obtint le serment de fidélité et obéissance d'une partie des catholiques. Aujourd'hui que la charte reconnaît la liberté des cultes, le trône pourrait, sans aucune difficulté, être occupé par un prince protestant. — V. ci-après, décembre 1592, déclaration du duc de Mayenne au nom des catholiques.

(2) Cette promesse était-elle sincère? la religion catholique avait alors fait invasion dans toutes les parties des institutions; établir la liberté des cultes, c'était innover. Le congrès de Vienne a, pour les établissemens catholiques des cantons protestans de la Suisse, stipulé une garantie analogue qui ne permet pas d'y supprimer les ordres monastiques et de les soumettre à l'impôt, ce qui est une atteinte à la souveraineté.

(3) Nous n'avons pas trouvé de lettres de convocation, apparemment que le pape s'y refusa. Le roi aurait pu convoquer un concile national; mais les états généraux étant convoqués, avaient pouvoir de décider de tout ce qui concerne la police extérieure du culte. Le reste n'intéresse que la conscience ou l'opinion.

1.

ticles accordés au mois d'avril dernier entre le feu roy Henri III, de bonne mémoire, nostre très honoré seigneur et frère et nous jusques à ce que autrement il en ait esté advisé et arrêté par une paix générale en nostre royaume ou par les états généraux d'icelui qui seront, pareillement, par, nous convoqués et assemblés dans le dit temps de six mois :

Nous promettons, en outre, que les villes, places et forteresses qui seront prises sur nos rebelles et réduites par force ou autrement en nostre obéissance, seront, par nous, commises au gouvernement et charge de nos bons sujets et non d'autres, sauf et réservé celles qui, par les susdits articles furent réservées par ledit feu sieur roy à ceux de la religion réformée en chacun bailliage et sénéchaussée aux conditions y contenues.

Nous promettons aussi que tous offices et gouvernemens venans à vaquer ailleurs que dans les villes et places qui seront au pouvoir de ceux de ladite religion réformée, il sera, par nous, durant le même temps de six mois, pourvu de personnes catholiques suffisantes et capables qui nous soient fidèles sujets.

Davantage, nous promettons conserver, garder et maintenir les princes, ducs, pairs, officiers de la couronne, seigneurs, et gentilshommes et tous nos bons et obéissans sujets, indifféremment en leurs biens, charges, dignités, estats, offices, privilèges, prééminences, prérogatives, droits et devoirs accoustumés et spécialement de reconnoître, de tout ce que nous pourrons, les bons et fidels serviteurs dudit feu sieur roy.

Finalement, d'exposer, si besoin est, nostre vie et nos moïens avec l'assistance de tous nos bons sujets pour faire justice exemplaire de l'énorme meurtre, méchanceté, félonie et déloyauté commise en la personne dudit feu sieur roy.

Fait au camp de St.-Cloud, le 4ᵉ jour d'août 1589.

Signé HENRI. — *Contresigné* RUZÉ.

Nous princes du sang et autres ducs, pairs et officiers de la couronne de France, seigneurs, gentilshommes et autres soussignés, attendant une assemblée des princes, ducs, pairs et officiers de la couronne et autres seigneurs qui étoient fidels serviteurs et sujets du feu roy Henri troisième de ce nom, que Dieu absolve, lors de son décès, reconnoissons pour nostre roy et prince naturel, selon les lois fondamentales de ce royaume, Henri quatrième, roy de France et de Navarre, et lui promettons service et obéissance sur le serment et la promesse qu'il nous a faite cy dessus écrite et aux conditions que, dans deux mois,

S. M. fera interpeller et assembler lesdits princes, ducs, pairs, officiers de la couronne et autres seigneurs qui estoient fidels serviteurs dudit défunt roy, lors de son décès, pour, tous ensemble, prendre plus ample délibération et résolution sur les affaires de ce royaume.

Attendant les décisions des conciles et états généraux, ainsi qu'il est porté par ladite promesse de S. M. laquelle aura aussi agréable comme nous l'en supplions très humblement, que, de nostre part, soient délégués quelques notables personnages vers nostre saint père le pape, pour lui représenter, particulièrement, les occasions qui nous ont mû de faire cette promesse et sur ce impétrer de lui ce que nous connoîtrons nécessaire tant pour le bien de la chrestienté, utilité et service de S. M. que conservation de cet état et couronne en leur entier.

Nous supplions aussi très humblement S. M., suivant ce qu'elle nous a volontairement offert et promis, comme chef de la justice et père commun de tous ses sujets, intéressé en leur dommage, de faire justice exemplaire de l'énorme méchanceté, félonie, déloyauté et assassinat commis en la personne dudit feu roy Henri, nostre bon roy dernier décédé que Dieu absolve.

Promettant à S. M. toute l'assistance et très humble service qu'il nous sera possible de nos vies et de nos moïens pour ce faire et pour chasser et exterminer les rebelles et ennemis qui veulent usurper cet état?

Fait au camp de Saint-Cloud, le 4e jour d'août 1589.

Signé, François de Bourbon, Henri d'Orléans, François de Luxembourg, Louis de Rohan, Biron, d'Aumont, d'Inteville, Dangennes, Chateauvieux, Clermont, Manou, François Duplessis, Charles Martel, François Martel, de Renty, Lacurée, vicomte d'Auchy, et infinis autres seigneurs et gentilshommes.

N° 3. — DÉCLARATION *du lieutenant général (duc de Mayenne) et du conseil général de l'union (la Ligue pour réunir tous les Français à la défense de la religion catholique.*

Paris, 5 août 1589; reg. au parl. séant à Paris (1) le 7. (Rec. de pièces in-8° bibl. royale coté L 1491.)

Charles de Lorraine, duc de Mayenne, pair et lieutenant gé-

---

(1) Le parlement séant à Paris était alors composé de trois présidens, Brisson, Potier, Masparault (de Thou absent), de 4 maîtres de requêtes et de 65 conseillers.

néral (1) de l'état royal et couronne de France, et le conseil général de la sainte union des catholiques établis à Paris, attendant l'assemblée des états du royaume, à tous ceux qui ces présentes lettres verront salut : — Chacun sait que le principal but des hérétiques a toujours été de ruiner notre sainte religion catholique, apostolique et romaine, ayant à cet effet, outre les armes, fait toutes pratiques et menées tant dedans que dehors le royaume, lequel ils ont à cette fin plusieurs fois rempli d'un grand nombre d'étrangers et mis en péril éminent. Aussi, celui des catholiques, qui poussez d'un très ardent zèle de piété se sont mis ensemble, n'a jamais été autre que de s'opposer aux desseins desdits hérétiques, pour conserver ladite religion catholique et cette couronne en leur entier, qui sont deux choses qu'ils ont toujours estimées, comme nous tenons encore estre inséparables. A cette fin, nous avons désiré et désirons singulièrement recueillir, embrasser, chérir, conserver et joindre à notre sainte entreprise, autant ceux de la noblesse comme les ecclésiastiques et autres catholiques de ce royaume et les traiter selon leur ordre, qualité et mérite pour en fortifier la cause de Dieu et servir à la manutention de cette couronne.

Au moyen de quoy, à présent qu'il a pleu à Dieu par sa seule bonté, singulière providence et justice, nous délivrer de celuy qui avec l'authorité royale s'estoit armé, joint et mis avec lesdits hérétiques contre les saintes admonitions qui lui ont été faites par nostre très saint père le pape, en quoy il étoit suivy et assisté de plusieurs catholiques et mesme de la noblesse qui (comme il est à croire) estimoient y estre obligez, et à présent, qu'ils n'ont plus de sujet ou obligation particulière qui les puisse divertir et séparer de la cause générale de la religion et de l'état; Nous avons estimé que comme leurs prédécesseurs qui sont recommandez non-seulement pour les actes généreux qu'ils ont faits pour l'augmentation de la couronne de France; mais aussi pour la piété, ferveur et dévotion qu'ils ont portée à nostredite

---

(1) Cette charge avait été donnée, à l'époque où Henri III sortit de Paris, au duc de Mayenne par le *conseil général* de la Ligue, suivant délibération du 4 mars 1589, homologuée par arrêt du parlement séant à Paris, du 7, dont une fraction était allé composer le parlement de Tours, en vertu de l'ordonnance de Henri III du mois de février. Il prêta serment en cette qualité le 15 du même mois, entre les mains du président Brisson, toutes les chambres du parlement assemblées.

religion catholique, ils désireroient se retirer et réunir s'ils en avoient la permission et sûreté.

A ces causes, en attendant la liberté et la présence du roy (1) notre souverain seigneur, admonestons, exhortons, prions et requérons tous princes, prélats, officiers de la couronne, seigneurs, gentilshommes et tous autres de quelqu'estat, qualité et condition qu'ils soyent, tant par l'obéissance qu'ils doivent à Dieu amateur de paix et d'union, et à leur roy catholique, naturel et légitime, l'amour à leur patrie et au bien public de l'estat auquel nous avons tous intérest de se joindre, réunir et rallier avec nous, soit pour porter les armes contre les hérétiques ou se retirer en leurs maisons ès quelles nous leur permettons de revenir et demeurer, en jurant et promettant toutes fois par eux par-devant les baillis et sénéchaux des lieux de leur résidence de vivre et mourir en la religion catholique, apostolique et romaine, s'employer de tout leur pouvoir avec nous à la défense, conservation et augmentation d'icelle, et de ne favoriser, ayder, assister, n'y secourir, en quelque sorte que ce soit, lesdits hérétiques, leurs fauteurs et adhérens, dont leur sera délivré acte. En vertu du quel et de ces présentes, nous entendons et voulons qu'ils puissent librement vivre et demeurer en leurs dites maisons avec leurs familles en toute sûreté et rentrer en la jouissance entière de leurs biens, desquels, en cas de saisie, nous leur avons donné et donnons par ces présentes, pleine et entière main-levée, et sans qu'il leur soit méfait ni médit en leursdites personnes et biens.

A cette fin, nous les avons pris et mis, prenons et mettons en nostre protection et sauve-garde, spécialement et outre les baillons en celle des gouvernemens des provinces, officiers, magistrats, et corps des villes de leurdite résidence;

Voulons aussi qu'il ne leur soit rien reproché du passé et que tous décrets, sentences et jugemens qui pourroient avoir été donnez contr'eux soient comme non advenuz; enjoignons auxdits gouverneurs des provinces, baillifs, sénéchaux et tous autres officiers, de les tenir en toute sûreté et faire punir rigoureusement comme perturbateurs du repos public et violateurs de la foi publique, tous ceux qui attenteront soit de fait ou de parole, à leursdites personnes et biens; et pour ce faire avons

---

(1) Le cardinal de Bourbon, proclamé roi par la Ligue sous le nom de *Charles X*, qui se trouvait prisonnier de Henri IV.

donné et donnons aux dessusdits termes et délay d'un mois à compter du jour de la publication qui sera faite de ces dites présentes ès-cours de parlemens, bailliages et sénéchaussées de leur résidence.

Si prions MM. les gens tenans lesdites cours de parlemens, etc.

N° 4. — LETTRES *patentes du lieutenant général et du conseil général de la Ligue, portant que le parlement continuera de siéger en attendant la liberté et présence du roi.*

Paris, août 1589; reg. au parl. séant à Paris, le 14, avec modifications (1); (reg. du conseil, 252, p. 262.)

N° 5. — LETTRE *du prévôt des marchands et corps de ville de Paris, au pape, au sujet de la mort de Henri III* (2).

Paris, 7 août 1589. (Bibl. royale, manus. de Colbert, vol. 252, in-f° v°, p. 397.)

N° 6. — ARRÊT *du parlement séant à Paris, portant qu'il sera fait remontrances au lieutenant général contre l'élection de deux échevins de Paris.*

Paris, août 1589. (Reg. du conseil, 252, p. 302.)

N° 7. — DÉCLARATION *de Henri IV, qui confirme le parlement de Paris séant à Tours* (3).

Au camp du Pont Saint-Pierre, 23 août 1589, reg. au parl. séant à Tours, le 7 septembre. (Vol. QQ, f° 70.)

---

(1) Les modifications furent que le parlement ne siégerait qu'après la fête de Notre-Dame de septembre, et ne prononcerait qu'*inter volentes* et à condition que la loi relative aux gages de ses membres serait modifiée; que des remontrances seraient faites au duc de Mayenne, tant pour le paiement des gages, libertés, garnisons que l'on met ès-maisons, que pour les mauvais traitemens des gens de guerre envers le peuple. Tous les registres et actes officiels émanés de la Ligue ont été détruits à l'entrée de Henri IV à Paris. — V. ci-après arrêt du 30 mars 1594 qui casse et annulle tous les actes de la Ligue et notamment la nomination du duc de Mayenne à la place de lieutenant général du royaume. — Les registres du parlement séant à Paris depuis 1589 jusqu'à 1594 ne contiennent qu'une espèce de table chronologique des séances de cette assemblée.

(2) Cette lettre avait pour objet d'implorer la protection temporelle du pape dans les circonstances critiques où se trouvait la Ligue.

(3) V. l'édit de translation sous Henri III, février 1589.

N° 8. — **Arrêt** *du parlement séant à Paris qui défend d'exercer ou de tolérer l'exercice d'autre religion que la catholique et de méconnaître l'union (la ligue).*

Paris, 25 septembre 1589. (Reg. du conseil, 253, f° 134.)

Sur la requête verbalement faite à la cour par le procureur général du roy, toutes les chambres d'icelle assemblées, et la matière mise en délibération, ladite cour a fait et fait inhibitions et défenses à tous en général de quelqu'état, dignité, qualité et condition qu'ils soient, ensemble à toutes villes et communautés de tenir et souffrir exercice autre que de la religion catholique, apostolique et romaine, ni favoriser le parti des hérétiques, leurs fauteurs et adhérens, ni les assister, prêter conseil, confort et aide, ni faire levée de deniers pour eux directement ou indirectement sur peine d'être déclarés criminels de lèze majesté divine et humaine, et ordonne que commission de ladite cour sera délivrée audit procureur général pour informer contre ceux qui contreviendront auxdites défenses, afin d'être contre eux procédé extraordinairement ainsi qu'il appartiendra par raison; et outre, a ladite cour fait et fait inhibitions et défenses à toutes personnes de quelqu'état, qualité et condition qu'ils soient, d'user d'aucune voie de fait, ni faire aucunes captures et emprisonnemens de personnes et biens sans mandement et ordonnance, par écrit, des magistrats, juges et officiers auxquels le pouvoir et connoissance en appartient.

Et pareillement fait inhibitions et défenses aux manans et habitans de cette ville et faubourgs de Paris, de faire aucune assemblée sans autorité et permission des magistrats; le tout sur peine d'être punis comme infracteurs et perturbateurs du repos public, et sur les mêmes peines enjoint la cour à tous, de révérer et honorer la justice et obéir aux officiers d'icelle, fait défense à tous imprimeurs, libraires et colporteurs, d'imprimer, vendre, ni d'exposer en vente aucun libelle scandaleux et diffamatoire, et généralement d'imprimer aucuns livres et petits livrets sans permission de la cour, ou du juge ordinaire, sur les peines portées par les ordonnances, et enjoint aux commissaires et sergens du Châtelet de Paris, de se saisir des personnes et livres de ceux qui en vendront imprimés sans permission et autre à ladite cour, fait inhibitions et défenses de faire à l'avenir aucune levée de deniers sur les bourgeois de cette ville et faubourgs de Paris, sans qu'elle ait été ordonnée en assemblée générale de ville.

N. 9. — Lettre *du prévôt des marchands et échevins de Paris aux villes de l'union pour les prier d'envoyer chacune un agent à Paris.*

Paris, 30 septembre 1589. (Bibl. du roi, manus. Colbert, vol. 252, in-f°, p. 425.)

N° 10. — Déclaration *de Henri IV pour la garde des châteaux et propriétés particulières* (1).

Tours, 17 octobre 1589; reg. le 26 au parl. séant à Tours. (Vol. 99, f° 78.)

N° 11. — Déclaration *de Henri IV qui défend aux gouverneurs des provinces de faire des coupes dans les forêts du roi sans lettres patentes enregistrées.*

Tours, 5 novembre 1589, reg. au parl. séant à Tours, le 9 janvier 1599. (Vol. 99, f° 96.)

N° 12. — Arrêt *du parlement séant à Paris qui proclame le cardinal de Bourbon roi sous le nom de Charles X* (2), *et le duc de Mayenne son lieutenant général.*

Paris, 21 novembre 1589. (Bibl. royale, rec. de pièces, in-12, de la bibl. de Caugé, vol. 1558/10, pièce 18.)

N° 13. — Déclaration *de Henri IV, qui défend aux gouverneurs des villes de toucher aux deniers du roi* (3).

Tours, 22 novembre 1589, reg. au parl. à Tours, 9 janv. 1590. (Vol. QQ, f° 96.)

---

(1) C'est une recommandation à la force publique de protéger les petits châteaux contre les attaques des rebelles. — V. ci-après déclaration du 14 décembre.

(2) Cet arrêt ordonne à tous les Français de prêter, au cardinal de Bourbon, serment de fidélité, et de s'employer à le délivrer de la captivité où le retenait le roi de Navarre. Il fut cassé à Tours par les membres du parlement échappés de Paris, sous la présidence d'Achille de Harlay. — V. ci-après l'arrêt du 30 mars 1594, portant reconnaissance de Henri IV et annulation de tous les actes de la Ligue. — On a conservé à la bibliothèque Sainte Geneviève des médailles d'argent à l'effigie de Charles X, au millésime de 1590, 1593 et même 1595, bien que le prétendu roi fût mort dès le mois de mai 1590. — V. ci-après arrêt du 5 mars 1590 dont nous donnons le texte.

(3) Le parlement séant à Paris rendit un arrêt semblable le 30 août 1589.

N° 14. — Déclaration *de Henri IV, qui ordonne la convocation des états-généraux, à Tours, au mois de mars* 1590 (1).

Au camp du Mans, 28 novembre 1589, reg. 12 déc. (Vol. QQ, fo 66.)

Henri, etc... Les premiers vœux et prières que nous fîmes à Dieu, dès-lors qu'il lui plut nous appeler à la succession de cette couronne, ce fut qu'il nous fît cette grâce que nous ne fussions point du nombre des princes qu'il donne à ses peuples en son ire, au contraire que nous reçussions ce bonheur d'être de ceux qu'il choisit pour la consolation et remède des états troublés et affligés; et combien que nous eussions désiré tout autre exercice et chercher sujet d'honneur et de mérite partout ailleurs qu'en l'indisposition de cet état, pour l'accroissement duquel nous travaillons bien plus volontiers que pour le ramener en santé et convalescence, toutes fois, puisque Dieu a voulu nous désigner ministre d'un si bon œuvre et nous appeler en cette charge, bien qu'elle soit maintenant pleine de la plus horrible confusion qui y ait jamais été, nous espérons qu'il ne permettra pas que nous en succombions sous le faix, et nous ayant mis ce sceptre entre les mains, qu'il nous donnera aussi le cœur et la force de le manier à sa gloire premièrement au soulagement de mes sujets et à la confusion et ruine des rebelles perturbateurs de cet état et du public.

En cette ferme opinion, nous avons fait aussi résolution d'y employer sans intermission, tout le temps de notre âge qui y sera requis et nécessaire avec toute notre peine, industrie et substance; mais comme pour l'exécution de cette affaire, nos meilleurs yeux et nos plus fortes mains sont en l'assistance tant de la présence que des bons et sages conseils et advis des princes de notre sang, officiers de la couronne, seigneurs, capitaines, gentilshommes et autres nos principaux ministres et officiers qui sont distribués par les provinces, qui, outre le naturel devoir qu'ils ont de nous assister et servir, sont autant que nous intéressés en la manutention de notre autorité qui consiste en l'unité de la monarchie dont dépend la tranquillité et conservation publique; ayant estimé, pour cette occasion, ne pouvoir

---

(1) V. la promesse du roi, 4 août 1589. Cette réunion n'eut pas lieu. — V. les états de la Ligue, avril et mai 1593.

mieux commencer à mettre la main à cette œuvre que de les convoquer tous pour ensemble adviser aux meilleurs moïens et remèdes pour parvenir à l'entière guérison des corps de cet état trop atténué et affoibli de la longueur et violence de la maladie dont il est affligé.

Nous aurions, à cet effet, expédié nos lettres closes du 27 jour du mois d'août dernier à tous nos baillis et sénéchaux pour faire publier, chacun au ressort de leurs juridictions, ladite assemblée que nous attendions faire des dessusdits dans les derniers jours du mois d'octobre en notre ville de Tours, à ce que chacun des dénommés en nosdites lettres eussent à s'ytrouver à l'effet et contenu en icelles et pour nous préparer à nous y trouver aussi de notre part: afin que cependant les forces que nous avions ne demeurassent inutiles, nous fîmes résolution, dès lors, de les séparer en trois et en envoyâmes au même temps une partie en Picardie sous la conduite de notre très cher et bien aimé cousin le duc de Longueville, une autre en Champagne sous la charge de notre aussi cher et bien aimé cousin le maréchal d'Aumont pour ès dites provinces conserver les villes et nos bons sujets qui s'y sont maintenus sous notre obéissance et y incommoder les autres rebelles, autant qu'il seroit possible; ce qui leur est réussi fort heureusement : avec la troisième partie que nous avions retenue près de nous. Pour employer aussi le temps qui nous restoit jusqu'à la dite convocation, nous voulûmes visiter notre province de Normandie, pour y conforter nos bons et fidels serviteurs, pourvoir à la sûreté des villes qui se sont maintenues en la fidélité qu'ils nous doivent, et empêcher les ennemis nous sentans encore si proches, d'attaquer si promptement celles que nous avions nouvellement recouvertes sur eux près de Paris, et acquérir du loisir à ceux qui en avaient la garde de les pouvoir réparer et fortifier commodément; mais ayant les ennemis estimé avoir reconnu une occasion fort à leur avantage, nous y vinrent aussitôt rencontrer avec le plus grand amas de forces qu'ils pourront peut-être jamais mettre ensemble y ayant été assistés de grandes troupes du côté des Pays-Bas, d'autres encore plus grandes de notre neveu le marquis Dupont, fils de notre beau-frère le duc de Lorraine, qu'ils avoient tous appelés au partage de cet état qu'ils présumoient de diviser entre eux cette fois: mais ayant plu à Dieu d'en ordonner tout autrement en rendant sans effet tous leurs desseins, a permis que toutes les entreprises qu'ils ont dressées durant plus d'un mois que notre armée et la ur a été toujours logée à la vue l'une de l'autre et de tous les combats qui s'y sont faits, bien que ce fût à partie très inégale ue la perte et la honte ait toujours été de leur côté et l'avantage u nôtre :

Enfin sur l'avis qu'ils eurent du grand et notable secours qui ous étoit amené par nos très chers et bien aimés cousins le omte de Soissons, duc de Longueville et maréchal d'Aumont, s se retirèrent honteusement et allèrent diligemment passer la ivière de Somme, pour se tirer hors du péril du combat, et 'ayant pu prendre les villes qu'ils publioient avoir assiégées, en llèrent surprendre d'autres et des meilleures de Picardie qu'ils nt séduites pour les livrer et vendre contre leur gré et sçu à ceux n la haine mortelle desquels les habitans d'icelles sont tous nés conçus : ayant, par là, voulu commencer à introduire avec s étrangers le commerce et vénalité de nos villes et sujets pour e laisser aucune espèce d'impiété sans être par eux mise en age pour parvenir à leurs desseins :

Pour lesquels divertir et aussi pour ne laisser inutiles les belles grandes forces qui, par le moyen dudit secours, se retrouvoient n notre armée, nous aurions fait résolution de nous acheminer roit à Paris, ce que nous fîmes si heureusement qu'en moins de uit jours, d'assiégés qu'ils disoient que nous étions, l'on nous it assiégeant les fauxbourgs de ladite ville de Paris, où dès le endemain de notre arrivée, en moins d'une heure, nous prîmes ous ceux qui sont de deçà la rivière, ayant par ce moyen retiré esdits ennemis de Picardie qui est l'un des desseins qui nous voient fait venir audit Paris n'ayant pu obtenir l'autre de les aire venir au combat dont nulle occasion qui se soit offerte ne eur a jamais pu faire venir la volonté sans avoir de toute leur en-reprise, et au lieu de tant de pertes et honte par eux reçues, eçu pour notre part aucune incommodité que la remise de la-dite convocation que nous avions premièrement faite audit Tours audit dernier jour d'octobre, laquelle pour les considéra-tions susdites et aussi que nous sommes advertis que la plupart des convoqués ne se veulent à présent commettre au hazard des chemins pour entreprendre ce voyage, de sorte que ladite as-semblée ne pourroit être complette comme nous désirons qu'elle soit, et d'ailleurs que les premières forces étrangères que nous avons fait lever doivent être entrées en ce royaume dès le 15 de ce mois, lesquelles il nous importe grandement employer promptement, étant nécessaire à cet effet que nous nous y acheminions en personne.

(1) Nous avons pour les susdites raisons advisé de remettre jusqu'au 15° du mois de mars prochain, espérant entre cy et ce temps faire un tel effort sur nosdits ennemis que les résolutions qui se doivent faire en ladite assemblée en seront bien plus aisées et faciles et rendre aussi les passages si libres et ouverts que ceux que nous désirons qui se retrouvent de toutes nos provinces, y pourront venir en sûreté et plus de commodité, ayant échappé les incommodités de l'hiver pendant que nous espérons si bien employer le temps que nous et nos sujets n'auront point d'occasion de plaindre et regretter ladite remise:

(2) De quoy désirant que nosdits sujets de la qualité susdite et tous autres qui y pourroient servir et s'y pourront trouver, soient advertis pour s'y préparer de venir et de se hâter aussi de partique pour s'y rendre audit temps. Nous voulons et ordonnons à tous nos susdits baillis et sénéchaux qu'ils aient, chacun en ce qui est de son ressort et juridiction, à faire publier que ladite convocation que nous avons par nosdites premières lettres assignée audit dernier jour d'octobre, nous l'avons, pour les considérations susdites, différée et remise au 15° jour dudit mois de mars prochain en notredite ville de Tours ou telle autre que nous verrons à ce plus propre et convenable selon les lieux, où pour lors nous nous pourrions retrouver, dont nous les ferons soigneusement advertir s'il y a occasion de changer de lieu autre que ladite ville de Tours pour ladite assemblée à laquelle nous exhortons les princes de notre sang et autres, cardinaux, ducs, pairs, tant ecclésiastiques que laïcs, officiers de la couronne, ceux de notre conseil, prélats, seigneurs, gentilshommes et autres dénommés en nosdites premières lettres, et néantmoins les adjurons, au nom de Dieu tout-puissant, par la fidélité qu'ils nous doivent et par l'obligation qu'ils ont à la conservation et défense de leur patrie, de s'y trouver audit temps, préparés pour nous assister de leur bon conseil sur ce qui sera proposé sur l'établissement de cet état, la punition et châtiment desdits rebelles, et spécialement pour faire la justice du cruel et barbare assassinat commis en la personne du feu roy notre très honoré seigneur et frère.

(3) Et combien que l'opiniâtreté desdits rebelles méritât bien d'être poursuivie avec la rigueur pour être leur rébellion sans aucun fondement d'oppression ou injure reçue, ains seulement

pour complaire aux passions de quelques particuliers desquels la plupart d'entre eux ne sont capables de pénétrer les desseins et intentions qui ne se peuvent accomplir que par la subversion générale de cet état, par conséquent de la ruine entière de tous les particuliers. Toutefois, pour ne rien omettre des moïens propres de ramener, par la douceur, les dévoyés au droit chemin qui est ce que, suivant notre naturelle inclination, nous avons toujours le plus désiré estimant à notre châtiment particulier quand nous serons contraints de les châtier.

(4) Considérant aussi que cette première levée d'étrangers qui est déja entrée en notre royaume, doit être encore suivie d'une beaucoup plus grande et que nous désirerions, avant que ce grand amas de forces étrangères se retrouvât ensemble, dont il ne peut arriver qu'une désolation extrême d'eux et de leurs biens et fortunes et même de nosdites villes, ils voulussent prévenir ce malheur et prendre le loisir que Dieu leur donne de reconnaître leur faute et de notre part de les y imiter et semondre autant qu'il nous est possible. Nous, de notre pleine grâce, puissance et autorité royale, avons déclaré et déclarons, par ces présentes, que toutes les villes et personnes de quelque qualité et condition qu'elles soient, excepté ceux qui se trouveront coupables de l'assassinat du feu roy notredit seigneur et frère qui par cydevant se sont laissés séduire aux persuasions desdits rebelles et perturbateurs du repos public sous le nom de la Ligue, ont porté les armes pour eux ou les ont assistés de leurs moïens, faveur et support, se séparant de l'obéissance qu'ils devoient au feu roy notredit seigneur et frère, et maintenant à nous qui sommes le vrai et légitime héritier de cette couronne, pourvû qu'étant marris et repentans de leurs fautes passées, ils se réduisent à leur devoir et fassent, dans six semaines après la publication de ces présentes en nos cours de parlement, à savoir, pour les particuliers, au greffe de la juridiction dont ils sont ressortissans, déclaration expresse signée de leur main de la fidélité et obéissance qu'ils nous doivent, avec promesse sur leur vie, biens et honneurs, de ne favoriser ni aider jamais lesdits rebelles ni aucuns autres contre nous et notre service, et pour les corps desdites villes, qu'ils envoient leurs députés garnis de pouvoirs authentiques faits en leur assemblée de ville faire en nos mains le même serment que lesdits corps de ville, manans et habitans d'icelles comme pour autres particuliers, seront exempts et absous de toutes les peines qu'ils peuvent avoir encourues à cause du crime de félonie et rébellion et autres dé-

pendans d'icelles contenues et mentionnées tant aux anciennes ordonnances et loix de ce royaume qu'aux édits et déclarations sur ce faites par le feu roy, notredit seigneur et frère :

(5) Promettant en foy et parole du roy de recevoir ceux qui satisferont à ce que dessus et les reconnoître et traiter dorenavant comme nos bons et fidels sujets et les prendre en toute protection et sauve-garde, et que si aucune saisie avait été faite à l'occasion susdite de leurs biens meubles et immeubles, que, après ladite déclaration, main-levée leur en soit faite et eux remis en pleine et entière jouissance d'iceux; et afin qu'ils puissent venir en sûreté pour faire à nous et aux greffes desdites juridictions susdites déclarations, et que nos gouverneurs et lieutenans généraux en puissent être avertis, ils seront tenus de prendre passeports d'eux, lesquels nous voulons leur être accordés avec limitation, toutefois, du temps dans lequel ils seront tenus faire ladite déclaration tant à nous qu'auxdits greffes, eu égard à la distance des lieux où ils pourront être et où nous serons et à ceux desdites juridictions, et sans que le temps porté par lesdits passeports expiré, ils se puissent aucunement prévaloir d'iceux, dont à cette fin mention expresse y en sera faite, et où après lesdites déclarations faites ils récidivroient en ladite rébellion, nous voulons que en quelque lieu qu'ils puissent être pris et appréhendés, leur procès soit fait et parfait ainsi qu'il en est parlé par les susdites ordonnances, déclarant qu'ils ne seront jamais tenus ni censés prisonniers de guerre, quelque capitulation, promesse et accord qui leur puissent avoir été faits par nos lieutenans généraux de nos armées, capitaines et autres nos gens de guerre, comme aussi nous déclarons que nous procéderons par toutes voies de rigueur contre l'obstination de ceux qui n'auront accepté cette notre présente grâce, faveur et bonté.

Si donnons, etc.

Par le roy en son conseil, signé FORGET.

N° 15. — LETTRE *de Henri IV au cardinal de Vendôme pour lui redemander les sceaux* (1).

Laval, 10 décembre 1589. (Bibl. du roi, manus. de Béthune, vol. 8923 f° 591.)

---

1) Le roi s'excuse auprès du cardinal de lui retirer les sceaux qui ne peuvent

N° 16. — Déclaration de *Charles X* (1) *pour la conservation des maisons des catholiques attachés au roi de Navarre, s'il ne s'y commet aucune hostilité.*

Paris, 14 décembre 1589, reg. au parl. séant à Paris, le 9 janvier 1590. (Bibl. royale, rec. de pièces in-12, vol. coté 1558/10, pièce 20.)

N° 17. — *Mandement du conseil général de l'union pour la convocation du ban et arrière-ban auprès du duc de Mayenne.*

Paris, 22 décembre 1589. (Bibl. royale, cart. de Fontanier, 1589, t. 392.)

N° 18. — Déclaration *de Henri IV, qui crée un maître de chaque métier à l'occasion de son avénement à la couronne.*

Au camp d'Alençon, 26 décembre 1589; reg. au parlement séant à Tours le 16 novembre 1590. (Vol. 22, f° 132, Font. 1, 1100.)

N° 19. — Déclaration *de Henri IV, qui enjoint à tous les officiers du royaume de prendre de nouvelles lettres royales pour être confirmés dans leurs charges.*

Au camp d'Alençon, 27 décembre 1589; reg. au parl. de Tours, le 15; et en la ch. des compt. le dernier janvier 1590. (Vol. QQ, f° 99. — Mém. ch. des compt. GGGG, f° 7.)

N° 20. — Déclaration *de Henri IV sur l'arrivée du légat a latere envoyé par le pape* (2).

Au camp de Falaise, 5 janvier 1590, reg. au parl. le 16. (Vol. QQ, f° 101. — Preuv. des libertés de l'église Gallicane, p. 995.)

N° 21. — Déclaration *de Henri IV, qui porte que les possesseurs d'offices ou bénéfices ne pourront remplir leurs charges avant d'avoir obtenu du roi de nouvelles lettres de provision.*

Au camp de Falaise, 8 janvier 1590, reg. au parl. séant à Tours, le 30 en la ch. des comptes le 8 février. (Vol. QQ, f° 107.)

---

jamais être, dit-il, en meilleures mains; mais la nécessité où il se trouve quelquefois de faire expédier promptement des pouvoirs, pardons et priviléges aux villes et particuliers qui ont recours à sa clémence l'oblige d'avoir les sceaux en main. — V. le sommaire en tête de ce volume et la note 2°.

(1) La formule de cette déclaration est *Charles, par la grace de Dieu, roi de France.* Elle est signée du duc de Mayenne, lieutenant général du royaume pour le roi prisonnier. — V. sur les monnaies à son effigie la note sur l'arrêt du 21 novembre.

(2) Cette déclaration avait pour objet de protester contre les démarches du pape en faveur de la Ligue. Cependant elle enjoignait de rendre au légat tous

15.

N° 22. — LETTRE *du duc de Mayenne, en sa qualité de lieutenant général du royaume, sous le nom de Charles X, adressée à la ville de Paris pour l'élection des députés de ladite ville aux états-généraux* (1).

Au camp devant Meulan, 15 janvier 1590. (Reg. de l'hôtel-de-ville de Paris, bibl. du roi, manuscr. de Colbert, vol. 252 in-f°; v° p. 436. — Carton de Font., 1590, tom. 397.)

N° 23. — DÉCLARATION *de Henri IV pour la poursuite de l'assassinat du feu roi Henri III* (2).

Au camp de Lisieux, 18 janvier 1590; reg. au parl. le 5 février. (Vol. QQ, f° 110.)

N° 24. — ARRÊT *d'enregistrement par le parlement de Paris de la bulle du pape portant institution du cardinal légat* (3).

Paris, 26 janvier 1590. (Reg. du conseil, 254.)

N° 25. — ARRÊT *du parlement séant à Tours qui condamne frère Esme Bourgoin, prieur des Jacobins de Paris, à être écartelé comme complice du meurtre de Henri III.*

Tours, 23 février 1590. (Bibl. du roi, manuscr. de Colbert, in-f°, vol. 31, reg. en parchemin.)

N° 26. — ARRÊT *du parlement séant à Paris, qui ordonne de reconnaître pour roi de France Charles X, et qui défend de faire aucun traité de paix avec le roi de Navarre* (Henri IV) (4).

Paris, 5 mars 1590, lu, publié à son de trompe et cri public dans les carrefours de Paris le lendemain. (Cart. de Font., bibl. royale, 1590, t. 398. — Rec. de pièces in 8°, vol. coté L 1513/4, pièce 7.)

Sur la requeste faicte par le procureur général du roy, toutes

---

les honneurs d'usage s'il venait à Henri IV directement et le reconnaissait pour roi légitime.

(1) L'assemblée qui devait avoir lieu à Melun, le 3 février, est remise au 20 mars. On n'a pas retrouvé l'acte de convocation.

(2) V. arrêt du parlement de Paris, du 30 mars 1594, et ci-après le titre de l'arrêt du 23 février, qui condamne un Jacobin à être écartelé comme complice de cet assassinat.

(3) Le président de Thou s'y trouvait avec le président Brisson, 75 conseillers et trois maîtres des requêtes, présens les évêques de Luçon, Plaisance, Rennes, Ast, Senlis, Castres et deux autres. — Le légat ayant voulu s'asseoir sur le fauteuil du roi, le président Brisson le prit par la main et lui donna pour siège la place du premier huissier qui est le parquet du roi quand il tient son lit de justice.

(4) V. note sur l'arrêt du 21 novembre 1589.

les chambres assemblées, matière mise en délibération : la cour a enjoinct et enjoinct à toutes personnes de quelque estat, qualité et condition qu'ils soient, de recognoistre le roy Charles dixième nostre roy pour notre vray et légitime roy, et souverain seigneur, et lui prester la fidélité et obéyssance deüe par bons et loyaux subjects : et soubs son authorité, obéir au sieur duc de Mayenne comme lieutenant général de l'état et couronne de France, s'employer eux et leurs moyens à tirer sa personne hors de la captivité en laquelle il est detenu à présent par Henry de Bourbon. Et a faict et faict expresses inhibitions et défenses à toutes personnes de quelque qualité et condition qu'ils soient, de communiquer et avoir intelligence directement ou indirectement avec ledit Henry de Bourbon et ses agens : mesmes de ne traicter et proposer en public ou particulier, ou escrire en quelque sorte que ce soit, de faire paix et entrer en composition avec ledict Henry de Bourbon sur peine de confiscation de corps et de biens. Et s'ils coignoissent quelques uns qui traictent de bouche ou par escrit de paix avec ledit Henry de Bourbon ou ses agens contre l'honneur de Dieu et son église, contre l'obéissance et fidélité düe à notredict seigneur et roy, et contre la sûreté et repos public de cette ville, qu'ils ayent sur les mesmes peines à en advertir ledict procureur général dedans vingt-quatre heures, à fin d'en faire faire justice et punition exemplaire.

Faict en parlement, etc.

N° 27. — BULLE *du pape Grégoire XIV contre ceux qui sont attachés au parti de Henri de Bourbon (Henri IV)* (1).

Kalendes de mars 1590. (Bibl. royale, in-12 coté 1491/8, pièces 25.)

(1) Après avoir exposé l'état des affaires en France, le pape venant à Henri IV s'exprime ainsi : *A capite igitur omne malum, cujus nec finis apparet, nec sperandus aut expectandus est, nisi cùm Dominus bonum et pium vobis dederit regem, nomine et actione verà Christianissimum....*, et plus bas on lit : *Nos certe quæcunque poterimus, non solùm spiritualia et temporalia, sed etiam* MILITARIA *auxilia periclitanti religioni catholicæ ac regno subministrare non omittemus.* Enfin Grégoire défend à tous archevêques, évêques, abbés, prélats, chapitres, etc., de s'attacher au parti du roi de Navarre, sous peine de suspension, interdiction, excommunication, et de perdre le fruit de leurs bénéfices. — V. ci-après note sur les autres bulles de mars 1591, déclaration du 4 juillet, arrêt du 5 août et déclaration des cardinaux et évêques, du 21 septembre 1591.

N° 28. — Lettres *du lieutenant général pour la translation à Orléans des états qui avaient été convoqués à Melun.*

9 mars 1590. (Bibl. royale, manuscr. de Colbert, vol. 252, in-f°, p. 440.)

N° 29. — Déclaration *de Henri IV contre ceux qui lèvent des deniers sans la permission du roi* (1).

Au camp de Nangis, 13 avril 1590, reg. au parl. de Tours, le 1er juin. (Vol. QQ, f° 116.)

N° 30. — Déclaration *de Henri IV, portant que les biens qu'il possédait à son avénement ne seront pas joints au domaine de la couronne.*

Au camp de Nangis, 13 avril 1590, reg. au parlement de Bordeaux (2) le 7 mai. (Chopin de Liège, and., liv. 1er, ch. 48, n° 3.)

N° 31. — Déclaration *de Henri IV pour la continuation du parlement de Paris, séant à Tours* (3).

Au camp de Saint-Denis, 1er août 1590; reg. au parl. le 9. (Vol. QQ, f° 121.)

N° 32. — Mandement *du duc de Mayenne, pour la convocation des états-généraux à Orléans, le 20 janvier 1591* (4).

15 décembre 1590. (Bibl. royale, liasse cotée L, 1491, in-8°, pièce 14.)

N° 33. — Déclaration *de Henri IV qui transfère à Mantes la juridiction de la prévôté et la vicomté de Paris* (5).

Au camp de Vernon, 8 février 1591 ; reg. en la ch. des compt. de Tours, le 6 mai. (Mém. ch. des compt. HHHH, f° 83.)

---

(1) V. ci-devant 22 novembre 1589 et les actes contraires du parlement de la Ligue séant à Paris.

(2) Le parlement séant à Tours refusa, malgré plusieurs lettres de jussion, d'enregistrer cette déclaration qui fut révoquée le 12 octobre 1601. — V. plaidoyer de Dupin pour le chevalier des graviers (1820).

(3) V. l'édit de Henri III, février 1589, qui transféra le parlement à Tours. Le parlement séant à Paris était le plus nombreux. Il assistait par députation aux assemblées générales de l'union à l'hôtel-de-ville, et homologuait ses délibérations. Il ordonnait la levée des impôts et il exerçait l'autorité souveraine dans tous les cas où le lieutenant général n'agissait pas directement.

(4) Les états de la Ligue, si souvent convoqués, ne se tinrent à Paris qu'en 1593.

(5) Cette déclaration fut révoquée par une autre du 1er juin 1592, qui transféra cette juridiction à Saint-Denis. C'était pour dépouiller la Ligue d'un moyen d'action.

N. 34. — Déclaration de Henri IV qui soumet chaque noble à la déclaration au greffe du bailliage ou sénéchaussée de sa résidence s'il veut ou non servir le roi à la guerre.

Au camp de Chartres, 8 mars 1591; reg. au parl. séant à Tours, le 19. (Vol. QQ, f° 133.)

N° 35. — Bref du pape Grégoire XIV au duc de Nevers (1), partisan de Henri IV.

Rome, 18 mars 1591. (Bibl. du roi, manuscr. de Mesmes, intitulés mém. sur la Ligue, in-f°, t. 5, n° 8931/6.)

N° 36. — Lettres patentes du lieutenant général du royaume (duc de Mayenne), portant exclusion des offices de ceux qui ne tiennent pas le parti de l'union.

Vincennes, 25 mars 1591; reg. au parl. séant à Paris, le 1er avril 1591, à condition que les offices vacans seront supprimés jusqu'à ce que les états y aient pourvu. (reg. du conseil, 257, p. 354.)

N° 37. — Bulle d'exhortation et d'admonition du pape Grégoire XIV aux princes, seigneurs et gentils-hommes attachés au parti de Henri de Bourbon (2).

28 mars 1591. (MSS. bibl. royale, 10 vol. in-f° 270, rec. hist., t. III, f° 270, rec. de Thoisy.)

N° 38. — Arrêt du parlement de Paris, séant à Châlons, sur certains libelles injurieux et scandaleux intitulés bulles, monitoires, etc. (3).

Châlons, 10 juin 1591. (Bibl. royale, rec., in-8°, L, 1491.)

---

(1) Tout en protestant de son désir de voir rétablir la paix en France, Grégoire ajoute : Sub rege vere Catholico atque Christianissimo, ce qui semble donner à entendre que le retour de Henri IV à la religion catholique ne serait pas regardé comme sincère, ou qu'un *hérétique relaps*, suivant l'expression de la Ligue, ne pouvait pas monter sur le trône de France. — V. ci-après bulles du 28 mars, déclaration de Henri IV du 4 juillet, et l'arrêt du parlement séant à Tours du 5 août, et ci-devant note sur la bulle de mars 1590.

(2) V. ci-après déclaration du 4 juillet et arrêt du 5 août. Il y a un bref du même jour adressé à la ville de Paris.

(3) V. Bulles des 18 et 28 mars précédens. Cet arrêt fut cassé à Paris, par arrêt du parlement séant en cette ville du 8 juillet. V. ci-après déclaration du 4 juillet et arrêt du parl. de Tours du 5 août.

N° 39. Bref *du pape Grégoire XIV qui permet à tous ecclésiastiques de porter les armes contre les hérétiques.*

Rome, 2 juin 1591. (Bibl. royale, rec. in-8°, L, 1491.)

N° 40. Lettres *patentes confirmatives de la déclaration* (1) *par laquelle Henri IV a protesté qu'il maintiendrait la religion catholique, et qu'il se soumettrait à la décision d'un concile national.*

Nantes, 4 juillet 1591, reg. au parl. séant à Tours, le 5 août. (Bibl. royale, liasse cotée L, 1558/6. — Cart. de Font., 404. — Vol. du parl. séant à Tours, QQ, f° 184.)

Henri, etc. Comme nous avons Dieu pour juge de nos intentions, aussi estimons-nous avoir assez justifié au monde que nos desseings, tous nos départemens et ces violens labeurs que nous avons depuis nostre premier aage supporté sans intermission, n'ont jamais tendu qu'à l'établissement d'une bonne et pardurable paix en ce royaume, par laquelle, bien que nous ayons espéré remettre le repos, la splendeur et l'opulence qui, par la continuation des guerres civiles s'y étoient perdues et dépéries, toutefois ce a principalement toujours esté pour le désir de voir assoupis et éteints les schismes et divisions qui ont de long-temps travaillé l'église et cet état, ayant toujours eu cette ferme créance que le soing du repos des consciences ne procède pas seulement, mais donne la loi, forme et compose celle de toutes les autres fortunes temporelles : cet ardent désir que nous en avons cy-devant porté premièrement comme prince chrestien et soigneux, par bonnes œuvres, d'en mériter le tiltre et puis pour le rang que nous avons toujours tenu en ce royaume, et l'intérêt que nous avons à la conservation de ce qui est de la dignité d'icelui s'est en nous augmenté et accru autant qu'il est compréhensible, depuis que par le funeste accident de la perte du feu roy dernier notre très-honoré seigneur et frère, il a plu à Dieu, par le droit de légitime succession, nous appeler à cette couronne; et que nous nous sommes sentis chargés et responsables de la conservation de tant de peuples et avec pouvoir et autorité d'ordonner nous-mêmes de ce que auparavant nous ne pouvions que intercéder envers les autres. Ce fut aussi le premier acte que nous voulûmes faire en cette dignité souveraine,

---

(1. V. au 4 août 1589, et les bulles précédentes.

que de déclarer solempnellement que nous ne désirions rien tant que la convocation d'un saint et libre concile, par lequel ce qu'il y a de différend et discordant au fait de la religion, pût être si bien éclairci et vuidé qu'il ne pût jamais plus être en aucune dispute et incertitude, et que, pour notre particulier, nous ne portions nulle opiniâtreté ou présomption de science ou doctrine; que notre intention étoit de recevoir plus volontiers que jamais toute bonne instruction qui nous pourroit être donnée, et si par icelle Dieu nous faisoit la grâce de recognoistre (si nous sommes en erreur), de nous en départir et nous réduire à ce qu'il permettra que nous voïons et jugions estre de son salut et de ses commandemens. Ayant cependant juré et promis que nous ne changerions ou innoverions, ni ne souffririons être rien changé ou innové au fait et exercice de la religion catholique, apostolique et romaine, laquelle nous voulons conserver et maintenir; et ceux qui font profession d'icelle en toutes leurs autorités, franchises et libertés, comme il est plus particulièrement porté par l'acte de ladite déclaration signé de nous, et qui a été vu et registré en toutes nos cours de parlement, ce que ayant été ainsi commun et notoire à chacun, devoit suffire pour amortir et éteindre cette guerre de rébellion, si le prétexte qu'en ont pris les auteurs d'icelle eût été véritable, et qu'il fût, comme ils le publient, sur le fait de la religion, pour le bien de laquelle la convocation dudit concile et notre submission particulière à une nouvelle instruction étoit le meilleur acheminement qu'il s'y pouvoit désirer; mais ceux qui craignent et abhorrent le plus ce qu'ils veulent persuader de désirer le mieux, qui fuyent la lumière pour demeurer dans les ténèbres, lesquelles tiennent en protection les faultes et les crimes pressés de leur conscience, qui leur en sont autant de juges irréprochables, ayant plus de soing de se parer contre la justice des hommes que contre celle de Dieu. Quand ils ont vu plus de disposition à l'ordre, c'est lorsqu'ils se sont précipités en la plus grande confusion; et par leurs seuls déportemens, ils se sont eux-mêmes convaincus: comme malicieusement, ils ont abusé du saint nom de religion pour couvrir leur insatiable ambition; les premiers mouvemens et le temps de leur soulevation le manifestent assez. S'étant rebellés sous le nom et prétexte de ladite religion, contre le feu roy notredit très-honoré seigneur et frère, qui a toujours été très-catholique, et lorsque plus il faisoit la guerre pour ladite religion catholique, la continuation de leurs procédures a toujours depuis confirmé le premier jugement que l'on a dû faire, tant que sans qu'il ait été besoin de plus particulière information; ils ont d'eux-mêmes si clairement découvert leur dessein, qu'il n'y a si simple qu'il ne voye que le fait de ladite religion dont ils s'arment le plus, c'est de quoi il s'y agit le moins. Les ligues et associations qu'ils ont faites pour l'invasion de ce royaume avec le roi d'Espagne, les ducs de Savoie et de Lorraine, le partage de toute l'usurpation faite et à faire qui en est conclu entre eux, témoignent assez que ce trouble n'est qu'une faction d'état, et qu'ils ne tiennent cette guerre que en trafique et commerce; et pour y profiter seulement, ce n'est plus aussi que envers les plus simples et ceux lesquels ils veulent associer en la dépense seulement, et non au profit qu'ils en espèrent, qu'ils font valoir leurs prétextes comme ils ont fait à l'endroit des derniers papes, pour leur faire chèrement payer le titre imaginaire qu'ils leur proposent de chefs et supérieurs en cette cause; mais cette malice fut bientôt découverte par le feu pape Sixte, que l'on a vu en ses derniers jours se repentant d'avoir été par eux abusé, bien résolu de fulminer contre eux plus rigoureusement, qu'à leur instigation il n'avoit fait auparavant contre d'autres.

Ils ont depuis acquis en cette dignité un sujet pour eux plus convenable pour le moins jusques ici. Sa trop facile crédulité, et la violente et précipitée condamnation qu'il a faite contre eux, qui n'ont été omis ny défendus, fait présumer qu'il soit plutôt partial en cette cause que père commun et égal à tous, tel qu'il devroit être: ayant été adverti que sur la simple déclaration qui lui a été faite de la part desdits rebelles que nous avons conjurés contre la religion catholique, que nous en rejettions toute instruction, il nous a tenu pour incapable d'icelle, et par un nonce envoyé exprès, il a fait jeter des monitoires en aucunes villes de ce royaume contre les princes, les cardinaux et officiers de la couronne, archevêques, évêques, prélats et tous autres, tant du clergé de la noblesse que du tiers-état qui sont à notre service, et nous ont gardé la fidélité et obéissance que naturellement ils nous doivent. étant ledit nonce entré en celuy notre royaume, sans notre congé et permission, ni nous avoir donné aucun avis de son voiage ni de sa charge, s'étant au contraire adressé auxdits ennemis et aux villes qu'ils usurpent pour y recevoir d'eux les instructions de ce qu'ils voudroient qu'il fît, comme étant plus leur ministre que de celui de qui il est envoyé: en quoi nous reconnoissons avoir à rendre grandes grâces à Dieu de ce qu'il a permis que nosdits ennemis rebelles soient réduits à cette nécessité. Que leurs plus fortes raisons, et sur lesquelles sont fondées leurs principales inductions se puissent si aisément convaincre de fausseté, et recongnoistre pour impostures et calomnies, comme ils n'en pouvoient une plus grande que d'imposer que nous rejettions l'instruction que nous aurions promis de recevoir, laquelle au contraire nous recherchons et désirons avec entière affection, et l'aurions déjà reçue sans l'exercice violent et continuel auquel les affaires que nous donnent lesdits rebelles nous tiennent, sans y avoir encore un seul jour d'intermission et de repos, et l'autre n'est pas moindre de dire que nous ayons rien innové ou altéré au fait de ladite religion catholique et romaine, de quoi nous les voulons bien tous pour témoins, s'ils peuvent remarquer que nous ayons souffert et permis depuis notre avènement à cette couronne, qu'il y ait été attenté aucune chose.

La seule disposition, aussi du gouvernement de cet état, les peut convaincre de fausseté, étant les princes de notre sang, les officiers de la couronne, les gouverneurs et lieutenans généraux de nos provinces, nos principaux conseillers et ministres, et ceux qui manient et expédient nos plus importantes affaires, tous de la religion catholique, ayant en notre conseil d'état les cardinaux et principaux prélats de ce royaume, tous remplis d'officiers catholiques, qui sont avec la conviction de leurs impostures, toutes bonnes et suffisantes cautions de l'accomplissement de la promesse que nous avons faite pour la conservation et manutention de ladite religion catholique, apostolique et romaine, laquelle désirant inviolablement effectuer, et à ce que tous nos bons et fidels sujets catholiques en soient bien informés et assurés.

Nous déclarons de rechef par ces présentes, et conformément à notredite précédente déclaration, protestons devant le Dieu vivant, que nous ne désirons rien tant que la convocation d'un saint et libre concile, ou quelque assemblée notable, suffisante pour décider les différends qui sont au fait de la religion, pour laquelle nous recevrons toujours en notre particulier toute bonne instruction, ne réclamant rien tant de la divine bonté, sinon qu'il nous fasse la grâce, si nous sommes en erreur, de le nous faire connoître, pour nous réduire au plus tôt à la meilleure forme, n'ayant autre plus grande ambition que de voir de notre règne Dieu servi unanimement de tous nos sujets, selon sa loi et commandement; et ainsi, que la France soit toujours l'assurance du nom chrétien, et en nous se conserve aussi légitimement ce titre que en aucun autre de nos prédécesseurs. Promettons cependant, et jurons de vouloir conserver la religion catholique, apostolique et romaine, et tout exercice d'icelle en toutes ses autorités et priviléges, sans souffrir qu'il y soit rien changé, altéré ou attenté, aussi peu que nous souffririons qu'il fût fait à notre propre personne selon qu'il est plus amplement porté par notredite précédente déclaration, laquelle nous avons de nouveau confirmée, approuvée et ratiffiée, confirmons, approuvons et ratiffions, par ces présentes, et pour le regard de l'entreprise faite par ledit nonce, combien que les fautes qui sont en la cause au jugement et en l'exécution qui en a été faite, soient telles et si évidentes, qu'elles rendent toute sa procédure nulle et de nul effet et valeur, toutefois parce que cela regarde, non seulement notre personne et ceux qui y sont à présent intéressés, mais aussi nos successeurs et les dignités et autorités de cet état; ne voulons que de notre règne il y soit rien attenté et entrepris, ny aussi peu que notre nom ait pu servir d'y faire aucun préjudice, reconnoissant aussi que les libertés de l'église gallicanne y peuvent être intéressées, à la protection et conservation desquels nous nous sentons particulièrement obligés par notre susdite promesse, comme à chose dépendant du fait et de la dignité des ecclésiastiques de ce royaume.

Nous voulons que cela soit publiquement réparé, mais sans y rien prononcer de notre seule autorité. Nous avons résolu de remettre tout ce fait à la justice ordinaire, pour y procéder selon les loix et coutumes du royaume, la garde et conservation desquelles appartient naturellement à nos cours de parlement; nous leur en avons délaissé et remis toute la juridiction et cognoissance.

A ces causes, nous mandons et enjoignons aux gens tenans nosdites cours de parlement, qu'ils aient incontinent ces présentes reçues, et sans intermission et délai, à procéder contre ledit nonce, et ce qui a été par lui exécuté en ce royaume, sur les réquisitions qui en seront faites par nos procureurs généraux et selon qu'ils verront être à faire par raison et justice; exhortons aussi les cardinaux, archevêques, évêques et autres prélats de ce royaume, d'eux, assembler promptement, et adviser à se pourveoir par les voyes de droit selon les saints décrets et canons, contre lesdites monitions et censures induement obtenues et exécutées, et à ce que la discipline ecclésiastique ne soit aucunement intermise, ni les peuples destitués de leurs pasteurs et des saints ministères et offices qu'ils doivent en attendre et recevoir d'eux, à quoi ceux desdits prélats qui défendront comme ils s'accuseront déserteurs desdites libertés de l'église gallicane : aussi ils demeureront indignes de la jouissance d'iceux et de tous autres.

Mandons en outre auxdites gens tenant nosdites cours de parlement, et à tous baillis, sénéchaux ou leurs lieutenans et autres nos officiers qu'il appartiendra, que ces présentes ils fassent lire, publier et enregistrer; et en ce qu'il écherra exécution, le faire observer et entretenir selon leur forme et teneur : car tel est notre plaisir, etc. En témoin de ce, etc.

Arrêt d'enregistrement (5 *août*).

La cour ordonne que sur le repli des lettres sera mis lues, publiées et enregistrées, ouï de ce requérant le procureur général du roy; et ayant égard au surplus des conclusions par lui prises.

A déclaré et déclare les bulles monitoriales données à Rome le 1er mars 1591, nulles, abusives, séditieuses, damnables, pleines d'impiété et d'impostures, contraires aux saints décrets, droits, franchises et libertés de l'église gallicane.

Ordonne que les copies scellées du sceau de *Marcillius Landrianus*, soussignées *Sextilius Lampianus*, seront lacérées par l'exécution de la haute justice, et brûlées en un feu qui, pour cet effet, sera allumé devant la porte du palais.

A fait inhibitions et défenses, sur peine de crime de lèze-majesté, à tous prélats, curés, vicaires et autres ecclésiastiques d'en publier aucunes copies, et à toutes autres personnes de quelqu'estat, qualité et condition qu'elles soient, d'y obéir, d'en avoir et retenir.

A déclaré et déclare Grégoire pape, soi-disant XIV de ce nom, ennemi de la paix, de l'union de l'église catholique, apostolique et romaine, du roy et de son état; adhérant à la conjuration d'Espagne et fauteur des rebelles; coupable du très-cruel, très-inhumain et très-détestable parricide proditoirement commis en la personne de Henri III de très-heureuse mémoire, très-chrétien et très-catholique.

A inhibé et défendu, inhibe et défend sur semblable peine, à tous banquiers, répondre et faire tenir par voie de banque à Rome, or ni argent, pour avoir bulles, provisions, dispenses et autres expéditions quelconques; et si aucunes sont obtenues, aux juges d'y avoir égard.

Ordonne, la cour, que *Marcitius Landrianus*, soi-disant nonce dudit Grégoire, porteur des bulles, sera pris au corps et amené prisonnier en la conciergerie du palais, pour le procès lui être fait et parfait; et si pris et appréhendé ne peut être, adjourné à trois briefs jours au plus prochain lieu de leur accès de la ville de Soissons.

Enjoint à tous gouverneurs des villes et capitaines des châteaux et places fortes de l'obéissance du roy, de donner confort et ayde à l'exécution du susdit décret.

Et pour rendre la sainte et juste intention du roy notoire à tous ses sujets, ordonne que copies collationnées, tant de lettres-patentes que du présent arrêt, seront mises et affichées par les carrefours et principales portes des églises de cette ville, et envoyées aux bailliages et sénéchaussées de ce ressort pour être lues, publiées, etc., comme dessus, et aux archevêques et évêques pour être par eux notifiées aux ecclésiastiques de leurs diocèses.

Enjoint aux baillis et sénéchaux, leurs lieutenans généraux et particuliers, procéder à la publication, et aux substituts du procureur général de tenir la main à l'exécution, informer des contraventions et certifier la cour de leurs diligences au mois, sur peine de privation de leurs estats.

N° 41. *Edit de Henri IV qui révoque ceux de juillet* 1585 *et juillet* 1588 (1) *et qui remet en vigueur les édits de pacification.*

Nantes, juillet 1591; reg. au parl. séant à Tours, le 6, et en la ch. des compt. le 9 août. (Vol. QQ, f° 187.—Font. IV, 359.—Joly. I, 45.)

Henri, etc. Chacun a peu clairement cognoistre par quels moyens et subtils artifices, le defunct roy Henri dernier décédé, nostre très-honoré seigneur et frère, fut importuné et contrainct par ceux qui ambitieusement ne tendoient qu'à troubler le repos de cest état, à revoquer les edicts qui long-temps auparavant avoient esté faicts par les roys nos prédécesseurs, avec les

---

(1) V. à leur date; — V. aussi les édits de pacification de mai 1576, et septembre 1577. — V. ci-après édit de Nantes, avril 1598 et la note. Une déclaration du 15 novembre 1594 rétablit spécialement l'édit de Poitiers (septembre 1577) avec les articles qui y furent ajoutés aux conférences de Flex et Nérac.

meurs et prudens advis des princes du sang, autres princes, officiers de la couronne, archevesques, evesques, prélats et autres seigneurs, grands et notables personnages, tant du conseil desdits roys nos prédécesseurs, que des cours de parlement, soubs l'observation et entretenement desquels edicts, ce royaume s'estoit tant bien conservé, mesmes les subjects d'iceluy tousjours maintenuz en l'obéissance de leur roy et prince naturel, et en la fidélité et commune volonté de rendre tout devoir et service à repousser l'invasion des ennemis de cedit royaume, lesquels ayant par diverses pratiques séduit et corrompu grand nombre de nos subjects naturels, souz les moyens et prétextes qu'ils jugeoient estre plus propres, pour décevoir la simplicité d'aucuns : cognoissans d'ailleurs que ce qui les pouvoit le plus empescher en l'exécution de leurs pernicieux desseings, estoit les édicts qui avoient si longuement et heureusement fait vivre nosdits subjects en tout repos et tranquillité, n'auroient jamais cessé que lesdits édicts ne fussent révoquez, s'asseurans que par ce moyen, les mesmes premiers troubles qui avoient été composez et pacifiez par lesdits édicts, reprendroient leur première naissance, et que les choses tomberoient en telle confusion et désordre, que chacun, au moins les mal affectionnez à leur devoir peurroient aisement prendre quelque couleur d'eslevations nouvelles et rebellions.

Ce que les effects ont depuis assez témoigné, en ce qu'aussi tost que lesdits edicts de pacification furent revoquez par l'édit du mois de juillet 1585, au même temps les troubles renouvellèrent de toutes parts en ce royaume : et non contens de ce premier édit de revocation, qu'ils jugèrent n'être encore moyen assez suffisant pour parachever le dernier effet de leurs mauvaises intentions, par toutes sortes d'artifices, impressions et conjurations, nostredit feu seigneur et frère (après la rebellion de sa ville de Paris) fust contraint lui-mesme consentir et faire procéder à la publication d'un autre édict fait à Rouen au mois de juillet 1588. La substance duquel monstre assez de quelle force et violence iceluy nostre dit feu seigneur et frère avoit esté violenté d'y consentir : depuis l'observation duquel édict, les choses allèrent si avant au mépris et diminution de son autorité (usurpée par ses ennemis) que non-seulement la pluspart ont esté distraites de son obéissance, mais aussi toute espèce de rebellion et conjuration avec les ennemis de cette couronne a eu tel progrez, que nostre dit feu seigneur et frère, avec perte de la plus grande partie de son estat, y a esté (contre l'ancienne fidélité des François) cruellement assassiné : exemple trop remarquable, à la honte et deshonneur de ceux qui peuvent avoir prémédité et procuré un tel et si scéléré acte.

Et d'autant qu'il ne seroit raisonnable que telle révocation de si bons et saincts edicts forcée et si injuste, qui a causé tant de malheurs et tristes accidens en cedit royaume, et qui a esté revoquée en effect, par nostre dit feu seigneur et frère, demeurast encores à présent en sa force et vigueur : voulans aussi esteindre et assoupir la mémoire des causes et origine de tant d'afflictions, pertes, ruines, et autres sortes de désolations et calamitez advenues par ladite revocation d'edicts, qui avoient esté si meurement considérez par les plus grands personnages de ce royaume, amateurs de la religion catholique, apostolique et romaine et du bien et conservation de cette couronne.

(1) Avons avec les prudens advis des princes de nostre sang, princes, officiers de la couronne, sieurs de nostre conseil, et autres grands et notables personnages de ce royaume, estans lez nous : pour ces causes et autres bonnes considérations à ce nous mouvans, par ce nostre présent edict perpétuel et irrévocable, cassé, révoqué et annullé, cassons, révoquons et annulons de pleine puissance et autorité royale par ces présentes, lesdits deux édits faits ès-mois juillet 1585 et 1588. portant révocation des édits auparavant faits par nosdits prédécesseurs roys, sur la pacification des troubles de cedit royaume, et ce qui s'en est ensuivy : ensemble tous les jugemens, sentences, et arrests donnez en vertu d'iceux, sans que ores n'y à l'advenir, ils soient ou puissent estre effectuez ny exécutez en façon quelconque.

(2) Voulons et nous plaist que les derniers édicts de pacification soient cy après entretenuz, exécutez, gardez et observez inviolablement par tous nos pays, terres et seigneuries de nostre obéissance, comme ils estoient du vivant de nostre dit feu seigneur et frère, et lors de la révocation d'iceux, et lesquels édicts nous avons à ceste fin, entant que besoin seroit confirmez et autorisiez, confirmons et autorisons de nos plus amples puissance et authorité que dessus par cesdites présentes. Le tout par provision, jusqu'à ce qu'il ait pleu à Dieu nous donner la grace de réunir nos sujects par l'établissement d'une bonne paix en nostre royaume, et pourvoir au faict de la religion, suivant la promesse que nous avons faite à nostre advenement à la couronne, espérans que ladite observation et entretenement desdits édits

…duira le mesme fruict, repos et tranquillité à nos subjects qu'elle a apporté en ce royaume, du règne de nosdits prédécesseurs roys, pour, après l'honneur de Dieu, nous rendre l'obéissance que de bons et loyaux subjects doivent à leur roy légitime et naturel.

N° 42. DÉCLARATION *des cardinaux, archevêques, évêques, abbés, chapitres et autres ecclésiastiques assemblés à Mantes, puis à Chartres, pour aviser aux affaires de l'église, contre les bulles monitoriales du pape Grégoire XIV* (1).

Chartres, 21 septembre 1591. (Preuves des libertés de l'église Gallicane, p. 104; manuscr. de Colbert, bibl. royale, vol. 31; manuscr. de Baluze, vol. in-f°, coté 9675.)

A tous les estats, ordres, villes et peuple catholique de ce royaume; salut:

L'apostre parlant aux pasteurs de l'Eglise: « Prenez, dit-il, garde à vous et à tout le troupeau sur lequel Dieu vous a establis pour régir et gouverner son Eglise qu'il a acquis par son sang; » Ce que nous reconnoissons estre de notre devoir et de ne souffrir les ames chrétiennes qui sont sous notre charge se divertir des lois et commandemens de Dieu, advertis par nostre saint père le pape Grégoire XIV, à présent séant, mal informé de l'estat des affaires de ce royaume et de nos départemens, auroit par les pratiques et artifices des ennemis de cet estat persuadé d'envoyer quelques monitions, suspensions, interdits et excommunications tant contre les prélats et ecclésiastiques que contre les princes, nobles et peuples de France qui ne voudroient adhérer à leur faction et rébellion;

Après avoir conféré et meurement délibéré sur le fait de ladite bulle, avons reconnu par l'autorité de l'Ecriture sainte, des saints décrets et conciles généraux, constitutions canoniques et exemples des saints pères dont l'antiquité est pleine, droits et libertés de l'église Gallicane, desquels nos prédécesseurs évêques se sont toujours prévalus et deffendus contre pareilles entreprises et par l'impossibilité de l'exécution de ladite

---

(1) V. ci-devant mars 1590, 28 mars 1591, la déclaration du 4 juillet 1591 et arrêt du 5 août même année. — Il n'y a point de signature à la suite de cette déclaration et on ne sait pas le nombre des assistans.

bulle pour les inconveniens infinis qui en ensuivroient au p[ré]judice et ruine de nostre religion ;

Que lesdites monitoires, interdictions, suspensions et exco[m]munications sont nulles tant en la forme qu'en la matière, i[n]justes et suggerées par la malice des estrangers ennemis de [la] France et qu'elles ne nous peuvent ny obliger, n'y autres Fra[n]çois catholiques estant en l'obéissance du roy. Dont nous avo[ns] jugé estre de notre devoir et charge de vous advertir, com[me] par ces présentes, (sans entendre rien diminuer de l'honneu[r et] respect dû à notre saint père) vous en advertissons, le signifi[ons] et déclarons, afin que les plus infirmes d'entre vous ne sero[nt] circonvenus, abusez ou divertiz de leur debvoir envers leur r[oy] et leurs prélats et lever en cela tout scrupule de conscience a[ux] bons catholiques et fidèles François ;

Nous réservant de représenter et faire entendre à notre sai[nt] père, la justice de nostre cause et saintes intentions et rend[re] sa sainteté satisfaite de laquelle nous nous devons promettre [la] même réponse que fit le pape Alexandre escrivant ces mots [à] l'archevesque de Ravennes : « Nous porterons patiemment qua[nd] « vous n'obéirez à ce qui nous aura esté par mauvaises impres-« sions suggéré et persuadé. »

Cependant nous admonestons au nom de Dieu tous ceux q[ui] font profession d'estre chrétiens vrais catholiques et bons Franço[is] et pareillement ceux de nostre profession de joindre leurs vœu[x] et leurs prières aux nostres pour impétrer de sa divine bonté qu['il] lui plaise illuminer le cœur de nostre roy et le réunir à son égli[se] catholique, apostolique et romaine, comme il nous en a donn[é] espérance dès son avènement à la couronne et promis par se[s] déclarations de conserver notre sainte religion et les ecclésias[-]tiques en toutes leurs libertés, authorités et franchises, et qu[e] nous soyons si heureux de voir l'église catholique, apostoliqu[e] et romaine et ce royaume fleurir comme auparavant par un[e] bonne et sainte paix.

N° 43. — Arrêt *du parlement séant à Paris, qui casse cel[ui] rendu à Tours, le 5 août, à l'occasion des bulles d[u] pape* (1).

Paris, 24 septembre 1591. (Bibl. royale, rec. in-8°, coté L 1491, pièce 3.)

---

(1) V. l'arrêt du 5 août à sa date et la note.

N° 44. — Édit de Henri IV pour l'aliénation du domaine à perpétuité (1).

Au camp de Noyon, septembre 1591; reg. au parl. de Normandie, le 15 octobre, au parl. de Paris, séant à Tours, le 9 janvier 1592. (Vol. QQ, f° 5, Font. 11, 384.)

N° 45. — Lettres de provision de l'office d'amiral de Guyenne, en faveur de François de Coligny, seigneur de Châtillon (2).

Au camp de Sédan, 20 octobre 1591, reg. au parl. séant à Tours, le 15 mai 1592 sur lettres de jussion. (Vol. QQ, f° 65.)

N° 46. — Arrêt du parlement séant à Paris, portant acceptation de quatre présidens nommés par le lieutenant-général (duc de Mayenne) en remplacement de Brisson, de Thou et autres défaillans (3).

Paris, 2 décembre 1591. (Reg. du conseil, 260, p. 38.)

N° 47. — Lettres patentes du duc de Mayenne, contenant abolition pour ce qui s'est fait à Paris les 15, 16 et 17 novembre (4), avec défense de faire à l'avenir aucune assemblée privée sans sa permission.

10 décembre 1591. (Manuscr. de Mesmes, bibl. royale, in-f°, t. III, n° 8777/4, f° 114, liasse in-8° cotée L, 1491.)

---

(1) La clause de perpétuité n'a jamais prévalu depuis l'édit de 1566 (V. à sa date). — V. la loi du 12 mars 1820 et la proposition de M. Daru à la chambre des pairs (*Moniteur* du 16 juin 1829), qui soutient que l'inaliénabilité du domaine n'a jamais existé de fait, et qu'en tous cas elle n'est applicable au domaine qu'autant qu'on désigne sous ce nom ce qui n'est pas susceptible d'être une propriété privée.

(2) C'est le fils de l'amiral Coligny, assassiné lors de la Saint-Barthélemy. Le parlement de Tours s'étant refusé à l'enregistrement de ces lettres, par le motif que le titulaire n'avait pas l'âge requis, Henri IV ordonna de passer outre, suivant lettres de jussion du 26 décembre.

(3) La cour avait refusé de choisir elle-même ses présidens, se reconnaissant bien le droit de présentation à la candidature, mais non celui de nomination (n'y ayant aucun roi). Le duc de Mayenne nomma le doyen des conseillers, vieillard de 79 ans, qui s'excusa vivement, ainsi que le président du grand conseil, nommé second président; mais on ne reçut pas leurs excuses. Les avocats Lemaître, Hotmann, devinrent magistrats de la même façon, malgré leur vive résistance.

(4) Ce fut le 15 novembre que Brisson, Larcher et Tardif furent étranglés en prison, par les Seize, et attachés au poteau en place de Grève le lendemain. Le duc de Mayenne ayant été informé de cet assassinat, revint en toute hâte à Paris dont il était alors absent, et fit mourir, sans jugement, ceux des Seize qui lui tombèrent sous la main. Brisson avait alors dans les mains la protestation du parlement de Paris contre le concordat de 1516, et des volumes du trésor des chartres qui se sont trouvés égarés.

N. 48. — Déclaration de Henri IV, portant que les biens du domaine de la couronne ne pourront être vendus à moins du denier trente.

Au camp de Darnetal, 12 décembre 1591, reg. au parl. séant à Tours, le 9 janvier 1592, et en la ch. des compt. le 27, (vol. QQ, f° 11 : Font. II, 386.)

N. 49. — Déclaration par laquelle Henri IV reconnait les dettes de Henri III, en faveur des créanciers de ce prince (1).

Au camp de Rouen, 12 décembre 1591; reg. au parl. séant à Tours le 18 janvier, et en la ch. des comptes, le 17 mai 1592 sur lettres de jussion. (Vol. QQ, f° 21. — Mém. ch. des compt., JJJJ, f° 140.)

Henry, etc. Dès notre advenement à ceste couronne nous aurions, pour témoignage de l'honneur et affection qu'avons toujours portée au défunt roi dernier décédé notre très-honoré seigneur et frère, confirmé tout ce qui avoit été par lui fait et même tous ses bons et loyaux serviteurs en leurs charges et dignités aulcuns desquels et les plus spéciaulx nous ont, très humblement remontré et duement justifié en notre conseil que pour le bien de son service et l'extrême et urgente nécessité de ses affaires et pour la conservation de son estat, ils s'étoient par son très-exprès commandement, obligés en leurs propres et privés noms soit sous leurs promesses, obligations pures et simples ou en constitution de rentes, en plusieurs et grandes sommes de deniers par eux empruntées sous l'assurance qu'il leur donnoit de les en acquitter et décharger; toutefois par la mort précipitée et inopinée de nostre dit feu seigneur et frère, il n'auroit pu accomplir ce qu'il leur avoit ainsi promis, étant décédé au plus fort de ses affaires et lorsque Dieu lui donnoit plus d'espérance de pourvoir par un bon ordre, à la décharge et libération entière de ses dits serviteurs, nous suppliaus et requérant, à cette occasion, comme il était très-raisonnable, les acquitter et décharger desdites dettes, ou si la nécessité notoire de nos affaires ne le pouvoit permettre, ayant succédé aux mêmes néces-

---

(1) V. le plaidoyer de M. Dupin (ainé), suivi de l'arrêt de la cour royale de Paris du 19 janvier, en faveur du chevalier Desgraviers, cassé par la cour de cassation le 22 janvier (Paris, janvier 1821). La chambre des comptes séante à Tours n'ayant pas voulu enregistrer cette déclaration, le roi lui adressa, le 5 avril 1592 (voy. à cette date), des lettres de jussion à la suite desquelles l'enregistrement eut lieu.

sités et, ne pouvant faire fonds pour y subvenir, estant plutôt contraint reculer les assignations ordonnées par ledit acquit et payement des arrérages des dites rentes, il nous plut attendant leur pleine et entière descharge du total, au moins les décharger de ce qui peut estre dû tant en vertu desdites constitutions de rentes, obligations, que promesses à ceulx qui sont demeurans dedans les villes qui nous sont rebelles, et pour le surplus leur pourvoir de tel si prompt et convenable remède qu'ils n'en soient plus en peine ce que nous en nostre dit conseil, aurions trouvé très-juste et raisonnable : aussi que ce sera d'autant plus exciter nos autres bons et spéciaux serviteurs à faire le semblable pour nostre service en la présente urgente nécessité de nos affaires.

Scavoir faisons que nous, désirant pourveoir à ce que les suppliants ne soient plus cy-après, travaillés à l'occasion des dites dettes créées pour le service de notre dit défunt sieur et frère, par son commandement et pour la conservation de cet estat auquel avons succédé; et afin de donner cy-après occasion à tous nos subjets se confier en la foy de leur prince conjointe à la publique; après avoir fait voir en icelui nostredit conseil l'estat desdites sommes empruntées tant par promesses, obligations que constitutions de rentes et le roolle des personnes obligées, comme dit est, à icelles par le très-exprès commandement de nostre dit défunt seigneur et frère, et en la très-urgente nécessité de ses dites affaires, lorsque pour l'aliénation du domaine de ceste couronne et pour les dettes grandes et immenses que ses prédécesseurs roys avoient déjà faites et créées, et luy plus sans comparaison qu'eux, il ne se trouvoit personne qui le voulût secourir; le tout cy attaché sous le contre-scel de nostre chancellerie.

(1) Avons de notre propre mouvement, pleine puissance et autorité royale, reconnu, pris et tenu, reconnaissons, prenons et tenons par ces présentes signées de notre propre main les dites sommes dont il vous apparoîtra et sera justifié les deniers être entrés actuellement en l'espargne de notre dit feu sieur et frère, et employer pour son service comme nostres et par nous dues comme successeur aux payemens des dettes justement et loyalement dues.

(2) Voulons et entendons payer et acquitter toutes les dettes promesses et obligations, aussi payer et continuer jusques à plein et entier rachapt, les arrérages desdites rentes constituées, et nous charger de l'acquit et remboursement du sort principal

et rachat d'icelles, tant à la décharge des principaux obligés et de leurs biens que de leurs fidé-jusseurs et cautions.

(3) Et où aucunes desdites promesses et obligations auroient été acquittées par les dits obligés ou les arrérages des dites rentes par eux payés et continués de leurs propres deniers ou bien les dites rentes racheptées, nous voulons et entendons aussi les en rembourser et indemniser et pourvoir à ce qu'au plustôt ils en soient entièrement satisfaits.

(4) Mandons à ceste fin à nos amés et féaux conseillers, les conseillers de notre épargne, présens et à venir, trésoriers généraux de France, et receveurs généraux de nos finances, y faire pourvoir et satisfaire au plustôt à tout ce que dessus des premiers et plus clairs deniers de leurs charges, sans y user d'aucunes longueurs ou remises selon les états qui en seront faits et dressés en nostre dit conseil.

(5) Et d'autant que partie des deniers empruntés par nostre dit feu sieur et frère ont été prêtés par cédules et promesses privées ; voulons semblablement et ordonnons qu'à mesure qu'elles viendront à nostre connoissance, et quelles seront justifiées pardevant vous avec nostre procureur général estre de la nature desdites dettes créées par nostre dit sieur et frère, qu'il y soit pourveu de bonne et sûre assignation pour le payement et acquit d'icelles par lesdits trésoriers de nostre épargne, auxquels enjoignons aussi de ce faire.

(6) Et parceque nous sommes bien et dûment avertis que plusieurs desdites dettes sont dues et appartiennent aux rebelles demeurant ez-villes rebelles, contre nos édits et déclarations dénommés audit estat et roole y attaché, et autres dont nous envoyerons les noms à mesure que les cédules et promesses à eux faites viendront à nostre connoissance, procéder sommairement, sur la notoriété de leur rébellion, demeure et dites villes, adhérence à la ligue et contravention à nos dits édits et déclarations avons en ce fait déclaré les dites dettes à nous confisquées et les rentes éteintes et admorties à nostre descharge et desdits obligés sans qu'eux, leurs cautions, héritiers ou biens tenans puissent être cy-après, pour raison d'iceux, poursuivis ou inquiétés en quelque sorte et manière que ce soit.

Si vous mandons, etc.

Par le roy en son conseil.

N° 50. — Arrêt *du parlement séant à Châlons, portant commandement à toute la noblesse de monter à cheval pour servir le roi contre l'Espagnol appelé par les rebelles* (1).

1591. (Bibl. du roi, manuscr. de Dupuy, vol. 379.)

N° 51. — Bref *du pape Clément VIII, adressé au duc de Nemours, pour le supplier d'aviser avec les autres princes ligués avec lui, à l'élection d'un roi catholique* (2).

Rome, 15 février 1592. (Bibl. royale, manuscr. de Béthune, n° 9131, f. 6.)

N° 52. — Lettres *de Henri IV qui créent un office de maréchal de France, en faveur de Henri de la Tour, vicomte de Turenne.*

Au camp de Blangy, 9 mars 1592. (Hist. de la maison d'Auvergne, p. 270.)

N° 53. — Lettres *de jussion à la chambre des comptes pour l'enregistrement de la déclaration par laquelle le roi se reconnaît personnellement obligé à acquitter les dettes du feu roi* (3).

Au camp devant Rouen, 5 avril 1592; reg. en la ch. des comptes, le 27 mai. (Mém. ch. des compt., vol. JJJJ, f° 140.)

Henry, etc. Nous avons entendu la difficulté que vous avez faite sur la vérification des lettres-patentes à vous adressantes, pour la décharge d'aucuns de votre conseil et autres de nos officiers qui se sont cy-devant, du vivant du feu roy, notre très-honoré seigneur et frère, obligés au paiement de plusieurs leurs sommes de deniers par eux prises à constitution de rente par obligation, par eux faites par commandement de notredit seigneur et frère, pour ses pressées et urgentes affaires, ainsi qu'il

---

(1) Il est certain que la ligue traitait avec le roi d'Espagne pour faire monter un prince de cette nation sur le trône de France. — V. ci-après arrêt du 28 juin 1593, rendu par le parlement séant à Paris, pour le maintien de la loi salique.

(2) Renouvelé par autre bref du 7 mai suivant. Les chefs de cette union étaient le pape, les cardinaux de Vaudemont, de Vendôme, l'empereur d'Autriche et les princes de sa maison, le roi d'Espagne, le grand maître de Malte, la seigneurie de Venise, la république de Gênes et de Lucques, le grand duc de Florence, les ducs de Mayenne, de Mercœur, d'Aumale, d'Elbeuf, de Savoie, de Ferrare, de Nemours, de Clèves, de Parme, les évêques de Cologne et de Mayence.

(3) V. ci-devant 12 décembre 1591.

est au long déclaré ès dites lettres vérifiées en notre cour de parlement ; et que, au lieu de faire pareille vérification que notredite cour, vous avez dit que la chambre ne pouvoit entrer en la vérification et entérinement desdites lettres, d'autant que nous ne sommes tenus des dettes de nos prédécesseurs, lequel arrest apporteroit un très-grand préjudice à notre service, s'il sortoit effet, tant pour ce que les lettres susdites ont été créés pour la conservation de cet estat, auquel nous avons succédé, que pour la conséquence du dommage que nous en pourrions recevoir, d'autant qu'il ne se trouveroit à l'avenir qui se voulût obliger pour notredit service.

Pour ces causes, reconnoissant que lesdits sieurs obligés n'ont pu reculer ni désobéir au commandement de notredit seigneur et frère, en la nécessité de ses affaires et service, et désirant les relever de perte et dommage, voulons, vous mandons et très-expressément enjoignons que vous ayez à passer en l'entière vérification desdites lettres, et suivre ce qui vous est prescrit et enjoint, sans apporter aucune difficulté pour en suspendre l'effet, vû qu'il y va non seulement de notre honneur, mais aussi de la réputation de notredit seigneur et frère, qu'on pourroit blâmer par l'occasion que vous en avez recherché, ce que vous prendrez pour finale, et toute jussion ou mandement que vous en pourriez espérer plus exprès à bouche et par écrit, n'y attendre à nous en venir faire remontrances, lesquelles nous tenons aussi pour entendues.

Car tel est, etc.

Nº 54. — BREF du pape (*Clément VIII*), adressé aux habitans d'Arles pour les engager à élire un roi très chrétien.

Rome, 7 mai 1592. (Cart. de Font., bibl. royale, vol. 413.)

CLEMENS PAPA VIII, etc. Æquissimum est ut ad commune incendium extinguendum, pro suâ quisque parte concurrat. Vestræ autem partes non minimè eorum in eò quod omnes vident, regni istius salutem et catholicæ istius fidei causam continere cui uterque rei infestus est animo atque armis tyrannus hæreticus; illud autem unum est, si illius furori opponatur virtus regis optimi verèque christianissimi. Fore enim omnes vident ut hoc facto illius vires minuantur ac plane concidant.

Hortamur igitur et rogamus ut pro vestrâ parte, curetis ac nitamini cum iis quibus opus erit ut talis qualem diximus regis creandi causâ, status quam primùm convocentur, comitiaque habeantur. Aderit suis Deus; si ipsi sibi animo et caritate non deerint, dabit que vindicem suæ gloriæ, vestræ salutis, sanctorum cædis (1). Scripsimus hâc de re ad cæteros omnes per quos aliquid proficí posse judicamus ut communibus studiis incumbatis in eam causam quâ nihil esse potest salutarius vobis, nihil Deo acceptius, nihil bonis omnibus nobisque imprimis optatius. Cætera ex dilecto filio nostro Philippo, cardinale, præsentino legato cognoscetis.

Datum Romæ, etc.

N. 55. — ARRÊT *du parlement séant à Paris qui défend aux créanciers de saisir les armes de leurs débiteurs.*

Paris, 6 août 1592. (Reg. du conseil, 261.)

N° 56. — ARRÊT *du parlement séant à Paris qui décide que Molé et Séguier seront députés au duc de Mayenne pour lui exposer la misérable condition de Paris et l'extrémité où cette ville est réduite.*

Paris, 11 octobre 1592. (Reg. du conseil, 262.)

N 57. — DÉCLARATION *de Henri IV sur les priviléges, statuts et ordonnances du premier barbier du roi, de son lieutenant et des autres barbiers du royaume* (2).

Saint-Denis, octobre 1592; reg. au grand conseil, le 8 octobre 1593. (Font. IV, 1202. — Traité de la pol., liv. II, tit. 8, ch. 7.)

HENRY, etc. Nous avons receuë l'humble supplication de nostre bien aymé Pierre le Gendre, nostre chirurgien ordinaire, valet de chambre et premier barbier, contenant que nos prédécesseurs roys, voulans entretenir en son entier l'estat de maistre barbier et chirurgien, des villes, bourgs et autres lieux de ce royaume, qui s'estend non seulement sur le fait des barbes et cheveux, mais à la chirurgie en théorique et pratique, anatomie du corps humain, et de panser et médicamenter apostumes, playes, ulcères, fractures, dislocations, cognoissance des simples, compositions de médicamens, et autres choses conservans la santé du

---

(1) Allusion à l'assassinat du duc et du cardinal de Guise.
(2) V. ci-devant note sur l'ordonn. de Henri III, mai 1575; ci-après de Louis XIII, décembre 1637, et de Louis XIV, 14 mars 1674.

corps humain, auroyent de tout temps et ancienneté concédé, et octroyé plusieurs beaux privileges, immunitez et facultez soubs le nom, tiltre et octroy dudict premier barbier, qui auroient de règne en règne esté continuez et confirmez à leur premier barbier : sçavoir faisons que nous inclinans à la supplication et requeste dudict Pierre le Gendre nostre chirurgien ordinaire, valet de chambre et premier barbier, désirans non seulement le conserver et maintenir en ses droicts et authoritez, mais en tout et par tout iceluy bien et favorablement traiter et gratifier, en considération des bons et agréables services qu'il nous a faits et fait encore à présent, avons continué, ratifié, confirmé et amplifié, continuons, confirmons, ratifions et amplifions, et de nouveau accordé et octroyé, accordons et octroyons, voulons et nous plaist, les articles desdits priviléges et statuts, que nous avons cy fait insérer et transcrire, avoir lieu et sortir à effect, selon et ainsi qu'il s'ensuit, et sera mentionné.

(1) Que nostre premier barbier et valet de chambre et nostre chirurgien ordinaire et ses successeurs, est et sera maistre et garde l'estat de maistre barbier et chirurgien, par toutes les villes, bourgs et bourgades et autres endroicts de cestuy nostre royaume, luy donnant plain pouvoir, puissance et faculté, de mettre et ordonner en chacune des villes de ce royaume, pays, terres et seigneuries de nostre obéissance, un lieutenant ou commis pour luy, qui aura regard et visitation sur tous les barbiers et chirurgiens desdites villes, lieux, banlieuës, villages, appartenans et dépendans à icelles. Ausquels lieutenans ou commis, les autres barbiers et chirurgiens seront tenus obéyr, comme à nostredit premier barbier en tout ce que audit estat appartiendra et appartient.

(2) Que pour l'entretenement et manutention dudit estat de maistre, les barbiers et chirurgiens seront par nostredit premier barbier, ou son lieutenant en chacune de nos bonnes-villes, èsassemblées des autres maistres barbiers chirurgiens, préseus et appellez, choisis et esleus, nommez de deux en deux ans, en la manière accoustumée, trois ou quatre personnes d'entr'eux, ou moins, selon que le nombre en pourra porter, lesquels seront maistres jurez dudit estat. Et en ce faisant auront regard et visitation sur les autres maistres, à ce qu'il ne s'y commette aucun abus, feront bien et loyaument entretenir et garder les statuts, ordonnances et priviléges d'iceluy, feront bons et loyaux rapports de leursdites visitations, et pour cest effet entrans en

leursdites eslections, presteront le serment ès mains d'iceluy nostredit premier barbier, ou de ses lieutenans, ou commis.

(3) Voulons et ordonnons, que tous ceux que par nostredit premier barbier, ou ses lieutenans, ou commis, auront esté examinez et trouvez suffisans au fait et art de chirurgie, en présence de deux docteurs en la faculté de médecine et des jurez de l'estat, et autres maistres de chef-d'œuvre faisant résidence ès bonnes villes, bourgs et bourgades de ce royaume, soyent receûs maistres barbiers et chirurgiens, et comme tels, leur soit loisible de besongner d'iceluy estat, et le practiquer et en jouyr et user ès lieux et endroits, et ainsi qu'ils y seront receus et admis, à ceste fin tenir ouvroirs et boutiques.

(4) Défendant à toutes personnes de quelque estat et condition qu'ils soyent, de faire aucune œuvre en l'estat de barbier et chirurgien, si premièrement il n'est examiné et approuvé par nostredit premier barbier ou son lieutenant susdits ou jurez dudit estat en la manière accoustumée de tout temps.

(5) Qu'aucuns maistres barbiers et chirurgiens, ou femmes veufves d'iceux ne facent aucune œuvre dudit estat, s'ils ne sont tenus de bonne vie et honneste conversation et où il se trouveroit en leur hostel et maison tenir bordelerie ou maquerelerie, ou autres choses diffamantes, les avons dès à présent privez et privons desdits priviléges, et en outre que tous les outils appartenans audit estat soyent acquis et confisquez moitié à nous, et l'autre moitié à nostredict premier barbier, ou son lieutenant.

(6) Qu'aucun valet de barbier et chirurgien ne puisse ouvrer dudit estat, en aucunes desdictes bonnes villes, bourgs, chasteaux, ponts, ports et villages, s'il n'est maistre de la manière susdite, ou s'il n'a adveu d'estre maistre barbier et chirurgien, sur peine de cinq sois parisis d'amende pour chacune fois, et confiscation de ses outils, dont il sera trouvé garny, à appliquer comme dessus, et que celuy qui les trouvera les puisse faire prendre et emprisonner en nos prisons, pour la confiscation desdictes amendes et outils.

(7) Que personne dudit estat ne face office de barbier et chirurgien à mezel ou lépreux, mezelle ou lépreuse, sur les mesmes peines applicables comme dessus est dit.

(8) Que tous ceux qui voudront lever ouvroirs, et estre maistres aux bourgs, chasteaux, ponts, ports, ou villages, seront tenus d'aller à l'examen pardevant nostredit premier barbier, ou

ses lieutenans et jurez des plus prochaines villes des lieux où ils voudront lever ou ouvrer, afin que les passans, allans, venans et séjournans en iceux puissent mieux et plus seurement estre servis et secourus dudit estat.

(9) Défendons aussi en confirmant lesdits priviléges à toutes personnes de quelque estat, qualité ou condition qu'ils soyent, tant vefves, qu'autres, s'ils ne sont maistres de chefs-d'œuvre, de tenir apprentifs avec eux ès villes et lieux de notre royaume, sur les peines que dessus.

(10) Et afin que lesdits maistres barbiers et chirurgiens puissent avoir une confrairie en l'honneur de Dieu et des bénoists saincts St.-Cosme et St.-Damien, en leur communauté, ès bonnes villes de notre royaume, où bon leur semblera pour faire le divin service, leur permettons que ils se puissent assembler pour ledit fait quand besoin en sera, pourveu qu'en ce soyent appellez et présentez aucuns de nos principaux officiers, ou leurs lieutenans desdits lieux esquels se feront lesdites assemblées, aussi nostredit premier barbier ou son lieutenant, et deux des jurez dudit estat.

(11) Payeront lesdits barbiers et chirurgiens, chacun quand ils seront passez maistres, cent sols tournois pour ayder à subvenir aux frais qu'il conviendra faire pour l'entretenement de ladite confrairie, à ce qu'avec l'aide de Dieu, et d'iceux glorieux St.-Cosme et St.-Damien, ils puissent plus souverainement œuvrer aux corps humains.

(12) Qu'aucun barbier ou chirurgien ne puisse oster ne soustraire à un autre son apprentif ou valet, à peine de cent sols d'amende, à appliquer comme dessus.

(13) Que aucun barbier ou chirurgien ne puisse faire office ne ouvrer de barbier, ou chirurgie, fors de saigner et peigner, sans le congé dudit maistre barbier, ou de son lieutenant, aux jours et festes qui s'ensuyvent.

(14) C'est à sçavoir, aux dimanches, cinq festes de Nostre-Dame, et de la feste de Toussaincts, au jour de Noël, Pasques, Pentecoste, la Circoncision, l'Epiphanie, l'Ascension, le jour du St.-Sacrement, sainct Jean-Baptiste, sainct Cosme et St.-Damien, les festes des apostres à quelque jour qu'elles eschéent, ne mettre enseignes de bassins hors de leur huis, esdictes festes ne autres commandées par l'église, sur peine de cinq sols parisis d'amende, appliquez comme dessus.

(15) Qu'aucun voulant venir à l'examen, pour avoir et acqué-

r la maistrise de barbier ou chirurgien, ne puisse venir ne estre
ceu, jusques à ce qu'il soit sorty de son apprentissage, ou
uitté le maistre chez lequel il aura demeuré.

(16) Que tous ceux qui voudront venir à l'examen approuvez
passez maistres, seront tenus de prendre et lever lettres scel-
es des sceaux de nostre premier barbier ou son lieutenant, des-
uelles ainsi scellées ils ne payeront que cinq sols seulement.

(17) Que lesdits jurez dudit estat, devront voir et visiter les
uvroirs d'iceluy estat, et sçavoir la suffisance des barbiers et
hirurgiens, estans esdits ouvroirs, à ce que le peuple puisse
ieux et seurement estre servy, et que les ordonnances susdites
oyent observées.

(18) Que si aucuns barbiers et chirurgiens sont contredisans à
beir à nostredict premier barbier ou son lieutenant ou jurez, en
ce qui regarde le fait dudit estat, et des ordonnances d'iceluy,
pour ce nostredit premier barbier ou son lieutenant, appeller et
prendre de nos sergens, pour leur ayder, et faire à leur réquisition tous exploits de justice, en les payant de leurs salaires.

(19) Quand un maistre ou maistresse dudit estat meurt, sera
tenu chacun barbier et chirurgien passé maistre en la ville où
aura esté et demeuré ledit trespassé, d'aller accompagner le
corps, sur peine de trois sols d'amende à appliquer comme dessus.

(20) Que tous maistres barbiers et chirurgiens tenans ouvroirs
dudit estat esdites villes, et autres lieux de notre royaume, sont et
seront tenus de payer à nostredit premier barbier ou son lieutenant,
pour chacune fois seulement durans sa vie, cinq sols parisis,
ainsi qu'ils ont tousjours accoustumé de prendre et avoir ses prédécesseurs premiers barbiers, à cause de sondit estat et office de
nostre premier barbier.

(21) Que si aucun plaid ou procez estoit meu ou se mouvoit
au temps advenir, ou qu'en autre manière convient faire mise ou
despense pour la conservation et défense de leurs statuts et ordonnances, poursuittes des procez intentez pour ladite confrairie
desdits barbiers et chirurgiens, ou autrement pour le bien commun d'entr'eux et leur estat, chacun d'eux y contribuera selon
sa faculté et puissance, au cas que la plus grande partie de ceux
des lieux s'y consentent.

(22) Que si aucun barbier et chirurgien ou valet est mandé à
cause et pour ledit estat, pardevant ledit premier barbier, ou
sondit lieutenant, voulons qu'il soit tenu d'y comparoir, sur
peine de deux sols six deniers au profit dudit maistre ou son lieutenant du lieu.

(23) Et si aucuns barbiers chirurgiens, ou valets vouloient faire le contraire, et ne recognoistre ledit premier barbier ou son lieutenant, et ne luy obéyr, et qu'il interviént procez et différens, oppositions ou appellations, pour l'entretien desdits priviléges, statuts et lettres de lieutenance, et commissions données ou à donner par nostredit premier barbier.

(24) Nous pour éviter à confusion et diversité de jugemens qui pourroient sur ce intervenir, ayant esgard que lesdits priviléges, statuts et ordonnances s'estendent par tout notre royaume et au ressort de toutes nos cours de parlemens, où s'en pourroit ensuyvre divers jugemens et arrests contraires, et que le feu roy dernier décédé nostre très-honoré seigneur et frère, par ses lettres-patentes du quatriesme jour d'avril mil cinq cens soixante dix-huit, auroit attribué toute jurisdiction et cognoissance, à nostre grand conseil de tous les procez, différens, empeschemens, contraventions, oppositions ou appellations quelconques qui pour raison desdits priviléges, statuts et ordonnances, pourroyent intervenir, et qu'en nostredit grand conseil, lesdits priviléges et statuts ont esté vérifiez, et sur l'exécution d'iceux esté donnez plusieurs arrests.

(25) Nous voulons, ordonnons et nous plaist que la cognoissance d'iceux procez, différens, contraventions, empeschemens, oppositions et appellations quelconques, concernant lesdits priviléges, statuts, ordonnances, et lettres de lieutenance et commissions donnés ou à donner par nostredit premier barbier, soyent et appartiennent à nostredit grand conseil privativement à tous nos autres cours et juges.

Si donnons, etc.

N° 38. — Déclaration *du duc de Mayenne pour la convocation des états généraux à Paris* (1), *au mois de février prochain, à l'effet d'aviser aux moyens de faire cesser les troubles du royaume, et sur les droits de succession à la couronne, d'après les lois fondamentales de la monarchie.*

Paris, décembre 1592; reg. au parl. séant à Paris et publié à son de trompe par les carrefours de cette ville, le 15 janvier 1593. (États généraux, XV, p. 253.)

Charles de Lorraine, duc de Mayenne, lieutenant-général de

---

(1) L'assemblée eut lieu à Surène, parce que les princes et seigneurs catholi-

[é]tat et couronne de France, à tous présens et à venir, salut. L'observation perpétuelle et inviolable de la religion et piété en ce royaume, a été ce qui l'a fait fleurir si long-temps par dessus tous autres de la chrétienté, et qui a fait décorer nos rois du nom de très chrétiens et premiers enfans de l'église : ayant les uns, pour acquérir ce titre si glorieux, et le laisser à leur postérité, passé les mers et couru jusques aux extrémités de la terre, avec grandes armées, pour y faire la guerre aux infidèles, les autres combattu plusieurs fois ceux qui vouloient introduire nouvelles sectes et erreurs contre la foi et créance de leurs pères, en tous lesquels exploits ils ont toujours été assistés de leurs noblesses, qui très volontiers exposoient leurs biens et vies à tous périls, pour avoir part en cette seule vraie et solide gloire, d'avoir aidé à conserver la religion en leur pays, ou à l'établir ès pays lointains esquels le nom et l'adoration de notre Dieu n'étoit point encore connu : qui auroit rendu leur zèle et valeur recommandable partout, et leur exemple a été cause d'exciter les autres potentats à les ensuivre en l'honneur et au péril de pareilles entreprises et conquêtes ; ne s'étant point depuis cette ardeur et sainte intention de nos rois et de leurs sujets refroidie et changée jusques à ces derniers temps que l'hérésie s'est glissée si avant dans le royaume, et accrue par les moyens que chacun sait et qu'il n'est plus besoin remettre devant nos yeux, que nous sommes enfin tombés en ce malheur, que les catholiques mêmes, que l'union de l'église devoit inséparablement conjoindre, se sont, par un exemple prodigieux et nouveau, armés les uns contre les autres et séparés au lieu de se joindre ensemble pour défense de leur religion.

Ce que nous estimons être avenu par les mauvaises impressions et subtils artifices dont les hérétiques ont usé pour leur persuader que cette guerre n'étoit point pour la religion, mais pour usurper ou dissiper l'état, combien que nous ayant pris les armes, mus d'une si juste douleur, ou plutôt contraints d'une si grande nécessité, que la cause n'en puisse être attribuée qu'aux auteurs du plus méchant, déloyal et pernicieux conseil qui fût

---

[...]ques attachés au parti de Henri IV ayant proposé au duc de Mayenne (v. ci-après déclaration du 27 janvier 1593) de conférer avec les princes et chefs de la ligue sur les moyens d'assoupir les troubles, il fut arrêté qu'on se réuniroit à Suréne, entre Saint-Denis, occupé par Henri IV, et Paris occupé par la ligue. V. avril et mai 1593.

jamais donné à prince; et la mort du roi avenue par un coup malheureux et de la main d'un seul homme, sans l'aide ni su de ceux qui n'avoient que l'occasion de la désirer.

Nous avons encore témoigné que notre seul but et désir étoit de conserver l'état, suivre les lois du royaume, en ce que nous aurions reconnu pour roi monseigneur le cardinal de Bourbon, plus prochain et premier prince du sang, déclaré du vivant du feu roi par ses lettres-patentes vérifiées en tous les parlemens, et en cette qualité, désigné son successeur, où il viendroit à décéder sans enfans mâles; qui nous obligeoit à lui déférer cet honneur, et lui rendre toute obéissance, fidélité et service, comme nous en avions bien l'intention, s'il eût plu à Dieu de le délivrer de la captivité en laquelle il étoit. Et si le roi de Navarre, duquel il pouvoit espérer ce bien, eût tant obligé les catholiques que de le reconnoître lui-même pour son roi, et attendre que nature eût fait finir ses jours, se servant de ce loisir pour se faire instruire et reconcilier à l'église, il eût trouvé les catholiques unis et disposés à lui rendre la même obéissance et fidélité après la mort du roi son oncle.

Mais persévérant en son erreur, il ne nous étoit loisible de le faire, si nous voulions, comme catholiques, demeurer sous l'obéissance de l'église catholique, apostolique et romaine, qui l'avoit excomunié et privé du droit qu'il pouvoit prétendre à la couronne.

Outre ce que nous eussions, en le faisant, enfreint et violé cette ancienne coutume, si religieusement gardée par tant de siècles et la succession de tant de rois, depuis Clovis jusques à présent, de ne reconnoître au trône royal aucun prince qui ne fût catholique, obéissant fils de l'église, et qui n'eût promis et juré à son sacre (1), et recevant le sceptre et la couronne, d'y vivre et mourir, de la défendre et maintenir et d'extirper les hérésies de tout son pouvoir; premier serment de nos rois sur lequel celui de l'obéissance et de fidélité de leurs sujets était fondé et sans lequel ils n'eussent jamais reconnu (tant ils étoient amateurs de notre religion) le prince qui se prétendoit appelé par les lois à la couronne. Observation jugée si sainte et nécessaire pour le bien et salut du royaume, par les états généraux assemblés à Blois en l'année 1576. lorsque les catholiques n'étoient encore divisés en la défense de leur religion, qu'elle fût tenue entre eux comme

---

(1) V. le serment de Henri IV à son sacre, 27 février 1594.

loi principale et fondamentale de l'état, et ordonné avec l'autorité et approbation du roi, que deux de chacun ordre seroient députés vers le roi de Navarre et le prince de Condé, pour leur représenter, de la part desdits états, le péril auquel ils se mettoient pour être sortis de l'église; les exhortant de s'y réconcilier et leur dénoncer, s'ils ne le faisoient, que, venant leur ordre pour succéder à la couronne, ils en seroient exclus perpétuellement comme incapables.

Et la déclaration depuis faite à Rouen, en l'année 1588, confirmée en l'assemblée des derniers états tenus au même lieu de Blois, que cette coutume et loi ancienne seroit inviolablement gardée comme loi fondamentale du royaume, n'est qu'une simple approbation du jugement sur ce donné par les états précédens contre lesquels on ne peut proposer aucun juste soupçon, pour condamner ou rejeter leur avis et autorité. Aussi le feu roi la reçut pour loi et en promit et en jura l'observation en l'église, et sur le précieux corps de notre Seigneur, comme firent tous les députés des états en ladite dernière assemblée avec lui, non seulement avant les inhumains massacres qui l'ont rendu si infâme et funeste, mais aussi depuis, lorsqu'il ne craignoit plus les morts, et méprisoit ceux qui restoient, qu'il tenoit comme perdus et désespérés de tout salut : l'ayant fait pour ce qu'il reconnoissoit y être tenu et obligé par devoir, comme tous les souverains sont, à suivre et garder des lois qui sont comme colonnes principales, ou plutôt bases de leur état.

On ne pourroit donc justement blâmer les catholiques unis qui ont suivi l'ordonnance de l'église, l'exemple de leurs majeurs et la loi fondamentale du royaume, qui requiert au prince qui prétend droit à la couronne, avec la proximité du sang, qu'il soit catholique, comme qualité essentielle et nécessaire pour être roi d'un royaume acquis à Jésus-Christ par la puissance de son évangile qu'il a reçu depuis tant de siècles, selon et en la forme qu'elle est annoncée en l'église catholique, apostolique et romaine.

Ces raisons nous avoient fait espérer que si quelque apparence de devoir avoit retenu plusieurs catholiques près du feu roi, qu'après sa mort, la religion, le plus fort lien de tous les autres pour joindre les hommes ensemble, les uniroit tous en la défense de ce qui leur doit être le plus cher. Le contraire seroit toutefois avenu, contre le jugement et prévoyance des hommes, pour ce qu'il fût aisé en ce soudain mouvement, de leur persuader que nous étions coupables de cette mort à laquelle n'avions aucunement pensé; et que l'honneur les obligeoit d'assister le roi de Navarre qui publioit en vouloir prendre la vengeance et qui leur promettoit de se faire catholique dedans six mois. Et y étant une fois entrés les offenses que la guerre civile produit, les prospérités qu'il a eues, et les mêmes calomnies que les hérétiques ont continué de publier contre nous, sont les vraies causes qui les y ont depuis retenus, et donné moyen aux hérétiques de s'accroître si avant que la religion et l'état en sont en péril.

Quoique nous ayons vu de loin le mal que cette division devoit apporter, et qu'elle seroit cause d'établir l'hérésie avec le sang et les armes des catholiques, que notre réconciliation seule y pourroit remédier, et que pour cette raison nous l'ayons soigneusement recherchée; si n'a-t-il jamais été en notre pouvoir d'y parvenir, tant les esprits ont été altérés et occupés de passion qui nous a empêché de voir les moyens de notre salut. Nous les avons fait prier souventefois de vouloir entrer en conférence avec nous, comme nous offrons de le faire avec eux, pour y aviser; fait déclarer tant à eux qu'au roi de Navarre même, sur quelques propositions faites pour mettre le royaume en repos, que, s'il délaissoit son erreur et se reconcilioit à l'église, à notre saint père et au saint siège, par une vraie et non feinte conversion, et par actions qui puissent donner témoignage de son zèle à notre religion, nous apporterions très volontiers notre obéissance et tout ce qui dépendoit de nous, pour aider à faire finir nos misères; et y procéderions avec une si grande franchise et sincérité, que personne ne pourroit douter que notre intention ne fût telle : ces ouvertures et déclarations ayant été faites lorsque nous avions plus de prospérité et de moyen pour oser entreprendre, si ce désir eût été en nous plutôt que de servir au public, et chercher le repos du royaume.

A quoi chacun sait qu'il auroit toujours répondu qu'il ne vouloit être forcé par ses sujets, appelant contrainte la prière qu'on lui faisoit de retourner à l'église, qu'il devoit plutôt recevoir de bonne part, et comme une admonition salutaire qui lui représentoit le devoir auquel les plus grands rois sont aussi bien obligés de satisfaire que les plus petits de la terre : car quiconque a une fois reçu le christianisme, et en la vraie église, qui est la nôtre, dont nous ne voulons point mettre l'autorité en doute avec qui que ce soit, il n'en peut non plus sortir, que le soldat enrôlé se départir de la foi qu'il a promise et jurée, sans être tenu pour déserteur et infracteur de la loi de Dieu et de son église. Il a encore ajouté à cette réponse, après qu'il seroit obéi et reconnu de tous ses sujets, qu'il se feroit instruire en un concile libre et général, comme s'il falloit des conciles pour une erreur tant de fois condamnée et réprouvée de l'église, même par le dernier concile tenu à Trente, autant authentique et solemnel qu'aucun autre qui ait été célébré depuis plusieurs siècles.

Dieu ayant permis qu'il ait eu de l'avantage depuis par le gain d'une bataille, la même prière lui fut encore répétée, non par nous qui n'étions en état de le devoir faire, mais par personnes d'honneur, désireux du bien et repos du royaume, comme aussi, durant le siége de Paris, par prélats de grande qualité, priés de la part des assiégés, pour trouver quelque remède en leur mal. Auquel temps s'il se fût disposé, ou plutôt si Dieu, par son esprit, sans lequel personne ne peut entrer dans son église, lui eût donné cette volonté, il eût beaucoup mieux fait espérer de sa conversion aux catholiques qui sont justement soupçonneux et sensibles en la crainte d'un changement qui regarde si près à l'honneur de Dieu, à leurs consciences et à leurs vies qui ne peuvent jamais être assurées sous la domination des hérétiques.

Mais l'espoir auquel il étoit lors d'assujettir Paris, et par cet exemple, la terreur de ses armes et les moyens qu'il se promettoit trouver dedans d'occuper le reste du royaume par la force, lui firent rejeter ces conseils de reconciliation à l'église, qui pouvoient unir les catholiques ensemble et conserver leur religion. Dieu les en ayant délivrés, à l'aide des princes, seigneurs et d'un bon nombre de noblesse du royaume et de l'armée que le roi catholique, qui a toujours assisté cette cause de ses forces et moyens, dont nous lui avons très grande obligation, envoya sous la conduite de monsieur le duc de Parme, prince d'heureuse mémoire, assez connu par la réputation de son nom et de ses grands mérites, il ne laissa pourtant de rentrer bientôt en ses premières espérances; pour ce que cette armée étrangère, incontinent après le siége levé, sortit hors le royaume.

Et lui, ayant mandé les siens, assembla, par leur prompte obéissance, une grande armée avec laquelle il se rendit maître de la campagne, et fit publier lors tout ouvertement et sans plus dissimuler, que c'étoit crime de le prier et parler de conversion, avant que l'avoir reconnu, lui avoir prêté le serment d'obéissance et fidélité; que nous étions tenus de poser les armes, de nous adresser ainsi nuds et désarmés à lui par supplication, et de lui donner pouvoir absolu sur nos biens et sur nos vies, et sur la religion même, pour en user comme il lui plairoit la mettant en péril certain par notre lâcheté, au lieu qu'avec l'autorité et les moyens du saint siége, l'aide du roi catholique et autres potentats qui assistent et favorisent cette cause, nous avons toujours espéré que Dieu nous feroit la grâce de la conserver: tous lesquels n'auroient plus que voir en nos affaires, si nous l'avions une fois reconnu: se démêleroit cette querelle de la religion, avec trop d'avantage pour les hérétiques, entre lui, chef et protecteur de l'hérésie, armé de notre obéissance et des forces entières du royaume, et nous qui n'aurions pour lui résister que de simples et foibles supplications adressées à un prince peu désireux de les ouïr et d'y pourvoir.

Quelque injuste que soit cette volonté, et que la suivre soit le vrai moyen de ruiner la religion, néanmoins entre les catholiques qui l'assistent, plusieurs se sont laissés persuader que c'étoit rebellion de s'y opposer, et que nous devions plutôt obéir à ses commandemens et aux lois de la police temporelle, qu'il veut établir de nouveau contre les anciennes lois du royaume, qu'à l'ordonnance de l'église et aux lois des rois prédécesseurs, de la succession desquels il prend la couronne, qui ne nous ont pas appris à reconnoître des hérétiques, mais au contraire à les rejeter, à leur faire la guerre, et à n'en tenir aucune plus juste ni plus nécessaire, quoiqu'elle fût périlleuse, que celle-là.

Qu'il se souvienne que lui-même s'est armé si souvent contre nos rois, pour introduire une nouvelle doctrine dans le royaume; que plusieurs écrits et libelles diffamatoires ont été faits et publiés contre ceux qui s'y opposoient et donnoient conseil d'étouffer de bonne heure le mal qui en naissant étoit foible; qu'il vouloit lors qu'on crût ses armes justes, pour ce qu'il y alloit de la religion et de sa conscience; que nous défendons une ancienne religion aussitôt reçue en ce royaume qu'il a commencé, et avec laquelle il s'est accru jusqu'à être le premier et le plus puissant de la chrétienté, que nous connoissons assez ne pouvoir être gardée pure, inviolable et hors de péril sous un roi hérétique, encore qu'à l'entrée, pour nous faire poser les armes et le rendre maître absolu, on dissimule et promette le contraire.

Les exemples voisins, la raison et ce que nous expérimentons tous les jours, nous devroient faire sages et apprendre que les sujets suivent volontiers la vie, les mœurs et la religion même de leurs rois, pour avoir part en leurs bonnes grâces, honneurs et bienfaits qu'eux seuls peuvent distribuer à qui il leur plaît; et qu'après en avoir corrompu les uns par faveur, ils ont toujours le moyen de contraindre les autres, avec leur autorité et pouvoir. Nous sommes tous hommes, et ce qui a été tenu pour licite une fois, qui néanmoins ne l'étoit, le sera encore après pour une autre cause qui nous semblera aussi juste que la première qui nous a fait faillir. Quelques considérations ont fait que plusieurs catholiques ont pensé pouvoir suivre un prince hérétique et aider à l'établir. L'aspect des églises, des autels, des monumens de leurs pères, plusieurs desquels sont morts en combattant pour ruiner l'hérésie qu'ils soutiennent, et le péril de la religion présent et avenir, ne les en ont point détournés.

Combien devrions-nous donc craindre ses faveurs et sa force, s'il étoit établi et devenu notre maître et le roi absolu, lorsqu'un chacun las et recru, ou plutôt du tout ruiné par cette guerre, qui leur auroit été si peu heureuse, aimeroit mieux souffrir ce qu'il lui plairoit, pour vivre en sûreté et repos, et avec quelque espoir de loyer et récompense, obéissant à ses commandemens, que de s'y opposer avec péril. On dit que les catholiques seroient tous unis lors et n'auroient plus qu'une même volonté pour conserver leur religion : par ainsi qu'il seroit aisé d'empêcher ce changement. Nous devons désirer ce bien, et toutefois nous ne l'osons espérer si à coup.

Mais soit ainsi que le feu éteint, il n'y ait à l'instant plus de chaleur dans les cendres, et que, les armes posées, notre haine soit du tout morte, si est-il certain que nous ne serons pourtant exempts de ces autres passions qui nous font aussi souvent faillir; que nous aurons toujours le péril sur nos têtes, et serons sujets malgré nous aux mouvemens et passions des hérétiques, qui feront, quand ils pourront, par conduite ou par force, et avec l'avantage qu'ils auront pris sur nous ayant un roi de leur religion, ce que nous savons déjà qu'ils veulent. Et si les catholiques vouloient bien considérer dès maintenant les actions qui viennent de leurs conseils, ils y verroient assez clair : car on met les meilleures villes et forteresses qui sont prises en leur pouvoir, ou de personnes qui sont reconnues de tous temps les favoriser. Les catholiques qui y résident, sont tous les jours accusés et convaincus de crimes supposés; la rebellion étant le crime duquel on accuse ceux qui n'en ont point. Les principales charges tombent déjà entre leurs mains. On est venu jusqu'aux états de la couronne. Les bulles (1) de nos saints pères les papes Grégoire XIV

---

(1) Allusion à l'arrêt du parlement de Tours, du 1er juillet 1591.

et Clément VIII, qui contenoient leurs sainctes et paternelles admonitions aux catholiques, pour les séparer des hérétiques, ont été rejetées et foulées aux pieds avec mépris par magistrats qui s'attribuent le nom de catholiques, combien qu'ils ne le soient en effet. Car s'ils étoient tels, ils n'abuseroient la simplicité de ceux qui le sont, par des exemples tirés des choses avenues en ce royaume, lorsqu'il étoit question d'entreprise contre la liberté des priviléges de l'église gallicane, et non de fait semblable au nôtre : le royaume n'ayant jamais été réduit à ce malheur depuis le temps qu'il a reçu notre religion, de souffrir un prince hérétique, ou d'en voir quelqu'un de cette qualité qui ait prétendu droit.

Et si cette bulle leur sembloit avoir quelque difficulté, étant catholiques, ils y devoient procéder par remontrances, et avec le respect et la modestie qui est due au saint siége, et non avec si grand mépris, blasphème et impiété, comme ils ont fait; mais c'est avec dessein, pour apprendre aux autres qui savent être meilleurs catholiques qu'eux, à mépriser le chef de l'église, afin qu'on les en sépare plus aisément après. Il y a des degrés au mal; on fait toujours commencer par celui qui semble le moindre, ou ne l'être point du tout; le jour suivant y en ajoute un autre; puis enfin la mesure se trouve au comble.

C'est en quoi nous reconnoissons que Dieu est grandement courroucé contre ce pauvre et désolé royaume, et qu'il nous veut encore châtier pour nos péchés; puisque tant d'actions qui tendent à la ruine de notre religion, et d'autre côté tant de déclarations par nous faites et si souvent répétées, même depuis peu de jours, d'obéir et nous mettre du tout à ce qu'il plairoit à sa sainteté et au saint siége, ordonner sur la conversion du roi de Navarre, si Dieu lui faisoit la grâce de quitter son erreur, qui devoient servir de témoignage certain de notre innocence et sincérité, et justifier nos armes comme nécessaires, ne les émeuvent pas, et qu'on ne laisse pourtant de publier que les princes unis pour la défense de la religion, ne tendent qu'à la ruine et dissipation de l'état : combien que leur conduite et les ouvertures faites du commun consentement d'eux tous, même des souverains qui nous assistent, soient le vrai et plus assuré moyen pour en ôter la cause ou le prétexte à qui en auroit la volonté.

Les hérétiques s'attachent là-dessus au secours du roi catholique qu'ils voient à regret; et nous tiendroient pour meilleurs François, si nous nous en voulions passer, ou, pour mieux dire, plus aisés à vaincre, si nous étions désarmés : à quoi nous nous contenterons de leur répondre, que la religion affligée et en très grand péril dans ce royaume, a eu besoin de trouver cet appui; que nous sommes tenus de publier cette obligation, et de nous en souvenir perpétuellement; et qu'en implorant le secours de ce grand roi (allié et confédéré de cette couronne), il n'a rien requis de nous; et n'avons fait de notre côté aucun traité avec qui que ce soit, dedans ou dehors le royaume, à la diminution de la grandeur et majesté de l'état, pour la conservation duquel nous nous précipiterons très volontiers à toutes sortes de périls, pourvu que ce ne soit pour en rendre maître un hérétique : mal que nous avons en horreur, comme le premier et le plus grand de tous les autres. Et si les catholiques qui les favorisent et assistent, se vouloient dépouiller de cette passion, se séparer d'avec eux et joindre, non point à nous, mais à la cause de notre religion, et rechercher les conseils et remèdes en commun, pour la conserver et pourvoir au salut de l'état, nous y trouverions sans doute la conservation de l'un et de l'autre, et ne seroit pas au pouvoir de celui qui auroit mauvaise intention, d'en abuser au préjudice de l'état, et de se servir d'une si saincte cause, comme d'un prétexte spécieux, pour acquérir injustement de la grandeur et de l'autorité.

Nous les supplions donc et adjurons au nom de Dieu et de cette même église, en laquelle nous protestons tous les jours les uns et les autres vouloir vivre et mourir, de se séparer des hérétiques; et de bien considérer que demeurant contraires les uns aux autres, nous ne pouvons prendre aucun remède qui ne soit périlleux, et doive faire beaucoup souffrir à cet état et à chacun en particulier, avant que d'y apporter quelque bien : au contraire, que notre reconciliation rendra tout facile et fera bientôt finir nos misères. Et afin que les princes du sang, autres princes et officiers de la couronne, ne soient point retenus et empêchés d'entendre à un si bon œuvre, pour le doute qu'ils pourroient avoir de n'être reconnus, respectés et honorés de nous et des princes et seigneurs de ce parti, selon qu'ils méritent, et au rang et dignité qui leur appartient, nous promettons sur notre foi et honneur de le faire, pourvu qu'ils se séparent des hérétiques; et qu'ils trouveront aussi le même respect et devoir en tous les autres de ce parti. Mais nous les supplions de le faire promptement, et qu'ils coupent le nœud de tant de difficultés qui ne se peuvent délier s'ils ne quittent tout pour servir à Dieu et à son église, s'ils ne se remettent devant les yeux que la religion doit passer par dessus tous autres respects et considérations, et que la prudence ne l'est plus quand elle nous fait oublier en ce premier devoir.

Nous leur donnons avis que, pour y procéder de notre part avec plus de maturité de conseil, nous avons prié les princes, pairs de France, prélats, seigneurs et députés des parlemens et des villes et communautés de ce parti, de se vouloir trouver en la ville de Paris, le 17 du mois prochain, pour ensemblement choisir, sans passion et sans respect de l'intérêt de qui que ce soit, le remède que nous jugerons en nos consciences devoir être le plus utile, pour la conservation de la religion et de l'état. Auquel lieu s'il leur plaît d'envoyer quelques-uns de leur part, pour y faire ouverture qui puisse servir à un si grand bien, ils y auront toute sûreté, seront ouïs avec attention et désir de leur donner contentement.

Que si l'instante prière que nous leur faisons de vouloir entendre à cette réconciliation, et le péril prochain et inévitable de la ruine de cet état, n'ont assez de pouvoir sur eux, pour les exciter de prendre soin du salut commun, et que nous soyons contraints, pour être abandonnés d'eux, de recourir à remèdes extraordinaires, contre notre désir et intention, nous protestons devant Dieu et devant les hommes que le blâme leur en devra être imputé, et non aux catholiques unis, qui se sont employés de tout leur pouvoir, pour, avec leur bienveillance et amitié, même conseils et volontés, défendre et conserver cette cause qui leur est commune avec nous. Ce que s'ils vouloient entreprendre de pareille affection, l'espoir d'un prochain repos seroit certain ; et nous tous assurés que les catholiques ensemble contre les hérétiques leurs anciens ennemis, qu'ils ont accoutumé de vaincre, en auroient bientôt la fin.

Si prions messieurs les gens tenant les cours de parlement de ce royaume, de faire publier et enregistrer ces présentes, afin qu'elles soient notoires à tous, et que la mémoire en soit perpétuelle à l'avenir, à notre décharge et des princes, pairs de France, prélats, seigneurs, gentilshommes, villes et communautés qui se sont unis ensemble pour la conservation de leur religion. En témoin de quoi nous avons signé cesdites présentes de notre main, et y fait mettre et apposer le scel de la chancellerie de France. Donné, etc.

N° 38. — Déclaration *de Henri IV qui porte que nonobstant les dons que le roi pourrait faire des amendes, le parlement commencera par prélever sur leur masse ce qui lui est nécessaire.*

Chartres, 18 janvier 1593 ; reg. au parl. le 19, et en la ch. des compt., le 27 février. (Vol. QQ, f° 116. — Mém. ch. des compt., 4 K, f° 78.)

N° 39. — Déclaration *du parlement séant à Paris qui, sur la demande du procureur général, nomme le premier et le second présidens et 8 conseillers pour assister aux états destinés à faire cesser l'interrègne par l'élection d'un roi, sous la condition que lesdits présidens et conseillers pourront ensuite délibérer sur la vérification qui sera faite de la résolution des états* (1).

Paris, 26 janvier 1593. (Reg. du conseil, 263.)

N° 40. — Arrêté *du conseil du roi (Henri IV), des princes, prélats et officiers de la couronne attachés au parti du roi, par lequel ils offrent au duc de Mayenne et aux princes, prélats de sa maison, et autres députés des provinces, de conférer avec eux sur les moyens d'assurer la paix et de maintenir la religion catholique* (2).

Chartres, 27 janvier 1593 (États généraux, XV, p. 273.)

Les princes, prélats, et officiers de la couronne, et principaux seigneurs catholiques, tant du conseil du roi qu'autres, étant près de sa majesté, ayant vu une déclaration imprimée, sous le nom de M. le duc de Mayenne, en date du mois de décembre, et publiée à son de trompe en ladite ville, le 5° du présent mois de janvier, ainsi qu'il est écrit au pied d'icelle, et venue en leurs mains à Chartres, le 15° jour d'icelui mois, reconnoissent et sont d'accord avec ledit sieur duc, que la continuation de cette guerre, tirant, quant à soi, la dissipation et ruine de

---

(1) V. la déclaration précédente du mois de décembre 1592.

(2) V. ci-devant la déclaration du duc de Mayenne, décembre 1592, et ci-après le récit de ce qui s'est passé aux conférences de Suresne, avril et mai 1593. — A la suite de cette déclaration qui embarrassa beaucoup la Ligue en ce qu'elle faisait retomber sur ses chefs l'odieux de la guerre s'ils refusaient la conférence proposée, une correspondance s'établit entre les princes catholiques attachés à Henri IV et le duc de Mayenne, et le résultat fut que chacun des deux part enverrait douze à quinze députés à Suresne, après avoir reçu un passe-port de sûreté, les ligueurs de Henri IV, et les royalistes du duc de Mayenne.

l'état, en ce royaume, comme c'est une conséquence indubitable, emporte par même moyen la ruine de la religion catholique, ainsi que l'expérience n'en rend déjà que trop de preuves, au grand regret et déplaisir desdits princes et seigneurs, et de tous les autres princes, sieurs et états catholiques, qui reconnoissent le roi que Dieu leur a donné, et lui font service, comme ils lui sont naturellement obligés : lesquels avec ce devoir ont toujours eu pour but principal la conservation de la religion catholique, et se sont d'autant plus roidis avec les armes et moyens en la défense de la couronne, sous l'obéissance de sa majesté, quand ils ont vu entrer en ce royaume les étrangers, ennemis de la grandeur de cette monarchie, et de l'honneur et gloire du nom François, parce qu'il est trop évident qu'ils ne tendent qu'à le dissiper, et que la dissipation en suivroit une guerre immortelle qui ne pourroit produire, avec le tems, autres effets que la ruine totale du clergé, de la noblesse, des villes, et du plat pays : événement qui seroit pareillement infaillible à la religion catholique, en cedit royaume. C'est pourquoi tous bons François et vraiement zélateurs d'icelle, doivent tâcher à empêcher de tout leur pouvoir, le premier inconvénient, dont le second susdit est inséparable, et tous deux inévitables, par la continuation de la guerre. Le vrai moyen pour y obvier, seroit une bonne réconciliation entre ceux que le malheur d'icelle tient ainsi divisés et armés à la destruction les uns des autres. Car sur ce fondement, la religion catholique seroit restaurée, les églises conservées, le clergé maintenu en sa dignité et ses biens, la justice remise ; la noblesse reprendroit sa force et vigueur, pour la défense et repos de ce royaume ; les villes se remettroient de leurs pertes et ruines, par le rétablissement du commerce et des arts et métiers nourriciers du peuple, et qui y sont presque du tout abolis, et même les universités et études des sciences, ont par ci-devant fleuri et donné tant de lustre et ornement à ce royaume, et qui maintenant languissent peu-à-peu ; les champs se remettroient en culture, qui en tant d'endroits sont délaissés en friche, et au lieu des fruits qu'ils souloient produire pour la nourriture des hommes, sont couverts de chardons et d'épines, qui en rendent même la face hideuse à voir ; en somme, par la paix chaque état reprendroit sa fonction, Dieu seroit servi, et tout le peuple, jouissant d'un assuré repos, béniroit ceux qui lui auroient procuré ce bien ; où au contraire, il auroit juste occasion d'exercer et maudire ceux qui l'empêcheront, comme n'y pouvant avoir autre raison que leur ambition particulière.

A cette cause, sur la démonstration que ledit sieur de Mayenne fait par son écrit, tant en son nom, que des autres de son parti, assemblés audit Paris, que ladite assemblée est pour aviser au bien de la religion catholique et repos du royaume, dont par le seul moyen des lieux (où il n'est loisible ni raisonnable à autre que leur parti, d'intervenir) ne peut sortir aucune résolution valable et utile à l'effet qu'il a publié, étant au contraire tout certain que cela ne seroit qu'enflammer davantage la guerre, et ôter tout moyen et espérance de réconciliation entre lesdits princes, prélats et officiers de la couronne, et autres seigneurs catholiques, étant près sa majesté, bien assurés que tous les autres princes, seigneurs, et états catholiques, qui le reconnoissent, concourent avec eux en même zèle à la religion catholique et bien de l'état, comme ils conviennent en l'obéissance et fidélité due à leur roi et prince naturel, ont au nom de tous et avec le congé et permission que sa majesté leur en a donnés, voulu par cet écrit signifier audit sieur de Mayenne et autres princes de sa maison, prélats, sieurs et autres personnes, ainsi assemblés en laditte ville de Paris, que s'ils veulent entrer en conférence et communication des moyens propres pour assoupir les troubles, à la conservation de la religion catholique et de l'état, et députer quelques bons et dignes personnages pour s'assembler en tel lieu qui pourra être choisi entre Paris et Saint-Denis, ils y envoyeront et feront trouver de leur part, au jour qui sera pour ce convenu et accordé, pour recevoir et apporter toutes bonnes ouvertures, qui se pourront excogiter pour un si bon effet, comme chacun y apportant la bonne volonté qu'il doit, ainsi qu'ils le promettent de leur part, ils s'assurent que les moyens se trouveront pour parvenir à ce bien; protestans devant Dieu et les hommes, que si cette voie est rejetée, prenant d'autres moyens illégitimes, qui ne pourroient par conséquent être que pernicieux à la religion et à l'état, et achever de réduire la France au dernier période de toute misère et calamité, la rendant la proie et butin de l'avidité et convoitise des Espagnols, et le triomphe de leur insolence, acquis néanmoins par les menées et passions aveuglées d'une partie de ceux qui portent le nom de François, dégénérant du devoir et de l'honneur qui a été en si grande révérence à leurs ancêtres, la coulpe d'un mal qui en aviendra, ne pourra ni devra justement être imputée, qu'à ceux qui, par tel refus, seront notoirement reconnus en être la seule cause, comme ayant préféré les expédiens qui peuvent servir à leur grandeur et ambition particulière, et de ceux qui les y fomentent, à ceux qui regardent l'honneur de Dieu et le salut du royaume. Fait au conseil du roi, où lesdits princes, et sieurs se sont expressément assemblés, et résolus, avec la permission de sa majesté, de faire la susdite offre et ouverture.

N° 41. — DÉCLARATION *contre le duc de Mayenne et protestation contre les prétendus états tenus ou à tenir par la Ligue dans la ville de Paris.*

Chartres, 29 janvier 1593; reg. au parl. le 8 février. (Vol. 2 Q, f° 104. — Font. IV, 732; — Rec. des traités de paix, II, 543.)

N° 42. — DÉCLARATION *pour l'établissement des administrateurs des hôpitaux, maladeries et autres lieux de charité.*

Chartres, 8 février 1593, reg. au grand conseil, le 1er décembre. (Mém. du clergé, III. p. 437).

N° 43. — CONFÉRENCES *de Surène* (1). — *Troisième séance.*

Surène, 4 mai 1593. (Etats généraux, XV, p. 412.)

Les deux premières séances se passèrent en débats purement préjudiciels sans intérêt. Dans celle-ci, on se communiqua les passeports de sûreté et les pouvoirs. On y arrêta une surséance d'armes de dix jours à 4 lieues de circonférence. Les députés de l'union (la Ligue) étoient l'archevêque de Lyon, l'évêque d'Avranches, l'abbé de Saint-Vincent de Laon, le chevalier André de Brancas, lieutenant-général de Normandie, le chevalier comte de Belin, gouverneur et lieutenant-général de la vicomté et prévôté de Paris, Janin, président au parlement de Dijon, J. L. de Portalier, baron de Talme, député de la noblesse de Bourgogne, Louis de Montigny, député de la noblesse de Bretagne, le sieur de Montolin, député du comté de Champagne, J. Lemaître, président au parlement de Paris, E. Bernard, avocat au parlement de Dijon, député de Bourgogne, Honoré Dulaurens, conseiller et avocat-général au parlement de Provence. On leur adjoignit le seigneur duc de Villeroi, alors absent. Leur pouvoir consistoit à comparoître au nom des princes et états de l'union aux conférences (de Surène), ouïr les ouvertures et propositions du parti contraire, y répondre selon leur prudence, et faire d'eux-mêmes telles propositions et ouvertures qu'ils jugeroient utiles à la réunion des catholiques, à la conservation de l'église catholique, apostolique et romaine, pour lesdits moyens discourus et discutés en faire le

---

(1) V. ci-devant la déclaration du 27 janvier.

rapport à l'assemblée des états de l'union, qui prendroit sur le tout la mesure la plus utile et convenable.

Les députés des seigneurs attachés à Henri IV étoient : l'archevêque de Bourges, MM. de Chavigny, de Bellièvre, de Rambouillet, de Schomberg, de Pontcarré, d'Emerie de Thou, de Revol, tous conseillers au conseil d'état, auquel on adjoignit le sieur de Vic, gouverneur de Saint-Denis. V. ci-après la quatrième séance.

Sommaire de la surséance d'armes.

1° Afin que la conférence fût terminée en toute sûreté, on arrêta qu'il y auroit surséance d'armes pendant dix jours, non-seulement pour MM. les députés, leurs gens, train, suite et bagage, mais aussi pour toutes autres personnes, à quatre lieues à l'entour de Paris, et autant autour de Surène;

Que défense seroit faite à tous gens de guerre de faire aucune course ou acte d'hostilité, injures, outrages de fait ou de paroles à qui que ce fût dans le cercle désigné, sur peine de la vie;

Que néanmoins les droits et impositions qui se levoient sur les vivres et marchandises seroient payés aux lieux accoutumés, sans abus ni fraude.

Quatrième séance.
5 mai 1495. (Etats généraux, XV, p. 419.)

V. ci-dessus la troisième séance. — Celle-ci fut ouverte par l'archevêque de Bourges, député des seigneurs attachés à Henri IV. Il exposa l'état misérable de la France, et il dit que la paix seule pouvoit effacer les traces des discordes civiles. L'archevêque de Lyon (député de la ligue) lui répondit « que de leur part ils n'apportoient aucune passion, mais une pure et sincère volonté à trouver quelque bon et salutaire conseil à la conservation de la religion catholique et de l'état, et qu'ils désiroient, au prix de leur sang, transmettre sûre et entière à leur postérité une religion qui avoit été si chèrement conservée par leurs pères. Arrivant aux moyens de guérir les plaies de l'état, il posa en fait que l'hérésie en étoit la source, et qu'à elle seule il falloit attribuer le saccagement des temples, la démolition des autels et la misère des villes.

« Quant à la paix, que les catholiques la demandoient pourvu que ce fût la paix de Dieu et de l'église: cette paix pour laquelle Jésus-Christ étoit venu diviser le père d'avec le fils, et commander de quitter biens, parens et alliances; Qu'on ne pouvoit se dissimuler que pour jeter les fondemens d'une heureuse et solide paix, il falloit que les catholiques fussent unis dans le dessein de maintenir la religion et de combattre l'hérésie. »

L'archevêque de Bourges répliqua « que si on n'établissoit pour base de la paix l'obéissance d'un roi et prince souverain, c'étoit en vain qu'on parloit de sauver la religion; que ce chef ne pouvoit être autre que celui qui étoit donné de Dieu et de la nature, et qui avoit le droit par l'ordre de la succession et les lois anciennes du royaume, étant issu de tige royale et de la famille de saint Louis.... Qu'il ne falloit faire difficulté de rendre obéissance à son roi légitime et ordonné de Dieu, sans s'enquérir de ses actions et de sa conscience.

« Qu'au reste, il ne présentoit point un roi idolâtre ou faisant profession de la loi de Mahomet, mais un prince qui étoit par la grâce de Dieu chrétien, croyant un même Dieu, une même foi, un même symbole, et séparé seulement par quelques erreurs et diversités touchant les sacremens dont il falloit essayer de le retirer après l'avoir reconnu et lui avoir rendu ce qui lui appartenoit;

« Que s'il n'étoit pas tel qu'on le désiroit, il le falloit inviter et poursuivre de l'être, les prioit et conjuroit de s'y employer tous par communs vœux, intercessions; que l'on avoit beaucoup d'occasions d'espérer ce qu'on désiroit de lui, qu'il en avoit fait les promesses à l'avénement à sa couronne, et par après beaucoup de fois réitérées (1). »

L'archevêque de Lyon prit de nouveau la parole au nom des députés de la ligue. Il reconnut « qu'effectivement la paix et la prospérité des états dépendoient principalement de l'obéissance au prince et de la concorde des sujets, mais que cette concorde ne pouvoit exister s'il y avoit diversité de religion, que l'expérience des trente dernières années l'avoit assez montré;

« Quant à la reconnoissance d'un chef souverain, ils le désiroient et requéroient tous les jours. C'étoit le vœu des provinces, les charges et mémoires de leurs députés, pourvu que ce fût un roi très chrétien de nom et d'effet, digne de la piété de ses ancêtres. Mais de reconnoître et avouer un hérétique pour le roi en ce royaume très chrétien, qui étoit l'aîné de l'église et ancien ennemi des hérésies, c'étoit chose contraire à tout droit divin et

---

(1) V. ci-après 25 juillet sa profession de foi.

humain, aux canons ecclésiastiques et conciles généraux à l'usage de l'église et aux lois primitives et fondamentales de cet état.

« Qu'en effet, la loi de Dieu défendoit expressément d'établir pour roi aucun qui ne fût du nombre des frères, c'est-à-dire de même religion, qui est la vraie fraternité procédant de la conjonction de religion. Suivant ce commandement, les prêtres et sacrificateurs d'Israël, et les mieux instruits en la crainte de Dieu, s'étoient distraits de la sujétion de Jéroboam pour avoir prévariqué en la vraie religion, etc., etc. »

L'orateur invoqua aussi l'autorité des conciles de Latran et de Tolède; il rappela à l'égard du premier que ce concile imposoit à tous les princes le serment d'*exterminer les hérétiques* dénoncés par l'église, et purger leurs royaumes, terres et juridictions de cette ordure d'hérésie; qu'autrement ils étoient excommuniez, et leurs vassaux et sujets déclarés absous du serment de fidélité et de leur sujétion et obéissance. Que ce concile avoit été reçu par toute la chrétienté, et notamment en France, ce qui se voyoit par le serment de nos rois à leur sacre (1) qui étoit tiré mot à mot dudit concile.

A l'égard du concile de Tolède, l'orateur rappela qu'il y étoit décidé qu'un roi ou prince ne pouvoit être reçu avant d'avoir juré de ne souffrir en son royaume aucune personne qui ne fût catholique, que s'il venoit à enfreindre son serment, il fût en exécration et anathème; que si on opposoit que ce concile avoit été fait pour l'Espagne, il répondoit que ce seroit chose honteuse que les François leur cédassent au zèle de la foi et religion.

Arrivant au droit humain, il dit que plusieurs décrets et constitutions ecclésiastiques, plusieurs lois et édits des empereurs Constantin, Théodose, Martin, Justinien avoient déclaré entr'autres peines les hérétiques et leurs fauteurs indignes de tous biens, honneurs, autorités et charges publiques.

Quant aux lois de la monarchie françoise, il dit que sans rappeler le testament solennel de saint Rémy, ni les anciens édits et ordonnances des rois de France, le serment qu'ils prêtoient à leur sacre et qui étoit une condition de celui qu'ils recevoient de leurs sujets suffisoit à prouver combien cette qualité étoit nécessaire et indispensable.

---

(1) Henri IV a prêté ce serment. V. ci-après 27 février 1594.

L'archevêque de Bourges, après en avoir conféré avec ses co-députés, répliqua de nouveau « Que l'écriture ne recommandoit rien tant que l'obéissance due aux rois et princes souverains et étoit pleine d'exemples du respect que les prophètes et les anciens chrétiens leur portoient; qu'on ne lisoit pas que les anciens prophètes s'opposassent et rebellassent aux rois, mais les honoroient, leur assistoient et étoient de leur conseil. » Il rappela la douceur des premiers chrétiens à l'égard des empereurs païens et hérétiques.

« Néron, Dioclétien, Domitien étoient tyrans et persécuteurs de l'église; toutefois n'avoient perdu leur autorité, ni l'obéissance de leurs peuples. Constance, Julien l'apostat, Valens, Zénon, Anastase, Héraclius, Constantin IV et V, etc., étoient hérétiques, néanmoins l'obéissance ne leur avoit été déniée.

Venant aux lois civiles et canoniques, il se contentoit de dire qu'elles frappoient uniquement les hérésiarques et auteurs des hérésies, et non les sectateurs. Qu'au surplus, telles lois et canons n'atteignoient aucunement les princes souverains qui tenoient leurs sceptres immédiatement de Dieu, mais seulement les hommes privés et particuliers, les biens et successions desquels étoient sujets aux lois politiques des magistrats. »

Il répondoit à l'égard des lois fondamentales que ni les états, ni le roi même n'avoient pu violer la loi de succession de cette couronne qui étoit perpétuelle, et ne pouvoient ôter ce que la nature et la loi avoient acquis; que celui qui étoit appelé ne le tenoit que du bénéfice de la loi.

Cinquième séance.

5 mai 1493. (Etats généraux, XV, 459.)

En réponse au dernier discours de l'archevêque de Bourges (1), M. l'archeque de Lyon rappela « que loin d'avoir prêté serment de fidélité au roi de Navarre (Henri IV), ils avoient au contraire fait serment solennel de ne le reconnoître jamais; que six papes, Grégoire XIII et XIV, Sixte V, Urbain VII, Innocent IX et Clément VIII, avoient, par mêmes et conformes jugemens, très expressément défendu de le reconnoître. Il rapporta de longs et nombreux exemples tirés des prophètes et des saints pères pour appuyer son opinion. »

Arrivant aux lois civiles et canoniques contre les hérétiques, il dit « que c'étoit aller contre leur texte que de soutenir qu'elles

---

(1) V. la séance précédente.

n'atteignoient pas les princes; qu'elles condomnaient non seulement les auteurs des hérésies, mais les fauteurs adhérans et complices, et affectoient les princes aux mêmes peines sans respect de qualité, dignité et condition quelconque, comme le danger y étoit beaucoup plus grand, et que les sujets audit cas étoient absous de l'obligation et du serment de fidélité;

Que la loi qui regardoit la conservation de la religion catholique, apostolique et romaine, en ce royaume étoit la souveraine, qui avoit jeté les fondemens de sa grandeur et l'avoit fait reluire par dessus tous autres empires; conséquemment que les autres lois devoient lui céder comme inférieures. »

Après ce discours, les députés du parti de Henri IV s'étant retirés pour délibérer sur la réponse à faire, l'archevêque de Bourges répliqua « que dans le texte des saintes écritures, chaque parti trouvoit des argumens en faveur de ses opinions, mais qu'on en trouvoit le véritable sens dans les prédications de Jésus-Christ et de ses apôtres; qu'il falloit craindre Dieu, honorer le roi; que toute âme devoit être sujette aux puissances ordonnées de Dieu; que faire autrement c'étoit résister à sa volonté et troubler l'ordre et tranquillité publique;

« A l'égard de l'argument tiré de l'autorité des papes, c'étoit un rocher auquel il n'avoit voulu heurter; quant à lui qui parloit, ores qu'un absent, il baisoit très humblement les pieds de sa sainteté, néanmoins il croyoit que les papes étoient depuis long-temps possédez par les Espagnols, et quoique leur intention fût bonne, ils avoient telle peur d'offenser le roi d'Espagne, qu'ils étoient contraints de se laisser emporter aux passions qu'il avoit de troubler la France; qu'on en pouvoit juger par les bulles par eux envoyées et publiées sans garder l'ordre et formalité qui y étoient nécessaires, pour favoriser les desseins d'Espagne;

« Au demeurant, que le roi était un prince grand et généreux, dans la vigueur de l'âge, capable non seulement de gouverner le royaume, mais de le défendre contre les étrangers et de se rendre redoutable à ses voisins, ce qui seroit d'un grand appui pour la défense de l'église. Qu'au contraire, compter sur le secours et promesse du roi d'Espagne, c'étoit s'appuyer *parieti inclinato et materiæ depulsæ*. »

Le reste de la séance fut occupé par des discussions sur l'autorité de la puissance des papes, sur les libertés de l'église gallicane, etc. — Quelqu'un, ajoute le recueil des états, ayant touché un mot de l'élection d'un roi, aucuns se moquoient, disant que ce n'étoit point en France qu'il falloit parler d'élire ou rejeter les rois. — On leur répliqua qu'il ne fallait trouver cela si nouveau, qu'il avoit été ainsi souvent pratiqué pour beaucoup moindre occasion que pour le fait de la religion en tous les royaumes de la chrétienté et fort souvent en Grèce pour l'hérésie, et que c'étoit la cause de la translation de l'empire en Occident. Que particulièrement en France, il y avoit de nombreux exemples en ce genre qu'on pouvoit voir en l'histoire, même en cette notable mutation des trois races; mais qu'il seroit bien plus nouveau de voir un hérétique reconnu pour roi de France. — On répliqua que les exemples de Chilpéric, de Pépin, Louis Carloman, Eudes, Hugues Capet, avoient été menées et pratiquées, et qu'aucun ne doutoit que la couronne de France ne fût héréditaire. — Quelqu'un de la compagnie ajouta qu'on y regarderoit à deux fois avant que de le faire, et que le roi ne s'enfuiroit point pour faire place à celui qu'on auroit fait, et ne manquerait ni de courage ni d'amis pour défendre ce que Dieu et la nature lui avoient acquis.

Sixième séance. (1)

10 mai 1593. (États-généraux, XV, 478.)

N° 44. — Lettres *adressées par Henri IV à plusieurs prélats pour les prier de se trouver à Nantes le 15 juillet, à l'effet de recevoir sa déclaration de professer la religion catholique* (2).

Mantes, 13 mai 1503. (Bibl. royale, manuscr. de Colbert, n. 11. — Cart. de Font., t. 415.)

---

(1) Dans cette séance, l'archevêque de Bourges dit qu'il était venu s'expliquer à cœur ouvert et pendant qu'eux (les députés du parti de Henri IV) s'étaient ouverts, prioient les députés des princes et états d'en faire de même. — L'archevêque de Lyon répondit qu'ils s'étaient assez clairement interprétés; que leur seul but, en entreprenant cette conférence, ne tendoit que par une bonne réunion entre les catholiques, à assurer la religion et conserver l'état, et en tout, se conformer à l'avis et autorité de N. S. P., ne se voulant jamais départir de la sainte alliance du saint siège. — Mais, dit l'archevêque de Bourges, que nous répondez-vous sur la conversion du roi? ne voulez-vous pas nous aider à le faire catholique? — Plût à Dieu, répondit l'archevêque de Lyon, qu'il fût bon catholique, et que notre saint père en pût être bien satisfait! » — La conférence en resta là. V. ci-après, 17 mai, septième séance.

(2) V. les conférences de Suresne, et l'abjuration du roi en l'église de Saint-Denis, à la date du 25 juillet.

N° 45. — Déclaration *par laquelle les princes, seigneurs et officiers de la couronne attachés au service de Henri IV, promettent qu'il ne sera rien conclu aux conférences de Surène contre les droits des protestans* (1).

Mantes, 16 mai 1593. (Bibl. royale, manuscr. de Béthune, vol. 8778, f° 140.)

Nous princes, officiers de la couronne et autres seigneurs du conseil du roy, sous nommés, voulans oster à ceux de la religion dite réformée, toutes occasions de doubter qu'au traité qui se fait à présent à Surène entre les députés des princes, officiers de la couronne et autres seigneurs catholiques qui reconnoissent sa majesté, et par sa permixion, et les députés de l'assemblée de Paris, soit accordé aucune chose au préjudice de ceux de ladite religion et de ce qui leur avoit esté accordé par les édits des feux roys, attendant les résolutions qui pourroient être prises pour le rétablissement et entretenement du repos de ce royaume, avec l'advis des princes, seigneurs et autres notables personnages, tant d'une que d'autre religion que S. M. a avisé de faire venir et assembler en cette ville de Mantes, au 20 juillet prochain, promettons tous, par la permission de S. M., qu'en attendant lesquelles résolutions, il ne sera rien fait ni passé en ladite assemblée de par lesdits députés de nostre part, au préjudice de la bonne unyon et amitié qui est entre les catholiques qui reconnoissent S. M. et ceux de ladite religion ni desdits édits, et ne feront rien ni ordonneront aucun conseil, consentement ou adveu au contraire de ladite unyon et d'iceux édits;

Promettons aussi d'avertir lesdits sieurs députez estant à Surène, de notre présente résolution et promesse par nous faite comme jugée nécessaire pour éviter toute altération entre les bons sujets de Sa M., afin que de leur part ils ayent à s'y conformer. En témoin de quoy nous avons signé la présente, à Mantes, etc.

Signé François d'Orléans, Hurault, Charles de Montmorency, Rogier de Bellegarde, François d'O, François Chabot, Gaspard de Schomberg, E. Jehan de Levis.

N° 46. — Septième *séance.*

Surène, 17 mai 1593. (Etats généraux, XV, 484.)

L'archevêque de Bourges ouvrit cette séance par un discours

---

(1) Les religionnaires attachés au parti de Henri IV, craignant qu'on a

dans lequel il exposa, comme il l'avait déjà fait, que le principal moyen de pacifier le royaume était la reconnaissance d'un roi : « Nous vous avons dit, ajouta-t-il, que nous n'en connaissons autre selon Dieu et l'ancienne et continuelle observance du royaume, ni par raison d'état, qu'en la personne du roi appelé à la couronne par droit successif, qui est sans controverse et lequel ne nous avez nié. Vous arguez seulement le défaut de qualité que nous désirons comme vous pour réunir les cœurs et les volontés de ses sujets, en un même corps d'état sous son obéissance. » Là dessus, le prélat exposa que Henri IV était décidé à prendre à l'égard de la religion les moyens que ses principaux serviteurs lui avaient conseillés. Il rappela à l'assemblée que le roi venait d'adresser une ambassade au pape pour obtenir la main-levée des excommunications prononcées contre lui, et qu'il avait convoqué (1) à Mantes un bon nombre d'évêques et autres prélats et docteurs catholiques pour être instruit et se bien résoudre avec eux de tous les points concernant la religion catholique. »

L'archevêque de Lyon ayant demandé à conférer quelque temps avec ses collègues sur la nouvelle qu'on venait leur annoncer, répondit qu'ils étaient fort aises de la conversion du roi de Navarre, qu'ils désiraient qu'elle fût sincère, mais qu'il paraissait assez extraordinaire qu'on vînt leur annoncer pareille nouvelle quand deux jours auparavant on avait reçu des lettres expédiées par le roi de Navarre, portant assignation de six vingt mille écus pour l'entretenement des ministres et écoliers en théologie ; qu'ils étaient fort ébahis comme ceux qui étaient catholiques pouvaient ouïr telles abominations et y participer, etc.... L'archevêque de Bourges ayant répondu que ces lettres avaient été accordées en 1591 sur l'importunité des gens de la religion réformée, on lui répliqua qu'il en existait d'autres de cette année qui étaient signées, mais non encore scellées. — On convint là-dessus de part et d'autre qu'il fallait y remédier tous ensemble crainte de voir encore pis.

N° 47. — Huitième séance.

Surène, 20 mai 1593. (Etats généraux, XV, 497.)

L'archevêque de Lyon ouvrit cette séance par le rapport de ce

---

sacrifiât leurs intérêts dans les conférences de Surène, obtinrent cette déclaration.

(1) V. ci devant 13 mai, et ci-après 25 juillet.

qui s'était passé à la précédente; puis abordant les ouvertures faites par les catholiques du parti de Henri IV, il dit à l'égard de la conversion, que personne ne la rejetait, que même c'était la plus courte voie pour terminer les maux de l'état; mais que la plus part, et principalement l'ordre de l'église tenait cette offre pour fort suspecte, et que cette conversion était plutôt un coup d'état que de religion; qu'une maladie si invétérée n'était aisée à guérir sans une rare et extraordinaire grâce et miracle spécial de Dieu. Et ce qui augmentait les soupçons de cette fiction était que cette conversion ne semblait procéder du propre mouvement, mais par importunités humaines; on remarquait encore que cette proposition n'avait été faite dès le commencement, mais après deux autres bien diverses de reconnaître le roi de Navarre, tel qu'il était, et de le sommer de se faire catholique; et après tout à coup, et d'un plein saut, on le proposait converti. L'orateur conclut de l'exemple de Henri VIII et d'Elisabeth d'Angleterre que l'hérésie est hypocrite et peut dissimuler quelque temps pour arriver à son but.

Il déclara cependant « que le meilleur conseil et expédient à suivre était de laisser le jugement de cette conversion au pape, véritable soleil de la foi qui saurait bien fondre le mensonge s'il y en avait; qu'au surplus, on en conférerait et qu'on leur rendrait incessamment plus ample réponse.

N° 48. — EDIT *d'anoblissement de 24 personnes dans le ressort du parlement de Paris.*

Mai 1593; reg. en la ch. des compt. le 4 décembre. (Mém. ch. des compt., 4 K, f. 513.)

N° 49. — NEUVIÈME *séance.*

A la Roquette, près Paris, 5 juin 1593.

L'archevêque de Lyon ouvrit encore cette séance en s'excusant lui et les députés de la ligue d'avoir tant tardé à leur faire réponse, mais leur dit que l'affaire était si importante de soi qu'il avait été nécessaire d'en conférer avec beaucoup de personnes.

La réponse qu'on avait à leur faire, quant à la conversion du roi de Navarre était : « qu'on désirait la voir vraie et sans aucune fiction, mais qu'on avait tout lieu de la croire suspecte; qu'en effet, la foi s'annonçait par des œuvres, et que s'il était touché de quelqu'inspiration, il ne demeurerait plus dans son hérésie et n'en ferait point l'exercice public ni prêterait l'oreille à ses ministres, mais blâmerait et détesterait publiquement son erreur, etc., etc.; que cependant il ne leur appartenait pas d'approuver ou d'improuver ladite conversion, mais en laissaient le jugement à N. S. père le pape qui seul avait l'autorité d'y pourvoir.

Qu'à l'égard des traités de paix, ils n'y pouvaient entrer pour plusieurs grandes considérations; qu'en effet ce serait traiter avec le roi de Navarre qui était hors l'église, à laquelle ils ne pouvaient le tenir pour réuni et réconcilié jusqu'à ce qu'on eût su la volonté du saint-siége, etc..... »

L'archevêque de Bourges après en avoir conféré avec ses collègues, répondit : « que la conversion du roi ramènerait sûrement un grand nombre de ses sujets à son imitation. Qu'au reste, il y voulait procéder bientôt, et si solennellement que toute la chrétienté connaîtrait son intention et sincérité. Que s'il n'avait point encore donné de preuves de conversion, il n'y avait rien d'étonnant à cela. Constantin en avait fait de même, etc.; qu'au reste, il avait délibéré de se retirer à S. S. et désirait lui donner toute satisfaction, rendre tout respect et soumission et prêter l'obédience qu'avaient de coutume les princes chrétiens ses prédécesseurs.

« Mais en ce qui concernait l'état, si S. S. cuidait y toucher aucunement, pour la connexité des censures et déclaration de la capacité ou incapacité du royaume, il les croyait trop bons Français pour prétendre que les étrangers s'en pussent aucunement mêler, et qu'ils savaient assez les droits et lois du royaume et libertés de l'église gallicane, et que les étrangers même qui n'avaient moindre jalousie à la souveraineté de leurs états, ne voulaient souffrir que les papes entreprissent aucune connaissance sur leur temporel, etc...

« Pour la difficulté qu'on faisait de vouloir entrer au traité de la paix et sûreté pour la conservation de la religion, il n'y voyait rien ni savait aucune raison ou scrupule qui les en dût empêcher; car le roi résolu, et ayant donné parole d'être catholique, c'était beaucoup avancé d'employer le temps qui se présentait à faire ledit traité; qu'ils ne traitaient pas avec le roi, mais avec eux qui étaient catholiques, et qu'ils pourraient faire la réserve que s'il ne satisfaisait à sa promesse, tout ce qu'on ferait serait nul. »

L'archevêque de Lyon répliqua « que tout ce qu'on avait avancé sur la conversion du roi de Navarre n'était que raison humaine et considérations d'état qui n'étaient moyens capables de recevoir la foi et grâce de Dieu, etc.... Trouvait bonne l'offre qu'on faisait de rendre à S. S. le respect et soumission qui appartenait; mais qu'il fallait que ce fût en effet et par une vraie humilité chrétienne et obéissance filiale, remettant entièrement la conversion à son jugement, mais non avec les conditions et modifications qu'on proposait, qui étaient les ouvertures d'un schisme pernicieux et dangereux;

« Confessait qu'en ce qui était du temporel, cette couronne ne dépendait que de Dieu seul, et ne reconnaissait autre; que comme Français et nourris à la connaissance des lois du royaume, ils savaient ce qui était de la dignité et souveraineté d'icelui; mais que là où il était question de la foi et religion, comme d'être réconcilié à l'église, d'être absous des censures ecclésiastiques et excommunication et ce qui en dépendait, c'était au pasteur de l'église universelle d'en avoir la connaissance. — La séance ayant été interrompue et reprise après le dîner, ledit archevêque de Lyon répéta ce qu'il avait déjà dit, qu'il fallait remettre le jugement de la conversion au S. P.; que faire autrement, c'était introduire dans le royaume un schisme très dangereux. »

L'archevêque de Bourges répliqua « qu'il entendait bien qu'on mandât au saint-siége, mais ne se voulait obliger si c'était avant ou après; que s'expliquant plus avant, il allait de lui-même proposer une ouverture, laquelle il cuidait que MM. ses collègues ne désavoueraient pas; c'était que le roi se ferait absoudre *ad futuram cautelam*, et irait à la messe, et après avoir eu l'absolution, manderait une ambassade à Rome pour demander la bénédiction du pape et lui faire l'obédience accoutumée, pour user du mot usité en cour de Rome. Car, pour parler librement, ils ne voulaient pas mettre le roi en cette peine et hasard, et sa couronne en compromis au jugement des étrangers, et sous prétexte de connexité et dépendance de l'excommunication, lui bailler connaissance de l'incapacité prétendue. Combien que ce n'était proprement excommunication, mais déclaration, et qu'il y avait des remèdes domestiques et ordinaires; qu'il montrerait quand il serait besoin par droit commun, par raisons et par exemples que les évêques pourraient bien y pourvoir en France, et qu'on savait assez quels étaient les priviléges de l'église gallicane.

« Car si le pape voulait *repellere eum à limine judicii*, dire qu'il est relaps, impénitent, condamné, ou entrer en autres semblables considérations, où en serait-il? quelle faute aurait fait son conseil? en quel état serait cette couronne? qui serait le curateur aux biens vacans? Aux personnes privées on pourrait user de ces termes-là, mais aux personnes illustres et de si haute et éminente dignité, même aux rois et princes souverains qui portaient leurs couronnes sur la pointe de leurs épées et n'étaient attachés aux lois et constitutions vulgaires; que pour parler bon français, ils n'étaient résolus d'engager la couronne delà les monts. »

On répondit à ce discours en demandant de produire les canons et exemples qui autorisaient les évêques à pouvoir révoquer et rétracter les jugemens du saint-siège, confirmés par 5 ou 6 papes tout de suite, qui ne pouvaient être que jugemens souverains et arrêts du Saint-Esprit. En définitive, on ne voyait que le pape qui pût trancher la difficulté.

« Que ferons-nous donc, dit l'archevêque de Bourges? Trouvez-nous quelques moyens; joignez-vous avec nous, prions le pape qu'il fasse ce bien à la France. M. de Mayenne nous y peut beaucoup aider et se rendre garant envers sa sainteté de la bonne volonté du roi, etc. — La conférence se termina en pourparlers de ce genre, et la séance suivante fut remise au 11 juin.

N° 50. — Dixième *et dernière séance.*

À la Villette, près Paris, 11 juin 1593. (États généraux, XV, 533.)

Comme il avait été convenu dans une séance précédente qu'on ne procéderait plus que par écrit, l'archevêque de Bourges remit à l'assemblée, après lui en avoir donné lecture, un écrit signé de lui et de MM. Chavigny, Bellièvre, Gaspard de Schomberg, Camus, de Thou et Revol, dans lequel on résumait tous les débats qui avaient eu lieu dans les précédentes conférences, et on répondait aux objections faites par les députés de l'union. — Ce fut à l'occasion de ces conférences et de la promesse de conversion de Henri IV, que le cardinal de Plaisance, légat du pape, envoyé près la ligue et les chefs de l'union, effrayés des progrès que faisait le parti du roi, résolurent de choisir au plus tôt un roi de nation étrangère. — V. ci-après l'arrêt du parlement de Paris du 28 juin.

N° 51. — **Arrêt** *du parlement séant à Paris qui annulle tous traités faits ou à faire qui appelleraient au trône de France un prince ou une princesse étrangère, comme contraire à la loi salique et autres lois fondamentales de l'état* (1).

Paris, 28 juin 1593. (Bibl. royale, rec. de pièces in-8°, 1491/26, pièce 7.)

La cour, sur la remontrance ci-devant faite à la cour par le procureur général du roi et la matière mise en délibération, ladite cour, toutes les chambres assemblées, n'ayant, comme elle n'a jamais eu, autre intention que de maintenir la religion catholique, apostolique et romaine et l'état et couronne de France, sous la protection d'un bon roi très chrestien, catholique et françois,

A ordonné et ordonne que remontrances seront faites cette après-dînée par maistre Jean Lemaistre président, assisté d'un bon nombre de conseillers en ladite cour, à M. le duc de Mayenne, lieutenant général de l'estat et couronne de France, en la présence des princes et officiers de la couronne, estant à présent en ceste ville, à ce qu'aucun traité ne se fasse pour transférer la couronne en la main de prince ou princesse estrangers;

Que les lois fondamentales de ce royaume soient gardées et les arrêts donnés par ladite cour pour la déclaration d'un roi catholique et françois exécutés; et qu'il y ait à employer l'autorité qui lui a été commise pour empescher que sous prétexte de la religion, ne soit transférée en main étrangère contre les lois du royaume; et pourvoir le plus promptement que faire se pourra au repos ou soulagement du peuple, pour l'extrême nécessité en laquelle il est réduit; et néanmoins dès à présent ladite cour déclare tous traités faits et à faire ci-après pour l'établissement de prince ou princesse étrangers nuls et de nul effet et valeur, comme faits au préjudice de la loi salique et autres lois fondamentales de l'état.

---

(1) Cet arrêt fut rendu sous la présidence du premier président Lemaître, sur la proposition du conseiller Marillac, à l'occasion des propositions faites par le legat du pape aux états de la ligue, d'élire pour roi le prince Ernest d'Autriche qui épouserait l'infante d'Espagne. — V. ci-devant les conférences de Surène. C'est par cet arrêt que l'on vit se produire le *tiers-parti* qui fut si favorable à Henri IV, puisque n'ayant point contre lui de haine personnelle ou de motifs d'ambition, il se rangea de son côté dès qu'il eût fait profession publique de la religion catholique. — V. ci-après 25 juillet.

N° 52. — **Profession de foi faite par Henri IV lors de son abjuration.**

Saint-Denis, 25 juillet 1593. (Bibl. royale, manuscr. de Béthune, vol. coté 893, f° 39.)

Moi, Henry, par la grâce de Dieu, roy de France et de Navarre, je crois de ferme foi, et confesse tous et un chacun les articles contenus au symbole de la foy, duquel use la sainte église romaine, savoir est :

Je crois en Dieu le père tout-puissant, créateur du ciel et de la terre et choses visibles et invisibles; et en un souverain Seigneur J.-C. fils unique de Dieu, engendré du père avant tous les siècles, Dieu de Dieu, lumière de lumière, vray Dieu de vray Dieu, engendré, non pas créé, consubstantiel au père, etc. (Suit la série des propositions du concile de Nicée).

Je crois et embrasse fermement les traditions des apôtres et de la sainte église, avec toutes les constitutions et observations d'icelle;

J'admets et reçois la sainte écriture, selon et au sens que cette mère sainte église tient et a tenu, à laquelle appartient de juger de la vraye intelligence et interprétation de ladite écriture, et jamais je ne la prendrai ni exposerai que selon le commun accord et consentement des pères.

Je confesse qu'il y a sept sacremens de la nouvelle loy vraiement et proprement ainsi appelés institués par N. S. J.-C. et nécessaires (mais non pas tous à un chacun) pour le salut du genre humain, lesquels sont le baptême, la confirmation, la sainte Eucharistie, la pénitence, l'extrême-onction, l'ordre et le mariage, et que pour iceux la grâce de Dieu nous est conférée, et que ceux du baptême, de la confirmation et de l'ordre ne se peuvent réitérer sans sacrilège.

Je crois aussi les cérémonies approuvées par l'église et usitées en l'administration solennelle des sacremens;

Je crois aussi et embrasse tout ce qui a été défini et déclaré par les saints conciles touchant le péché originel et de la justification;

Je crois qu'en la sainte messe on offre à Dieu un vrai, propre et propitiatoire sacrifice pour les vivans et pour les morts; et que au saint sacrement de l'Eucharistie est vraiement, réellement et substantiellement le corps et le sang de N. S. J.-C. avec l'âme et la divinité, et qu'en icelui est faite une conversion de toute la substance du pain au corps et du vin au sang, laquelle conversion l'église appelle transsubstantiation;

Je confesse aussi que sous l'une des espèces on prend et reçoit J.-C. tout entier en son vray sacrement;

Je confesse qu'il y a un purgatoire où les âmes détenues peuvent être soulagées des suffrages et bienfaits des fidèles;

J'avoue qu'on doit honorer et invoquer les saints et saintes bienheureux et régnans avec J.-C., lesquels prient et offrent à Dieu leurs oraisons pour nous, et desquels on doit vénérer les saintes reliques;

Comme aussi que l'on doit avoir et retenir les images de notre rédempteur J.-C. et de sa bienheureuse mère perpétuellement vierge, et des autres saints et saintes en leur faisant l'honneur et la révérence qui leur appartient.

J'avoue davantage que notredit rédempteur a laissé en son église la puissance des indulgences et que l'usage en est très salutaire au peuple chrétien.

Je reconnois la sainte église catholique, apostolique et romaine, mère et supérieure de toutes les églises, promets et jure la vraie obédience, ainsy que l'ont rendue les rois de France nos prédécesseurs au saint père de Rome, successeur de saint Pierre, chef des apôtres et vicaire de J.-C.

J'approuve sans aucun doute et fais profession de tout ce qui a été décis et terminé, et déclaré par les saints canons et conciles généraux, et rejette, reprouve et anathématise tout ce qui leur est contraire et toutes hérésies condamnées, rejetées et anathématisées par l'église.

En cette foi catholique, *hors laquelle il n'y a point de salut*, et nul ne se peut sauver, et dont je fais présentement profession, je promets, moyennant la grâce de Dieu, persister entièrement et inviolablement jusqu'au dernier soupir de ma vie. — Fait à, etc.

N° 53. — LETTRES *closes de Henri IV aux cours de parlement au sujet de sa conversion.*

Saint-Denis, 25 juillet 1593. (Cart. de Font., Bibl. royale, t. 417-1593. — Manuscr. de Colbert, v. 14, f° 106.)

N° 54. — *Trêve de trois mois accordée entre Henri IV et le duc de Mayenne* (1).

A la Villette près Paris, dernier juillet 1593, lue et publ. le lendemain aux lieux accoutumés. (Cart. de Font., Bibl. royale, 1593, t. 417. — Rec. des traités de paix, II, p. 547.)

N° 55. — Déclaration *du duc de Mayenne et des états de la ligue pour la publication du concile de Trente.*

Paris, 7 août 1593. (États généraux, XV, 583.)

Charles de Lorraine, duc de Mayenne, lieutenant général de l'état royal et couronne de France, les princes, pairs, et officiers de la couronne, et les députés des provinces, faisant le corps des états généraux de la France, assemblez à Paris, pour aviser aux moyens de défendre et conserver la religion catholique, apostolique et romaine, et remettre ce royaume en son ancienne dignité et splendeur, A tous présens et à venir, salut.

Nous reconnoissons assez que les durs fléaux qui ont par plusieurs années si misérablement affligé ce pauvre royaume, procèdent de l'ire de Dieu, irrité contre nous par nos vices et péchez: entre lesquels ceux qui touchent directement contre son honneur, sont ceux qui offensent davantage sa divine bonté, et par le châtiment desquels il déploye ses verges plus rigoureuses. En ce nombre pouvons nous mettre au premier rang l'hérésie, source de tous malheurs, depuis l'introduction de laquelle nous avons toujours vu par un juste châtiment de Dieu, nos divisions s'accroître, et nous avoir à la fin poussés jusques au sommet de toutes misères et calamitez. Cette offense première en a traîné avec soi une seconde très pernicieuse, qui est la corruption des mœurs, et l'anéantissement des bonnes et saintes ordonnances de l'église, l'observation desquelles venant à être moins pratiquée et mise en usage par la licence effrénée que l'hérésie y a introduite, le débordement y a pris peu à peu telle accroissance, que nous nous sommes enfin fort éloignez de cette première et ancienne discipline, qui a fait par tant de siècles fleurir l'église catholique, et donné tant de réputation à ce royaume très chrétien.

Comme donc ces deux défauts sont les principales et premières causes qui ont irrité Dieu à l'encontre de nous; ainsi ne faut-il

---

(1) V. au mois de mai les conférences de Suresne. — L'objet de cette trève dont le parti de la ligue avait surtout besoin était de permettre aux laboureurs de faire leur récolte.

pas que nous espérions apaiser son courroux, et faire finir nos malheurs, sinon en recherchant et pratiquant les moyens d'éteindre l'hérésie, et de rappeler en l'église l'ancienne discipline et pureté des mœurs. Et l'un et l'autre remède, nous ne trouvons ailleurs plus présent et efficace, qu'en l'observation du saint concile universel de Trente: lequel, pour le regard de la doctrine, a si saintement déterminé ce que les vrais et fidèles catholiques doivent fermement croire, et réfuté si vertueusement toutes les erreurs que ce misérable siècle avait produites, qu'on y reconnoît une manifeste assistance de la grâce du Saint-Esprit: et en ce qui concerne les mœurs, a mis sus en l'église avec tant de prudence les anciennes loix, et renouvelé si religieusement cette première discipline ecclésiastique, jadis célébrée en France, que nous ne pouvons attendre autre meilleur moyen pour l'y voir luire, comme elle a fait autrefois, que l'observation d'icelui.

A ces causes d'un même avis et consentement, avons dit, statué et ordonné, disons, statuons et ordonnons, que ledit saint sacré concile universel de Trente, sera reçu, publié et observé purement et simplement en tous lieux et endroits de ce royaume: comme présentement, en corps d'états généraux de France, nous le recevons et publions. Et pour ce, exhortons tous archevêques, évêques et prélats, enjoignons à tous autres ecclésiastiques d'observer, et faire observer, chacun en ce qui dépend de soi, les décrets et constitutions dudit saint concile. Prions toutes cours souveraines, et mandons à tous autres juges, tant ecclésiastiques que séculiers, de quelque condition et qualité qu'ils soient, de le faire publier et garder en tout son contenu selon sa forme et teneur, et sans restrictions ni modifications quelconques.

N° 56. — DÉCLARATION *de Henri IV qui promet pardon et abolition à ceux qui se retireront dans le délai d'un mois du parti des rebelles.*

Mantes, 27 octobre 1593. reg. au parl. le 1er février 1594. (Vol. 2 Q, f° 180. — Font. IV, 756.)

N° 57. — LETTRES *de provision de l'office de connétable de France vacant par la mort d'Anne duc de Montmorency, pair, connétable et grand-maître de France, en faveur de Henri duc de Montmorency, premier baron chrétien, et maréchal de France.*

Vernon, 8 octobre 1593; reg. au parl. le 21 novembre 1595, et en la ch. des
comptes le 25 juin 1597. (Vol. 2 S, f° 165. — Mém. ch. des comptes, 4 O,
f° 230.)

N° 58. — Serment du roi à son sacre (1).

Chartres, 27 février 1594. (Cérémonial François, in-f°, tom. premier,
p. 361.)

Hæc populo christiano et mihi subdito, in Christi promitto
nomine. In primis, ut ecclesiæ Dei omnis populus christianus
veram pacem nostro arbitrio in omni tempore servet.

Item, ut omnes rapacitates, et omnes iniquitates omnibus gra-
dibus interdicam.

Item, ut in omnibus judiciis æquitatem et misericordiam præ-
cipiam ut mihi et vobis indulgeat suam misericordiam clemens
et misericors Deus.

Item, *de terra meâ ac jurisdictione mihi subditâ universos
hæreticos ab ecclesiâ denotatos pro viribus bonâ fide*, EXTER-
MINARE *studebo*.

Hæc omnia supradicto firmo juramento. Sic me Deus adjuvet,
et hæc sancta Dei evangelia.

FIN DE L'INTERRÈGNE.

N° 59. — Edit *sur la réduction de Paris* (2).

Paris, mars 1594; reg. au parl. de Paris en la ch. des compt., en la cour des
aides et en celles des monnaies, le 28. (Vol. 2 R, f° 1. — Font. IV, 763.)

HENRY, etc. Comme puis le temps qu'il a pleu à Dieu de nous
appeller à ceste couronne, nostre principal désir et but où toutes
nos actions ont tendu, ait esté d'establir en cestuy nostre royaume
un bon et asseuré repos, afin que cessans les désordres, violences, et malheurs de la guerre, Dieu y soit servy selon ses saincts

---

(1) La quatrième partie de ce serment, celle d'exterminer les hérétiques,
fut introduite par le concile de Latran, en 1219, sous le pape Innocent III. Ce
serment, qui fut d'abord prêté par saint Louis, l'a été depuis par tous ses successeurs jusqu'à Louis XVI, qui n'en a pas moins toléré la liberté des cultes et
adouci les rigueurs de l'édit de 1685 contre les protestans. — V. la cérémonie du
sacre de Charles X, et nos observations, supplément à 1825. (Recueil des lois
et ordonnances du royaume, p. 210.) — L'exemple de Henri IV, le plus loyal
et le plus populaire des rois de France, prêtant le serment d'exterminer les hérétiques, c'est-à-dire ses plus fidèles et meilleurs sujets, démontre combien la
probité a peu de poids dans les affaires d'état.

(2) On trouve à la même époque un grand nombre d'édits semblables qui
contiennent à peu près les mêmes dispositions.

commandemens, et l'authorité des loix et de nostre justice remise, soubs la protection de laquelle les trois ordres de nostredit royaume peussent jouyr heureusement et en paix de ce qui justement leur appartient. Pour à quoy parvenir, aurions, comme un chacun sçait, employé tous nos moyens, nostre sang et nostre propre vie, postposant la mort au blasme et à l'infamie qui justement tomberoit sur nous si nous souffrions l'injuste usurpation et dissipation qu'aucuns présument faire de ceste couronne de France. Et pour n'obmettre chose qui soit au pouvoir d'un bon prince afin de remettre parmy nos subjets l'union, la paix et la tranquillité si nécessaire et si désirée par tous les bons François, avons avec beaucoup de patience supporté et donné au public les offenses et téméraires entreprises de plusieurs : lesquels, sans ce respect, méritoient d'estre chastiez et réprimez par très-griefves, très-rigoureuses et exemplaires punitions : nous avons pour ceste considération, après les victoires, pardonné et donné la vie à ceux qui ont attenté contre la nostre.

Et pour la grande compassion que nous avons euë de la capitale ville de nostre royaume, pour en éviter le sac et espargner le sang de plusieurs bons citoyens qui ne participoient aux malheureux desseins de ceux qui y fomentoient la rebellion, avons mieux aymé demeurer frustrez de l'obéissance qui nous y est deuë que de voir les hommes innocens qui y habitent, les femmes et les petits enfans, et tant de beaux édifices exposez à la violence, à la rage et à la fureur du feu et des cousteaux.

Avons en outre, pour les causes et considérations susdites accordé et octroyé au mois de juillet dernier une trève générale pour trois mois, pendant lesquels les députez du party de ceux qui nous désobéissent, nous feirent entendre et asseurèrent qu'ils envoyeroient promptement pardevers nostre sainct père le pape, pour avoir son bon advis sur la résolution qu'ils auroient à prendre en la conclusion d'une bonne et perdurable paix et réconciliation avec nous qui sommes leur roi et prince naturel. En quoy aussi nous furent faites de leur part de très-expresses promesses qu'ils s'y employeroient avec toute loyauté et affection pour remettre le repos en ce royaume : ce qui nous rendit plus faciles à accorder ladicte trève, bien que nous cogneussions assez les désavantages qui d'ailleurs nous en advenoient : et qu'au faict des armes eussions beaucoup davantage sur eux : mesme durant le pour-parlé de la paix, pris par force la ville et chasteau de Dreux à la veuë des principaux chefs de leur party, assistez de leurs prolecteurs d'Espagne : et qu'il ne nous défaillit lors le moyen de presser tellement ladicte ville de Paris, que la nécessité des vivres les eust en fin conseillés de secouër le joug de ceux qui par tant d'années tyrannisoient et abusoient insolemment de leur misérable patience : mais nous cédasmes de notre authorité pour le désir que nous avions que nostre sainct père le pape demeurast en toutes choses satisfaict, et peut estre au vray informé de nos actions et comportemens : auquel aussi nostre dessein estoit d'avoir recours, luy descouvrir nos playes et implorer son ayde, faveur, conseil et assistance : et pour cest effect aurions choisi nostre très-cher et bien-aymé cousin, le duc de Nevers, prince très-accomply en toutes vertus, plein de prudence, de piété et de grands mérites, lequel préférant le service de Dieu et bien de cest état aux incommoditez de sa santé, hazard et longueur du chemin, a courageusement entrepris le voyage pardevers sa saincteté.

Et pour le regard des députez dudit party, que l'on promettoit d'y envoyer si asseurément en toute diligence, on n'a point sceu durant les trois mois qu'a duré ladite trève que l'on aye faict compte de les faire partir : et bien que depuis la conclusion de ladite trève de trois mois, nous n'eussions descouvert en toutes leurs actions que toute mauvaise volonté au rétablissement du repos public de ce royaume, des despouilles duquel ils prétendent se revestir et s'enrichir du sang et des moyens des bons et loyaux François : en ce mesmement qu'il est tombé entre nos mains un certain serment faict par les principaux dudit party, presque en même temps qu'ils signèrent la trève, et nous promettoient de traicter de bonne foy, et adviser aux moyens de conclure une bonne paix, se réconcilier à nous, et pour cest effet, d'envoyer à Rome pour avoir le bon et prudent advis de nostre sainct père : contenant ledit serment qu'ils ne traicteroient jamais de paix ny d'accord avec nous : en quoy ils se laissèrent tellement emporter aux passions des ministres du roy d'Espagne, qu'ils ne réservèrent pas seulement l'authorité de nostre sainct père pardevers lequel ils disoient vouloir envoyer : dont ayant esté irritez et offensez comme mérite un tel cas : sur ce néantmoins qu'ils nous requirent de prolonger la trève pour autres deux mois, jusques à la fin du mois de décembre dernier, remonstrans qu'il seroit impossible si nous leur refusions ce délay, que leurs députez peussent arriver à temps à Rome pour se trouver à la résolution qui s'y pourroit prendre pour la réunion de tous nos subjects sous nostre obéissance : aurions pour le désir que nous avons de justifier à nostre sainct père nos actions, préféré le respect que nous luy voulons porter à l'utilité et seureté de nos affaires, qui reçoivent beaucoup d'incommodité et de reculement par le moyen desdits délais et prolongation de la trève que leur accordasmes pour les mois de novembre et décembre derniers.

Mais jugeans du peu de désir qu'ils avoient de voir finir les misères de ce royaume avec l'authorité qu'ils ont injustement usurpée sur une partie d'iceluy : jugeans aussi par les longueurs si artificieusement par eux recherchées, que vray-semblablement ils ne tendent à autre but qu'à prolonger le malheur de la France et assurer pour eux l'injuste usurpation des villes et pays qu'ils y ont occupé : nous, pour ces causes, ayant mis les choses susdites en considération et meure délibération du conseil, résolûmes de leur refuser la prolongation de la trève pour les mois de janvier, février et mars, dont ils nous requeroient avec telle instance que nous eusmes juste occasion de croire que telle poursuite se faisoit non pour parvenir à une bonne conclusion de paix, mais plustost à ce qu'estans durant ledit temps les forces du roy d'Espagne arrivées à la frontière de nostre pays de Picardie, les introduisans dans nostre royaume, ils eussent plus de moyen de nous recommencer la guerre à la ruine de nos bons et loyaux subjects, ce que Dieu par sa saincte grâce n'a voulu permettre, nous ayant fait voir par les dépesches qui ont esté interceptées en leurs mauvais desseins et obstinée résolution à nourrir et perpétuer le mal en cestuy nostre royaume, ayant sa bonté divine prins en sa spéciale protection la deffense de nostre juste cause, et mis au cœur d'un infiny nombre de nos bons vassaux et subjects, de recognoistre le devoir auquel naturellement ils nous sont obligez, comme il est apparu en la réduction qui a esté faite depuis trois mois en çà, sous nostre obéissance, des villes de Meaux, de Lyon, d'Orléans, de Bourges, de Pontoise, et autres.

Mais la mémoire ne se perdra jamais de l'heureuse réduction de nostre bonne ville de Paris, capitale de ce royaume, advenuë le 22ᵉ jour du mois de mars, avec telle douceur, police, ordre et modération, qu'un seul citoyen ne se peut justement plaindre qu'il luy aye esté faict tort ny offense en chose quelle qu'elle soit : l'entrée d'une armée irritée a plustost ressemblé à la joyeuse entrée qui s'est faite cy-devant aux rois nos prédécesseurs à l'advénement à leur couronne : la réjouissance, les applaudissemens du peuple qui a veu son roi si désiré, n'ont pas esté moindres que s'ils eussent eu la mesme seureté qui leur est donnée par ces présentes, de nostre grâce, faveur, protection, et de l'oubliance des choses passées, avec asseurance que ne perdrons jamais la souvenance du mérite de ceux qui se sont monstrez fermes et vertueux à nostre service.

Ce que considérans, et la spéciale bonté, dont en ceste occasion il a pleu à Dieu de nous favoriser, nous nous tenons et sentons obligés plus que tous les hommes de ce monde, de penser et veiller continuellement comme nous pourrons rendre nos actions et comportemens aggréables devant la saincte face de sa divine providence : laquelle comme elle surpasse ce que l'esprit de l'homme peut comprendre en douceur, clémence et bonté : aussi nous a-t-elle voulu laisser pour enseignement, et tesmoigner par l'exemple, et par la parole de son fils Jésus-Christ, que ceux qui voudront estre tenus pour ses enfans, doivent oublier les offenses. Pour ceste occasion, recognoissans qu'il n'y a rien qui nous donne plus de tesmoignage que nous sommes faits à la ressemblance de Dieu, que la clémence et débonnaireté, oublians d'un franc courage les offences et fautes passées : avons déclaré et déclarons par ces présentes, que nous avons repris, et reprenons en nostre bonne grâce, les citoyens, manans et habitans de nostre bonne ville de Paris : avons de nostre grâce spéciale, et authorité royale, aboly et abolissons les choses avenües en ladite ville, durant et à l'occasion des présens troubles, que voulons et ordonnons demeurer esteinctes, abolies et assoupies, et tenües comme non advenües : et pour cest effect, après avoir eu sur ce l'advis des princes, et autres seigneurs de nostre conseil estans près de nous, avons statué et ordonné les choses qui ensuivent.

(1) Voulons et ordonnons, suyvant l'édict de pacification faict par le feu roy nostre très-cher sieur et frère, en l'an 1577. Et les déclarations depuis par nous faictes pour l'observation d'iceluy, que dans la ville et faux-bourgs de Paris, et les dix lieües ès environs désignées par ledit édict, il ne se fera autre exercice de la religion que de la catholique, apostolique et romaine : défendons très-expressément à toutes personnes sur les peines de nos ordonnances, de ne molester ny inquiéter les ecclésiastiques en la célébration du service divin, jouissance et perception des fruicts et revenus de leurs bénéfices, et de tous autres droicts et devoirs qui leur appartiennent, desquels à ces fins leur avons faict et faisons par ces présentes, pleine et entière main-levée :

voulons et entendons, que tous ceux qui depuis ces présents troubles se sont emparez des églises, maisons, biens et revenus appartenans ausdits ecclésiastiques résidans au dedans du diocèse de Paris, tant de ceux qui sont assis en iceluy, que partout ailleurs au dedans de nostredit royaume, et qui les détiennent et occupent, leur en délaissent l'entière possession et libre jouissance, avec tels droicts, libertez et seuretez qu'ils avaient auparavant qu'ils fussent dessaisis.

(2) Et pour plus ample et perpétuelle déclaration et tesmoignage de la singulière affection et amour que nous portons à nostre bonne ville de Paris, l'avons remise, réintégrée et restituée, remettons, réintégrons, et restituons en tous les anciens priviléges, droits, concessions, octroys, franchises, libertes et immunitez, qui cy-devant luy ont esté accordez par les roys nos prédécesseurs, que nous luy octroyons de nouveau, confirmons, et continuons par ces présentes, pour en jouyr et user à l'advenir tout ainsi qu'elle en a bien et deüement jouy par le passé, et auparavant les présens troubles : tant en ce qui concerne l'université, corps et hostel-de-ville, prévost des marchans, eschevinage, et officiers d'icelle, que tous autres corps, colléges et communautez, de quelque tiltre et qualité qu'ils soient, que cy-devant et auparavant lesdits troubles y ont esté establis.

(3) Et pour oster toute occasion de recherches, procez et querelles à l'advenir, à cause des choses passées durant lesdits troubles, avons en déclarant plus amplement nostre volonté sur la descharge et abolition contenüe cy-dessus, dit et ordonné, disons et ordonnons, que la mémoire de tout ce qui s'est passé en ladite ville de Paris, et és environs, pour le regard de ce qui peut concerner lesdits habitans, et autres qui se seront trouvez dans ladite ville, lors de la réduction d'icelle, lesquels feront dans huict jours après la publication des présentes, les sermens et promesses contenües en nostre déclaration, cy-devant publiée en nostre parlement séant à Tours, depuis le commencement des présens troubles, et à l'occasion d'iceux jusques à présent, demeurera esteinte et assoupie, tant en la prise des armes, entreprise des villes, forcemens d'icelles, chasteaux, maisons, et forteresses, démolitions d'icelles, prises de deniers des receptes générales, particulières, décimes, gabelles et ventes de sel, impositions mises sur iceluy, et toutes autres impositions et levées de deniers, tant en ladite ville qu'és environs, traictes et impositions foraines mises sur les denrées et marchandises, vivres, fontes

d'artillerie et boullets, confection de pouldres et salpestres, et autres munitions de guerre, fabrication de monnoyes, practique, levées de gens de guerre, conduitte et exploit d'iceux, ligues, négotiations et traitez faicts tant dedans que dehors le royaume, ventes de biens meubles, couppe de bois taillis et haulte-fustaye, amendes, butins, rançons, et tous autres actes d'hostilité, et généralement toutes autres choses qui ont esté faictes, gérées et négotiées en quelque forme et manière que soit, en public et particulier, durant les présens troubles et à l'occasion d'iceux, sans que lesdits habitans ny aucuns d'iceux en puissent à l'advenir estre poursuivis, inquiétez, molestez, ny recherchez en quelque sorte et manière que ce soit : voulons à ceste fin qu'ils en demeurent quittes et deschargez, imposant sur ce silence perpétuel à nos procureurs généraux, et à toutes autres personnes. Entendons aussi et leur enjoignons très-expressément qu'ils ayent à se despartir de toutes ligues, traictez, associations, pratiques, intelligences, tant dedans que dehors ce royaume, contraires à nostre authorité, sur peine d'estre punis comme criminels de lèze-majesté. Et pour éviter toute occasion de querelle et dispute entre nos subjects, leur avons inhibé et deffendu, inhibons et deffendons par ces présentes de s'entre-injurier, reprocher, offencer ne provoquer l'un l'autre, de fait, ou parole, pour raison de ce qui s'est passé durant et pendant lesdits troubles, ains se contenir, et vivre paisiblement ensemble, comme bons frères, amis et concitoyens, soubs l'observation de nos édicts, sur peine aux contrevenans d'estre punis sur-le-champ, et sans autre forme ne figure de procez, comme perturbateurs du repos public.

(4) Voulons en outre et ordonnons que tous arrests, commissions et exécutions d'icelles, décrets, sentences, jugemens, contracts et autres actes de justice, donnez entre personnes de mesme party, et entre-tous autres qui auront volontairement contesté tans ès cours souveraines, prévosté de Paris, siége présidial, et autres cours et jurisdictions de ladite ville, prévosté et vicomté, durant lesdits troubles, sortent effect.—Et ne sera faict aucune recherche des exécutions de mort qui ont esté faictes durant iceux, par authorité de justice, ou par droict de guerre et commandement des chefs. Et pour le regard des arrests, sentences, et jugemens donnez contre les absens tenans divers partis, soit en justice criminelle ou civile, en toutes les cours souveraines de ce royaume, et jurisdiction d'icelles, demeureront

nuls et sans effect, pour quelque cause et occasion que ce puisse estre : comme aussi tous jugemens et arrests donnez à l'encontre du comte de Brissac en conséquence du party qu'il a tenu, sont cassez et révoquez, ensemble les dons par nous faicts ou par nostre prédécesseur, des biens à luy appartenans, en considération du grand, loyal et recommandable service qu'il nous a faict, et à l'universel de ce royaume, en la réduction soubz nostre obéissance de nostredite bonne ville de Paris. Et quant aux exécutions de mort, qui ont esté faites d'aucuns desdits habitans, pour raison des cas dépendans desdits troubles, voulons et entendons que lesdites exécutions ne portent préjudice à l'honneur et mémoire des défuncts : et que les confiscations que nos procureurs ont prétendu ou pourroient prétendre, n'auront aucun lieu, au préjudice de leurs veufves, enfans et héritiers.

(5) Voulons et nous plaist, que tous lesdits habitans qui satisferont auxdites promesses, submission et serment, rentrent en la jouissance de leurs biens, offices, dignitez et domaines, en quelque lieu qu'ils soient situez et assis : révocant tous dons et concessions faites d'iceux au préjudice de ceux ausquels ils appartenoient, ou de leurs veufves et héritiers.

(6) Et pour le regard des saisies qui ont esté cy devant faictes sur les biens, héritages, rentes et revenus desdits habitans de Paris, et autres lieux de ladite prévosté et vicomté qui satisferont ausdites promesses et submissions, en quelques lieux que lesdits biens soient situez et assis, demeureront nulles. Et donnons à iceux habitans pleine et entière main-levée desdites saisies, et leur avons quitté et remis ce qui nous en pourroit estre deu à cause d'icelles : nonobstant tous dons qui en pourroient avoir esté faits, que nous avons cassez et révoquez, cassons et révoquons, sans avoir esgard aux obligations et promesses non acquittées, faictes par les laboureurs ou fermiers, tant aux donataires, qu'aux commissaires et fermiers de justice, lesquelles seront et demeureront nulles. Et quant aux debtes et crédits deuz ausdits habitans, voulons que sans avoir esgard aux dons qui en pourroient avoir esté faits, que nous avons pareillement cassez et revoquez, cassons et révoquons, ils puissent contraindre et faire contraindre ceux qui leur sont obligez par cédules, promesses, obligations ou transports, en la mesme forme qu'ils eussent fait ou peu faire avant lesdits troubles.

(7) Toutes provisions d'offices faictes par le duc de Mayenne demeureront nulles et de nul effect. Et néantmoins ceux qui ont

obtenu lesdites provisions par mort ou résignation de ceux de mesme party, (excepté les estats de présidens en nos cours souveraines) seront conservez esdites offices par nos lettres de provision, qui sur ce leur seront expédiées sans payer finance. Comme aussi seront conservez par la mesme forme les nouveaux officiers par nous érigez sur le faict du sel, qui ont obtenu provisions du duc de Mayenne, lesquelles demeureront pareillement nulles et de nul effect.

(8) Ceux qui ont esté pourveuz par le duc de Mayenne, de bénéfices non consistoriaux, estant dans ladite ville, vacquez par mort, y seront aussi conservez, en prenant de nous les expéditions pour ce nécessaires : et demeureront nulles celles qui leur ont esté accordées par le duc de Mayenne.

(9) Et pour le regard de ceux desdits habitans, qui ne se sont trouvez dans ladite ville lors de la réduction d'icelle, en quelque part qu'ils puissent avoir esté ou estre, jouyront du mesme bénéfice que les autres qui s'y sont trouvez, s'ils s'y retirent dans un mois après la publication des présentes, et faisant par eux lesdites submissions pour y vivre sous nostre obéissance.

(10) Tous ceux desdits habitans qui sortiront de ladite ville soubs nos passe-ports, pour se retirer en autres lieux de nostre obéissance, jouyront de leurs biens sans qu'ils y soient troublez ni molestez, se comportant modestement, sans faire chose contraire à la fidélité qu'ils nous doivent, et en faisant les submissions et promesses cy-dessus contenuës.

(11) Pour soulager lesdits habitans, ne pourront durant la présente année les debteurs des rentes constituées estre contraints de payer plus de l'année courante des arrérages d'icelles, par chacun quartier, sans préjudice des autres arrérages précédens, pour lesquels sera faict reiglement le plus au soulagement d'un chacun que faire se pourra.

(12) Que les comptes rendus à Paris durant les troubles, par aucuns comptables pardevant les officiers des comptes qui ont résidé, ne seront subjects à révision, si ce n'est ès cas de l'ordonnance.

(13) N'entendons toutesfois comprendre en ces présentes ce qui a esté faict par forme de volerie, et sans adveu, pour raison de quoy nous avons permis et permettons à toutes personnes de se pourvoir par les voyes de justice, ainsi que bon leur semblera : comme aussi sont exceptez tous ceux qui se trouveront coulpables de l'exécrable assassinat commis en la personne du feu roy

nostre très-cher sieur et frère, que Dieu absolve, et de conspiration sur nostre vie : et pareillement tous crimes et délits punissables entre gens de mesme party.

Si donnons, etc.

N° 60. — DÉCLARATION *qui rétablit à Paris le parlement transféré à Tours* (1).

Paris, 27 mars 1594; reg. au parl. le lendemain. (Vol. RR, f° 7. — Font. IV, 741.)

N° 61. — LETTRES-PATENTES *qui nomment Loisel et Pithou procureurs généraux au parlement de Paris en l'absence des titulaires.*

Paris, 27 mars 1594; reg. au parl. le 28. (Vol. RR, f° 1.)

N° 62. — ARRÊT *du parlement de Paris, toutes chambres assemblées, qui annulle tous les arrêts, décrets, ordonnances et autres actes de la ligue, qui révoque la charge de lieutenant général conférée au duc de Mayenne, etc.* (2).

Paris, 30 mars 1594, publié à son de trompe dans les carrefours de Paris le lendemain. (Mém. de Nevers, tom. II ; — Reg. du parl., vol. 267, reg. du cons. — États-généraux, t. XV, p. 595.)

La cour, ayant, dès le douzième jour du mois de janvier dernier, interpellé le duc de Mayenne de reconnoître le roy, que Dieu et les loix ont donné à ce royaume, et procurer la paix, sans qu'il y ait voulu entendre, empesché par les artifices des Espagnols et leurs adhérans : et Dieu ayant, par sa bonté infinie, délivré cette ville de Paris, des mains des étrangers, et réduite à l'obéissance de son roy naturel et légitime, après avoir solemnellement rendu grâces à Dieu de son heureux succès, voulant employer l'autorité de la justice souveraine du royaume, pour, en conservant la religion catholique, apostolique et romaine, empescher que, sous le faux prétexte d'icelle, les étrangers ne s'emparent de l'état, et rappeler tous princes, prélats, seigneurs, gentilshommes, et autres sujets à la grâce et clémence du roy, à une générale réconciliation, et réparer

---

(1) V. l'édit de translation à la date de février 1589. — La cour des aides fut rétablie à la même époque, ainsi que les autres juridictions que la guerre civile avait fait transférer hors de Paris.

(2) C'est en exécution de cet arrêt que tous les rec. officiels des actes de la ligue ont été supprimés.

ce que la licence des guerres civiles a altéré de l'autorité des loix et fondement de l'état, droits, honneurs de la couronne. La matière mise en délibération en ladite cour, toutes les chambres d'icelle assemblées,

A déclaré et déclare tous arrests, décrets, ordonnances et sermens donnez, faits et prêtez depuis le 29.e jour de décembre 1588, au préjudice de l'autorité de nos roys et loix du royaume, nuls et extorqués par force et violence; et comme tels les a révoquez, cassez et annulez, et ordonné qu'ils demeureront abolis et supprimez. Et par spécial a déclaré, et déclare tout ce qui a été fait contre l'honneur du feu roy Henri III, tant de son vivant que depuis son décès, nul : et fait deffenses à toutes personnes de parler de sa mémoire, autrement qu'avec tout honneur et respect; et outre, ordonne qu'il sera informé du détestable parricide commis en sa personne, et procédé extraordinairement contre ceux qui s'en trouveront coupables;

A ladite cour révoqué et révoque le pouvoir ci-devant donné au duc de Mayenne, sous la qualité de lieutenant-général de l'état et couronne de France : fait deffenses à toutes personnes de quelque état et conditions qu'elles soient, de le reconnoître en cette qualité, lui prêter aucune obéissance ou faveur, confort et aydes, à peine d'être punis comme criminels de lèze-majesté, au premier chef : Sur les mêmes peines enjoint audit duc de Mayenne et autres princes de la maison de Lorraine, de reconnoître le roy Henri IV de ce nom, roy de France, pour leur roy et souverain seigneur; et lui rendre l'obéissance et service dus, et à tous princes, prélats, seigneurs, gentils-hommes, villes, communautés et particuliers de quitter le prétendu parti de l'union, duquel ledit sieur duc de Mayenne s'est fait chef; et rendre au roy service, obéissance et fidélité, à peine d'être lesdits princes, seigneurs et gentilshommes, dégradez de noblesse et déclarez roturiers eux et leur postérité, de confiscations de corps et biens, rasemens et démolitions de villes, châteaux et places qui seront réfractaires aux commandemens et ordonnances du roy;

A cassé et révoqué, casse et révoque tout ce qui a été fait, arresté et ordonné par les prétendus députés de l'assemblée tenue en cette ville de Paris, sous le nom d'états-généraux de ce royaume, comme nul et fait par personnes privées, choisies, pratiquées pour la plupart par les factieux de ce royaume, et partisans de l'Espagnol, et n'ayant aucun pouvoir légitime; fait defenses auxdits prétendus députés de prendre cette qualité; et ne plus s'assembler en cette ville ou ailleurs, à peine d'être punis comme perturbateurs du repos public et criminels de lèze-majesté;

Et enjoint auxdits prétendus députés, qui sont encore de présent en cette ville de Paris, de se retirer chacun en leurs maisons, pour y vivre sous l'obéissance du roy, et faire le serment de fidélité pardevers le juge des lieux : a aussi ordonné et ordonne qu'à l'occasion d'iceux cesseront, et au lieu d'icelle sera à perpétuité solemnisé le 22ᵉ jour de mars, et audit jour faite procession générale en la manière accoutumée, où assistera ladite cour en robes rouges, en mémoire et pour rendre graces à Dieu de l'heureuse délivrance et réduction de ladite ville en l'obéissance du roy.

Et afin que personne ne puisse prétendre cause d'ignorance de ce présent arrêt, a ordonné et ordonne qu'il sera leu et publié, à son de trompe et cry public par tous les carrefours de cette ville de Paris, lu et publié en tous les sièges de ce ressort : et à cette fin sera imprimé à la diligence du procureur général du roy, et de tous les substituts ausquels elle a enjoint de tenir la main à l'exécution d'iceux et en certifier ladite cour;

A ordonné et ordonne que les avocats et procureurs receus en icelle, tant auparavant les présens troubles que pendant iceux, continueront l'exercice de leurs charges, en faisant par eux le serment de fidélité, duquel sera fait lecture.

N° 63. — DÉCLARATION *pour la punition des blasphémateurs* (1).

Paris, 6 avril 1594. (Traité de la police, liv. I, tit. 6, ch. 3.)

N° 64. — DÉCLARATION *qui accorde aux rebelles un nouveau délai pour rentrer sous l'obéissance du roi.*

Paris, 4 avril 1594; reg. au parl. le 6 du même mois. (Vol. 2 R, f° 18.)

---

(1) V. sous François 1ᵉʳ note sur l'édit du 30 mars 1514. Les peines portées par l'édit de Henri IV sont une amende de dix écus pour la première fois, du double pour la seconde et punitition corporelle pour la troisième. — Bien que ces mots *punition corporelle* remplacent la spécification des anciennes ordonnances, le traité de la police de Delamarre cite l'exemple d'un homme condamné

N° 65. — Édit confirmatif de celui relatif aux privilèges des courtiers de vins de Paris (1).

Paris, avril 1594; reg. au parl. le 15 juin. (Vol. RR, f° 90.)

N° 66. — Édit de confirmation des privilèges des 50 porteurs de grains et de farine aux ports et halles de Paris (2).

Paris, avril 1594; reg. au parl. le 14 mai. (Vol. RR, f° 59.)

N° 67. — Édit de création d'un office de commissaire général et surintendant des coches et carrosses publics (3).

Paris, avril 1594; reg. au parl. le 12 mai 1595 sur lettres de jussion. (Vol. SS, f° 10. — Traité de la police, liv. VI, tit. XV, ch. X.)

HENRY, etc. Nous avons reçu et recevons journellement plusieurs plaintes et doléances des facultés, abus et malversations qui se sont ci-devant commises et commettent de jour en autre au fait et conduite des coches générales et publiques, ci-devant établis en nostre royaume, et pour le soulagement et commodité des voyages, que aulcuns sont contraints et désirent faire par pays, se faisant conduire d'un lieu en autre, tant pour le train et traficq de marchandises, que autres affaires: mais au lieu d'en recevoir les utilités et commodités qu'en espèrent, ils se trouvent fort incommodez et oppressez par le mauvais ordre qui y est à présent, et pourroit continuer et augmenter par ung très-grand

---

en 1599 à avoir la langue percée par un fer chaud, les deux lèvres fendues, et au bannissement à perpétuité pour blasphèmes.

(1) V. février 1415, sous Charles VI. — Le traité de la police, qui donne presque tous les édits sur cette matière ne cite même pas celui-ci.

(2) Les autorités municipales ont encore le droit de commissionner les portefaix. Ces corporations à Marseille sont redoutables; elles se sont formées par acte notarié.

(3) Ce fut sous le règne de Charles IX que s'introduisit l'usage des coches ou carrosses pour Paris et pour les provinces. Des lettres patentes de Henri III, du 10 octobre 1575 (dont nous n'avons pas donné le texte), accordent à un particulier le droit de commettre telles personnes qu'il voudrait pour la conduite des coches de Paris, Orléans, Troyes, Rouen et Beauvais. — L'édit de 1594 peut être considéré comme le premier règlement fait pour la solidité des voitures et la sûreté des voyageurs. — Dans son enregistrement du 12 mai 1595, le parlement taxa le prix des places à un écu 1/4 pour le transport de Paris à Orléans, Rouen et Amiens, et proportionnellement pour les autres villes du royaume. Il soumit en outre le commissaire contrôleur à faire deux fois par mois un rapport à la police des abus commis dans la conduite et sur l'entretien des coches. — V. ci-après sous Louis XIII, le règlement du 25 février 1623, et celui du 26 juillet suivant, et la loi de 1829 sur la police des voitures publiques.

nombre de personnes eux disans cochers, voituriers, et messagers, qui sans aucun s'ingèrent de faire ladite charge qu'ils n'entendent, ni l'exercice d'icelui, aux grands périls, pertes, dommages, inconvéniens et frais excessifs de ceulx à eulx, ou plus ou pis pourroit advenir, s'il n'y étoit par nous pourvû d'un bon et certain réglement, juste, équitable, faisant cesser tous lesdits désordres; et à cette fin commettre et députer quelque personnage bien entendu et expérimenté au fait dudit exercice, pour faire garder ledit réglement et les ordonnances ci-devant faites, ou qui seront ci-après, par les voyes de justice, et faire punir les contrevenans, et avoir la superintendance sur tous lesdits coches publiques, ceux qui les tiennent à ferme, et autres qui y sont employez, et de tout ce qui en dépend : surquoi, après avoir été certifiés de la commodité par aucuns nos spéciaux conseillers à ce par nous commis, y avoir meurement délibéré, nous avons fait mettre cette matière de rechef en délibération en notre conseil d'état, de l'avis duquel nous avons créé et érigé, créons et érigeons en chef et titre d'office formé, de notre pleine puissance et autorité royale, créons et érigeons par ces présentes ung estat et office de commissaire général et superintendant de tous les coches publics de cetui notredit royaume, establies, ou qui seront établies, pour faire garder ledit réglement qui en sera fait par notre prévost de Paris, ou son lieutenant civil juge de la police, auquel nous donnons et attribuons la connoissance de tenir la main qu'il ne se fasse aucunes exactions outre le réglement et taxes qui en seront sur ce faites par notredit prévôt de Paris, ou son lieutenant civil; et que toutes lesdits coches publiques soient attelées bien et duëment, comme il appartient, de bons et forts chevaux pour tirer, mener et conduire lesdits coches publiques, par cochers et gens capables et expérimentez pour les conduire; et que lesdites coches soient maintenuës et entretenuës en bon équipage, afin qu'il n'y advienne aucun d'estourbier ou empêchement au publicq, tellement qu'ils puissent arriver en lieux propres et accoustumez pour les respuës et gistes; pour dudit état pourvoir tel que bon nous semblera, aux honneurs, autorités, prérogatives, prééminences, franchises, libertés, que nous attribuons, droits et taxe qui en sera faite par notredit prévost de Paris, ou son lieutenant civil, juge de la police, auquel nous donnons pouvoir privativement à tous autres d'y faire et dresser tous réglemens et taxes nécessaires.

Si donnons en mandement, etc.

N° 68. — **Déclaration** *qui défend l'usage de l'or et de l'argent sur les habits* (1).

Saint-Germain, 10 mai 1594; reg. au parl. le 23. (Vol. 2 R, f° 60.)

N° 69. — **Lettres** *de confirmation des privilèges des maîtres jurés et de la communauté des buffetiers, vinaigriers et moutardiers de Paris.*

Paris, mai 1594; reg. au parl. le 20 juillet. (Vol. 2 R, f° 145.)

N° 70. — **Lettres** *de confirmation des privilèges accordés aux descendans d'Eudes le maire, dit* Chalo Saint-Mas (2).

Paris, mai 1594; reg. au parl. le 9 décembre. (Vol. 2 R, f° 275. — Joly, I. 674.)

N° 71. — **Lettres** *de confirmation des statuts des maîtres et gardes de la communauté des épiciers-apothicaires de Paris* (3).

Paris, juin 1594; reg. au parl. le 26 juin 1603. (Vol. 2 X, f° 62.)

N° 72. — **Lettres** *de confirmation des privilèges de l'université de Paris* (4).

Paris, 23 juin 1594; reg. au parl. le 17 août suivant et en la cour des aides, le 26 avril 1595. (Vol. 2 R, f° 193. — Rec. des priv. de l'univ. de Paris, p. 46 et 141.)

N° 73. — **Arrêt** *du conseil qui révoque les concessions d'eaux publiques, et qui prononce une amende de 200 écus contre ceux qui détournent à leur usage particulier les eaux de Paris* (5).

Paris, 23 juillet 1594. (Girard, Eaux de Paris, in 4°, p. 193, 1812.)

---

(1) V. note sur les lettres patentes de François 1er (mars 1514) qui rappelle toute la législation ancienne sur cette matière.

(2) V. sous Henri III, note sur la déclaration du 26 mars 1575, et la révocation de ces privilèges par l'édit de mars 1601.

(3) C'est une confirmation d'un règlement de 1560 enregistré au châtelet de Paris, dont nous n'avons pas donné le texte. V. édit de Charles VIII, août 1484; id. de Louis XII, juin 1514.

(4) V. note sur l'ordonn. de François 1er, du mois d'avril 1515, et ci-après 1598, règlement des 4 facultés de l'université de Paris.

(5) V. à sa date ordonn. de Charles VI, du 9 octobre 1392, qui supprime les concessions d'eau faites aux particuliers; lettres patentes de Henri II du 14 mai 1554 qui ordonnent la suppression des fontaines particulières (celles-ci omises dans notre recueil). — V. ci-après lettres patentes du 19 décembre 1608; de

N° 74. — LETTRES *de provision de l'office d'amiral de France vacant par la démission de Charles de Gontaut, baron de Biron, en faveur d'André de Brancas, seigneur de Villars.*

Paris, 23 août 1594. (Blanchard, compil. chronol.)

N° 75. — DÉCLARATION *qui soumet à un nouveau tarif les marchandises sujettes à l'imposition foraine, haut passage, etc. de la traite d'Anjou.*

Paris, 28 sept. 1594; reg. en la cour des aides le 23 février 1595. (Font. II, 145. — Corbin, rec. de la cour des aides, p. 847.)

N° 76. — DÉCLARATION *qui confirme dans leurs offices les secrétaires du roi créés par le duc de Mayenne.*

Paris, 6 octobre 1594; reg. en la ch. des compt. le 2, et au grand conseil le 5 décembre 1594, et au parl. le 10 mai 1595. (Vol. 2 S, f° 20. — Hist. de la chancel., I. 245.)

N° 77. — ARRÊT *du parlement de Paris, qui condamne à mort Jean Châtel, comme criminel de lèse-majesté au 1er chef, et qui chasse les jésuites du royaume comme corrupteurs de la jeunesse et perturbateurs du repos public* (1).

Paris, 28 décembre 1594, prononcé et exécuté le lendemain. (Reg. du parl. de Paris. — Dulaure, Hist. de Paris, V. 165.)

Veu par la court du Parlement, les grand-chambres et tournelles assemblées, le procès criminel commencé par le prévost à faire de l'hostel du roy, et depuis parachevé d'instruire en icelle, à

Louis XIII, 4 et 7 décembre 1612; arrêt du conseil du 19 mai 1623, id. du 3 octobre 1625, lettres patentes du 26 mai 1635; lettres du prévôt des marchands du 18 août 1660; arrêt du conseil du 26 novembre 1666; règlement du bureau de la ville de Paris du 1er juillet 1670; arrêt du conseil du 22 avril 1671; jugement du prévôt et des échevins de Paris, 21 juillet 1733; lettres patentes du 17 février 1777; arrêt du conseil du 3 novembre 1787; id. du 18 avril 1788; id. 11 avril 1789. — V. la loi du 29 floréal an X, qui ordonne la dérivation de la rivière d'Ourcq.

(1) Cet arrêt fut rendu à l'occasion de la tentative d'assassinat commise le 27 décembre par J. Chatel sur la personne de Henri IV. — Ce J. Chatel était élève des jésuites, qui tenaient à Paris le collège dit de Clermont. Le parlement, dans les recherches qu'il fit faire à cette occasion, trouva chez le jésuite Guignard un ouvrage manuscrit rempli d'injures contre la plupart des rois de l'Europe, et notamment contre Henri IV. Le parlement ne se contenta pas de chasser les jésuites, il fit pendre le P. Guignard pour cet ouvrage manuscrit, qui n'avait jamais vu le jour, et qui ne faisait que répéter les principes de la Ligue. — V. ci-après, note sur l'édit du 7 janvier 1595, et la consultation du barreau de Bourges sur le mémoire à consulter de M. de Montlosier (Paris 1826).

la requeste du procureur général du roy, demandeur et accusateur à l'encontre de J. Chastel, natif de Paris, escholier, ayant fait le cours de ses estudes au collége de Clermont, prisonnier ès prisons de la conciergerie du palais, pour raison du très-exécrable et très-abominable parricide attenté sur la personne du roy; interrogatoires et confessions dudit J. Chastel; ouy et interrogé en ladicte court ledit Chastel, sur le faict dudit parricide; ouy aussi en icelle J. Gueret, prestre, soy-disant de la congrégation et société du nom de Jésus, demeurant audit collége, et ci-devant précepteur dudit J. Chastel; Pierre Chastel et Denise Hazard, père et mère dudit Jean; conclusions du procureur du roy, et tout considéré;

Il sera dit que ladicte court a déclaré et déclare ledit J. Chastel atteint et convaincu du crime de lèze-majesté divine et humaine au premier chef, par le très-méchant et très-détestable parricide attenté sur la personne du roy : pour réparation duquel crime a condamné et condamne ledit J. Chastel à faire amende honorable devant la principale porte de l'église, nud en chemise, tenant une torche à la main, de cire ardente, poids de deux livres ; et *illec*, à genoux, dire et déclarer que malheureusement et proditoirement, il a attenté ledit trez-inhumain et trez-abominable parricide, et blessé le roy d'un couteau en la face; et par faulses et damnables instructions, il a dit au procez : être permis de tuer les roys, et que le roy Henry quatrième, à présent régnant, n'est en l'église jusqu'à ce qu'il ait l'approbation du pape; dont il se répend et demande pardon à Dieu, au roi et à justice. Ce fait, être mené et conduit en un tombereau en la place de Grève; *illec*, tenaillé aux bras et cuisses, et sa main dextre, tenant icelle le couteau duquel il s'est efforcé commettre ledit parricide, coupée, et après son corps tiré et démembré avec quatre chevaux, et ses membres et corps jetez au feu et consumez en cendres, et les cendres jetées au vent;

A déclaré et déclare tous et chacun ses biens acquis et confisqués au roy. Avant laquelle exécution, sera ledit J. Chastel appliqué à la question ordinaire et extraordinaire pour sçavoir la vérité de ses complices, et d'aucun cas résultant dudit procez. A fait et fait inhibition et deffenses à toutes personnes, de quelques qualitez et conditions qu'elles soient, sur peine de crime de lèze-majesté, de dire n'y proférer en aucun lieu public ne autre, lesdits propos, lesquels ladite court déclare scandaleux, séditieux, contraires à la parole de Dieu, et condamnez comme hérétiques par les saincts décrets.

Ordonne que les prestres et escholiers du collège de Clermont et tous autres soy-disant de ladicte société, comme corrupteurs de la jeunesse, perturbateurs du repos public, ennemis du roy et de l'état, vuideront, dedans trois jours, après la signification du présent arrest, hors de Paris et autres villes et lieux où ils y seront trouvez, sous peine ledit temps passé, d'estre punis comme criminels et coupables dudit crime de lèze-majesté. Seront les biens tant meubles qu'immeubles à eux appartenans employés en œuvres pitoyables, et distribution d'iceux faicte ainsi que par la court sera ordonné. Outre, fait défense à tous subjects du roy d'envoyer leurs enfans aux collèges de ladite société, qui sont hors du royaume, pour y être instruits, sur la même peine de crime de lèze-majesté. Ordonne la court que les extraits du présent arrest seront envoyez aux bailliages et sénéchaussées de ce ressort, pour estre exécutez selon sa forme et teneur. Enjoint aux baillifs et sénéchaux, leurs lieutenans généraux et particuliers, procéder à l'exécution dedans le délai contenu en iceluy; et aux substituts du procureur-général, tenir la main à ladite exécution, faire informer des contraventions, et certifier ladicte court de leurs diligences au mois, sur peine de privation de leur état.

N° 78. — ARRÊT *du parlement de Paris, qui condamne par contumace Charles de Lorraine, duc d'Aumale, à être traîné sur la claie et écartelé à quatre chevaux, comme coupable de lèse-majesté au 1er chef, rebelle et perturbateur du bien public* (1).

Paris, 6 janvier 1595. (Bibl. roy., MSS. Colbert, in-f°, vol. 32.)

N° 79. — EDIT *qui expulse les jésuites du royaume* (2).

7 janvier 1595, reg. au parl. de Dijon, le 16 février. (Blanch., Compil., Chronol.)

---

(1) Cet arrêt ne fut point exécuté. Le duc d'Aumale fut amnistié par l'édit rendu sur la réduction du duc de Mayenne, en janvier 1596. — V. cet édit, art. 28.

(2) Les jésuites avaient été introduits en France en janvier 1550, sous Henri II, suivant lettres-patentes approbatives d'une bulle du pape qui avait in-

N° 80. — DÉCLARATION *de Guerre contre le roi d'Espagne, pour intervention dans les affaires de France pendant la ligue* (1).

Paris, 16 janvier 1595. (Rec. des traités de paix, II, 565.)

Nul n'est ignorant, ni dedans ni dehors ce royaume, que le roy d'Espagne n'ayant pu subjuguer la France par guerre ouverte, pour avoir esté deffendue et maintenue de Dieu, et de ses roys de haute mémoire, avec l'assistance de leurs bons et fidèles subjects, qu'il n'ait tâché de susciter et fomenter des divisions au royaume, pour le pouvoir par ce moyen subjuguer, et c'est ce dont il est encores tourmenté et afiligé. Car sa haine et son désir estant venus si avant, qu'il n'en a pas seulement consumé grande somme de deniers, employé et perdu ses principales armées, jusques à abandonner son propre pays et ses affaires; mais s'est aussi avancé si avant (sous prétexte de piété) de tenter ouvertement la fidélité que les François portent à leur souverain et prince naturel, laquelle a esté de tout temps merveilleusement renommée et louée parmy toutes les nations, pour aspirer injustement et ouvertement à la couronne pour luy et les siens Ce qu'il a commencé à mettre en train, incontinent après le trépas du feu roy François II, et depuis a

---

stitué leurs privilèges. (V. à cette date.) Le parlement s'étant refusé à enregistrer ces lettres, Charles IX renouvela la demande de l'enregistrement par lettres de jussion, du 20 février 1560. (V. ci-devant à leur date.) — L'édit d'expulsion, du 7 janvier 1595, dont nous n'avons pu retrouver le texte, fut motivé par l'attentat de Jean Chatel sur la personne de Henri IV le 27 déc. — V. ci-devant, arrêt du 28 décembre 1594, et ci-après, édit de septembre 1603, qui rétablit la société des jésuites en France, en imposant à ses membres un serment et des obligations particulières.

(1) En 1823, la France intervint dans la guerre civile d'Espagne entre les Cortès et le parti absolutif. La déclaration ne fut pas signée de Louis XVIII, mais du prince généralissime (le duc d'Angoulême), le 2 avril 1823, et contresignée d'un commissaire civil (Martignac). — Lors de l'expédition de Morée, en 1828, la déclaration d'intervention entre les Grecs et les Turcs fut signée seulement du général (Maison), mais elle eut lieu en exécution d'un traité du 6 juillet, entre la France, la Russie et l'Angleterre. — Nous rapportons la déclaration de Henri IV, tant pour la forme que pour les motifs. — Philippe II y répondit le 7 mars, que l'appui qu'il avait prêté jusqu'ici à la Ligue était un devoir de la part d'un prince catholique; que Henri IV, qu'il appelle seulement le prince de Béarn, n'ayant point encore été reconnu par le pape, ne pouvait être considéré comme roi de France; qu'il espérait que tous les catholiques français s'opposeraient à la ruine de la religion, et qu'il continuerait, comme leur allié, de les aider de tous ses moyens et de toutes ses forces.

toujours continué par divers moyens, triomphant et faysant son profit de la minorité de leurs roys; ce que notamment il a faict paroistre sur la fin du règne du feu roy Henri III, d'heureuse mémoire, en l'an 1585, lorsque les François, par la grâce de Dieu, jouissoyent de la piété, justice et bonté de leur roy, et qu'ils estoyent entièrement en repos ce que sa majesté tâchoit de confirmer et d'assurer de plus en plus à leur soulagement. Car il avoit alors, sous faulx et légers prétextes, rempli le susdit royaume de feu et de sang, et réduit à extrême ruyne, mettant les catholiques en armes les uns contre les autres, et ce contre le plus religieux prince qui ait oncq régné, dont estoit ensuivy le meurtre lamentable de sa personne, lequel saingnera pour jamais ès cœurs de tous vrais François, avec tous les autres massacres, pilleries, destructions et oppressions souffertes depuis. La France et les François eussent pour toujours esté estouffés sous cette puissante charge, sans la grâce spéciale de Dieu, qui ne les avoit jamais abandonnés, mais avoit donné la force et puissance à leur roy et souverain prince, de maintenir et défendre courageusement la justice de leur cause, avec leurs libertés, biens, vie, familles et honneur, et de réduire à néant les injustes entreprises du susdit roy et de ses confédérés, à sa honte et à leur confusion, en telle sorte que la France a maintenant occasion d'espérer qu'elle retournera de rechef en sa première prospérité, à la gloire de Dieu, et sous l'obéissance de sa majesté, pourveu qu'un chacun employe à cela d'oresenavant la mesme fidélité, et sa majesté les mesmes moyens et remèdes, desquels les roys ses prédécesseurs se sont servis, pour défendre le royaume contre leurs anciens ennemis. Ce que sa majesté a aussi entrepris de faire, ayant la conservation de nostre sainte religion, sa réputation et la défence de ses subjects en plus grande estime que son propre corps et sa vie, laquelle à ceste fin il a diverses fois exposée libéralement, et est encore prêt de l'exposer. Que sa conversion, sa bonté et patience depuis cincq ans en çà, ni aussi le danger présent dont la chrestienté est menacée (qui ne procède, comme un chacun sçait, que des débats, discords et justes arrière-pensées, causées par l'ambition du roy d'Espaigne) n'a peu encores faire cesser sa mauvaise volonté contre son royaume, contre la personne de sa majesté très-chrestienne, contre ses bons et fidèles subjects, et contre ceux de Cambray, que sa majesté avait prins en sa protection, contre lesquels luy et les siens usoyent encores journellement de toutes sortes d'hostilités, continuant de les assaillir de tous costés par force ouverte, de forcer ses villes, et de les tenir, de prendre ses subjects, les emmener prisonniers, les mettre à rançon, tuer et massacrer, les charger de contributions et levées de deniers, et exerçant toutes autres sortes d'actes d'hostilité, même d'attenter à la vie de sa majesté par assassinemens, massacres et autres vilains et horribles moyens, comme cela s'estoit encore veu ces jours passés, et étoit presque advenu, au grand malheur de la France (n'est que Dieu juste protecteur et défenseur des roys), n'eust miraculeusement détourné ce malheureux coup, donné de la main d'un François, poussé d'un cruel et vray esprit espaignolisé, et entreprenant un faict horrible contre la personne de sa majesté. Qui sur cela faict entendre à un chacun à qui il appartient, que ne voulant plus long-tems faillir à son debvoir, et à deffendre ses subjects, à quoy il est obligé, et ceux de Cambray; en quoy il faudroit, s'il usoit de plus longue patience et simulation, en la poursuite et continuation d'un tel desseing : Voyant aussi le peu d'estat que ceux d'Artois et de Haynault avoyent faict (au grand regret de sa majesté), de l'exhortation qu'il leur a faicte par lettres expresses, qu'ils eussent à l'ayder à destourner d'eux la tempeste de la guerre, laquelle avoit été émue par les Espaignols, non moins à leur ruyne qu'au dommage de ses subjects. Et partant qu'il avait arresté, conclud et résolu, de leur faire d'oresenavant guerre ouverte, et par mer, et par terre, contre le roy d'Espaigne, ses sujets, vassaulx et pays, pour se venger des torts, injures et m'effaicts, que lui et les siens en avoyent reçeus, comme les roys ses prédécesseurs avoyent faict en pareille occasion, avec ferme fiance en Dieu (qui cognoist l'intérieur de son cœur, et la justice de sa cause) qu'il lui continuera sa divine assistance, qu'il bénira et fera prospérer, avec l'aide de ses bons sujets, ses justes armes. Qu'à ceste fin, sa majesté commandoit bien expressément à tous ses sujets, vassaulx et serviteurs, de faire d'oresnavant la guerre, par mer et par terre, au susdit roy d'Espaigne, à ses pays, subjects, vassaux et adhérans, comme aux ennemis de sa personne et de son royaume. Et pour ce faire, il leur commandoit d'entrer par force ès susdits pays, de les assaillir et surprendre les villes et les places de son obéissance, de les réduire sous contribution, prendre ses subjects et serviteurs prisonniers, de les mettre à rançon, et les traiter comme ils font, et feront les siens. Et partant, leur avoit deffendu et deffendoit par ceste présente déclaration de n'avoir aucune communication, commerce, intelligence ou familiarité, avec le susdict roy d'Espaigne, ses adhérans, serviteurs et subjects, sur peyne de la vie. Qu'il faisoit révoquer et révoquoit par la présente, toutes permissions, passeports et sauvegardes, donnés et octroyés par luy, ses lieutenans généraulx, et autres contraires à cette présente ordonnance, les déclarant de nulle valeur, et deffendant de ne les respecter aucunement, et ce en dedans quinze jours après la publication de la présente, laquelle il commande être faite à ceste fin, au son de trompette et publicque proclamation, ès provinces et frontières du royaume, afin que nul n'en prétende cause d'ignorance, mais qu'un chacun l'entretienne, et mette en exécution sur peine de désobéissance.

N° 81. — LETTRES-PATENTES *qui légitiment César, fils naturel du roi, et de Gabriel d'Estrées* (1).

Paris, janvier 1595, reg. au parl. le 3 février. (Vol., RR., f° 341.)

N° 82. — ÉDIT *qui assujettit à un droit de scel, sous peine de nullité, tous contrats, transactions, baux, échanges, obligations et autres actes publics des notaires et tabellions, et toutes sentences, jugemens et commissions de justice* (2).

Paris, janvier 1595, reg. au parl. le 23 février sur lettres de jussion et avec modification (2). (Vol. RR., f° 370. — Font. IV, 896.)

N° 83. — DÉCLARATION *qui permet aux administrateurs de l'Hôtel-Dieu, de faire quêter au profit de cet hospice.*

Paris, 10 février 1595, reg. au parl. le 6 février 1604. (Vol. XX, f° 124.)

---

(1) On trouve des lettres semblables pour d'autres enfans naturels de Henri IV, à la date de mars 1597, avril 1599, janvier 1603, janvier et mars 1608, et novembre 1609. — V. note sur la bulle de 1193, qui légitime les enfans de Philippe-Auguste et de la princesse Marie, à cause de la bonne foi de celle-ci. — On trouve dans le trésor des Chartres une quantité considérable de légitimations par autorité du prince. Cette espèce de légitimation est tirée du droit romain. V. Novelle, 74, ch. 1.

(2) Cette modification consistait à faire porter le droit exclusivement sur les actes et contrats qu'on était dans l'usage d'enregistrer, mais en aucun cas sur les sceaux des chancelleries.

N° 84. — DÉCLARATION *qui accorde à tous les sujets du roi, huit mois à dater de l'ouverture de la guerre avec l'Espagne, pour y terminer leurs affaires* (1).

Paris, 23 février 1595, reg. au parl. le 21 mars. (Vol. RR., f° 408.)

N° 85. — DÉCLARATION *qui défend, sous peine de lèse-majesté, sans espoir de pardon, d'exporter les blés du royaume* (2).

Paris, 12 mars 1595, reg. au parl. le 22, (Vol. RR., f° 398. — Traité de la police, liv. 5, tit. 14, ch. 6.)

N° 86. — DÉCLARATION *portant que les laboureurs ne pourront être exécutés par leurs créanciers, soit par voie de contrainte par corps, soit par saisie de leurs bestiaux et meubles* (3).

Paris, 16 mars 1595, reg. au parl. le 21, publ. à son de trompe le 30 dans tous les carrefours de Paris. (Vol. RR., f° 401. — Font. II, 1:91. — Traité de la pol., liv. 5, p. 670.)

HENRY, etc. Nous pensions que les heureux progrez et advancemens qu'il a pleu à Dieu donner à noz affaires, donneroient incontinent moyen, commodité et facilité à tous noz subjects de se remettre des ruines et pertes souffertes depuis le commencement des présens troubles : mais au contraire, à nostre très-grand regret, nous voyons devant nos yeux nosdits subjects réduits et proches de tomber en une éminente ruyne pour la cessation du labour, presque générale en tout nostre royaume :

---

(1) V. l'ordonnance du 10 avril 1823, qui, lors de l'intervention de la France dans la guerre civile d'Espagne, enjoint aux Français au service de cette puissance de rentrer en France et de ne pas porter les armes, sous peine de mort. Ce ne fut pas une vaine menace. 106 réfugiés furent condamnés à mort par les conseils de guerre de Perpignan, en 1824, et la Cour de cassation rejeta leurs pourvois, malgré nos efforts, mais ils furent graciés plus tard.

(2) C'était de peur de disette. — La prohibition contenue dans cette déclaration fut levée par une déclaration du 26 février 1601. V. note à cette date. V. ci-devant lettres patentes de Charles VII, 15 octobre 1455, de François Ier, 23 février 1515; de Charles IX, 8 juin 1565 et 20 octobre 1573; de Henri III, 25 septembre 1574, et ci-après de Louis XIII, 30 septembre 1631; arrêts du conseil des 9 avril et 2 octobre 1643, 4 septembre 1649, 16 mai 1679, 15 septembre 1692, 9 septembre 1693, et déclaration de Louis XIV, 22 décembre 1698.

(3) V. ci-devant édit de Charles IX, du 8 octobre 1571 et la note, et ci-après édits de Louis XIV, avril 1667 et 29 octobre 1701. — La contrainte par corps peut encore être stipulée aujourd'hui d'après le Code civil et la loi en discussion en 1829.

de laquelle recherchans la cause, pour porter remède à un mal si prompt et violent, nous avons esté asseurez par les plaintes qui en sont venues de toutes parts à noz oreilles, que les contraintes et exécutions que l'on fait contre les laboureurs, et la crainte qu'ils ont d'être vexez et tourmentez, tant par les grandes debtes, desquelles la malice et incommodité du temps les a surchargez, que pour la recherche du payement de nos tailles et des autres levées qu'il leur convient de payer, les ont fait quitter et abandonner, non seulement leur labour et vacation ordinaire, mais aussi leurs maisons, se trouvant maintenant les fermes censes, et quasi tous les villages inhabitez et déserts.

A quoy désirans pourveoir, sinon à l'entière descharge desdits laboureurs, pour le moins leur conserver leurs meubles et ustanciles servant à leur labeur, la perte desquels oste, même aux plus aisez, le moyen et le courage de faire leur devoir et vacation : Nous, pour les causes et considérations susdites, regretans que la nécessité du temps et de nos affaires autant surchargez de despences que jamais ne nous permette de faire davantage pour le soulagement desdits laboureurs :

(1) Avons ordonné et ordonnons par ces présentes, qu'il ne se fera cy-après aucun arrêt, saisie, transport, decret ou main mise sur les chevaux, bœufs et autres bestes ou ustanciles des laboureurs, vignerons et manœuvres, servans à labourer, cultiver les terres, soient labourables, vignobles et autres, non plus pour noz deniers et affaires, que pour autre cause quelle qu'elle soit.

(2) Et où il y en aurait à présent et lors de la réception et entérinement des présentes, en dépost ou prison, saisis et arrestez. Nous entendons qu'il leur en soit fait une prompte et entière main-levée et délivrance.

(3) Voulons en outre et nous plaist que les ordonnances et reiglemens, tant anciennes que ceux par nous faites pour les corvées qui sont à faire en nos villes et places, soient estroitement gardées et observées, afin que lesdits laboureurs, vignerons et autres manœuvres, leurs chevaux et ustanciles ne soient distraits de leur travail ordinaire, sinon ès lieux et selon que, par noz lettres patentes deuëment signées et expédiées par l'un de noz secrétaires d'estat il est permis et expressément octroyé.

— Si donnons, etc.

Nous mandons aussi à nos amez et féaux conseillers les présidens et thrésoriers généraux de nos finances, receveurs généraux et particuliers, esleuz et controleurs sur le faict de noz aides et tailles par toutes les généralités et eslections de nostre royaume, délivrant les exécutoires pour la levée de noz deniers quels qu'ils soient, de faire deffences à tous huissiers, sergens, collecteurs et autres, de prendre, arrester, saisir, emprisonner, ou emporter aucuns chevaux, bœufs, ne autres bestes et ustanciles servant audit labour et culture des terres labourables, vignobles ou autres, sur les peines que noz juges, officiers susdits cognoistront telle désobeïssance le requérir : Ausquels permettons d'informer exactement et soigneusement de toutes les contraventions qui seront sur ce faites par quelque personne que ce soit, et procéder extraordinairement contre les autheurs et exécuteurs d'icelles, sans aucun déport et faveur, par les peines qu'ils verront en leur loyautez et consciences le fait le mériter. Faisant en outre deffences très-expresses à tous nos lieutenans généraux, gouverneurs de noz provinces, villes et places de nostre royaume, et à tous autres chefs et conducteurs de noz gens de guerre, tenir exactement la main en ce qui sera de leur pouvoir et charge, à ce que les chevaux, bœufs, bestial et ustanciles dessusdits, soient conservez auxdits laboureurs, vignerons et maneuvres, sans permettre qu'ils soient employez, soit aux corvées ou autres ouvrages des fortifications et autres, sinon en tant que, par nos lettres-patentes, il leur sera permis; ou distraits, enlevés et amenés par soldats, ne autrement en sorte que ce soit, leur bailiant en garde et protection lesdits laboureurs, vignerons et maneuvres, faisant chastier par les prévosts de nos camps et armes, ou de nos cousins les mareschaux de France, ceux qui se trouveront avoir contrevenu au contenu des présentes. Et en cas de mépris et connivence par eux, est par même moyen permis et permettons aux gens de nosdits parlemens, bailiifs, séneschaux prévosts, et autres juges informer et décréter desdites contraventions, mespris et connivence, et faire et parfaire le procez aux autheurs et exécuteurs d'icelles, selon que la rigueur portée par nosdites ordonnances et le bien public le requièrent. Et seront par eux ces présentes ou copies d'icelles, baillées ou envoyées à tous nosdicts lieutenans généraux, gouverneurs, thrésoriers généraux, receveurs et esleuz, et autres officiers des provinces, villes et chacune des paroisses de leur ressort : et leuës et publiées en icelles par chacun mois, aux jours et heures accoustumez, afin que personne n'en prétende cause d'ignorance.

N° 87. — EDIT *qui accorde aux sergens le droit de faire tous exploits des priseurs vendeurs de meubles* (1) *et qui réunit ces deux offices en un seul.*

Paris, avril 1595, reg. au parl. le 21 mai 1597. (Font.¹ 1, 526. — Joly, II, 1613. Vol. TT., f° 19.)

N° 88. — DÉCLARATION *qui autorise le général des œuvres de maçonnerie, à juger des malversations y relatives, et des amendes jusqu'à concurrence de dix écus, nonobstant opposition ou appel* (2).

Fontainebleau, 17 mai 1595, reg. au parl. le 22 juin. (Vol. SS., f° 60.)

N° 89. — EDIT *de création des greffiers des insinuations ecclésiastiques en chaque diocèse.* (3).

Dijon, juin 1595, reg. au parl. le 4 août. (Vol. SS., f° 85. — Joly, 11, 1411.)

N° 90. — LETTRES *d'érection d'un duché-pairie en faveur du sieur de la Trémoille* (4).

Lyon, août 1595, reg. au parl., le 7 décembre 1599. (Vol. UU., f° 62. — Coquille des pairs de France, 536.)

N° 91. — EDIT *de confirmation des priviléges des marchands fréquentant les foires de Lyon* (5).

Lyon, septembre 1595, reg. au parl. de Paris, le dernier janvier 1596. (Vol. SS., f° 159. — Rec. des priv. de la ville de Lyon, p. 273.)

---

(1) V. l'édit d'institution des priseurs-vendeurs de meubles, à la date de février 1556, sous Henri II, et la note. — Le parlement, en enregistrant cet edit, ordonna que les deniers des nouvelles commissions seraient employés exclusivement au paiement de l'armée et des Suisses. — V. arrêt des chambres réunies de la Cour de cassation en 1824, confirmé en 1829, et suivi de loi interprétative.

(2) Cette juridiction, qui remonte jusqu'à Philippe-le-Long, fut supprimée par la loi du 7 septembre 1790, art. 13.

(3) V. l'édit de Henri II, du 3 mai 1553. — Ces offices ont été abolis par l'effet des lois de 1790, qui enlèvent au clergé son temporel.

(4) C'est le troisième titre de pairie aujourd'hui existant par l'extinction en 1825 de la pairie d'Elbeuf. V. la liste du 4 juin 1814.

(5) V. note sur l'édit de mars 1583.

N° 92. — Déclaration *contre les prédicateurs séditieux* (1).

Lyon, 22 septembre 1595, reg. au parl. de Provence le 3 novembre. (Preuv. des lib. de l'église gallicane, p. 119.)

Henry, etc. Chacun peut connoistre combien les longues et continuelles guerres dont cet estat a esté agité ont apporté de licence et désordres en toutes sortes de débordemens, dépravations et corruption de mœurs et bonnes disciplines, et en tous ordres, estats et fonctions, de sorte qu'à grande peine se peut-il remarquer une seule trace de l'ancienne vertu et piété qui florissoit jadis en ce royaume; mais ce qui est surtout à déplorer et regretter est que ce mal aye si avant pénétré que de prendre pied jusques à ceux qui, tenant le premier lieu et degré, pouvoient et devoient servir de lumière et d'exemple pour retenir tous les autres en leur devoir, qui sont les ecclésiastiques, la plupart desquels, au lieu de suivre ce qui est de leur profession et vivre avec la modestie, simplicité et religion qui sont requis et comme ont fait leurs ancêtres, ont au contraire ouvert le chemin à toutes erreurs et libertés effrénées, comme il s'est trop expérimenté par les erreurs et scandales qui en sont advenus à la ruine et détriment de tout le public, n'ayant ceux qui se sont trouvés de ce nombre et qualité, entre plusieurs autres abus par eux notoirement et manifestement commis, fait conscience et difficulté de faire servir et appliquer la parole de Dieu à leurs propres passions et démesurées cupidités de gains, pour lequel ils ont fait prédications ordinaires contre le repos et la tranquillité publique et l'autorité, tant du défunt roi notre prédécesseur que de nous, advisant et induisant par leurs artifices le simple peuple, sous prétexte de piété et religion, et le provoquant par leurs blasphèmes à une révolte et sédition; pour les retirer de l'obéissance qui leur est commandée de Dieu et nature de rendre à leurs supérieurs; chose fort éloignée de la sincérité avec laquelle ils doivent annoncer sa parole et vaquer à son saint service pour le salut et édification de tout le peuple, et réduire les devoyez en la droite voie qu'ils doivent suivre par bonnes voyes et admonitions, lesquels au contraire ils ont voulu laisser en leurs erreurs, au lieu de leur tendre la main.

---

(1) V. le Code pénal de 1810, art. 201 et suivans; la Chambre des députés a, le 27 mars 1829, renvoyé au ministre de la justice une pétition qui demande l'exécution des lois du royaume contre les missions à l'intérieur.

Et combien que plusieurs de ceux qui se sont tant oubliez, ayant depuis reconnu la faute qu'ils commettoient et s'en soient entièrement retirez et abstenus, faisant leurs prédications conformes à la parole de Dieu et au commandement de son église, toutefois nous advertis que aucuns devenant obstinez et aveuglez par les présens et corruptions qui leur sont faites de la part de ceux qui les ont jusques icy entretenus et stipendiez, continuent encore en certaines provinces de notre royaume à user licentieusement en leurs prédications de toutes blessures, injures et paroles dépravées et diffamatoires contre notre authorité et des magistrats, tendantes à séditions et émotions, au lieu de ramener et contenir chacun en la reconnoissance et crainte de Dieu et de ceux qu'il a constituez pour commander.

A quoy étant très nécessaire de pour voir et empescher tels monopoles, insolences et apostasies, qui sont directement contre l'honneur et service de Dieu et de son église, et au grand scandale et mespris de la religion chrestienne, et en attendant que avec le commun consentement de notre saint père le pape et l'église universelle, il se fasse une entière et sainte réformation, comme nous espérons en bref de tous les abus qui ont jusques à présent esté tolérés en l'église par la nonchalance et négligence d'aucuns pasteurs.

Pour ces causes et autres bonnes et grandes considérations à ce nous mouvans, et afin que nostre intention soit généralement connue contre tous imposteurs, avons déclaré et déclarons par ces présentes que nous avons toujours désiré et désirons que la parole de Dieu soit preschée et annoncée en toutes les provinces, villes, bourgs et paroisses de cettuy notre royaume, pays terres et seigneuries de notre obéissance, par tous docteurs à ce faire appelez et requis, ainsi qu'il est accoustumé pour l'édification et salut du peuple, avec la sincérité et doctrine qui y sont requises conformément aux saintes écritures et traditions de notre sainte mère église catholique, apostolique et romaine, pourvu que lesdits docteurs soient suffisans et capables, non de ceux qui sont passionnés et entremis de ce qui concerne notre authorité, les affaires, administration et police de notre royaume, et qui ont voulu et veulent induire et provoquer nos sujets à sédition et révolte par leurs apostasies, calomnies et faux donnez entendre, soit en leurs dites prédications, confessions auriculaires ni autrement, en quelque façon que ce soit; ausquels et à tous autres qui voudront faire le semblable, nous deffendons très expressément de se mettre en chaire, sur peine d'être contempteurs de l'honneur de Dieu, schismatiques et fauteurs d'hérésie et pervertissans son expresse parole, et comme tels avoir la langue percée sans aucune grâce et rémission et bannis de notre royaume à perpétuité.

Si donnons, etc.

N° 93. — EDIT *portant établissement du corps et communauté des peintres de la ville de Paris* (1).

Novembre 1595. (Blanchard, Compil. chronol.)

N° 94. — DÉCLARATION *qui affranchit les libraires de l'université de Paris, du droit qui se perçoit sur le papier blanc* (2).

Paris, 5 novembre 1595, reg. au parl. le 29. (Vol. SS., f° 141.)

N° 95. — EDIT *général d'amnistie à l'occasion de la réduction du duc de Mayenne et de ses adhérens à l'obéissance du roi, avec abolition des confiscations et suspension de la prescription* (3).

Follembray, janvier 1596, reg. au parl. le 9 avril. (Vol. SS. f° 181. — Font. IV, 813. — Rec. des traités de paix, II, 571.)

HENRY, etc. Comme l'office d'un bon roi soit d'aymer ses subjets comme ses enfans, les traicter comme tels et croire que leur félicité est la sienne, Dieu et les hommes sont tesmoings aussi si, depuis qu'il luy a pleu nous appeler à ceste couronne, nous avons eu autre plus grand soing et désir que de nous acquitter de ce devoir. Car ayant trouvé ce royaume remply de partialitez, guerres et divisions plus grandes et périlleuses qu'iles n'auroient esté auparavant, nous n'avons non plus espargné nostre propre sang pour faire respecter nostre authorité, que nostre clémence pour oublier et remettre les offenses qui nous estaient faites, afin de délivrer tant plustôt nostredict royaume des oppressions de

---

(1) V. note sur l'édit de Henri III, décembre 1583.

(2) C'est la confirmation du privilége d'entrée comme marchandise franche accordée par les rois de France aux libraires et papetiers de l'université de Paris pour le papier blanc. V. dans notre recueil, déclaration de Charles VIII, avril 1485, sur les priviléges des libraires de Paris.

(3) La guerre civile ne cessa tout à fait que par la soumission de la Bretagne et du duc de Mercœur, auquel des conditions semblables furent accordées par édit donné à Angers en mars 1598 (après 9 ans). — V. l'édit de Nantes, avril 1598.

la guerre civile, vraie source et mère de tous maux. En quoi nous recognoissons n'avoir esté moins assistez de la grâce et bénédiction de Dieu en l'une qu'en l'autre voye. Car s'il nous a souvent donné des victoires sur ceux qui combattoient contre nous, il nous a encores plus souvent accreu la volonté et donné les moyens de vaincre par douceur ceux qui s'en sont renduz dignes. De sorte que nous pouvons dire n'avoir guère moins advancé la réunion de nos subjects souz nostre obéissance (telle que nous la voyons acheminée aujourd'hui par la grâce de Dieu) par notre clémence que par nos armes. Et comme à ce faire nous avons esté esmeus principalement de l'amour extrême que nous portons à nosdicts subjets et de la compassion que nous avons de leurs calamitez et misères plus que de nostre intérest et advantage particulier, nous avons aussi eu grand égard aux causes qui ont excité et convié plusieurs d'iceux de s'armer, ayant estés fondés sur le soin que chacun doit avoir du salut de son âme que nous avons jugées d'autant plus dignes de commisération et d'excuse que nous recognoissons comme vray chrestien n'y avoir rien qui ait tant de puissance sur nous que ceste obligation.

C'est pourquoi ayant souvent esprouvé par nous-mesmes que la force endurcit plustost qu'elle ne change le courage des hommes aufait de la religion, et que c'est une grâce qui est infuse en nous, non par notre jugement ny par celuy d'autruy, mais par la seule bonté de Dieu et l'opération de son Sainct Esprit, sitost que nous avons eu quelque relasche de nos plus grands travaux par les advantages que Dieu nous a donnez sur nos adversaires, nous avons voulu approcher de nous des prélats et docteurs de bonne vie et des mieux versez aux sainctes lettres, pour nous instruire en la vérité de la religion catholique, de laquelle Dieu nous ayant fait la grâce de nous rendre capable, avec ferme propos et résolution d'y persévérer jusqu'au dernier souspir de nostre vie, nous n'avons eu depuis plus grand désir que de participer en toutes choses à l'union et société de l'église catholique, apostolique et romaine, et à nostre réconciliation avec nostre sainct père le pape et le sainct siége, comme chacun a pu cognoistre par nos actions et les continuelles poursuites et recherches que nous en avons faict.

Lesquelles auroient esté tellement traversées par les ruses ordinaires de nos ennemis et leur puissance à Rome, que si notre constance et la raison n'eussent esmeu et fortifié la vertu et bonté singulière de nostredict sainct père (lequel comme père commun et vray successeur et imitateur de sainct Pierre n'a eu esgard qu'au seul bien de la religion chrestienne), nous n'eussions jamais acquis le bonheur de sa sainte bénédiction ni de notre réconciliation par nous tant désirée pour le repos de nostre âme et la satisfaction plus grande des consciences de nosdicts subjects, esmeus du seul zèle de la religion.

En quoy comme nous avons eu très grande occasion de louer Dieu et magnifier aussi l'équanimité de S. S., pour avoir par sa prudence et bonté confondu l'audace et mensonge de nosdicts ennemis, nous ne l'avons pas moindre d'admirer la providence divine en ce qu'il luy a pleu que le chemin de notre salut aye aussi esté celui qui a esté le plus propre pour gaigner et affermir les cœurs de nosdicts subjects et les attirer à nous recognoistre et obéir, comme il s'est veu bientost après nostre reunion en l'Eglise et tousjours depuis continué. Mais ce bon cœur n'eust esté parfaict ny la paix entière, si notre très cher et très amé cousin le duc de Mayenne, chef de son party, n'eust suivi le mesme chemin, comme il s'est résolu de faire sitost qu'il a vu que nostredict saint père avait approuvé nostredicte réunion : ce qui nous a mieux fait sentir qu'auparavant de ses actions, recevoir et prendre en bonne part ce qu'il nous a remonstré du zèle qu'il a eu en la religion, louer et estimer l'affection qu'il a monstré à conserver le royaume en son entier, duquel il n'a faict ny souffert le desmembrement, lorsque la prospérité de ses affaires sembloit luy en donner quelque moyen ; comme il n'a fait encore depuis qu'estant affoibly, il a mieux aimé se jeter entre nos bras et nous rendre l'obéissance que Dieu, nature et les lois luy commandent, que de s'attacher à d'autres remesdes qui pouvoient encore faire durer la guerre longuement au grand dommage de nosdicts subjects, ce qui nous a fait désirer de recognoistre sa bonne volonté, l'aymer et traiter à l'advenir comme nostre bon parent et fidèle subject.

Et afin que lui et les catholiques qui l'imiteront en ce devoir y soient de plus en plus confirmez, et les autres excitez de prendre un si salutaire conseil, et aussi que personne ne puisse plus feindre cy-après de douter de la sincérité de nostredicte réunion à l'église catholique, et sous ce prétexte faire renaistre de nouvelles semences de dissentions pour séduire nos subjects et les porter à leur ruine.

(1) Sçavoir faisons, que comme nous déclarons et protestons nostre résolution être de vivre et mourir en la foy et religion catholique, apostolique et romaine, de laquelle nous avons fait pro-

...ssion moyennant la grâce de Dieu, nostre intention est aussi d'en procurer à l'advenir le bien et advancement de tout nostre pouvoir et avec le soin et même affection que les rois très chrestiens nos prédécesseurs ont faict, et par l'advis de nos bons et loyaux sujets catholiques, tant de ceux qui nous ont toujours assisté, que des autres qui se sont depuis remis en notre obéissance, en conservant néantmoins la tranquilité publique de nostre royaume.

(2) Cependant nous voulons qu'ès villes de Chaalons, Seurre et Soissons, lesquelles nous avons laissées pour villes de seureté à nostredict cousin pour six ans, ny au bailliage dudict Chaalons dont nous avons accordé le gouvernement à l'un de ses enfans, séparé pour ledit temps de celui de Bourgogne, et à deux lieues aux environs de ladicte ville de Soissons, il n'y ait aucun exercice de religion que de la catholique, apostolique et romaine, durant lesdits six ans, ny aucunes personnes admises aux charges publiques et offices qui ne facent profession de ladite religion.

(3) Et afin que la réunion sous nostre obéissance de nostredict cousin et de tous ceux qui l'imiteront en ce devoir, soit parfaite et accomplie de toutes ses parties comme il convient, tant pour notre service et l'entier repos de tous nos subjects, que pour l'honneur et seureté de nostredict cousin et des autres qui voudront jouir du présent édict, nous avons révoqué et révoquons tous édicts, lettres patentes et déclarations faites et publiées en nostre cour de parlement de Paris et autres lieux et jurisdictions, depuis les présens troubles et à l'occasion d'iceux, ensemble tous jugements et arrêts donnez contre nostredict cousin le duc de Mayenne et autres princes et seigneurs, gentilshommes, officiers, communautez et particuliers, de quelque qualité qu'ils soient, qui se voudront ayder du bénéfice dudict édict; voulons et entendons que lesdicts édicts, lettres patentes et déclarations soient retirées des registres de nostredicte Cour et autres lieux et jurisdictions, pour en être la mémoire du tout esteinte et abolie.

(4) Deffendons à tous nos subjects, de quelque qualité qu'ils soient, de renouveler la mémoire des choses passées durant lesdicts troubles, s'attaquer, injurier ou provoquer l'un l'autre de fait ou de parole, à peine aux contrevenans d'estre punis comme perturbateurs du repos public; à ceste fin nous voulons que toutes marques de dissentions qui pourroient encore aigrir nosdicts subjects les uns contre les autres, introduites dedans nos villes ou ailleurs, depuis les présens troubles et à l'occasion d'iceux, soient

ostez et abolis; enjoignant aux officiers de nos villes, maires, consuls et eschevins d'y tenir la main.

(5) Voulons aussi et ordonnons que tous ecclésiastiques, gentilshommes, officiers et tous autres de quelque qualité et condition qu'ils soient, qui nous voudront recognoistre avec nostredict cousin le duc de Mayenne, soient remis en leurs biens, bénéfices, offices, charges et dignitez, nonobstant tous édicts, dons de leurs biens, rentes et debtes, et provisions à d'autres personnes de leursdites offices, saisies, ventes, confiscations et déclarations qui en pourroient avoir esté faictes, émologuées et enregistrées; lesquelles nous avons révoquées et révoquons, entendant que dès à présent, sans autre déclaration et en vertu du présent édict, main-levée entière leur en soit faicte, à charge toutesfois que nostredict cousin et eux nous jureront toute fidélité et obéissance, se départiront dès à présent de toutes ligues, practiques, associations ou intelligences faictes dedans ou dehors le royaume, et promettront à l'advenir de n'en faire, soubz quelque prétexte que ce soit.

(6) Ne pourront aussi, tant nostredict cousin que les princes, seigneurs, ecclésiastiques, gentilshommes, officiers et autres habitans des villes, communautez et bourgades qui ont, en quelque sorte que ce soit, suivy et favorisé son party, ne nous ayant encore fait le serment de fidélité, et voulant venir à la recognoissance de ce devoir avec lui, dedans le temps porté par le présent édict, estre recherchez des choses advenues et par eux commises durant les présens troubles et à l'occasion d'iceux pour quelque cause que ce soit; voulant que les jugemens et arrêts qui ont esté ou pourroient estre donnez contre eux pour ce regard, ensemble toutes procédures et informations demeurent nulles et de nul effet, et soient ôtées et retirées des registres, sans que des cas et choses dessus dites rien soit excepté, fors les crimes et délicts punissables en mesme party, et l'assassinat du feu roi, notre très honoré seigneur et frère.

(7) Et néantmoins ayant esté ce fait mis par plusieurs fois en délibération et eu sur ce l'advis des princes de nostre sang et autres princes, officiers de notre couronne, et plusieurs seigneurs de nostre conseil étant lez nous, et depuis veues par nous, séant en nostre conseil, les charges et informations sur ce faites depuis sept ans en çà, par lesquelles il nous a apparu qu'il n'y a aucune charge contre les princes et princesses nos subjects, qui s'étoient séparez de l'obéissance du feu roi, notre très honoré seigneur et

frère, et la nostre; avons déclaré et déclarons par ces présentes que ladicte déclaration ne se pourra estendre envers lesdits princes et princesses qui ont recogneu et recognoistront envers nous, suivant le présent édict, ce à quoy le devoir de fidélité les oblige. attendu ce que dessus, plusieurs autres autres grandes considérations à ce nous mouvans, et le serment par eux fait de n'avoir consenti ny participé audit assassinat; deffendant à notre procureur général présent et à venir et tous autres d'en faire contre eux aucune recherche ny poursuite, et à nos Cours de parlement et à tous nos autres justiciers et officiers d'y avoir esgard.

(8) Davantage, tous ceux qui ont esté mis hors de nos villes depuis la réduction d'icelles en nostre obéissance, à l'occasion des présens troubles, et pour causes qui doivent estre remises par le présent édict, ou qui lors de la dicte réduction en estoient absens, et le sont encores de présent pour les mesmes causes, qui voudront jouyr du bénéfice d'iceluy, pourront rentrer esdites villes, et se remettre en leurs maisons, biens et dignitez: nonobstant tous édicts, lettres, et arrests à ce contraires.

(9) Nostredit cousin le duc de Mayenne, et les seigneurs, gentilshommes, gouverneurs, officiers, corps de villes, communautez, et autres particuliers qui l'ont suivy, demeureront pareillement quittes et déchargez de toutes recherches pour deniers publics ou particuliers qui ont esté levez et pris par eux, leurs ordonnances, mandemens et commission, durant, et à l'occasion des présens troubles, tant des receptes générales que particulières, greniers à sels saisis, et jouissances des rentes, arrérages d'icelles, revenus, obligations, argenteries, prises et ventes de biens meubles, bagues et joyaux, soit d'église, de la couronne, princes, ou autres des particuliers, bois de haulte fustaye, et taillis, ventes de sel, prix d'iceluy, tant de marchands, que de la gabelle, décimes, aliénations des biens des ecclésiastiques, traictes et impositions mises sur les denrées, vins, chairs, et autres vivres, déposts et consignations, cottes sur les particuliers, emprisonnemens de leurs personnes, prises de chevaux, mesmes en nos haratz, et généralement de tous deniers, impositions, et autres choses quelconques, ores qu'elles ne soient plus particulièrement exprimées: comme aussi ceux qui auront fourny et payé lesdits deniers, en demeureront quittes et deschargez.

(10) Demeureront pareillement deschargez de tous actes d'hostilité, levées et conduites de gens de guerre, fabrication de monnoye, fonte et prise d'artillerie, et munitions, tant aux magazins

publics, que maisons des particuliers, confection de pouldres, prises, rançons, fortifications, démolitions de villes, chasteaux, bourgs et bourgades, entreprises sur icelles, bruslemens et demolitions d'églises, et faux-bourgs de villes, establissement de conseils, jugemens et exécutions d'iceux; commissions particulières, soit en matières civiles ou criminelles, voyages, intelligences, négociations et traictez dedans et dehors nostredit royaume.

(11) Ceux qui ont exercé les charges des commissaires généraux et gardes de vivres, souz l'authorité de nostredit cousin, et des seigneurs commandans aux provinces particulières de nostre royaume, lesquels nous recognoistront suyvant le présent édict, et dedans le temps porté par iceluy, seront exemps de toutes recherches pour toutes sortes de munitions, vivres, chevaux, harnois, et autres choses par eux faites pour l'exécution de leurs charges durant les présens troubles, et à l'occasion d'iceux, sans qu'ils soient responsables du fait de leurs commis, clercs, et autres officiers par eux employez, et sans qu'ils soient tenus rendre aucun compte de leur maniement et charges, en rapportant seulement déclaration et certification de nostredit cousin, qu'ils ont bien et fidèlement servy en l'exercice de leurs charges.

(12) Tous mémoires, lettres et escrits publiez depuis le premier janvier 1589, pour quelques sujets qu'ils ayent esté faits, et contre qui que ce soit, demeureront supprimez, sans que les autheurs en puissent estre recherchez; imposant pour ce regard silence, tant à nos procureurs généraux, leurs substituts, qu'à tous autres particuliers.

(13) Nous n'entendons aussi qu'il soit fait aucune recherche contre le seigneur de Maigny, lieutenant, et les soldats des gardes de nostredict cousin, ayant assisté à la mort du feu marquis de Maignelay, advenue contre la volonté et au grand regret de nostredict cousin, ainsi qu'il a déclaré; et demeurera ledit fait, pour ce regard aboly, sans qu'il leur soit besoin obtenir autres lettres ny déclaration plus ample: mesmement pour le regard de ceux lesquels pour ce subject ont obtenu lettres de nostredict cousin, lesquelles ont esté vérifiées par celuy qui a exercé l'office de grand prevost à sa suitte.

(14) Toutes sentences, jugemens et arrests donnez par les juges dudit party, entre personnes d'icelui party ou autres, n'étant dudit party, qui ont procédé volontairement, tiendront et auront lieu, sans qu'ils puissent estre revoquez par nos cours de

parlement ou autres juges, sinon en cas d'appel, ou par voye ordinaire : et où aucune révocation ou cessation en auroit esté faicte, elle demeurera dès à présent nulle, et de nul effect.

(15) Le temps qui a couru depuis le premier jour de janvier 1589, jusques à présent, ne pourra servir entre personnes de divers partis, pour acquérir prescription ou péremption d'instance.

(16) Tout ce qui a esté exécuté en vertu desdits jugemens, ou actes publics du conseil estably par nostredit cousin, pour rançons, enthérinement de grâces, pardon, rémissions et abolition, aura lieu, sans aucune révocation, pour les différens qui regardent les particuliers.

(17) Ceux qui auront esté pourvus par nostredict cousin d'offices vacquans par mort ou résignation ès villes qui nous recognoistront avec luy, comme aussi des offices de receveurs du sel nouvellement créés esdites villes, y seront maintenus en prenant provision de nous, que nous leur ferons expédier.

(18) Et pour le regard de ceux qui ont esté par nostredict cousin pourvus desdites offices qui ont vaqué ès villes qui ont cy devant tenu son party, soit par mort, résignation, ou nouvelle création de nous ou de nos prédécesseurs, lesquels ont depuis suivy nostredict cousin, sans nous recognoistre et jurer fidélité suyvant nos édicts, revenans à présent à nostre service avec luy, lesquels avec autres sont nommez et déclarez en un estat et roolle particulier que nous avons accordé et signé de nostre main, seront pareillement maintenus et conservez esdites offices, prenant provision de nous : le mesme sera fait pour les bénéfices déclarez audit estat et roolle.

(19) S'il y a quelque dispute et procez sur la provision desdites offices estans dedans les villes qui nous recognoistront avec nostredit cousin, octroyées par luy entre personnes qui sont encores à présent dudit party, ou l'un d'eux, et nous recognoistront avec luy, ceux qui auront obtenu déclaration de l'intention de nostredit cousin, seront maintenus, pourveu qu'ils apportent ladite déclaration dedans six mois après la publication du présent édict.

(20) Et d'autant que ceux qui ont esté pourveus d'offices, soit par mort, résignation, création nouvelle, ou autrement, et payé finance pour cest effect ès mains de ceux qui ont fait la recepte des parties casuelles au party de nostredit cousin, pourroient prétendre quelques recours contre lui, ou ceux qui ont receu lesdits deniers, comme dit est, soit pour estre maintenus ausdites

offices, ou remboursez de leurs finances : nous avons deschargé et déchargeons par ces présentes nostredit cousin et lesdits thrésoriers et receveurs de toutes actions et demandes que l'on pourroit intenter contr'eux pour ce regard.

(21) Tous ceux qui nous recognoistront avec nostredict cousin, qui ont jouy des gages, droicts et profits d'aucuns offices, fruicts de bénéfices, revenus de maisons, terres et seigneuries, loyers et usufruicts de maisons et autres biens meubles, droicts, noms, raisons, et actions de tous ceux qui estoient du party contraire, en vertu des dons, ordonnances, mandemens, rescriptions et quittances de nostredit cousin le duc de Mayenne, ne seront subjects à aucune restitution, ains en demeureront entièrement quittes et dechargez : ils ne pourront aussi rien répéter des choses susdites prises sur eux par nostre commandement et authorité, et receues par nos autres subjects et serviteurs, fors et excepté d'une part et d'autre les meubles qui se trouveront en nature, qui pourront estre répétez par ceux ausquels ils appartenaient, en payant le prix pour lequel ils auront esté vendus.

(22) Pareillement les ecclésiastiques qui nous recognoistront avec nostredit cousin, et ne nous ont encores faict serment de fidélité, qui ont payé leurs décimes aux receveurs ou commis par luy, ensemble les deniers de l'aliénation de leur temporel, n'en pourront estre recherchez pour le passé, ains en demeureront aussi entièrement quittes et déchargez, ensemble les receveurs qui en ont faict le payement.

(23) Toutes les sommes payées par les ordonnances de nostredit cousin, ou de ceux qui ont eu charge de finance souz luy, à quelques personnes et pour quelque chose que ce soit, par les thrésoriers, receveurs ou autres, qui ont eu maniement des deniers publics, lesquels nous recognoistront avec luy, seront passez et allouez en nos chambres des comptes, sans qu'on les puisse rayer, superséder, ny tenir en souffrance, pour n'avoir esté la forme et l'ordre des finances tenue et gardée. Et ne seront tous les comptes qui ont esté rendus subjects à revision sinon en cas de l'ordonnance ; Voulans que pour le restablissement de toutes parties rayées, supersédées ou tenues en souffrance, toutes lettres et validations nécessaires leur soient expédiées. Et quant aux comptes qui restent à rendre, ils seront ouys et examinez en nostre chambre des comptes à Paris ou ailleurs, où il appartiendra ; à quoy toutesfois ils ne pourront estre contraints d'un an. Et ne sera nostredit cousin ny lesdits thrésoriers, receveurs

et comptables, tenus et responsables en leurs noms, des mandemens, rescriptions et quittances qu'ils ont expédiés pour choses dépendantes de leur charge, sinon qu'ils en soient obligez en leurs propres et privez noms.

(24) Les édicts et déclarations par nous faicts sur la réduction du payement des rentes constituées, auront lieu, pour ceux qui s'ayderont du présent édict, sans que l'on puisse prétendre qu'ils soient descheuz et privez du bénéfice desdicts édicts et déclarations, pour n'y avoir satisfaict dedans le temps porté par iceux : et ne courra ledit temps contr'eux que du jour de la publication de nostredit édict.

(25) Et pour ce que les veufves et héritiers de ceux qui sont morts au party de nostredit cousin pourroient estre poursuivis et recherchez pour raison des choses faites durant les troubles, et à l'occasion d'iceux, par leurs maris, et ceux desquels ils sont héritiers, nous voulons et entendons qu'ils jouyssent de la mesme descharge accordée par les articles précédents, à tous ceux qui nous feront le serment de fidélité avec nostredit cousin.

(26) Tous ceux qui voudront jouyr du présent édict, seront tenus le déclarer dedans six sepmaines après la publication d'iceluy au parlement de leur ressort, et faire le serment de fidélité. A sçavoir, les princes, évesques, gouverneurs des provinces, officiers, et autres ayans charges publiques, entre nos mains, de nostre très-cher et féal chancelier, ou des parlements de leur ressort, et les autres pardevant les baillifs, séneschaux et juges ordinaires dedans ledit temps.

(27) Sur la remonstrance qui nous a esté faicte par nostre cousin le duc de Mayenne, pour la ville de Marseille et autres de nostre pays de Provence, qui ont tenu jusques à présent son party, et nous obéyront et recognoistront avec luy en vertu du présent édict, nous avons ordonné et promis qu'ils jouyront du contenu ès articles inserez aux articles secrets par nous accordez à nostredict cousin

(28). Davantage, désirans donner toutes occasions aux ducs de Mercœur et d'Aumalle de revenir à nostre service, et nous rendre obéissance, à l'exemple de nostredict cousin le duc de Mayenne, et sur la supplication très-humble qu'il nous en a faite, nous avons également déclaré que nous verrons bien volontiers leurs demandes quand ils nous les présenteront, et s'acquitteront de leur devoir envers nous, pourveu qu'ils le facent dedans le temps limité par le présent édict. Et dès à présent voulons que l'exécution de l'arrest donné contre ledict duc d'Aumalle en nostre cour de parlement soit sursis, jusques à ce que nous en ayons autrement ordonné, en intention de révoquer et supprimer ledict arrest, si ledict duc d'Aumalle nous recognoist comme il doit, durant ledict temps.

(29) Recognoissans de quelle affection nostre dit cousin s'employe pour réduire en nostre obéissance ceux qui restent en son party, et par ce moyen remettre nostredit royaume du tout en repos, nous avons eu agréables aussi les articles qui concernent nostre très cher et amé cousin le duc de Joyeuse, les sieurs marquis de Villars et de Montpezat, comme aussi le sieur de l'Estrange qui commande de présent en nostre ville du Puy, ensemble les habitans de ladite ville, les sieurs de sainct Offange, gouverneur de Rochefort, du Plessis, gouverneur de Craon, et de la Severie, gouverneur de la Ganache, ayant esté veus et résolus en nostre conseil, sur les mémoires qu'ils ont envoyez à cet effect, que nostredit cousin nous a présentez de leur part. Voulons que ce qui a esté accordé sur iceux, soit effectué et observé de poinct en poinct, pourveu que nostredit cousin face apparoir dedans six semaines qu'ils ayent accepté ce que nous leur avons accordé, et que dans le mesme temps ils nous facent le serment de fidélité : autrement nous n'entendons estre tenuz et obligez à l'entretenement et observation desdits articles.

(30) Ayans esgard que nostredit cousin s'est obligé en son nom, et fait obliger aucuns de ses amis et serviteurs en plusieurs parties et sommes de deniers déclarées en un estat signé de luy, montant à la somme de trois cents cinquante mil escus, qu'il nous a remonstré avoir employez aux affaires de la guerre et autres de son party, sans qu'il en soit tourné aucune chose à son profit particulier, ny de ses amis et serviteurs coobligez : de quoy le voulant descharger et tenir quitte, afin de luy donner plus de moyen de nous faire service, nous promettons à nostredit cousin d'acquitter lesdites debtes portées par ledit estat, jusques à la somme de trois cents cinquante mil écus, en principal, et vingt-sept mil six cents cinquantes escus, pour les arrérages d'aucunes parties desdites debtes, portans rentes, intérests, liquidez pour le temps porté par l'estat fait et signé de nostre main, et de celle de nostredit cousin, et l'en descharger entièrement avec sesdits amis et serviteurs coobligez. Et à ceste fin luy faire payer dedans deux ans, en huict payemens de quartier en quartier, le premier quartier commençant au premier jour du présent mois de jan-

vier, la somme de six vingts un mil cinquante escus, que nous avons ordonné estre assignez sur aucunes receptes générales de nostredit royaume, pour estre employé tant en l'acquit desdites debtes portans rentes et intérests, que des arrérages d'icelles jusques au temps porté par ledit estat, signé de nostre main et de celle de nostredit cousin : Et faire aussi payer à l'advenir le courant desdites rentes et intérests, jusques à l'entière extinction et admortissement d'icelle, et des obligations susdites. Et quant aux autres debtes contenuës audit estat signé de nostredit cousin, restans desdits trois cents cinquante mil escus, nous promettons à nostredit cousin d'en retirer et luy rendre les promesses, contracts et obligations de luy et de ses amis et serviteurs coobligez dedans quatre ans, sans pour ce payer aucuns arrérages et intérests, ou bien luy fournir dedans ledit temps jugement valable de l'invalidité desdites debtes, de sorte que nostredit cousin, ses amis et serviteurs en seront du tout quittes et deschargez, et jusques à ce que lesdites promesses et obligations luy ayent esté renduës, voulons et ordonnons qu'il ne puisse estre contrainct, ny aussi sesdits amis et serviteurs coobligez au payement de tout ou partie d'icelle somme de trois cents cinquante mil escus, ny des arrérages et intérests desdites rentes : Et que toutes lettres de surséances, interdiction et évocation en nostre conseil d'estat, en soient expédiées toutes et quantesfois que besoin en sera, sur l'extraict du présent article.

(31) Davantage, voulans mettre nostredit cousin le duc de Mayenne hors de tous intérests envers les Suisses, Reistres, Lansquenets, Lorrains et autres estrangers, ausquels il s'est obligé, tant pour la levée des gens de guerre que pour le service qu'ils ont fait durant le temps qu'ils ont demeuré en son party, nous promettons de l'acquitter et descharger de toutes les sommes ausquelles se peuvent monter lesdites obligations par luy faites, tant en son nom privé que comme chef de sondit party, et les mettre avec les autres debtes de la couronne, suivant les vérifications qui en ont esté faites par le feu sieur de Videuille intendant des finances, et par les esleuz dudit pays de Bourgongne, pour le regard desdits Suisses, Reistres, Lansquenets et Lorrains depuis lesdites vérifications, révoquans et adnullans dés à présent lesdites obligations qu'il a contractées en sondit nom, pour ce regard. Et particulièrement envers le comte Collalte, colonnel des Lansquenets, et autres colonnels et capitaines des Suisses et Reistres, sans qu'il en puisse estre poursuivy ny inquiété

8.

en vertu d'icelles obligations, attendu qu'il n'en est tourné aucune chose à son profit particulier : dont nous luy ferons expédier toutes lettres et provisions nécessaires.

(32) Les articles secrets qui ne se trouveront insérez en cedit présent édict, seront entretenus de poinct en point et inviolablement observez : et sur l'extraict d'iceux ou de l'un desdits articles signé de l'un de nos secrétaires d'estat, toutes lettres nécessaires seront expédiées.

Si donnons, etc.

N° 96. — EDIT *sur le fait de la chasse* (1).

Follembray, 12 janvier 1596. (Code des chasses, I, 189. — Baudrillart, rec. des réglemens forestiers, I, 20.)

N° 97. — LETTRES *de provisions de l'office d'amiral de France, en faveur de Charles de Montmorency, seigneur de Damville.*

Follembray, 21 janvier 1596, reg. au parl. le 15 février. (Vol. S S. f° 174. — Font. IV, 900.)

N° 98. — DÉCLARATION *qui lève la défense d'aller prendre à Rome les bulles et provisions apostoliques des bénéfices vacans* (2).

Follembray, 22 janvier 1596, reg. au parl. le 1ᵉʳ février. (Vol. S S., f° 147. — Preuv. des lib. de l'égl. gallic., p. 155 et 803.)

N° 99. — EDIT *qui supprime les offices de jaugeurs, marqueurs et mesureurs de vin, précédemment créés et qui crée de nouveau lesdits offices* (3).

Follembray, février 1596, reg. en la cour des aides le 15 mars. (Font. I, 1144.)

N° 100. — LETTRES *de confirmation des statuts des maîtres lapidaires et tailleurs de diamans de la ville de Paris* (4).

Paris, février 1556, reg. au parl. le 20 décembre 1600. (Vol. V V., f° 188.)

---

(1) C'est une confirmation des édits précédens. V. celui de François Iᵉʳ, mars 1515 et la note. — V. ci-après l'édit de juin 1601.

(2) V. ci-devant déclaration du 4 juillet 1591, et l'arrêt à la suite, 5 août. Il y avait réconciliation. V. l'édit de janvier 1596.

(3) V. les édits de Henri II, octobre 1560, et Henri III, avril 1578. — Celui-ci est purement bursal.

(4) Ces statuts avaient été accordés par saint Louis, puis confirmés par

N° 101. — DÉCLARATION *qui accorde aux ecclésiastiques un nouveau délai de 5 ans, pour le rachat de leurs biens* (1).

Paris, 2 avril 1596, reg. au parl. le 25 mai. (Vol. SS., f° 212. — Font. IV, 1020.)

N° 102. — DÉCLARATION *portant qu'il sera annuellement prélevé sur les recettes générales de Paris, Châlons, Rouen, Bourges et Poitiers, une certaine somme applicable au paiement des poudres et salpêtres.*

Paris, 6 avril 1596, reg. en la chambre des comptes le 24. (Mém. ch. des compt. 4 N., f° 170. — Ord. des compt., bibl. du Conseil d'état, tom. IV.)

N° 103. — DÉCLARATION *qui exempte les ecclésiastiques du logement des gens de guerre et de la contribution aux munitions, fortifications, etc.* (2)

Au camp de Travecy, 1er mai 1596, reg. au parl. le 13. (Vol. SS., f° 208. — Font. IV, 1014.)

N° 104. — LETTRES-PATENTES *adressées au parlement de Paris pour la tenue des grands jours à Lyon* (3).

Au camp de La Fère, 4 mai 1596, reg. au parl. de Paris le 20. (Vol. SS., f° 270. — Font. IV, 712. — July, I, add., p. 171.)

N° 105. — ASSEMBLÉE *des notables* (4).

Rouen, 4 novembre 1596. (Etats généraux, XVI, 1.)

Le roi s'exprima ainsi : « Si je voulois acquérir le titre d'orateur, j'aurais appris quelque belle harangue, et vous la pro-

---

Philippe de Valois et par Henri III. Nous n'avons pas donné le texte de ces actes, vu leur peu d'importance.

(1) V. lettres patentes de Henri III, février 1586, et la note.

(2) Cette déclaration est motivée sur ce que les troubles civils ont mis une telle confusion en toutes choses, que plusieurs églises se trouvent occupées par les soldats qui s'en servent en guise de forteresses. V. note sur la déclaration de Henri III, du 23 décembre 1574.

(3) Les grands jours étaient une espèce de commission chargée de rendre la justice dans les provinces éloignées où il n'existait pas de sièges de parlement. V. Encyclopédie méthodique (jurisprudence), v° Grands jours. Il n'y a pas eu de parlement à Lyon, qui est, depuis l'an 8, devenu le siège d'une Cour d'appel.

(4) Nous n'avons point trouvé les lettres de convocation de cette assemblée. Elle se composait de 10 députés du clergé, 18 de la noblesse et 50 pour représenter la magistrature, les trésoriers et généraux de France, et le tiers état.

« noncerois avec assez de gravité. Mais, messieurs, mon désir
« me pousse à deux plus glorieux titres, qui sont de m'appeler
« libérateur et restaurateur de cet état, pour à quoi parvenir
« je vous ai assemblés. Vous savez à vos dépens, comme moi
« aux miens, que lorsque Dieu m'a appelé à cette couronne, j'ai
« trouvé la France, non seulement quasi ruinée, mais presque
« toute perdue pour les François. Par la grâce divine, par les
« prières et bons conseils de mes serviteurs, qui ne font pro-
« fession des armes, par l'épée de ma brave et généreuse noblesse
« (de laquelle je ne distingue les princes, pour être notre plus
« beau titre), foi de gentilhomme, par mes peines et labeurs je
« l'ai sauvée de la perte, sauvons la à cette heure de la ruine.
« Participez, mes chers sujets, à cette seconde gloire avec moi
« comme vous avez fait à la première. Je ne vous ai point
« appelés (1), comme faisoient mes prédécesseurs, pour vous
« faire approuver leurs volontés. Je vous ai assemblés pour re-
« cevoir vos conseils, pour les croire, pour les suivre, bref pour
« me mettre en tutelle entre vos mains, envie qui ne prend
« guères aux rois, aux barbes grises et aux victorieux ; mais le
« violent amour que je porte à mes sujets, et l'extrême envie
« que j'ai d'ajouter ces deux beaux titres à celui de roi, me font
« trouver tout aisé et honorable. Mon chancelier vous fera plus
« amplement entendre ma volonté. »

Alors le chancelier Cheverny exposa dans un discours très-étendu les malheurs qui avoient désolé la France depuis le commencement des guerres civiles, et les besoins que le roi avoit de subsides extraordinaires, au moment d'entreprendre une guerre (2) qui sembloit devoir être très longue et très cruelle.

Le lendemain l'assemblée se divisa en trois classes, présidées, l'une par le duc de Montpensier, la seconde par le duc de Retz, et la troisième par le maréchal de Matignon. On s'occupa ensuite de la rédaction des cahiers, qui ne furent présentés qu'en 1597. L'ordonnance de 1597 porte que l'assemblée a duré quatre mois.

On y demandoit, pour le clergé ;

1° Le rétablissement des élections aux évêchés et archevêchés, et en tous cas l'observation de l'ordonnance de Blois à l'égard des nominations. On demandoit de plus qu'il fût pris à l'avenir

---

(1) Les notables n'étaient pas les élus de la nation, mais des gens choisis.

(2) V. la déclaration de guerre du 16 janvier 1595.

des informations sur la religion, la vie, les mœurs et la capacité des sujets que le roi voudroit élever à l'épiscopat;

2. Que pour réformer les abus et déréglemens du clergé, on eût à tenir de trois ans en trois ans, à commencer de l'année courante, des conciles provinciaux; qu'on fît des recherches rigoureuses contre les confidentiaires et les simoniaques, et qu'enfin le roi défendît à ses troupes de se loger dans les temples, dans les chapelles et dans les sacristies des églises, ni d'y mettre leurs chevaux sous des peines sévères (1).

La noblesse demandoit;

Qu'on prit dans ses rangs, de préférence à tous autres, les sujets qu'il s'agiroit d'élever aux charges ecclésiastiques; qu'on n'accordât de lettres de noblesse qu'à ceux qui s'en seroient rendus dignes par des services importans, et surtout à la guerre; que les gentilshommes domiciliés dans les villes conservassent leurs anciens droits et priviléges, et fussent exempts des fonctions de gardes et de sentinelles, et autres pareilles corvées;

Qu'on ne tirât que de la noblesse les sénéchaux et baillis des provinces et qu'on leur conservât les priviléges anciens; qu'on fît observer les anciens réglemens relatifs aux levées de soldats; qu'on renouvellât les anciens édits contre le luxe; qu'on fît exécuter l'édit de 1587 (2), sur le taux des vivres dans les hôtelleries. On ne sait pas ce que le tiers-état, ou plutôt la commission demandoit en son nom.

L'assemblée demandoit que, pour le soulagement du peuple, le roi voulût bien faire examiner l'état de ses finances. Calcul fait des revenus du royaume, on trouva qu'ils montoient à 9,800,000 écus d'or. — Ce fut pour compléter un revenu de 30,000,000 de livres, que les états proposèrent un droit d'un sou pour livre sur l'entrée des denrées et marchandises (3). On proposa la nomination d'un nouveau conseil dit *conseil de raison* (4), qui devoit avoir la gestion de la moitié des revenus du royaume, l'autre moitié restant à la disposition du roi. Ce conseil devoit être nommé par l'assemblée.

---

(1) V. l'édit du 1ᵉʳ mai précédent, et l'ordonnance du 24 février 1597.

(2) Nous n'en avons pas donné le texte, qui n'est qu'une répétition de celui de mars 1577. V. à sa date.

(3) V. ci après l'édit de mars 1597.

(4) Le conseil de raison ne remplit ses fonctions que fort peu de temps; il se dissolvit de lui-même.

N° 105. — Lettres de confirmation des priviléges de l'ordre de St.-Jean de Jérusalem.

Rouen, décembre 1596; reg. au parl. le 21 février, et en la cour des aides le 3 mars 1597. (Vol. 88. f° 338. — Rec. des privil. de l'ordre de Saint-Jean de Jérusalem, p. 221.)

N° 107. — Édit sur l'administration de la justice, les évocations, etc. (1)

Rouen, janvier 1597, reg. au parl. de Rennes le 21 mai 1598. (Font. 1, 4. — Joly, 1, 15.)

Henry, etc. Les guerres et divisions dont nostre royaume a esté affligé depuis qu'il a pleu à Dieu nous y appeller, ont tellement obscurcy la force des bonnes loix, sainctes constitutions, et ordonnances des rois nos prédécesseurs, que non-seulement l'observation en a esté intermise, mais pour la plupart ont esté du tout perverties ou mises en oubly entre les confusions et désordres des guerres civiles : Ce qu'ayant bien et meurement considéré, même sur les plaintes qui nous en ont esté faictes de divers endroits, et ne désirans rien plus que le soulagement de noz subiects et la justice (solide fondement de tous royaumes) leur estre administrée et renduë comme il appartient. Nous avons estimé devoir déclarer nostre intention sur l'observation des ordonnances, de laquelle la licence du temps peut avoir faict dispenser aucuns de noz officiers et subiects.

Pour ces causes, et autres bonnes et grandes considérations à ce nous mouvans : De l'advis et délibération de nostre conseil, avons dit, statué et ordonné : disons, statuons et ordonnons par ce présent nostre édict, perpétuel et irrévocable, ce qui en suit.

(1) Que les ordonnances faictes par noz prédécesseurs tant à la requeste des trois estats assemblez en nos villes d'Orléans, Moulins et Bloys (2), que autres seront gardées et observées en tout nostre royaume, pays et terres de nostre obéissance, selon leur forme et teneur : et néantmoins voulons que les gens tenans nos cours de parlement et autres noz cours souveraines, si par le succez du temps, usage ou expérience, aucuns des articles desdictes ordonnances se trouvoient contraires au bien et utilité du public, et de nos subiects, et qu'il y fust besoin d'aucune inter-

---

(1) V. l'*Autorité judiciaire* du président Henrion de Pansey; loi du 27 ventose an 8, et celle du 20 avril 1810; décrets des 30 mars 1808, 6 juillet et 18 août 1810, 30 janvier et 29 avril 1811, et 22 mars 1813.
(2) V. à la date de janvier 1560, février 1566 et mai 1579.

prétation, déclaration, ou modération, nous en facent remonstrances : pour y estre pourveu selon l'exigence et nouvelles occasions, ce que nous recevrons tousjours de bonne part.

(2) Si tost que noz édicts et ordonnances auront esté renvoyées à noz cours souveraines, voulons estre promptement procédé à la vérification d'icelles tous autres affaires cessans : Et où ils verront y avoir lieu de nous en faire remonstrances, que elles le puissent faire suivant l'art. 1er et 2e des ordonn. de Moulins, à ce qu'il y soit par nous promptement pourveu au bien et utilité de nostre royaume et de nos subiects.

(3) Et d'autant que la première et principale dignité de la justice, dépend des personnes qui sont pourveuz aux estats de judicature, et principalement de noz cours souveraines, voulons et ordonnons que les art 105, 106 et 107 des ordonn. de Moulins, concernans l'aage et les qualitez requises aux pourveuz des premiers estats de judicature soyent inviolablement gardez et observez; et en outre que nul ne sera dorésnavant pourveu des estats de maistres des requestes en nostre hôtel, et de lieutenans généraux des provinces, qu'ils n'ayent trente deux ans complets, et qu'ils n'ayent esté conseillers en noz cours souveraines l'espace de six ans pour le moins : Desquels aage et qualitez les preuves seront faictes par tesmoins nommez d'office par nos procureurs généraux, et par l'extraict des registres baptistaires, et autrement, comme nosdites cours jugeront plus expédient, pour obvier aux fraudes qui s'y peuvent commettre : dont nous chargeons l'honneur et conscience de nosdites cours souveraines, mesme de nos procureurs généraux, ausquels et à leurs substituts aux siéges inférieurs appartient d'avoir l'œil ouvert, à ce que noz ordonnances soyent gardées et observées; et à faute de ce faire, déclarons que nous nous en prendrons à eux.

(4) Voulons aussi que les art. 108 et 109 desdictes ordonnances de Blois, concernans la forme des réceptions pour la preuve des capacitez, vies, et mœurs, et l'examen desdicts pourveuz d'office en nosdictes cours souveraines, soyent gardées et observées selon leur forme et teneur, et davantage que si nosdictes cours souveraines jugent s'y pouvoir apporter quelque caution plus grande, pour obvier aux fraudes, selon la diversité des pays et ressorts, qu'ils y pourvoyent : dont ils nous donneront advertissement, pour y apporter nostre auctorité requise.

(5) Et pour tenir noz parlemens aux reiglemens anciens, ordonnons que le nombre requis et porté par les édicts et reiglemens

de nos prédécesseurs, des conseillers clercs, et des conseillers laiz, sera gardé et observé, sans qu'il soit permis de dispenser les conseillers laiz à tenir office de conseiller clerc, ny les faires laizer. Et que venans les offices à vacquer, ils soyent remis en la qualité qu'ils doivent estre : déclarans dès à présent nulles toutes dispenses et provisions qu'ils pourroyent impétrer et obtenir au contraire.

(6) Et pour donner reiglement aux parentez et alliances qui sont en nosdictes cours de parlement et autres noz cours souveraines, dont procèdent infinies récusations et prétextes d'évocations, desquels nous sommes journellement importunez et nostre conseil empesché, voulons et ordonnons les articles contenuz aux ordonnances d'Orléans et Bloys, concernans les deffenses de recevoir en un mesme parlement, chambre des comptes, et autres cours souveraines, ny en un mesme siége le père et le fils, les deux frères, le beau-père et le gendre, l'oncle et le neveu, estre inviolablement gardez et observez : déclarans dès à présent nulles toutes dispenses qui seront cy après octroyées aucontraire. Enjoignans en outre à noz procureurs généraux et leurs substituts, chacun en son regard, de nous envoyer dedans trois mois le nombre et les noms de nos officiers, et les parentez et alliances qui sont entr'eux, pour y pourvoir de tels reiglemens que noz subjects n'ayent plus d'occasion de demeurer aux soupçons et deffiances qu'ils ont desdictes parentez et alliances.

(7) Davantage pour les plaintes qui nous ont esté faictes, et mesmes par aucuns officiers de nosdictes cours souveraines, du trop grand nombre d'officiers qui s'y trouvent d'une mesme ville, qui sont souvent parens, dont (bien que ce soit hors les degrez de parentez et alliances que dessus) les parties prennent des soupçons contre nosdictes cours souveraines : leur enjoignons, chacun endroit soy, de reigler le nombre qu'ils jugeront en leurs consciences ne devoir estre excédé, dont ils nous donneront advis, pour y apporter nostre auctorité.

(8) Défendons à tous noz officiers, tant de nosdites cours souveraines qu'autres de judicature, de prendre charge, directement ou indirectement, des affaires des princes (1), prélats, seigneurs, chapitres, communautez et autres personnes quelconques, ny

---

(1) Cet article est toujours violé. Le président Henrion de Pansey lui-même avait accepté d'être chef du conseil du duc d'Orléans, quoique magistrat. Dans le dialogue de Loisel, on indique l'origine de cet usage qui remonte à l'avocat

pareillement prendre aucuns vicariats d'évesques ou prélats, sinon quand par nosdictes courts souveraines il est, pour quelques occurrences nécessaire de l'ordonner. Et généralement de s'entremettre d'aucunes affaires d'autres que de nous, et des roines, et de nostre chère et unique sœur : révocquans toutes dispenses qui en auroyent peu estre expédiées au contraire.

(9) Comme aussi inhibons et défendons généralement à tous noz officiers, et ceux qui tiennent des estats et charges de nous, de se mesler d'aucun party, marchandise, traffiq ou commerce, directement ou indirectement, sous noms supposez, sur peine d'estre déclarez incapables et indignes desdicts estats, et autres peines portées par noz anciennes ordonnances : enjoignant à noz procureurs généraux faire diligence de s'en enquérir et informer diligemment, et en faire les poursuites nécessaires.

(10) Nosdictes cours souveraines garderont exactement la clause des quarante jours portez par les lettres de provision : et à faute de ce faire, nous déclarons dès à présent les réceptions des pourveuz aux estats nulles, et lesdicts estats vacans et impétrables, nonobstant tous arrests au contraire.

(11) Nosdicts présidens, maistres des requestes, maistres des comptes, et autres noz officiers, tant de noz courts souveraines que siéges présidiaux, s'abstiendront de l'entrée desdites courts, chambres et siéges pendant le jugement des procés esquels eux ou ceux dont ils sont présumptifs héritiers, prétendent et espèrent quelque intérest, encores que la partie n'en ait présenté requeste : et s'il n'y est par eux satisfaict, en seront admonnestez par les présidens.

(12) Tous différens meuz, contestez, ou reiglez par devant les juges ordinaires, seront jugez par eux, et par appel au parlement, dont ne seront évocquez pour autres causes que celles qui sont contenuës aux ordonnances publiées et vérifiées en nosdictes cours de parlement.

(13) Ne voulans aussi que nostre conseil privé soit cy après occupé ès causes qui consistent en jurisdiction contentieuse : ordonnons qu'à l'advenir toutes telles matières et différents qui y pourroyent estre introduits, soyent incontinent renvoyez en nosdictes courts souveraines, à qui la cognoissance en appartient, sans la retenir, ny distraire nosdits subjets de leur naturel

---

Séguier lorsqu'il entra dans le ministère public. V. lettres sur la profession d'avocat, édit. de Dupin, t. 1ᵉʳ, p. 204.

ressort et jurisdiction, ny que l'exécution des arrest de nosdictes cours puisse estre empeschée, sursise ou différée.

(14) Et pour le regard des procès et différents qui surviennent en conséquence et pour l'exécution de noz édicts vérifiez en noz cours souveraines, ordonnons que ce qui en dépend soit renvoyé aux cours où ladicte vérification en aura esté faicte, mesmes les requestes qui en pourroyent estre présentées en nostredict conseil, si ce n'est qu'il s'agist de l'interprétation desdicts édicts dépendans de nous.

(15) Et sur les plaintes qui nous sont faictes des fréquentes évocations qui troublent l'ordre de la justice, voulons que aucunes ne puissent estre expédiées que suyvant les édicts de Chantelou et la Bourdaisière (1) et autres édicts sur ce par noz prédécesseurs faicts, et qu'elles soyent signées par l'un de noz secrétaires d'estat ou de noz finances, qui aura receu les expéditions du conseil, ou qu'elles n'ayent esté jugées justes et raisonnables par nostredict grand conseil, suivant nosdictes ordonnances.

(16) Enjoignons à nostre dict grand conseil de garder exactement le nombre requis et ordonné en chacun parlement des présidens et conseillers pour évoquer, sans y comprendre pour faire nombre les alliés des récusez: ce que nous n'entendons estre fait, ny qu'ils puissent estre comptez pour servir ausdictes évocations.

(17) Ordonnons aussi que l'art. 70 des ordonnances de Moulins, et 97 de celles de Blois, concernans les évocations, soyent gardez et observez selon leur forme et teneur.

(18) Voulons aussi que les arrests donnez par noz cours souveraines soyent receuz et exécutez, gardez et entretenuz avec le respect qu'il convient : et confirmant nos anciennes ordonnances, déclarons que lesdits arrests ne pourront estre cassez ny rétractez, sinon par les voyes de droit, et formes portées par noz ordonnances : n'en sera aussi l'exécution desdits arrests suspenduë ou retardée, soit par lettres ou requestes présentées à nostredit conseil. Et seront tous arrests émanez de nous, nostredict conseil, et courts souveraines exécutez par tout où il appartiendra, sans demander placet, visa, ne pareatis : dont chargeons noz procureurs généraux en requérir et poursuyvre l'exécution. Et en cas de refus ou longueur, nous en advertir, pour y pourvoir comme il appartiendra.

(19) pour les plainctes ordinaires des grandes et excessives

---

(1) mai 1529 et mars 1545.

espices qui se taxent en nosdicts parlemens, grand conseil, courts des aydes et autres noz courts souveraines et inférieures : statuons et ordonnons que les espices seront taxées par nosdits présidens seuls, sans le faire passer par l'opinion de la compagnie, ny en demander advis d'autres qui y ayent intérêt : de la modération desquelles taxes nous chargeons l'honneur et conscience desdits présidens. Et pour le regard des siéges et jurisdictions inférieures, ordonnons (à ce que les juges soient responsables de la taxe immodérée d'icelle espices, et qu'ils en puissent estre repris et corrigez par nosdites cours souveraines où ressortist l'appel de leurs jugemens et sentences) que les greffiers seront tenuz de mettre et escrire au pied desdites sentences et jugemens, soit qu'ils les délivrent en parchemin ou en papier, la taxe desdites espices : et à faute de ce faire que lesdicts greffiers ou clercs des greffes qui auront signé lesdictes sentences, soyent condamnez en telles amendes que nosdites cours de parlement, et autres, jugeront raisonnables, tant envers nous qu'envers les parties.

(20) Ne seront taxées aucunes espices pour arrests ou décrets donnez sur requestes présentées par l'une des parties seulement, encore qu'il y ait pièces attachées, et ce pour les plaintes que nous en avons euës, ce que nous deffendons très-expressément à nosdicts présidens de faire, pour quelque occasion que ce soit. Seront au surplus les articles des ordonnances de Blois, ch. 27, 28. et 29, gardez et observez.

(21) Et où sur requeste rapportée par l'un de noz conseillers en nosdites courts souveraines, il y escherra commettre quelqu'un pour ouyr les parties, instruire ou autrement, si l'affaire tire en plus grande longueur ou cognoissance de cause, celuy qui aura rapporté ladite requeste n'y pourra estre commis, ny chargé du rapport, ains sera l'affaire mise entre les mains de tel autre qu'il sera advisé d'y commettre par nosdicts présidens : et ce pour faire cesser le soupçon que la partie ait choisi un rapporteur à sa volonté, dont nous avons eu plusieurs et diverses plainctes.

(22) Les procez qui se jugent par commissaires aux cas portez par nos ordonnances, ont esté aussi cause de grandes et diverses plainctes, que nosdictes courts souveraines ont estendu lesdits cas, et la forme contenuë aux ordonnances de Moulins, art. 68. et 69, et qu'elles s'y sont licenciées beaucoup : pour à quoy obvier, deffendons très-expressément à nosdites courts de parlement, grand conseil, cour des aydes et autres de juger extraor-

dinairement, et par commissaires, autres procez que ceux qu[i]
sont de la qualité portée par lesdicts articles, selon la modératio[n]
et forme, et souz les peines y contenuës.

(23) Et pour oster tout subject d'importunité aux juges, e[t] prétextes aux parties de vouloir faire voir et visiter leurs proce[z] par petits commissaires, pour advancer et gagner le temps, ordonnons qu'il ne se pourra à l'advenir visiter aucun procez par petits commissaires, hors le palais, mesmes ès cas de grand[s] commissaires, tant ès matières civiles que criminelles : mai[s] seront tous procez veuz et visitez en présence des juges qu[i] doyvent assister au jugement, sur peine de nullité et des despens, dommages et intérests des parties.

(24) Les espices estans, comme dit est, taxées par les présiden[s] de nosdites cours souveraines, selon le labeur des rapporteur[s] en leurs consciences, elles appartiendront ausdicts rapporteur[s] seuls, pour le regard des procez jugez ès grandes chambres d[e] nosdicts parlements, ainsi qu'il s'observe en la grand chambre de nostre parlement de Paris. Et quant aux chambres des enquestes, la moitié pour le moins en appartiendra ausdits rapporteurs : ce que nous voulons y estre observé, sans que nosdit[es] courts en puissent autrement ordonner ou disposer, comme pareillement en nostre grand conseil et cour des aydes.

(25) Les troubles et guerres civiles ont esté cause que les droic[ts] et procez de nostre domaine n'ont esté esclaircis et poursuyviz, e[t] que noz forests ont esté ruinées et dissipées : et à présent qu[e] Dieu nous a faict la grâce de réduire nostre royaume en l'obéyssance qui nous est deuë, voulons et enjoignons à noz procureur[s] généraux et à leurs substituts, chacun en sa charge, qu'ils ayen[t] à apporter toute la diligence qui est requise, et ce que leu[r] charge les oblige pour la poursuite de noz droicts et domaine, e[t] pour les réformations et reiglemens de noz forests.

(26) Nosdictes courts souveraines et inférieures reigleront d[e] telle sorte les advocats et procureurs chacun en son ressort e[t] jurisdiction, mesme pour le salaire desdicts advocats et procureurs : comme aussi les greffiers et clercs des greffes, qu'il n'y ai[t] plus occasion ny subject de plainte. A quoi noz procureurs généraux et leurs substituts tiendront la main : et du devoir qu'ils [en] auront faict, comme aussi à l'exécution de tout le contenu e[n] nostre présente ordonnance, ils nous tiendront advertiz, pour [y] estre plus amplement pourveu, s'il y eschet.

(27) Reigleront aussi nosdites courts de parlement le nombr[e]

des procureurs et advocats qui doivent jouyr du committimus, suivant l'art. 56 de nos ordonnances de Moulins, et les 177 et 178 de celles de Blois, sans pouvoir excéder le nombre y contenu, à ce que nosdits subjects ne soient indueuëment travaillez par la distraction de leurs ressorts ordinaires.

(28) Et d'autant que nos cours des aydes sont establies pour le soulagement de nostre pauvre peuple, et pour l'advancement et facilité du recouvrement des deniers qui nous appartiennent, leur enjoignons tenir la main à l'observation des ordonnances, tant anciennes que modernes, faictes pour le retranchement des privilégiez et exempts de tailles, afin que la charge, portée par plus de personnes, soit plus légère à nostre pauvre peuple.

(29) Et pour cest effect voulons et ordonnons que les estats de noz officiers domestiques soient envoyez à nosdictes cours des aydes par chacun an, comme aussi de nos officiers de la vennerie, fauconnerie et artillerie, qui seront restraincts au moindre nombre que faire se pourra. Enjoignons pareillement à nosdites cours des aydes tenir la main à ce qu'aucun n'abuse du privilége de noblesse pour s'exempter des charges et des tailles.

(30) Défendons à nos juges ordinaires, ou officiers des requestes du palais, de prendre cognoissance de ce qui est attribué par les édicts et ordonnances des roys noz prédécesseurs ausdites cours des aydes, à peine de nullité, et dépens, et dommages et intérests.

(31) Enjoignons à nosdictes cours des aydes punir et chastier exemplairement ceux qui seront trouvés désobéissans à l'exécution de nos commissions décernées pour la réception des tailles, droicts d'aydes et autres impositions, et punir les rébellions qui seront faictes exécutant lesdites commissions selon la rigueur de nos ordonnances.

(32) Et généralement voulons que toutes les ordonnances faictes par les roys noz prédécesseurs, concernant le faict de la justice, et qui n'ont esté par eux ou par nous révocquées, soient inviolablement gardées et observées, sans qu'il soit permis à aucun de nos juges s'en dispenser et y contrevenir, sous quelque prétexte que ce soit, d'équité ou autrement. Déclarons ce qui sera faict au contraire nul, et de nul effet et valeur.

Enregistrement. — 26 mai 1598.

Lues, publiées et enregistrées, à la charge que les ordonnances faictes par le roy et ses prédécesseurs seront gardées, avec les modifications ordonnées par ladicte court sur icelles;

que l'ordonnance de Bloys, art. 105, 106 et 107 sera observée; que les édicts d'érection de ladicte cour et des chambres d'icelle seront entretenuz; que le père et le fils, les deux frères, le beau-père et le gendre, l'oncle et le nepveu, ne seront cy-après receuz en ladicte cour pour servir en mesme séance, et dès à présent ne pourront estre en mesme chambre, ni assister ensemble à aucune délibération; qu'il sera par ladicte cour pourveu aux aux occurrences sur le 7e article; que l'interprétation des édicts et ordonnances n'aura lieu que du temps qu'elle aura esté vérifiée en ladicte court; que les art. 69 de l'ordonnance de Moulins et 98 de celle de Bloys seront observez; que les arrests, jugemens et commissions données hors ce ressort, ne pourront estre exécutez en ce pays, jusques à ce qu'ils ayent esté monstrez et veus en ladicte cour; que aucuns procez ne seront visitez par petits commissaires, excepté les appellations d'articles de taxe de despens excédant le nombre de cinquante. Et ne pourront lesdicts commissaires y vacquer aux dimanches et festes commandées de l'église. Ne seront aussi jugez aucuns procez par grands commissaires, si ce n'est à l'instante poursuite des deux parties; ès cas désignez par les ordonnances, et que le faict posé en ladicte cour en ait esté ordonné. Pour le regard des 27 articles, qu'il en sera usé comme au passé; que les arrests et reiglemens de ladicte court, pour le salaire des greffiers, seront gardez; que des causes et matières attribuées par les ordonnances aux chambres des aydes, les juges royaux des lieux en cognoistront en première instance, comme ils ont faict au passé, et en cas d'appel seront jugées en ladicte court, et sans approbation du dixiesme article, ne d'autre adresse que celle qui est faicte à ladicte court.

N° 108. — Edit *de suppression des offices des eaux et forêts, créés depuis la mort de Charles IX.*

Rouen, janvier 1597, reg. au parl. de Rennes, le 5 décembre 1597, et à celui de Paris le 15 avril 1598. (Vol. T T., f° 348.)

N° 109. — Déclaration *qui défend aux gens de guerre de courir les champs, et qui ordonne aux gouverneurs de leur courir sus et de les tailler en pièces* (1).

---

(1) V. sur la police des gens de guerre, les ordonnances de Charles V, 15 janvier 1373; de François 1er, 20 janvier 1514, 15 juillet 1530, 12 février 1533,

Paris, 24 février 1597, reg. au parl. le 7 mars, avec défense aux gens de guerre de loger aux presbytères et maisons des curés et vicaires des paroisses. (Vol. SS., f° 215. — Font. 111, 143.)

Henry, etc. Nous penserions estre un jour responsables devant Dieu des excez insupportables, injures et violences que reçoivent nos pauvres subjets du plat pays par l'oppression et barbare cruauté de la plupart de nos gens de guerre, si nous ne faisions tout ce qui se peut faire pour empescher leurs insolences; mais ce souverain créateur auquel rien ne peut estre caché et qui pénètre nos plus profondes et secrettes pensées, sçait assez que nous n'avons rien oublié depuis nostre advénement à ceste couronne, pour que nous ayons estimé pouvoir servir au retranchement de telles licences que nous n'avons eu autre but que d'établir une police et discipline militaires, et que nostre principal dessein a toujours esté de faire, durant nostre reigne, reluire le bel ordre qui s'observait anciennement en temps de guerre parmy les François, jusques à ce qu'il ait pleu à sa divine bonté nous bienheurer d'une paix assurée. Et combien que nous sentions pour ce regard nostre conscience déchargée par les rigoureuses ordonnances que nous avons plusieurs fois fait expédier sur ce subjet, si sommes nous résolus de les continuer, jusques à ce que nous en voyons l'exécution si entière que nosdits pauvres subjets n'ayans plus d'occasion de continuer leurs plaintes douloureuses et pitoyables lamentations, lesquelles montans jusques au ciel, pourroient enfin, après une longue patience, retomber justement sur les têtes de ceux qui peuvent y apporter le remède et ne le font pas, quelques commandemens très exprès qu'ils en ayent de nous.

A quoy voulans obvier autant qu'il nous sera possible et pourvoir au soulagement de nostre pauvre peuple, selon la grande pitié et compassion que nous avons de leurs calamiteuses afflictions, nous, à ces causes, avons dit et déclaré, disons et déclarons, par ces présentes, signées de nostre main, que nostre vouloir et intention est :

(1) Que les gouverneurs de nos provinces et nos lieutenans généraux (et particuliers en leur absence) ayent incontinent après

---

30 août 1539; de Henri II, 12 novembre 1549, 20 février 1542; de Charles IX, ordonn. de Moulins (1566), art. 101, du même, 13 janvier 1567, 1er février 1574; de Henri III, 1er juillet 1575; ordonn. de Blois (1579), art. 268 et suiv.; 9 février 1584, et mandement du 9 mars 1585.

la publication de cesdites présentes, à courir sus et tailler en pièces tous gens de guerre à pied ou à cheval qui se trouveront tenir les champs en l'étendue de leurs charges sans commission expresse de nous, et faire commandement à ceux qui en auront de se rendre incontinent et en toute diligence en nostre armée ou aux provinces et garnisons ausquelles nous les avons ordonnés sur peine de la vie, fesans informer de leurs déportemens pour estre chastiés suivans les anciennes ordonnances de la France faictes sur la vie et passage des gens de guerre, tant de cheval que de pied, allans par pays.

(2) Et afin que pour l'advenir l'on ayt cognoissance de ceux qui tiendront la compagnie et qu'on les puisse faire respondre en leurs propres et privés noms des insolences qui seront commises par eux ou leurs soldats, voulons et ordonnons que désormais tous capitaines, chefs et conducteurs de gens de guerre, tant de cheval que de pied, allans par pays, soit pour venir en nos armées ausquelles nous serons en personne, ou aller en aucunes de nos provinces, selon les commandemens qu'ils en auront de nous, ayent à envoyer ou se transporter eux-mesmes vers le gouverneur de la province par laquelle ils auront à passer auparavant que d'y faire entrer leurs troupes ou nos lieutenans généraux, afin de leur faire apparoir de la commission qu'ils auront de nous, soit d'une nouvelle levée ou d'une revue de leurs compagnies, luy bailler par estat le nombre de leurs gens, avec leurs noms et surnoms, et prendre leur attache, afin que passant par les terres de leur gouvernement et avec ladite attache il leur puisse faire bailler logis, les faire vivre par estappe ou autrement, à la moindre foulle et opression du pauvre peuple que faire se pourra, avec une bonne police et discipline, selon les ordonnances et reiglemens militaires sur ce faits sans souffrir qu'ils fassent aucun tort, pillerie ou exaction.

(3) Et où aucun desdits capitaines et conducteurs desdits gens de guerre seroient si téméraires de faire le contraire, nous mandons, commandons et enjoignons très expressément ausdits gouverneurs et nos lieutenans généraux et particuliers en leur absence, sur peine d'attirer l'ire de Dieu sur eux et d'encourir nostre indignation particulière, qu'ils aient, comme dit est, à leur courir sus et à les tailler en pièces, faisent chastier les capitaines et les chefs ou les envoyer pour ce faire à nos cours de parlement avec les charges et informations faictes contre eux, et pour cet effet assembler la noblesse, les communautés et paroisses, cha-

cun de son gouvernement par le son du toc saint, ensemble les prévosts de nos très chers et féaux cousin, les mareschaux de France et autres, selon que le cas le requerra, en sorte que la force leur en demeure et que la punition et chastiment rigoureux qui se fera des uns, mesme des chefs et capitaines, les autres y prennent exemple.

(4) Voulons et ordonnons en outre ausdits gouverneurs et nos lieutenans généraux, qu'ils ayent à nous tenir advertis tous les mois des troupes qui auront passé dans l'étendue de leurs charges, et du séjour qu'elles y auront fait, comme ils auront vescu, des plaintes et de la justice qui en aura esté faicte.

Si donnons, etc.

N° 110. — EDIT *pour la levée pendant 3 ans de la pancarte ou droit d'entrée sur toutes denrées et marchandises en toutes villes, bourgs et bourgades et en foires, en conséquence de l'avis de l'assemblée des notables* (1).

Paris, mars 1597, reg. en la Cour des aides le dernier du même mois, d'après le très exprès commandement du roi plusieurs fois réitéré pour un an seulement. (Font. II, 531. — Corbin, Code Louis, 251.)

N° 111. — ÉDIT *de création de relais de chevaux sur les grands chemins, traverses et le long des rivières, pour le transport des voyageurs et des malles* (2).

Paris, mars 1597, reg. au parl. le 23 janvier 1598, et en la ch. des compt. de Grenoble le 2 février. (Font. IV, 857. Traité de la police, liv. VI, tit. 14, ch. VIII.)

HENRY, etc. Considérans la pauvreté et la nécessité à laquelle tous nos subjets sont réduits à l'occasion des troubles passez, que la

---

(1) V. ci-devant assemblée de Rouen, 4 novembre 1596. — Cet édit fut révoqué par déclaration du 10 novembre 1602. V. à sa date. Il est purement bursal.

(2) Lafargue, dans la préface du nouveau Code voiturin (1827), dit que les messagers royaux ou la poste ont été établis pour la première fois en 1576. C'est une erreur; l'institution de la poste aux chevaux et aux lettres remonte à un arrêt du conseil du 19 juin 1464, sous Louis XI (V. à sa date dans notre recueil). L'édit de 1576 établit des messagers royaux aux mêmes droits et privilèges que ceux de l'université (édit de Louis X, 2 juillet 1315). Ces messagers qui étaient érigés en titre d'office auprès des sièges de bailliage, sénéchaussées ou élections ressortissant aux Cours de parlement et des aides, étaient assujettis à un cautionnement de 500 livres et à la prestation d'un serment. Leurs fonctions consistaient à porter les sacs et pièces de procédure. Défense formelle leur était faite d'ouvrir ou laisser ouvrir les sacs dont ils étaient chargés. — V. ci-devant

pluspart d'iceux sont destituez de chevaux, non seulement pour le labourage, mais aussi pour voyager et vaquer à leurs négoces accoustumez, n'ayans moyen d'en achepter, ny de supporter la despense nécessaire pour la nourriture et entretenement d'iceux, pour raison de quoy et pour la crainte que nosdits subjects ont des courses et ravages des gens de guerre, comme aussi les commerces accoustumez cessent, et sont discontinuez en beaucoup d'endroits, et ne peuvent nosdits subjects librement vaquer à leurs affaires, sinon en prenant la poste, qui leur vient à grande cherté, et excessive despense, ou bien les coches, lesquels ne sont encores et ne peuvent estre establis en la pluspart des contrées de nostre royaume, et d'ailleurs sont si incommodes que peu de personnes s'en veulent servir : à quoy désirans pourvoir et donner moyen à nosdits subjects de voyager et commodément continuer le labourage, et cependant éviter la despense qu'il conviendroit faire pour la nourriture desdits chevaux, attendu que dès long-temps la nécessité et commodité a introduit le mesme establissement qu'entendons reigler, après avoir mis cette affaire en délibération en nostre conseil, avons de l'advis d'iceluy, et de nostre certaine science, pleine puissance et auctorité royale, par ce présent édict perpétuel et irrévocable, ordonné et ordonnons :

Que par toutes les villes, bourgs et bourgades de cedit royaume, de traicte en traicte, selon les journées ordinaires, tant sur les grands chemins que traverses, seront establis chevaux de relais à journée pour voyager et labourer, et chevaux de courbe, pour le tirage des voitures par eaü, au plustost que faire se pourra en tels lieux et nombre de chevaux que les commissaires qui seront députez par nous à cest effect jugeront estre à propos et nécessaire pour la commodité du public, lesquels chevaux seront donnez à loüage pour toutes personnes, tant voyageans par terre et voiture par eau, que pour les laboureurs qui volontairement voudront prendre et se servir de telles commoditez, l'establissement desquels relais voulons estre réglé en la forme qui en suit.

(1) Savoir, seront establis maistres particuliers en chacune des villes, bourgs, bourgades, et lieux qui seront jugez nécessaires

---

édit de Louis XII, février 1509. — V. ci-après édits du mois d'août 1602, janvier 1608; de Louis XIII, lettres patentes du 18 octobre 1616, 25 février 1622, 28 juin 1633, arrêt du Conseil du 11 février 1670, et réglement du 1ᵉʳ avril suivant, déclaration de Louis XIV du 25 août 1691. — A la suite de l'édit de 1597, un réglement fut arrêté à la date du 12 mars pour le service des relais.

pour la commodité du public pour chacune traicte et journée, lesquelles journées seront limitées pour les moindres de 12 lieuës, et les autres de 14 à 15 lieuës, excepté ès païs de Gascogne, Provence, Dauphiné, Languedoc, et autres endroits où les lieuës sont excessivement longues, et les chemins difficiles, ausquels païs et lieux seront lesdites journées limitées, selon que les marchans ont accoustumez les practiquer, et ce pour les voyageurs à journées seulement, et au regard des chevaux de courbe, les traictes seront limitées et reiglées par l'advis des marchands fréquentans les rivières, lesquels maistres de relais auront le nombre de chevaux qui leur sera préfix et ordonné, et de telle force et valeur, qu'ils puissent commodément servir à tous voyageurs, soit pour leurs personnes, port de malles, valises et autres hardes, soit pour le labourage, tirage par eau, et autres usages; le loüage de tous lesquels chevaux sera payé selon et au prix qu'il est porté par les articles du reiglement cy attaché soubs le contre-scel de nostre chancellerie.

(2) Et afin que lesdits chevaux desdits relais soient conservez, et que l'intention qu'avons d'en secourir et soulager le public ne soit point divertie par la prise ou ravage desdits chevaux, nous voulons lesdits chevaux quelque part qu'ils soient establis, estre advoüez de nous.

(3) Défendons à toutes personnes, soit gens de guerre, ou autres, de quelque qualité qu'ils soient, de les prendre ou enlever contre la volonté des maistres, sous quelque prétexte, ou pour quelque cause que ce soit, sur peine de la vie, Déclarans dès à présent comme pour lorsque ceux qui les auront emmenez contre la volonté desdits maistres, ou s'en trouveront saisis, seront punis rigoureusement, comme infracteurs de nos ordonnances.

(4) Enjoignons très expressément aux prévosts des mareschaux se saisir de tous ceux qui se trouveront les avoir pris et retenus en leur puissance contre la volonté desdits maistres, et les faire punir comme voleurs et guetteurs de chemins : comme encore ordonnons aux capitaines et membres des compagnies de gens de guerre, d'empescher la prise desdits chevaux par ceux qui seront sous leurs charges, à peine de respondre en leurs privez noms des despens, dommages et intérests desdits maistres de relais, et leur faire payer la juste valeur desdits chevaux, et éviter les abus qui se pourroient commettre. Seront lesdits chevaux de relais marquez en l'une des cuisses, par marque ardente d'une

fleur de lys apparente, au dessus d'une lettre H, qui sera aussi marquée.

(5) Et pour donner plus de moyen ausdits maistres de relais de tenir leurs escuries garnies du nombre de chevaux qu'il leur sera ordonné, Défendons à tous huissiers, sergens, et autres quels qu'ils soient, de prendre par exécution lesdits chevaux de relais, soit pour debtes particulières desdits maistres de relais, pour nos deniers et affaires, ou pour cottes, imposées pour l'entretenement des gens de guerre, *ad instar*, de ce qui a été ordonné pour les chevaux de poste et bestail servant au labourage.

(6) Et pour empescher la continuation des désordres et confusions qui a esté cy devant, et jusques à maintenant au fait desdits chevaux de louage, si aucun se vouloit de sa volonté et auctorité privée s'entremettre à tenir chevaux de louage, Nous avons défendu et défendons par ces présentes à toutes personnes, qui n'auront permission de tenir lesdits relais de chevaux de louage de s'immiscer à la fourniture et louage d'aucuns chevaux pour quelque cause, occasion et prétexte que ce soit, sur peine de 20 escus d'amende, et de confiscation d'iceux chevaux applicables, sçavoir la moitié à nous, et l'autre moitié estre départie par esgale portion, aux dénonciateurs des contrevenans, et maistres des relais ausquels le fait touchera, lesquels dénonciateurs à cet effet seront tenus de faire leurs dénonciations pardevant les greffiers, des justices des lieux, ou un de nos notaires, dont ils retireront les actes signez desdits greffiers ou notaires, et les mettront entre les mains desdits maistres de relais pour en former leurs plaintes, et faire exécuter le présent édict.

(7) Et désirans donner plus de moyen ausdits maistres de relais et chevaux de louage, de tenir leurs escuries bien garnies de bons chevaux, de la qualité requise pour la commodité du public et s'acquiter plus soigneusement et fidèlement de leurs charges, nous les avons par ce présent édict déclarez et déclarons exempts, quittes et immunes de guets à nous appartenans, gardes de portes, de charges d'eschevins, consuls, capitouls jurats, et de logis des gens de guerre seulement, déclarant n'avoir entendu, comme nous n'entendons par le présent establissement desdits maistres de relais et chevaux de louage, préjudicier à l'establissement, droits, priviléges et immunitez des postes ordinaires de long temps establis en nostre royaume, ny pareillement aux cours des coches qui sont aussi ordinaires pour la commodité et usage public.

(8) Défendons à cet effet ausdits maistres de relais et chevaux de loüage, de fournir lesdits chevaux pour courir la poste : et à toutes personnes voyageans à journées de les faire galloper, sur peine de 10 escus d'amende, ainsi que l'on a accoustumé de faire de chevaux loüez à la journée.

(9) Pour l'exécution de nostre présent édict, et afin de faire l'establissement porté par iceluy, et y maintenir l'ordre et police nécessaires pour la commodité et utilité de nosdits subjets, Nous avons créé et érigé, créons et érigeons, en titre d'offices formez deux généraux desdits chevaux de relais à loüage, lesquels s'achemineront conjointement ou séparément, ou ceux qui seront par eux commis par toutes les villes, bourgs, et bourgades de ce royaume que besoin sera, pour appeler les officiers des lieux, faire ledit establissement et baux à ferme desdits relais, au prix ordonné par ledit réglement, sans avoir aucune juridiction et cognoissance des contraventions audit reiglement, ains appartiendra aux juges des lieux : ausquels généraux nous avons ordonné et attribué, ordonnons et attribuons tels et semblables priviléges dont jouit le contreroleur général de nos postes, avec la somme de 500 escus à chacun d'eux, de gages ordinaires par chacun an, et aux taxations qui leur seront faites pour les chevauchées qu'ils auront à faire, et leur seront ordonnées, tant pour eux que pour leurs greffiers, lors qu'ils vaqueront audit establissement, lesquels gages et taxations seront payez des deniers qui proviendront de la ferme générale desdits relais de chevaux de loüage.

Donné à Paris, etc.

N° 112. — EDIT *de rétablissement du système général de maîtrise* (1) *et réglement sur la police des métiers, d'après l'avis des notables assemblés à Rouen.*

Saint-Germain-en-Laye, avril 1597, regl. au parl. le 3 juillet et en la Cour des monnaies le 16 mars 1600. (Vol. TT. f° 70. — Font. I, 1101.)

HENRY, etc. Les royaumes et empires n'estans maintenus sous la légitime obéissance de leurs princes et souverains seigneurs, que par le moyen des loix et ordonnances qui sont establies pour l'ordre, exercice et administration de toutes sortes de fonctions, traficqs, négotiations, arts et mestiers : Il a esté jugé très utile et nécessaire par les rois nos prédécesseurs (après plusieurs autres belles institutions) que tous marchans vendans par poix

---

(1) V. note sur l'édit de décembre 1581, et antérieurement l'édit des bannières sous Louis XI, juin 1467, et les notes.

ou mesures, quelques sortes de marchandises que ce fust, et ceux qui exercent quelques arts ou mestiers que ce soit en bouticques ouvertes, magazins, chambres, asteliers, ou autrement, feussent tenus et adstraints auparavant que de pouvoir entrer ausdits exercices, prendre lettres d'un par eux establypar qui estoit nommé roy des merciers, auquel estoient attribuez certains droicts pour lesdites lettres, avec autres droicts pour les visitations et apprentissages qui se levoient de six mois en six mois. Lequel en ceste considération estoit tenu de faire observer les ordonnances et statuts prescripts pour chacune espèce desdits exercices. Ce qu'ayant esté supprimé par le feu roy François Ier et réüny à la couronne, pour en jouyr par luy et ses successeurs, lesdits droicts ont esté depuis négligez et usurpez par quelques particuliers, lesquels n'ont laissé de prendre ladicte qualité de rois des merciers, et pareillement par les jurez et gardes des communautez tant de marchans que artisans sans en avoir fait à nosdits prédécesseurs et à nous aucune recognoissance, commettans sous ce prétexte infinis abus et malversations. Ausquelles le feu roy dernier décédé nostre très honoré seigneur et frère que Dieu absolve voulant pourveoir, auroit par son édict du mois de décembre 1581 fait et ordonné plusieurs beaux réglemens sur tous lesdicts arts et mestiers, pour l'établissement général des maistrises en tout cedit royaume, auquel toutesfois il auroit esté obmis l'ordre et police qui doit se pratiquer en la négotiation, vente et distribution de toutes sortes de marchandises et perception desdits droicts réünis à ceste couronne.

Lequel édict au moyen des guerres et troubles survenus en cedit royaume avoit esté révoqué, et partant demeuré infructueux et non exécuté, qui a fait continuer tous les desbordemens qui s'exercent maintenant parmy les communautez desdits marchans et artisans, tant des villes et lieux non jurez, qu'ès villes et lieux jurez de cedit royaume, soit en ce qui concerne la nourriture, logis et vestement de nos subiects, que entretenement de leur santé, cela procédant tant de leur avarice et mauvaise volonté que de leur ignorance et incapacité, à la grande perte et dommage de tous nos subjects. A cause de quoy et qu'il ne se recognoissoit ausdits exercices aucune chose digne de leur ancienne splendeur lors de nostre advénement à ceste couronne : Comme encore recentement en nostre ville de Roüen plusieurs plaintes nous en auroient esté faites.

Pour à quoy pourvoir et donner ordre qu'il n'y ait d'oresnavant aucune altération, division et jalousie entre les marchans, maistres des arts et mestiers jurez et ceux qui ne sont encores pourveuz desdites maistrises jurées, et que nostredit royaume soit réduit et policé pour le faict desdites négotiations, manufactures, traficqs, arts et mestiers, par un bon et général règlement au bien et soulagement de nostre peuple, esviter ensuite aux partialitez, monopoles, longueurs et excessives despenses qui se pratiquent journellement, au très grand intérest et dommage des pauvres artisans désirans obtenir le degré de maistrise : et aussi afin que nous puissions à l'advenir recevoir le bien et commodité qui nous peut provenir de tous lesdits droicts, et nous en servir en l'extrême nécessité de nos affaires : spécialement pour satisfaire aux très justes debtes dont nous sommes redevables aux colonels et capitaines suisses, qui avec leurs vies et moyens nous ont secourus et aydez à la conservation de cest estat, ausquels nous affectons et destinons tous les deniers qui en proviendront.

Sçavoir faisons qu'ayant eu sur ce l'advis d'aucuns princes de nostre sang, gens de nostre conseil d'estat et de plusieurs notables personnages, et principaux de nos officiers convoquez et assemblez en nostre ville de Roüen, pour le bien de ce royaume : Avons par cestuy nostre présent édict perpétuel et irrévocable, dit, statué, voulu et ordonné, et de nostre certaine science, plaine puissance et authorité royale, disons, statuons, voulons et ordonnons ce qui en suit :

(1) Assavoir que ledit édict et réglement général dudit mois de décembre 1581, sur tous et chacuns lesdits arts et mestiers de quelque qualité et espèce qu'ils soient, cy attaché sous le contre-scel de nostre chancellerie sera exécuté, gardé, entretenu et inviolablement observé de poinct en poinct selon sa forme et teneur par tous les lieux et endroicts de cestuy nostredit royaume, terres et seigneuries de nostre obéissance, sans qu'il y soit ny puisse estre par cy après contrevenu en quelque sorte et manière que ce soit, mesme en ce qui concerne la création de trois maistres de chacun desdits arts et mestiers, sans faire aucun chef-d'œuvre ny experience, comme il est mentionné par l'article dudict édict, lequel pour plusieurs grandes et particulières considérations à ce nous mouvans, voulons, ordonnons et nous plaist avoir lieu, à la charge que ceux qui seront par nous esleuz et choisis, comme capables pour estre admis et receuz ausdites maistrises, nous payeront la finance qui sera pour ce taxée en

nostre conseil, eu esgard à l'espèce et qualité de l'art ou mestier dont ils prendront lettre en la forme accoutumée.

(2) Et afin de ne rien faire contre les anciennes institutions et ordonnances au préjudice de nosdits subiects et de la chose publique, et empescher plusieurs abus qui se pourroient commettre souz la faveur des termes dudit édict, statut et réglement général, et pour ne rien obmettre de l'ordre que nous voulons et entendons estre suivie en l'établissement d'une réformation et police si nécessaire, Nous voulons et ordonnons, en interprétant ledit article, Que ceux qui voudront estre receuz aux maistrises, des arts d'apotiquairerie, chirurgie et barberie, soient tenus de souffrir l'examen et expérience, sommaire toutesfois, pardevant les commissaires qui seront par nous commis et députez suffisans et capables à cest effect, pour éviter aux animositez, partialitez, vindictes, longueurs et excessives despenses qui ont accoustumé d'estre faites et pratiquées en tel cas, en la présence et assistance d'un docteur en médecine et de quatre maistres desdicts arts habitans des lieux, d'autant que pour l'exercice d'iceux arts, il est besoin d'une plus particulière cognoissance et expérience, ayant pour ce subject la dispensation, composition et administration des remèdes qui restituent et entretiennent la santé du corps humain. Pour sur les certifications qui seront faictes par lesdicts commissaires de leur capacité estre receuz, après nos droicts payez pour ladicte maistrise ès mains de celuy qui sera par nous commis à la recepte génerale des deniers qui proviendront tant dudit réglement général que de l'exécution du présent édict ou de ses commis, porteurs de ses quittances, de laquelle réception leur sera baillé acte qui leur servira de toutes lettres avec ladicte quittance, suivant et conformément audit édit et réglement général cy, comme dit est, attaché.

(3) Conséquemment suivant ce qui est porté par le 1 et 2 articles dudit statut et réglement général, et iceux amplifiant en tant que besoin est ou seroit, ordonnons que tous marchans vendans par poix ou mesures, et tous autres faisans profession de quelques trafic de marchandise, art ou mestier que ce soit, en boutiques ouvertes, magasins, chambres, astelliers ou autrement ès villes fauxbourgs, bourgs, bourgades et autres lieux ou lesdites maistrises jurées ne sont encores establies, seront indifféremment tenus de prester le serment de maistrise 8 jours après la publication desdites présentes et dudit édict et réglement général aux jours d'audience des justices dont ils seront dépendans et ressor-

tissans pardevant lesdits juges ordinaires des lieux, duquel serment leur sera délivré acte comme comme dit est, par vertu des quittances qu'ils feront apparoir de la finance qu'ils auront payée lors et excepté ceux qui exercent lesdits arts d'apotiquairerie, chirurgie et barberie, lesquels au paravant que de prester lesdicts sermens seront tenus de souffrir l'examen et faire expérience sommaire pardevant lesdicts commissaires seulement, pour sur les certifications qui leur seront faites de leur capacité par lesdits commissaires estre receuz et admis ausdites maistrises en la forme et manière qu'il est cy devant ordonné. A quoy satisfaire et obéir tous lesdits marchans et artisans desdites villes et lieux non jurez seront contraints par toutes voyes deuës et raisonnables, sur peine de privation à l'advenir de pouvoir plus jouyr, user, et exercer lesdits traficqs, négotiations, arts, et mestiers en quelque sorte et manière que ce soit, et au payement de la finance à quoy ils seront taxez chacun en droit soy, seront contraincts comme pour nos propres deniers et affaires, dont le plus haut et qualifié desdits marchans, arts, ou mestiers ne pourront estre taxez à plus grande finance que de dix escus, et les autres au dessouz d'icelle.

(4) Et d'autant qu'en la plus grande partie des villes et autres lieux jurez du royaume il n'y a aucuns gardes jurez des marchans et ne sont receuz en la maistrise, policez et disciplinez en leurs estats et exercices, que par aucuns desdits prétendus et supposez rois des merciers : Nous voulons et ordonnons que huict jours après ladite publication esdites villes jurées, tous marchans merciers et autres de la qualité, facent de nouveau le serment de maistrise audit estat et exercice de marchandise en la forme cy dessus. Cassant et annullant par ces présentes toutes les lettres, et pouvoirs qui pourroient avoir esté baillez par ledit roy des merciers. Lequel d'abondant avec les lieutenans et officiers, Nous avons estaints, supprimez et abolis, esteignons, supprimons et abolissons par cesdites présentes, avec défenses très expresses à toutes personnes de se dire et qualifier roy des merciers, et par vertu de ce tiltre et pretention des pouvoirs y attribuez, ne s'immiscer de bailler aucunes lettres de maistrises, faire visitation, recevoir aucuns deniers, ny faire autres actes dépendant dudit réglement, sur peine d'estre punis comme faussaires, et de dix mil escus d'amende à nous attribuer. Enjoignons très expressément à tous les corps et communautez des marchans, tant des villes et lieux jurez que non jurez, incontinent après ladite prestation de

serment, de faire assemblée de leurs corps et communautez, et par l'advis d'icelle nommer et eslire un ou deux gardes jurez : lesquels feront garder et observer les statuts, ordonnances et priviléges faits en faveur desdicts marchans, selon et en la forme contenuë par leurs statuts, qui demeurent en leur force et vertu, en ce qu'ils seront conformes, et préjudicieront audit réglement général et à ces présentes.

(5) Seront semblablement tenus et contraints tous les artisans faisans profession de quelque art ou mestier que ce soit, qui ne sont encores establis en maistrises jurées, demeurans dedans les villes où il y a quelques uns desdits arts ou mestiers jurez, de faire prester le serment, pour estre receuz et admis ausdites maistrises, aux charges et en la forme cydessus prescrite et ordonnée.

(6) Au surplus de laquelle exécution, ordre de l'establissement et forme de l'entretenir à l'avenir, Nous voulons et ordonnons y estre procédé en tout et partout, suyvant ce qui est dit, statué et ordonné par ledit édict et réglement général dudit mois de décembre 1581, en tous les chefs, circonstances et dépendances d'iceluy : Nonobstant toutes lettres, priviléges, attributions et autres quelconques à ce contraires, que nous voulons avoir lieu pour quelque cause et occasion que ce soit, et lesquelles nous avons cassées, révoquées et annullées, cassons, révoquons et annullons par cesdites présentes, mesmes celles cy devant expédiez, pour le fait général ou particulier d'aucuns maistres artisans des fauxbourgs prétendus avoir esté ruinez pendant ces troubles, comme pouvant préjudicier à ces présentes et audit réglement général : Comme aussi les contraintes et commissions contre les jurez de prendre lettres de maistrise. Faisans inhibitions et défenses à tous particuliers commis à recevoir aucuns deniers provenus de la nature susdite, et tous autres qui poursuyvent la levée desdits deniers et réceptions des compagnons artisans ausdites maistrises, de plus s'entremettre par cy après en aucun exercice, levée, maniment et perception desdicts deniers en quelque sorte et manière que ce soit, ne rien faire contre et au préjudice du contenu en cesdites présentes et dudict réglement général, à peine de faux et d'estre punis exemplairement, comme concussionnaires.

(7) Tous lesquels marchans et artisans demeurans ès villes, bourgs et autres lieux de cedit royaume, jurez et non jurez, soit à boutique ouverte, chambre ou magazin, afin d'estre maintenus et confirmez aux priviléges, franchises, libertez et immunitez qui

leur sont concédez par ledit édict, statut et réglement général, et pour demeurer quittes et deschargez de tout ce qu'ils nous pourroient devoir pour les droits cy dessus déclarez depuis la réunion faite d'iceux à ceste couronne par ledict feu roy François premier, jusques à présent : Seront tenus de nous payer seulement chacun en son particulier ès mains dudit commis à ladite recepte générale, ou à sesdits commis porteurs de cesdites quittances sur les lieux : Assavoir pour le plus haut et qualifié art ou mestier un escu sol, pour le moyen deux tiers d'escu, et pour le moindre demy escu, ès villes principales de nostre royaume et métropolitaines d'iceluy, et aux autres villes, bourgs, bourgades, lieux et endroits non jurez, la moitié desdites taxes, chacun selon sa qualité, eu esgard à la différence desdites exercices, arts et mestiers ès lieux de la demeure desdits marchans et artisans, et ce quinze jours après ladite publication. Autrement et à faute de ce faire, Nous voulons et ordonnons qu'ils y soient contraincts par toutes voyes deuës et accoustumées, comme pour nos propres deniers et affaires, nonobstant oppositions ou appellations quelconques, sans préjudices desquelles ne sera différé. Ordonnons au surplus que pour l'advenir nul ne pourra estre receu n'y admis par nos juges et officiers jurez et gardes, à aucune vacation et trafic, ou receu à la maistrise de quelque art et mestier que ce soit, sans au préalable avoir payé nos droicts contenus, et assez amplement déclarez, tant par cestuy nostre présent édict, que par ledit réglement général, et fait apparoir de la quittance dudit payement. Ce que nous défendons très expressément à nosdits juges, officiers et gardes : sur peine de cinq cents escus d'amende envers nous. Comme aussi sur la mesme peine, ne permettre doresnavant aucuns banquets et festins esdites réceptions.

N° 113. — ORDONNANCE *générale sur le fait des eaux et forêts* (1), *l'entretien des chemins publics et rivières, etc.*

Paris, mai 1527, reg. en la cb. des eaux et forêts le 27 janvier 1690. (Baudrillart, rec. des réglemens forestiers, tom. I, p. 20. — Néron, I, 676.)

HENRY, etc. Les rois nos prédécesseurs ont eu en singulière recommandation la conservation des forests de ce royaume, comme

---

(1) V. l'ordonn. de François Ier, mars 1515, et la note ; l'ord. de Henri III,

estans la principale partie d'icelui et de nostre domaine, pour le secours, soulagement et nécessité publique, qu'à toutes occurrences et selon la diversité des causes et des temps ils ont fait plusieurs belles et saintes ordonnances, édicts et réglemens sur ce nécessaires; toutefois les guerres civiles qui ont eu cours en icelui depuis quelques années ont tellement dépravé toutes choses, que tant par la négligence ou connivence de quelques-uns de nos officiers, qu'effrénée licence ou impunité d'aucuns de nos sujets, lesdites forests sont presque ruinées entièrement; et ayant par nos édits de Folembray au mois de février 1596, et de Rouen du mois de janvier dernier, pourvu au nombre excessif d'officiers, d'usages et chauffages et coupes extraordinaires des bois de haute fustaye, premières et principales causes de la ruine d'icelles. Pour obvier aussi à autres nouveaux délits, abus et malversations qui s'y commettent journellement, de l'avis de nostre conseil, oüis en icelui aucuns des principaux officiers des siéges des tables de marbre; nous par cettui nostre présent édit perpétuel et irrévocable, avons dit, statué et ordonné, disons, statuons et ordonnons ce qui s'ensuit.

(1) A ce que l'estat auquel sont à présent nosdites forests, que celles par nous ou nos prédécesseurs aliénées ou baillées en appanage, douaires, usufruit, engagement, et des ecclésiastiques, abbez, commanderies et communautez, ne puisse estre changé à l'avenir, et aucunes entreprises ne puissent estre faites sur icelles, ni les ventes ordinaires de haute fustaye, ou taillis, augmentées ou diminuées plus à une fois qu'à une autre, ni l'ordre interverti et changé de lieu en autre à la volonté des officiers; même pour obvier aux frais des assiettes de ventes, et faire cesser infinies fraudes qu'aucuns de nos officiers commettent à la diminution du prix d'icelles, faisans cinq ou six ventes de bien petite quantité de bois, dont n'en dût estre faite qu'une seule; nous voulons qu'incontinent après le réglement général des ventes ordinaires, tant de haute fustaye que taillis à faire par chacun an, tant en nosdites forests qu'autres, sur l'avis qui nous en sera donné par nos officiers ès siéges des tables de marbre, estre par eux commis et pris arpenteurs jurez, pour en leur présence, et appelez ceux que besoin sera, faire borner de hautes et apparentes bornes le

---

janvier 1583, et l'ordonn. de Louis XIV, août 1669. — V. aussi le Code forestier de 1827.

circuit et reins desdites forests, et encore pour mesurer séparément, et borner la quantité d'arpens dont se devra faire vente par chacun an en icelles, même distinguer et séparer les unes des autres, et de tout ce qu'ils auront sur ce fait, en faire les procès-verbaux, et par peintres estre faites chartres et figures desdites forests, où seront dénotées lesdites bornes : desquelles figures nous voulons en estre mis autant esdits siéges des tables de marbre, et maistrises particulières, pour y estre gardées et y avoir recours toutefois et quantes que besoin sera : faisans injonction à tous officiers sur le fait desdites eaux et forests faisant les ventes de ladite quantité de bois qui leur sera prescrite par chacun an, de les faire de proche en proche à tire et aire, garder les ordonnances, et suivre en tout et par tout le réglement qui sera sur ce fait ordonné.

(2) Pour éviter aux grands frais qu'il conviendroit faire si de jours à autres il convenait vaquer aux réformations générales de nos eaux et forests, desquelles ne seroit autrement besoin, si les officiers des lieux faisoient les visitations ordinaires qu'ils sont tenus faire de celles de leur détroit; et si selon qu'ils sont tenus ils envoyoient les procès-verbaux ès siéges des tables de marbre, nous avons enjoint aux maistres particuliers de tenir la main à ce que les verdiers, gruyers, segrayers et maistres sergens fassent leurs visitations conformément aux anciennes ordonnances, et à eux de les continuer de six mois en six mois par toutes les forests, eaux, fleuves, rivières, estangs et marais, pastis et communes de leurs départemens, et faire procès-verbaux des délits qu'ils trouveront y avoir esté commis ès ventes ordinaires et extraordinaires qui auront esté faites, soit de hautes fustayes ou taillis; ensemble des mutations et arrivées depuis les précédentes et dernières visitations, et iceux procès-verbaux envoyer incontinent après aux greffiers desdits siéges des tables de marbre, sur peine de cinquante écus d'amende envers nous, ou autre plus grande, s'il y échet; au payement de laquelle nous voulons estre constraints, nonobstant oppositions ou appellations quelconques, et sans préjudice d'icelles, et outre de perdition et radiation de leurs gages et droits; desquels défendons aux receveurs et payeurs d'iceux de faire aucun payement qu'ils ne leur fassent apparoir du certificat des officiers des tables de marbre, et l'apport desdits procès-verbaux, à peine d'estre répété sur eux, et aux gens de nos comptes de ne les passer et allouer ès comptes desdits receveurs.

(3) Et d'autant que les réformations de nosdites eaux et forests qui se font par les lieutenans et conseillers ès siéges des tables de marbre, spécialement instituez pour cet effet, sont les meilleurs et plus assurez moyens pour les conserver et contenir nos autres officiers en leur devoir, leur enjoignons pareillement d'y vaquer le plus souvent et soigneusement que faire se pourra par ordre, les uns après les autres, selon les départemens qui en seront faits et ordonnez par le grand maistre, ou son lieutenant : auquel nous avons enjoint aussi de faire les visitations par tous les parlemens et autres siéges des tables de marbre des eaux et forests, suivant le pouvoir à lui donné par l'édit d'establissement d'iceux de l'an 1554. Et à chacun d'eux de mettre leurs procès-verbaux ausdits siéges des tables de marbre dedans un mois après leur retour, pour y avoir recours toutefois et quantes que besoin en sera, et estre par nos procureurs requis sur iceux ce qu'ils verront estre à faire pour nostre intérest, bien et ménagement de nosdites eaux et forests.

(4) Et à ce que nosdits officiers ès siéges des tables de marbre ne se puissent excuser sur leurs grands frais qu'ils conviennent faire en procédant aux réformations, nous voulons les deniers provenans des amendes, forfaitures, confiscations et restitutions de bois, outre mesure des ventes, et tous autres qui nous seront par eux adjugez y estre employez et non ailleurs, sans que par nous en soit fait aucun don et remise à quelque personne que ce soit : et où nous en aurions fait aucuns par ci-devant, nous les avons cassez et révoquez, cassons et révoquons par ces présentes, sans qu'ils ayent aucun effet ; et défendons aux receveurs de nostre domaine desdites amendes, et tous autres n'en payer aucune chose, sous peine d'estre répété par eux ; et aux gens de nos comptes de ne les passer et allouer en leurs comptes, quelques mandemens et jussions qu'ils en puissent obtenir de nous.

(5) Afin aussi de promouvoir et inciter les receveurs de nostre domaine, des amendes et autres qui voudront avancer les frais des réformations, et faire les poursuites et diligences de faire vuider et juger les procès où il n'y a autre parti que nostre procureur, lesquels demeurent la plupart du temps indécis, nous avons attribué et attribuons ausdits receveurs, et en leur défaut à ceux qui auront avancé lesdits frais, le tiers des deniers revenans bons des amendes, forfaitures et confiscations qui nous seront adjugées à leur diligence esdites réformations, siéges des tables

de marbre et juges ordonnez pour juger en dernier ressort, lesdits frais préalablement remboursez sur le total.

(6) Pour faire cesser infinis abus qui se sont ci-devant commis et commettent journellement à l'occasion que nos officiers qui ont garde de nostre marteau n'exercent leurs estats en personne, mais font marquer nos bois par leurs serviteurs ou autres personnes qui n'ont aucun serment de justice, le plus souvent sans ordonnance des maistres des eaux et forests, ou bien s'entendans et colludans avec les marchands ventiers, rechangent les pieds corniers des ventes, balliveaux et autres arbres de réserve, pour en laisser de moindres; couper les bons et élargir les ventes sur le corps de nos forests. Avons enjoint et enjoignons ausdits gardes de nostre marteau d'exercer leurs estats en personne, sans commettre leurs serviteurs ou autres personnes quels qu'ils soient, ni marquer aucuns arbres que par ordonnances des maistres de nos eaux et forests, ou leurs lieutenans, sur peine d'amende arbitraire, privation de leurs estats et offices, et de répondre des abus qui s'y pourroient commettre en leur propre et privé nom; révoquans toutes ordonnances, dispenses et lettres à ce contraires: et néanmoins pour les contenir d'oresnavant en leur devoir, nous voulons et nous plaist qu'ils soient tenus faire rolle et registre au vray de tous les arbres qu'ils marqueront particulièrement et séparément ès gardes de chacun sergent, contenant la quantité, essence et grosseur d'iceux, réservation des balliveaux de ventes, chauffages, usages ou autres délivrances, lequel rôlle nous voulons à la mesure que les délivrances et marques se feront, estre signé du maistre particulier ou son lieutenant, de nostre procureur et du sergent de la garde, pour estre représenté aux redditions des ventes et délivrances susdites, et toutefois et quantes que requis en seront et que besoin sera, et autant d'icelui estre envoyé par chacune demie année ausdits sièges des tables de marbre, sur peine de cinquante écus d'amende envers nous, nonobstant oppositions ou appellations quelconques et sans préjudice d'icelles, et outre de perdition et radiation de leurs gages et droits; desquels défendons aux receveurs et payeurs d'iceux de faire aucun payement qu'il ne leur soit apparu du certificat des officiers des sièges des tables de marbre, et de l'apport desdits rôlles et registres, à peine d'être répété sur eux; et aux gens de nos comptes de ne les passer et allouer aux comptes desdits receveurs.

(7) Ainsi duement informez d'aucuns des principaux officiers

expérimentez et entendus sur le fait de nosdites eaux et forests, que la cause principale de la ruine d'icelles provient de ce que l'on n'a par ci-devant tenu grand compte de faire mettre et apporter ausdits siéges de la table de marbre les procès-verbaux des réformations, visitations, mesurages et arpentages, bornages et séparations, martelages, portraits, chartes, figures et descriptions qui se sont faites desdites forests, eaux, fleuves, rivières, ruisseaux, estangs et marais, et obmis d'y ordonner et establir lieux propres, commodes et convenables pour les garder et observer, à raison de quoi s'estant faites par la nécessité du temps de grandes aliénations du fonds et propriété desdites forests des mieux plantées en bois de haute fustaye, sous le nom de terres vaines et vagues, ou qui estoient tenues de nous en gruerie, grairie, ségrairie, tiers et danger, sous espérance de les pouvoir retirer quelque jour, plusieurs sachans bien qu'on ne pourroit connoistre à l'avenir l'estat auquel estoient lesdits bois lorsqu'ils leur ont esté baillez licencieusement et sans crainte d'en pouvoir estre recherchés, les auroient entièrement coupez et dégradez, pour empêcher qu'ils ne fussent retirez à l'avenir : et les autres auroient entrepris et usurpé sur nosdites forests, droits de chasses, usages, chauffages ; et sur nosdites eaux, fleuves, rivières, ruisseaux, estangs et marais, droits de moulins, gors, écluses, isles, pescheries, bacs, ports, ponts, arches, péages : à quoy désirans pourvoir, nous avons voulu, statué et ordonné, voulons, statuons et ordonnons à chacun desdits siéges des tables de marbre, à la diligence de nos procureurs en iceux des premiers deniers des amendes qui nous y seront adjugées, estre faites et construites armoiries, pour y mettre, garder et observer à part, distinctement et séparément par maistrises particulières, tous et chacuns les procès-verbaux des réformations générales, visitations, mesurages, arpentages, bornages et séparations, martelages, portraits, chartes, figures, descriptions qui se sont ci-devant faites et seront ci après desdites forests, eaux, fleuves, rivières, ruisseaux, estangs et marais, estans sous l'estendue et ressort de chacune desdites maistrises, pour y avoir recours toutefois et quantes que besoin sera, et connoistre les changemens et mutations qui y pourroient estre à l'avenir.

(8) Et d'autant que les veuves et héritiers des grands-maistres desdites eaux et forests, de leurs lieutenans, conseillers des tables de marbre, maistres particuliers, leurs lieutenans, nos procureurs, gruyers, segrayers, maistres sergens, leurs greffiers

ou commis, ou autres nos officiers desdites eaux et forests : et mêmes aucuns d'iceux s'estans défait de leurs offices, retiennent néanmoins par devers eux plusieurs procès-verbaux des visitations et réformations faites de leur temps, registres, liasses, portraits, chartes, figures, procès, titres, mémoires, autres papiers concernans le fait desdites eaux et forests, lesquels méritoient estre conservez pour servir d'instruction à l'avenir. Enjoignons à nos procureurs desdits siéges des tables de marbre et leurs substituts sur les lieux, d'en faire exacte recherche et contraindre ceux qui en seront trouvez saisis par toutes voyes dues et raisonnables, même par emprisonnement de leurs personnes, à les envoyer et mettre incontinent et sans délay ès siéges desdites tables de marbre et siéges particuliers, pour y estre gardez, et y avoir recours toutefois et quantes que besoin sera.

(9) Voulons pour les mêmes causes et considérations susdites estre faits inventaires et registres de tous et chacuns les procez-verbaux des visitations et réformations desdites forests, registres, liasses procès, titres, mémoires, portraits, chartes, figures, et autres papiers de conséquence estans ausdits greffes desdits siéges des tables de marbre et autres inférieurs, concernant le fait d'icelles, pour en estre les greffiers et leurs successeurs, arrivant mutation, chargez et responsables, sans qu'ils puissent vendre ni aliéner leur office de greffier qu'ils n'ayent justifié et vérifié le contenu ausdits inventaires en présence de nos procureurs esdits siéges des tables de marbre, et autres inférieurs, comme y estans spécialement affectez : leur faisant très expresses inhibitions et défenses de transporter ou laisser transporter desdits greffes aucuns desdits papiers et choses susdites, sous peine d'en répondre en leurs propres et privez noms, si ce n'estoit à nos juges et autre de leur ordonnance pour le jugement et l'instruction des procès, même en procédant aux réformations, qui s'en chargeront sur le dépost desdits greffes, et en demeureront en ce faisant responsables, enjoignons aussi ausdits greffiers de retenir leursdits registres duement reliez, dont les feuillets soient cottez par nombre.

(10) Afin que nosd. les forests soient ci après mieux conservées qu'elles n'ont esté ci-devant, voulons, ordonnons et nous plaist, que nosdits officiers des eaux et forests résident et demeurent sur les lieux, et lesdits sergens et gardes ordinaires à demie lieue du moins près d'icelles, et exercent leurs estats en personnes et non par commis et où aucuns de nosdits officiers seroient pourvus

d'offices avec ceux de nosdites forests, même lesdits procureurs pour nous sur le fait d'icelles desdits offices, aussi le procureur pour nous en l'ordinaire, qu'ils optent dans trois mois après la publication des présentes; autrement et à faute de ce faire dans ledit temps, et icelui passé, les avons dès à présent comme dès lors, déclarez vacquans et impétrables, pour y estre par nous pourvu de personnes capables, nonobstant exemptions ou lettres patentes qu'ils en auroient pu ou pourroient obtenir de nous ou de nostre conseil, ausquelles ne voulons que l'on n'ait aucun égard.

(11) Et parce que plusieurs fraudes et faussetez se sont ci-devant commises sur le fait des rapports des sergens des gardes des forests, pour y pourvoir à l'avenir, nous avons enjoint ausdits sergens et gardes ordinaires de vaquer chaque jour soigneusement à l'exercice de leursdites charges, et de huitaine en huitaine au plus tard, faire rapport à jours de plaids de tous et chacuns les arbres abattus, lequel rapport ils affirmeront véritable pardevant les maistres particuliers, verdiers, gruyers, ségrayers et maistres sergens, chacun en son pouvoir : avons aussi enjoint aux greffiers de tenir registre des rapports à part et séparément des autres expéditions, lequel ils feront signer desdits sergens, et garder de rapport en rapport, à peine de suspension de leurs charges, et ausdits sergens et gardes d'en avoir autant paraphé d'eux et dudit greffier, aussi de rapport en rapport, sur peine d'estre tenus et responsables desdits arbres abattus au-dedans de leurs gardes, pour estre lesdits deux registres représentez aux visitations desdites forests, et toutefois et quantes que besoin sera.

(12) Les maistres, leurs lieutenans, procureurs pour nous ès siéges particuliers, et ceux qui auront la garde de nostre marteau seront reçus ès siéges des tables de marbre, et quant ausdits verdiers, gruyers, segrayers et maistres sergens, et les sergens gardes ordinaires ès siéges particuliers, si bon leur semble, si ce n'est qu'ils eussent la garde dudit marteau, auquel cas seront tenus de se faire recevoir esdits siéges de la table de marbre ; auparavant toutefois que l'on puisse procéder à la réception d'aucun desdits officiers, voulons que leurs résignans soient tenus de se présenter en personne, et comparoir ausdits siéges pour répondre sur l'administration de leur charge, s'ils sont vivans, sinon leurs veuves ou héritiers où ils seroient décédez incontinent après avoir résigné, et même pour le regard desdits maistres particuliers : et ceux qui auront la garde dudit mar-

teau seront tenus faire apparoir d'actes de l'apport au greffe desdits siéges des procès-verbaux de visitation et de martelage de demie année en demie année, comme dit a esté ci-dessus : et quant ausdits lieutenans et procureurs pour nous de robe longue, graduez et qualifiez, après avoir esté interrogez : et lesdits sergens et gardes ordinaires après qu'il sera apparu à nosdits officiers qu'ils sçavent lire et écrire, et non autrement

(13) Et d'autant que plusieurs commissions et réglemens qui interviennent de jour à autre, tant en nostre conseil qu'esdits siéges des tables de marbre, pour le bien et ménagement de nos forests, demeurent pour la plupart du temps sans estre exécutez, à raison que les officiers des lieux pour la longue distance ne tiennent compte d'y obéir, sous couleur et prétexte qu'ils disent et mettent en avant qu'ils ne les ont receus : nous ordonnons que lesdits maistres particuliers, leurs lieutenans pour nous, et ceux qui auront la garde de nostre marteau avant leurs réceptions élisent domicile ès villes où sont establis nosdits siéges des tables de marbre, auquel domicile élu tous exploits, significations et commandemens pour le fait de leurs charges, vaudront comme s'ils estoient faits à leurs propres personnes.

(14) Les principaux délits de nos forests estans commis plus par nos officiers sur le fait d'icelles que par les autres, contre lesquels nous ne pouvons avoir aucuns recours, se défaisans desdits offices pour s'exempter de la privation d'iceux, amendes et confiscations de leurs biens, n'estant bien accoutumé de procéder contr'eux ne tenans plus lesdits offices, même y ayant des nouveaux pourvus en leurs lieux, ausquels par intelligence ils font faire nouvelles visitations à leur volonté pour leur servir de décharge, nous voulons et ordonnons que lesdits officiers baillent caution resséante et solvable ès siéges où ils seront receus : sçavoir, les maistres particuliers de la somme de cinq cents écus ; les verdiers, ségrayers, gruyers et maistres sergens, de trois cents écus, et lesdits sergens et gardes ordinaires, de deux cents écus, sans qu'autrement ils puissent estre receus ausdits offices, quelque dispense qu'ils obtiennent de nous et de nostre conseil : même seront tenus d'en bailler d'autres, au cas que ceux qui les auront cautionnez décèdent un mois après le décès arrivé ; enjoignons à nos procureurs y tenir la main, sur peine d'en répondre en leurs propres et privez noms.

(15) A cause aussi que la punition des délits commis en nos forests est le plus souvent retardée par les fraudes, astuces et

malignes subtilitez de plusieurs délinquants, lesquels interjettent ordinairement appel des sentences et jugemens donnez par lesdits maîtres particuliers ou leurs lieutenans, ou bien par les lieutenans et conseillers des siéges des tables de marbre procédans aux réformations des forêts, lequel ils relèvent, *omisso medio*, en nos cours de parlement, contre les édits, ordonnances et réglemens sur ce faits, pensans par ce moyen demeurer impunis à cause de la multiplicité des affaires à quoi sont ordinairement occupées nosdites cours de parlement; nous avons fait inhibitions et défenses à tous appelans des maîtres particuliers ou bien des lieutenans et conseillers desdits siéges des tables de marbre, procédans au fait des réformations sur les lieux, de relever leursdites appellations ailleurs qu'esdits siéges de la table de marbre, suivant les édits, à peine de nullité de ce qui sera fait au contraire, et de dix écus d'amende contre les procureurs qui les auront relevées, et icelles poursuites en leur propre et privé nom, et néanmoins avons enjoint à nos procureurs desdits siéges les faire anticiper et poursuivre sur icelles diligemment.

(16) Voulons, pour faire cesser le cours de plusieurs frivoles appellations qui s'interjettent légèrement, qu'en procédant par les lieutenans et conseillers ès siéges des tables de marbre au fait des réformations sur les lieux, qu'il soit passé outre à l'instruction des procès d'icelle pour quelque cause et occasion que ce soit, même d'incompétence, prise à partie et clameur de haro, nonobstant oppositions ou appellations quelconques et sans préjudice d'icelles, pourvu que les cas soient réparables en définitive; et quant aux sentences définitives par eux données, portans condamnations d'amendes, qu'elles soient exécutées jusqu'à la somme de trente trois écus, un tiers par provision, nonobstant aussi oppositions ou appellations quelconques et sans préjudice d'icelles; et quant aux sentences et jugemens par eux donnez ausdits siéges de la table de marbre en matière soit civile ou criminelle, nous voulons qu'elles soient jugées et exécutées jusqu'à la somme de cent écus par provision, nonobstant et sans préjudice de l'appel, pourvu qu'esdits jugemens ayent assisté jusqu'au nombre de sept juges.

(17) Et néanmoins à faute d'avoir par les appellations, tant desdits verdiers, gruyers, ségrayers et maistres sergens, maistres particuliers, lieutenans et conseillers des siéges des tables de marbre, fait juger leurs appellations; sçavoir, celles du verdier, gruyer, ségrayer et maistre sergent dans un mois ès siéges

des maistres particuliers, et celles des maistres particuliers lieutenans et conseillers des siéges des tables de marbre dans six mois, à compter du jour qu'elles auront été interjetées esdits siéges des tables de marbre; et quant aux appellations interjetées des sentences données ès siéges de la table de marbre dans un an en nos cours de parlement, seront les jugemens à quelque somme qu'ils puissent se monter, exécutez selon leur forme et teneur, mêmement pour l'amende du fol appel, dépens et frais de justice qui seront ordonnez, et ce par provision, nonobstant et sans avoir égard à icelles appellations et sans préjudice d'icelles, pourvu toutefois que lesdits jugemens soient réparables en définitive : le tout à la diligence de nos procureurs esdits siéges, selon et ainsi que cy-devant et pour même cause avoit esté ordonné par lettres-patentes du 12 septembre 1551 pour raison des appellations interjetées trente ans auparavant.

(18) Pour obvier aux surprises qui pourroient estre faites à nos procureurs aux siéges des tables de marbre en la poursuite desdites appellations à cause de la distance des lieux, enjoignons très expressément à nos procureurs ès siéges des maistres particuliers de tenir la main à ce que les greffiers en iceux envoyent aux siéges des tables de marbre de trois mois en trois mois le rolle des appellations verbales interjetées des sentences et jugemens donnez desdits siéges particuliers; et à nos procureurs autant desdites sentences avec mémoires, instructions et pièces justificatives sur icelles pour en faire les poursuites et diligences, et s'en tenir prêts lorsqu'elles seront appelées : et pour le regard des appellations interjetées des sentences données sur procès par écrit, les procès, charges et informations et autres procédures, sur peine, contre les procureurs, de vingt écus d'amende envers nous, et contre lesdits greffiers de dix écus deux tiers aussi d'amende, ou autre plus grande s'il y échet, au payement desquels nous voulons estre contraints, nonobstant oppositions ou appellations quelconques, et sans préjudice d'icelles, et outre de perdition et radiation de leurs gages, desquels défendons aux payeurs et receveurs d'iceux de faire aucun payement qu'il ne leur soit apparu du certificat des officiers des tables de marbre et de l'apport desdits rolles et procès, à peine d'estre répété sur eux, et aux gens de nos comptes de ne les passer aux comptes desdits receveurs.

(19) Aussi afin que les appelans ne puissent s'excuser cy-après sur le long temps que l'on pourroit avoir été par cy-devant à faire juger lesdites appellations, tant esdits siéges des tables de mar-

bre qu'en nos cours de parlement, nous voulons et nous plaist estre faits esdits sièges des tables de marbre rolles des appellations verbales interjetées des maistres particuliers, pour y estre plaidées à leur tour aux jours ordinaires de plaidoieries : et pour le regard des appellations interjetées desdits sièges des tables de marbre, enjoignons aux greffiers d'iceux de mettre aussi ès mains des greffiers des présentations de nos cours de parlement (lorsqu'il se fait rolle ordinaire des appellations interjetées des sentences et jugemens donnez au bailliage et sénéchaussée au-dedans de laquelle le parlement est situé) un rolle des appellations interjetées desdits sièges des tables de marbre; lesquelles appellations lesdits greffiers des présentations seront tenus mettre les premiers audit rolle ordinaire comme causes domaniales et privilégiées, sur peine contre lesdits greffiers, tant desdits sièges des tables de de marbre que des présentations, de cinquante écus d'amende, ne satisfaisans à la présente ordonnance. Enjoignons aussi à nos procureurs desdits sièges des tables de marbre de mettre ès mains de nos procureurs généraux en nos cours de parlement un sommaire extrait desdits rolles avec autant des sentences et pièces justificatives, mémoires et instructions sur le tout, pour en faire les poursuites et diligences, et s'en tenir prêts lorsquelles seront appelées. Et quant aux appellations interjetées des sentences données sur procès par écrit, seront les procès, charges et informations et autres procédures portées par les greffiers desdites eaux et forests desdits sièges des tables de marbre aux greffes de nos cours de parlement, pour y estre les procez conclus distribuez et jugez.

(20) Et pour ce qu'à tout propos en procédant au fait, tant de l'instruction que jugement des réformations de nosdites eaux et forests, aucuns pour empêcher le cours et perfection d'icelle, et en ce faisant éviter la punition des délits et réparation des entreprises et usurpations qui se sont faites sous ombre d'une clause des modifications faites en nostre cour de parlement, en procédant à la vérification de l'édit du roy Henry II, donné au mois de mars 1558 (1), pour raison du fonds et propriété, incidemment ou calomnieusement allèguent la propriété des choses, encore qu'elles fussent scises et situées, tant au dedans qu'aux reins desdites forests, pour par ce moyen distraire, diviser et démembrer la continence et connoissance desdites matières pardevant divers juges; chose qui est ordinairement cause d'anéantir les-

---

(1) Voy. Code des chasses, II, 157. — Nous n'en avons pas donné le texte, vu son peu d'importance.

dites réformations après grands frais et dépenses sur ce faites à nostre grand préjudice et des princes, prélats et seigneurs de nostre royaume ; tellement qu'ordinairement il leur est besoin d'obtenir lettres particulières pour relever de ladite clause : nous avons ordonné et ordonnons qu'en procédant au fait de l'instruction et jugement des procès desdites réformations, où aucuns voudroient principalement ou incidemment alléguer le fonds et propriété des choses saisies et situées, tant au-dedans qu'aux reins desdites forests, qu'il sera passé outre au jugement définitif, nonobstant ladite clause de restriction et modification portée par ledit arrest de vérification, comme de tout temps avoit esté accoutumé de juger ausdits sièges auparavant ladite modification, laquelle en tant que besoin seroit, avons levée et ôtée par ces présentes, sans que par ci-après il soit plus besoin obtenir de nous lettres particulières à cet effet.

(21) Aussi dûment informez que plusieurs, mêmement les marchands adjudicataires, tant des ventes de nos bois que des ecclésiastiques, commanderies et communautez, pour couvrir leurs larcins et associations secrettes et monopoles, et en ôter la connoissance à nos officiers des eaux et forests, ausquels elle appartient privativement à tous nos autres juges, par les édits et ordonnances, se poursuivent les uns les autres pour raison des disputes et débats qui interviennent entr'eux à cause desdites ventes, associations, partages et recellemens des larcins, pardevant les baillifs, sénéchaux et autres juges ordinaires, lesquels n'ayans le maniement de telles affaires et matières, n'en peuvent avoir si parfaite connoissance ni découvrir si promptement les délits, abus et malversations qui s'y commettent, comme nosdits officiers sur le fait desdites eaux et forests, nous avons conformément ausdits édits et ordonnances, encore d'abondant et de nouveau fait très expresses inhibitions et défenses à tous baillifs, sénéchaux, juges présidiaux, prévosts et consuls, gens tenans nos requestes du palais, et de tous autres de prendre aucune cour, jurisdiction et connoissance du fait desdites eaux et forests, associations, marchez, contrats, promesses et conventions faites, tant entre marchands qu'autres pour fait et marchandise de bois, de chauffage ou merrein, cendres ou charbon, pescheries de poissons et autres instances et dépendances, mais les renvoyer nûement et sur le champ pardevant nosdits officiers de nosdites eaux et forests : et à tous marchands et autres de quelque qualité ou condition qu'ils soient, de poursuivre, répondre ou

procéder pour raison des choses susdites pardevant eux, sur peine de nullité de tout ce qui sera fait, et d'amende arbitraire: et néanmoins où aucunes poursuites seroient faites, enjoignons à nosdits officiers esdits siéges des tables de marbre de les évoquer promptement et en toute diligence.

(22) Mais d'autant que la requisition, recherche et punition des délits qui se commettent en nos forests, appartient principalement à nos procureurs esdits siéges des tables de marbre, et leurs substituts ès siéges inférieurs, qui sont les seules et vraies parties, nous avons ordonné et ordonnons, que tant nos procureurs esdits siéges des tables de marbres, que tous les autres leurs substituts sur les lieux ès siéges des maistrises particulières, et des gruyers et verdiers y ressortissans, auront chacun en leur regard et charge deux gros registres; un auquel seront tenus faire mémoire de tous les procès-verbaux, visitations et autres charges et informations, saisies, assignations, instances, procès et matières, tant civiles que criminelles, pendantes pardevant eux esdits siéges, et sur chacune d'icelles lesdites instances faire mention des actes, appointemens, défauts, congez, sentences, jugemens, main-levées, délivrances, oppositions, appellations, reliefs, et autres expéditions de justice sur ce intervenus, et des jours et dattes d'icelles, et qu'ils les auront envoyez avec lesdits mémoires à nosdits procureurs ès siéges des tables de marbre, et qu'ils les auront reçus; et l'autre desdits registres qui sera secret, auquel seront tenus insérer au long toutes les conclusions, tant provisoires que définitives, et avis qu'ils auront donnez en leurs charges ès matières civiles ou criminelles, et mémoires à eux donnez; lesquels registres seront communs entre nos avocats et procureurs ès charges où il y aura avocat pour nous, qu'ils seront tenus de signer de huitaine en huitaine pour y avoir recours, et en faire les poursuites et diligence de jour à autre par l'un en l'absence de l'autre, selon le dû de leurs charges et estat; avec défenses à nosdits avocats et procureurs, ou aucuns d'eux, consentir et accorder, soit par forme d'appointement ou acquiescement, ou autrement aucune main-levée, adjudications de prétendus droits, renonciations, condamnations, ou décharges de redevances et servitude, ou autres choses non concernans les susdites instances, circonstances et dépendances, sans préalablement en avoir communiqué ensemblement; et iceux acquiescemens, appointemens, actes de condamnations, renonciations ou décharges, représenter et rapporter pardevant lesdits juges ès

siéges où seront lesdites instances pendantes, pour en estre ordonné et enregistré és greffes d'iceux, comme il appartiendra, sur peine de nullité, et d'en répondre en leurs propres et privez noms.

(23) Et parce que plusieurs grands abus se sont ci-devant commis et commettent encore de présent, tant ès adjudications, qu'usances et récollement des ventes, qui sont ordinairement assises et martelées par les officiers ordinaires des lieux, lesquels estans le plus souvent sous noms empruntez, les vrais marchands ou leurs parens, amis et associez, n'est raisonnable qu'ils fassent les récollemens, ni pareillement ceux qui ont fait lesdites adjudications, pour ne leur donner occasion de couvrir les délits qui pourroient avoir esté commis, tant en l'adjudication qu'en l'usance desdites ventes; avons fait et faisons inhibitions et défenses à tous nos officiers desdites eaux et forests, qui auront fait ventes des bois ordinaires ou extraordinaires de haute fustaye ou taillis, ou baux de terres vaines et vagues, tiers et danger, gruyries, ségrairies, pastures communes, ou autres choses en dépendantes, ni pareillement ausdits officiers ordinaires des lieux, de faire lesdits récollemens et réceptions d'icellesdites ventes, sur peine de nullité; mais seront tenus lesdits officiers des lieux incontinent après lesdites ventes usées, les marchands dûement appelez, icelles ventes visiter et voir si aucuns délits ont esté commis en l'usance, et de ce faire bon et fidel procès-verbal, qu'ils envoyeront esdits siéges des tables de marbre, pour estre aussitost pourvû sur lesdits récollemens et réceptions desdites ventes, ainsi qu'il appartiendra par nosdits officiers ès siéges des tables de marbre, sans pour ce faire aucune surcharge de frais aux marchands : et cependant bailleront les officiers des lieux un extrait de leur procès-verbal signé d'eux, ausdits marchands, pour leur servir en temps et lieu, demeurant cependant iceux ausdits officiers responsables des délits qui se trouveront avoir esté commis plus qu'il ne sera porté par leurdit procès-verbal.

(24) Dûement informez, que plusieurs de nos officiers s'ingèrent d'assister aux ventes de nos bois sans qu'il en soit besoin; et outre, que ceux qui sont tenus d'assister, ne se veulent contenter des taxes qui leur ont esté ci-devant faites et ordonnées par les rois nos prédécesseurs, et entr'autres par celle de François 1ᵉʳ nostre très honoré seigneur et grand oncle, faite à Paris au mois de janvier 1518 surchargeant les marchands adjudicataires d'infinis frais, et même sous prétexte que lesdites ventes

leur ont esté faites pour chacune vente de bois, sont lesdites ventes de beaucoup moindre quantité d'arpens qu'ils ne doivent à la diminution du prix d'icelles; ce qui nous tourne à grand préjudice, perte et dommage; à cette cause, nous avons ordonné et ordonnons, que d'oresnavant pour le regard de nos ventes de haute fustaye, qu'elles seront faites par le grand maistre de nos eaues et forests, ou son lieutenant, lesquels seront payez de leurs journées et vacations : ensemble ceux qui les auront assistés des deniers provenans de deux sols pour livre, ainsi qu'ils ont accoutumé par ci-devant : et quant aux ventes de bois taillis seront faites assises, adjugées par le maistre particulier ou son lieutenant, appellé nostre procureur de ladite maistrise ou son substitut sur les lieux, le greffier de la maistrise, ou son commis, le gruyer et garde-marteau de la forest pour faire le martelage, le sergent de la garde et un mesureur, auquel nous ordonnons estre payé pour tout salaire de chacun arpent vendu et adjugé par les mains de nostre receveur du domaine, des premiers deniers de ladite vente, ou par les mains des marchands ventiers, sur et en déduction du prix de leurs adjudications : sçavoir, audit maistre particulier, tant pour l'assiète que pour l'adjudication, cinq sols tournois; et où il n'y pourroit vaquer, à son lieutenant trois sols, à nostre procureur pareille somme; et où il n'y pourroit vaquer, à son substitut sur les lieux, et au greffier, chacun deux sols; au sergent de la garde, pareille somme, au mesureur, deux sols six deniers, au gruyer et garde-marteau quatre sols; et quant aux redditions des ventes, nous voulons estre faites par nos officiers autres que ceux qui auront fait l'assiète et adjudication, selon et en la forme que nous avons ci-dessus ordonnée, ausquels et à ceux qui les auront assistez, sera payé pareille somme que pour l'assiète et adjudication desdites ventes par lesdits marchands adjudicataires, à la diligence desquels lesdites redditions se doivent faire pour leur décharge : et quant au receveur de nostre domaine, se payera et retiendra par ses mains pour tous droits, tant de réception de caution, que de lettres de ventes, à raison de deux sols pour arpent, dont ledit marchand sera adjudicataire, sans que nos officiers puissent ci-après prendre plus grands salaires, ni surcharger lesdits marchands adjudicataires d'aucuns frais, soit pour dépense de bouche ou autrement, sur peine d'amende arbitraire, et de suspension de leurs offices pour la première fois, et de privation d'iceux pour la seconde.

(25) Pour obvier aussi à un grand désordre qui s'est commis

aux mesurages, assiètes et récollemens des ventes, lequel provient tant de l'ignorance des arpenteurs que de leur mauvaise foy, faisans lesdites assiètes de ventes à l'affection desdits officiers ou des marchands qui les veulent avoir : avons fait et faisons inhibitions et défenses à toutes personnes de s'immiscer à faire aucuns arpentages, mesurages, assiètes et récollemens de nos bois et forests, ou des particuliers, qu'ils n'ayent esté pourvûs par lettres patentes de nous, et reçûs esdits siéges des tables de marbre, sur le certificat du grand arpenteur de France, de leur expérience et capacité, sans que les arpenteurs qui auront fait le premier arpentage et assiète desdites ventes, puissent faire lesdits récollemens et réarpentages pour les réceptions et redditions d'icelles, sur peine de nullité. Avons en outre enjoint à tous arpenteurs, en faisant l'assiète et arpentage des ventes, de marquer de leur marteau les pieds corniers d'icelles, dont ils feront mention en leurs procès-verbaux, et de la qualité, essence, nature et grosseur d'iceux ; et où par lesdits récollemens et réarpentages, il se trouveroit que lesdits arpenteurs eussent par ignorance mal mesuré lesdites ventes en telle sorte, que sur la quantité de dix arpens, il y en eût un arpent de plus, et de plus en plus, et de moins en moins à proportion, nous voulons qu'ils en soient tenus et demeurent responsables, et condamnez au double du prix de ladite surmesure.

(26) Et parce que depuis quelques années presque tout le domaine de nostre royaume, et spécialement auquel il y avoit des forests, a esté aliéné, engagé et donné en appanages, douaires ou bienfaits à plusieurs, lesquels sous ombre que l'on leur a baillé, cédé et transporté la jouissance et usufruits des taillis de la coupe ordinaire qui ne se peut entendre que ce qui estoit de tout temps et d'ancienneté en coupe et fruit ordinaire des taillis, sous ombre des exploits des amendes desdites terres et seigneuries qui leur sont transportées, qui ne se peuvent aussi entendre de celles provenans des choses réservées : néanmoins se veulent attribuer la coupe de tous bois revenus après l'abbat des hautes futayes ou récepages, qui ont esté faits après les hautes futayes usées : tellement qu'au lieu de cent arpens de taillis ordinaires qui leur doivent appartenir ils en auroient deux ou trois cent ; et en ce faisant n'y auroit jamais espérance de les laisser recroistre en nature de haute futaye, directement contre l'édit de réduction de bois de haute futaye en coupes ordinaires, et non encore contens de ce veulent prétendre les amendes, forfaitures, con-

fiscations, restitutions de gros baliveaux, pieds corniers, arbres de lizières et de bois de haute futaye, combien qu'elles soient expressément réservées, même jouir et disposer d'icelles dites forests par leurs mains (comme bon leur semble) sans y appeler nosdits officiers, bien que ce soit chose nouvelle qui n'a jamais esté pratiquée pour les anciens appanages de ce royaume : pour à quoi pourvoir, avons dit et déclaré, disons et déclarons que par lesdites aliénations, engagemens, dons et venditions desdites terres et seigneuries de nôtre domaine, nous n'avons entendu et n'entendons y être compris aux tailles que ceux qui de tout temps et ancienneté ont accoutumé estre tenus en taillis, fruits et coupes ordinaires, et non ceux qui sont recrus et revenus après les coupes de haute futaye et haut revenu, et après les récepages, ni pareillement y être compris les amendes, forfaitures, confiscations et restitutions de bois provenans des arbres de lizières, pieds corniers et baliveaux, tant anciens que modernes, et de ceux que lesdits usufruitiers et détempteurs sont tenus garder et réserver en l'usance de leursdits taillis ordinaires, ni ès taillis abbatus par forfait, délit, dol et impétuosité des vents, ni généralement de tous les gros arbres de bois de haute futaye, dont et desquels seront faits rôlles à part qui seront baillez aux receveurs de nostre domaine pour en tenir compte, comme de vente de bois de haute futaye : et à cette fin avons ordonné et ordonnons, que par nos officiers de nos eaux et forests, comme de tout temps est accoutumé, en seront faites les ventes, délivrances et adjudications judiciairement en présence, et appellez ceux qui y ont intérest, et lesdits usufruitiers ou leurs serviteurs, procureurs ou autres ayans charge pour empêcher qu'aucun dommage ou faute y soit faite, ausquels nos officiers avons enjoint de garder les ordonnances, sur peine d'en estre eux-mêmes tenus en leurs propres et privez noms.

(27) Pour les mêmes causes et considérations avons fait et faisons inhibitions et défenses à nos trésoriers généraux et tous autres juges et commissaires, en procédant aux baux à ferme de nostre domaine, d'y comprendre les amendes, forfaitures, confiscations et restitutions des bois provenans à cause des bois et forests, tant des baliveaux, pieds corniers et arbres de lizières que de gros arbres de haute futaye : mais ordonner icelles demeurer en recette, suivant les jugemens et condamnations qui interviendront.

(28) Pour obvier aux grands dégasts et larcins des bois qui se

commettent par le moyen des compositions, collusions et intelligences des receveurs des princes, seigneurs et autres qui jouissent des engagemens, usufruits ou autrement, des amendes, forfaitures et confiscations de nos forests, nous avons réüni et réünissons à nostre domaine lesdites amendes, forfaitures et confiscations, à la charge de récompenser lesdits princes, seigneurs, et autres qui en jouissent selon les évaluations qui en auroient esté faites : et si voulons que les receveurs et collecteurs desdites amendes qui n'auront fait leur devoir et diligence valable de les recevoir trois mois après que les rôlles d'icelles leur auront esté délivrez, qu'ils soient tenus et condamnez à nous en tenir compte en leurs propres et privez noms.

(29) Afin de remédier à la première et grandissime nécessité de bois de chesnes, qui s'en va telle par tout nostre royaume, qu'il est presque impossible d'en recouvrer pour bâtir, faire batteaux, navires, machines et instrumens de guerre, ni pour merrein à vins ou futailles, ni même pour faire bois de moule à brûler, ou autres nécessitez ou affaires publiques : ce qui provient de la trop grande liberté et licence que les marchands se sont attribuez depuis les guerres, de convertir tous les plus beaux chesnes de fente en marchandises d'échallats, et les jeunes chesneaux de brin, lesquels pourroient avec le temps parvenir à une juste grandeur, pour servir de baliveaux esdites forges à faire roüettes et chantiers pour avaler par eaux les bois flottez, mettant presque tout le surplus en cendre, à la grande ruine et dégradation desdites forests, d'autant que par la confection desdites cendres tous délits sont incontinent couverts par le feu, et les souches et racines tellement brûlées, et le fonds rendu si arride, qu'il est impossible y plus revenir de plant ou rejet, avons fait inhibitions et défenses conformément aux anciennes ordonnances de nos prédécesseurs, vérifiées en la cour de parlement, réglemens intervenus en icelle et esdits sièges de la table de marbre, de faire exposer en vente aucuns échalats de quartier et employer aucuns chesneaux de brin à faire roüettes et chantiers, mais seulement bois de hestres, charmes, et mortbois, ni de faire cendres esdites forests de ce royaume, sur les peines y contenuës, si ce n'est que les forests soient distantes pour le moins de dix lieuës des rivières navigables, esquelles pourront estre faits échallats de quartier et cendre, et estre exposez en vente, en rapportant certificat des eaux et forests plus prochaines du lieu où

elles auroient esté faites, et cependant lesdites ordonnances et réglemens sur le fait d'icelles.

(30) Pour remettre aussi et conserver à l'avenir le plus qu'il sera possible de bois en nature de haute futaye, avons ordonné et ordonnons, conformément aux édits faits par nos prédécesseurs, que tous ecclésiastiques, commandeurs et communautez ayans bois et forests communes en usages, seront tenus en réserver et garder une tierce partie pour remettre et conserver en bois de haute futaye, suivant le réglement qui en sera fait esdits siéges des tables de marbre, ainsi qu'il a déja esté en iceux ordonné pour aucuns par arrests et jugemens sur ce intervenus : leur faisant très-expresses inhibitions et défenses de faire couper aucuns bois de haute futaye ou baliveaux, sans avoir lettres de permission de nous dûement vérifiées en nos cours de parlement et chambres des comptes, à peine d'amende arbitraire et confiscation du bois, tant contre lesdits ecclésiastiques que contre les marchands acheteurs d'iceux.

(31) Les larcins des jeunes arbres et baliveaux estans fréquens en nosdites forests, sans que les délinquans puissent estre appréhendez et punis, à cause de la facilité de la coupe et transport d'iceux, ce qui nous tourne à grande perte et dommage, et empêche le repeuplement de nosdites forests : nous pour faire cesser tels dégasts, voulons et ordonnons, et nous plaist, que ceux qui se trouveront avoir ci-après coupé aucuns arbres ou baliveaux de moindre grosseur que de trois pieds de tour, soient condamnez (outre la restitution du bois) au double du pied de tour, porté par l'ordonnance du roy François premier nostre très-honoré seigneur et grand oncle, faite à Paris en janvier 1518.

(32) D'autant aussi que la facilité du transport du bois mal pris et dérobé esdites forests par les riverains, ou coupé contre les ordonnances, tant en nos forests, que des ecclésiastiques, commanderies et communautez, est cause d'entreprendre plus hardiment et de continuer les délits avec plus grande ouverture et impunité : avons fait et faisons inhibitions et défenses à tous basteliers, mariniers, marchands et voituriers de transporter ou faire transporter desdites forests de nuit par eau ou autrement, aucuns bois de chauffage, merrein ou autrement, ni pareillement d'en charger de jour en leursdits basteaux, ni de partir des ports où ils l'auront chargé, sans avoir certificat authentique des officiers des eaux et forests des lieux, et marchand ventier ou des propriétaires qui auront baillé et délivré ledit bois, si ce sont

particuliers ausquels il app[artiendra, de la] quantité, essence et qualité d'icelui, du lieu et fo[rest, et d]u nom du marchand ou propriétaire dont il proviendra, le [jou]r de la délivrance et pan[e]ment dudit port : lequel certificat ils seront tenus si-tost qu'ils seront arrivez ès villes où ils se voudront arrester et exposer en vente leurdit bois, auparavant que de le faire débarder et décharger sur les ports, d'apporter aux greffiers des tables de marbre, si aucun y a, sinon aux greffes des sièges des maistrises particulières desdites eaux et forests, pour y estre enregistré, sans que pour obtenir ledit certificat, ou pour l'enregistrement d'icelui ledit marchand et voiturier soient surchargez d'aucuns frais quels qu'ils soient par nos officiers, sur peine d'amende arbitraire.

(33) Pour obvier à plusieurs fraudes et abus qui se sont ci-devant commis, sous couleur des délivrances d'armes, faites aux marchands adjudicataires de la paisson et glandée pour leurs chauffages : nous ordonnons qu'à l'avenir les paissons et glandées soient adjugées, sans qu'ausdits marchands paissonniers soient délivrez aucuns arbres pour leurs chauffages, mais se pourront seulement chauffer ceux qui auront en garde les porcs à leurs loges, de bois traînant ès forests, ou de bois sec abbattu au crochet, sans qu'ils puissent couper à la scie, serpe ou coignée, ou autrement.

(34) D'autant aussi que les adjudications, paissons et glandées se sont faites par nos officiers, sans avoir au préalable fait l'estimation de la quantité des porcs, qui y pourroient estre mis, ne fait voir aux marchands l'estat des usages et autres personnes ayans droit d'y mettre porcs, qui est cause qu'ils n'enchérissent si hardiment, et ne mettent à prix nos fermes desdites paissons et glandées, à la diminution de nostre domaine ; nous avons ordonné et ordonnons qu'ès publications qui se feront ci-après d'icelles paissons et glandées, auparavant l'adjudication d'icelles y sera comprise la quantité de porcs que pourra porter la glandée de la forest, suivant l'estimation qui en aura esté faite, et le nombre des officiers usagers et autres privilégiez ayans droit de paisson, restraint à proportion de ladite estimation, faisons défenses à nosdits officiers de faire les adjudications autrement, sur peine d'amende arbitraire.

(35) Ne pourront lesdits usagers, officiers, et autres ayans droit de paisson, y mettre autres porcs que de leur nourriture, et sans (où ils ne les voudroient mettre en paisson) qu'ils puissent

vendre leurs droits ausdits marchands paissonniers, ni que lesdits marchands les puissent acheter d'eux, sur peine d'amende arbitraire et confiscation desdits porcs, et privation desdits droits et offices, pour le regard desdits usagers, officiers et privilégiez, et contre lesdits marchands, sur peine d'amende arbitraire.

(36) Parce que nous désirons surtout réprimer l'audace et entreprise de plusieurs non nobles, roturiers, tant d'église que marchands, artisans, laboureurs, paisans et autres, et les aucuns d'iceux, sous prétexte qu'ils sont serviteurs, forestiers, receveurs ou fermiers d'aucuns seigneurs, ayans droit de chasse en leurs bois, terres et seigneuries, lesquels délaissans leurs professions ordinaires, ne font autre métier que de chasser partout indifféremment, tant ès bois, forests, buissons, garennes, qu'ès plaines, et y prendre et tirer avec arquebuses, escoppettes, arbalestres, chiens couchans, courans, lévriers, dogues et mâtins, furets, poches, panneaux, tirasses, tonnelles, traisneaux, collets, halliers, cordes, filets et autres engins servans au fait desdites chasses, tout ce qu'ils rencontrent, soient tourterelles, bizets, ramiers, beccasses, perdrix, phaisans, oyseaux de rivières, et le plus souvent les pigeons des colombiers et fuyes, et vollières estans par les champs, connils, lièvres, et encore les bestes fauves, rousses ou noires, nous avons très-expressément enjoint et enjoignons aux maistres de nosdites eaux et forests, capitaines des chasses, verdiers, gruyers, leurs lieutenans et autres nos officiers sur le fait d'icelles, lesquels estans chacun jour esdites forests et garennes font l'exercice de leurs charges, peuvent plus facilement surprendre et appréhender lesdits chasseurs délinquans et coupables, de tenir la main à ce que les ordonnances, tant des rois nos prédécesseurs, même du roy François premier, sur le fait desdites chasses, soient entièrement gardées et observées : faisans inhibitions et défenses à toutes personnes de ne faire ouvrer, garder et exposer en vente aucuns filets et engins, défendus par lesdites ordonnances, sur peine d'amende arbitraire et confiscations d'iceux, que nous voulons à l'instant estre ards et bruslez ès places publiques des villes où ils seront trouvez.

(37). Et d'autant que le nombre des loups est infiniment accrû et augmenté à l'occasion du peu de devoir que les sergens louvetiers de nosdites forests font d'y chasser, bien qu'ils soient spécialement institués pour cet effet : Nous leur avons enjoint de faire de trois mois en trois mois rapports pardevant les maistres particuliers et gruyers, des prises qu'ils auront faites des loups, sur peine de suspension des droits et priviléges attribuez à leursdits offices pour la première fois, et de privation de leursdits offices pour la seconde, et sans que par nosdits officiers leur puisse estre délivré aucun bois pour la confection des engins à prendre des loups, qu'il ne leur soit apparu desdits rapports.

(38) Afin aussi de remédier et pourvoir aux fraudes, astuces et tromperie des pescheurs, lesquels, avec un nombre infini d'engins défendus et prohibés par les ordonnances, peschent indifféremment toutes sortes de poissons, en dépeuplant nosdites eaux, fleuves, rivières, estangs, et causent en ce faisant la cherté d'iceux : Nous avons inhibé et défendu, inhibons et défendons à tous pescheurs d'user d'aucuns engins, bien que permis par lesdites ordonnances, qu'ils n'aient esté au préalable marquez de l'ordonnance de nos officiers ès siéges des tables de marbre pour le regard des villes où ils sont établis et autres lieux, par les maistres particuliers de nosdites eaux et forests ou leurs lieutenans, chacun en leur détroit et ressort, de marques en plomb où seront empreintes nos armes, à peine de confiscation desdits engins non marquez, que nous voulons à l'instant estre ards et brûlez ès places publiques; et de vingt écus d'amende pour la première fois, et de punition corporelle pour la seconde, sans toutefois prendre par nosdits officiers plus grand salaire qu'un sol, pour marque desdits engins.

(39) Enjoignons à nos procureurs ès siéges des tables de marbre, et leurs substituts ès maistrises particulières, de tenir la main à ce que l'on ne pesche en temps de fraye prohibé et défendu, et qu'aucuns poissons ne s'exposent en vente, qu'ils ne soient de la qualité portée par les ordonnances; et à cette fin se transporter une fois la semaine pour le moins, au jour de marché, ès places publiques, pour contre ceux qu'ils trouveront saisis d'autres poissons que de la qualité requise, procéder suivant la rigueur desdites ordonnances.

(40) Voulons en outre les édits et ordonnances faites par les rois nos prédécesseurs sur le fait de nosdites eaux et forêts estre entièrement gardés et observés sur les peines portées par icelles.

Si donnons, etc.

N° 114. — DÉCLARATION *sur la vérification au parlement de Paris de la publication des édits, déclarations, et lettres-patentes* (1).

Paris, 20 mai 1597, reg. au parl. le lendemain. (Vol. TT. f° 20.)

N° 115. — ÉDIT *de création des offices de jurés-vendeurs de bestiaux dans tous les lieux où il y a des marchés, avec attribution des mêmes droits dont jouissent les jurés-vendeurs à Paris.*

Paris, juin 1597. (Traité de la pol., liv. 5, tit. 20, p. 1244.)

N° 116. — LETTRES *d'établissement d'une manufacture de cristal à Melun* (2).

Au camp d'Amiens, août 1597, reg. au parl. le 13. (Vol. TT., f° 59.)

HENRY, etc. Comme chacun sait assez quel bien, profit et utilité est provenu à tous les royaumes et républiques par le moyen des arts et sciences, seul fondement de leurs richesses et embellissemens, et combien les hommes qui par leur long estude, diligence et expérience les ont inventés et introduits ont esté recognus, honorés et récompensés d'un si louable labeur, afin que, tant par leur témoignage que par la prospérité de leurs mérites, les autres fussent poussés d'un même désir à rechercher, à leur exemple, non seulement la perfection des premières inventions, mais encore à trouver, avec plus haute contemplation, plus hautes et plus belles choses non cognues à l'antiquité, pour s'acquérir par là une honorable louange, ainsi qu'ont fait nos chers et bien amés Jacques et Vincent Sarrode frères, et Horace Ponte, leur neveu, gentilshommes, en l'art et science de verrerie. Lesquels ayant cydevant et depuis long-temps tenu les fournaulx et verreries de cristal en nos villes de Lyon et Nevers, ont acquis depuis telle réputation en la perfection de leurs ouvrages que la plupart des verres dudit cristal duquel on s'est servi en nostre cour et suite et partout nostre royaume ont esté apportés desdites villes de Lyon et Nevers; mais d'autant qu'en les allant quérir si loing la dépense qui se fait à les apporter les rend beaucoup plus chers :

___

(1) Cette déclaration attribue à la grand'chambre du parlement exclusivement aux autres, le soin de vérifier et publier les édits et ordonnances.

(2) V. les lettres-patentes de Henri II, juin 1551, qui accordent à un Italien le privilége exclusif de fabriquer pendant dix ans des verreries à la façon de Venise.

Sur ce que lesdits *Sarrode* et *Ponte* nous ont fait dire que s'il nous plaisoit leur permettre de dresser une verrerie en nostre ville de Melun, ils y déployeroient volontiers le plus beau et exquis de leur art et science, et y feroient des ouvrages par le moïen desquels nostre ville de Paris, capitale de nostre royaume, seroit grandement accomodée, et y seroient lesdits verres à meilleur marché qu'ils ne le sont pour le peu de distance qu'il y a de l'une à l'autre et la commodité de les transporter par la rivière;

Sçavoir faisons que nous mettant en considération la grande expérience desdits de *Sarrode* et *Ponte* audit art et science de verrerie, et le fruit et utilité qui en reviendra en nostre ville de Paris et au public,

(1) Nous leur avons, de nostre grâce spéciale, pleine puissance et autorité royale, permis, octroyé et accordé, permettons, octroyons et accordons, par privilége particulier, par ces présentes, qu'ils puissent tenir en nostredite ville de Melun une verrerie de cristal et y faire construire un fourneau, et y faire par eux et leurs ouvriers dudit art des verres de cristal et telles autres choses qu'ils aviseront dépendantes dudit art, pour le service et usage tant de nostre cour et suitte que des habitans de nostre ville de Paris et de tous autres qui en voudront acheter;

(2) Pour par lesdits *Sarrode* et *Ponte* tenir en nostredite ville de Melun ladite verrerie aux mêmes droits, honneurs, priviléges, immunités, libertés et exemptions, tant pour eux que pour leurs serviteurs et marchands, vendeurs en gros et détail menans et conduisans ladite marchandise de verrerie et matière dont est composé le verre par eau et par terre en la même sorte et manière qu'ils ont bien et duement joui et usé par le passé et sans fraude en nos villes de Lyon et Nevers, jouissent et usent, encore à présent, suivant la confirmation de leurs priviléges que nous et nos prédécesseurs roys leur en avons successivement accordé: la copie desquels priviléges vérifiés en nostre cour de parlement, chambre de nos comptes et cours des aides à Paris, est cy-attachée sous le contre-scel de nostre chancellerie sans qu'il soit besoin de les spécifier ny déclarer par ces présentes,

(3) Par lesquelles afin que lesdits *Sarrode* et *Ponte* puissent mieux recueillir le fruit du labeur qu'ils employeroient en ladite verrerie, nous avons dit et déclaré, disons et déclarons, voulons et nous plaist qu'en nostre ville de Paris, ny a trente lieues à la ronde d'icelle, il ne s'établira à l'avenir autre verrerie de cristal

que celle desdits *Sarrode* et *Ponte*; et où par inadvertance nous en accorderions le privilége à aucuns autres, nous l'avons, dès à présent, en faveur desdits *Sarrode* et *Ponte* révoqué et révoquons par ces dites présentes, n'entendant, toutefois, préjudicier aux verreries de Feugère et de Pierre qui se trouvent établies et s'établiront cy après es environs de nosdites villes de Paris et Melun et ailleurs partout nostre royaume.

N° 118. — Déclaration *sur les priviléges du premier barbier du roi* (1).

Au camp d'Amiens, 3 septembre 1597, reg. au grand conseil le 19. (Joly, I, 1329.)

N° 119. — Déclaration *portant que les avocats et procureurs seront déchargés des pièces après 5 ans du jour de leur réception* (2).

Saint-Germain, 11 décembre 1597, reg. au parl. le 14 mars 1603. (Vol. X., f° 32. — Font. IV, 926. — Joly, I, 157.)

Henry, etc. La communauté des advocats et procureurs de nostre parlement nous a humblement faict remonstrer que dès leur jeunesse, estans nourris et élevés, en la discipline, correction et censure des mœurs qui se faict en l'assemblée qu'ils font entre eux deux fois la semaine, et en l'exemple et sévérité de nostre justice publique, laquelle reluit et esclaire par tout le monde, la fidélité a toujours été si grande parmi eux, et la foy du dépost si saincte et inviolable, qu'au lieu qu'en la plus part des autres compagnies d'advocats et procureurs, ils ne communiquent les uns aux autres les pièces de leurs parties, que soubs la seureté réciproque de leurs récépissez ou inventaires de communication, et qu'il se trouve encore ordinairement entr'eux des plainctes de la perte d'iceux; eux seuls entre tous sont en possession, depuis l'établissement de nostredicte cour de parlement, de se bailler de bonne foy les uns aux autres les pièces, tiltres, obligations, chartres, cédules, brevets et autres ensei-

---

(1) V. ci-devant déclaration d'octobre 1593 et la note. — V. aussi les lettres de Charles VIII du 11 mars 1485. — Cette déclaration est purement confirmative.

(2) Aujourd'hui, d'après le Code civil (art. 2276), les juges et avoués sont déchargés des pièces, cinq ans après le jugement des procès, les huissiers, deux ans depuis l'exécution de la commission ou la signification des actes dont ils étaient chargés.

gnemens, de quelque poids et conséquence qu'elles soyent, sans autre seureté, inventaire, ne récépissé que de leur simple promesse verbale, sans qu'il soit mémoire que jamais il en soit advenuë perte, faute ou accident quelconque;

Et combien qu'à plus forte raison l'on ne puisse présumer que pour tout le bien du monde, pas un d'eux voulust de mauvaise foy retenir ou intervertir les sacs, instances ou productions des parties, dont ils sont chargez par leurs récépissez, ou sur les registres des huissiers ou autres, comme aussi jusques à présent cela n'est jamais advenu; Toutefois d'autant que l'exercice de toutes autres actions, soyent personnelles, mixtes ou réelles se trouvent bornées, et le cours de leur vie limité par les prescriptions introduites par les lois et coustumes; et qu'au contraire la poursuite de la restitution, desdits sacs et pièces, dont ils se trouveroient chargez, n'est point reiglée, bien que tous lesdits procès et instances soient de leur nature subjectes à estre péries et estainctes par le seul silence et discontinuation des procédures de trois ans; et que les sacs et productions desdites parties soient subjectes à passer par tant de diverses mains, sçavoir est, des juges, des greffiers, des huissiers, des advocats et procureurs de toutes les parties qui sont en cause, et de ceux qui interviennent, qu'il soit quasi impossible qu'auparavant le jugement ils puissent longuement croupir entre les mains des procureurs, ni pareillement des advocats; et après l'arrest donné outre qu'ils sont inutils, les parties sont assez diligentes de les faire retirer, ou pour la taxe de leurs dépens ou pour le recouvrement de leurs pièces.

Toutesfois, parce que lesdits exposans sont le plus souvent forcez par contrainte rigoureuse et crainte des emprisonnemens qui leur sont faits, ou par les juges, ou par les huissiers, ou par la violence et importunité des parties ou solliciteurs, de rendre promptement lesdits sacs et pièces sans avoir les registres des autres huissiers sur lesquels ils en sont chargez pour faire rayer leurs noms, et n'ont moyen de retirer sur l'heure leurs récépissez, proposans de se faire incontinent descharger, dont ils sont le plus souvent destournez pour l'occasion des affaires pressées et importans qui leur surviennent de moment en moment, soit parce qu'ils sont mandez aux chambres ou à la barre pardevant les commissaires, ou pour respondre aux significations importantes qui leur sont faictes par lesdits huissiers. Qui faict que par leur oubliance ou négligence de leurs clercs, ou des solliciteurs, ou autres sur lesquels ils s'asseurent et reposent le plus souvent, encores que les sacs soient rendus et les procez jugez, ils se trouvent chargez, et en danger, par la malice des parties, d'être ruynez, ensemble leurs femmes et leurs enfans, et plus encores en ce tems que jamais, d'autant que la plus part desdits advocats et procureurs ayans été contraints pour nostre service, sortir de nostredicte ville de Paris, leurs maisons ont été abandonnées en proye à l'insolence des gens de guerre, garnisons et du menu peuple, qui les ont pillées et ravagées, et bruslé lesdicts procez, tiltres et enseignemens. Pour la restitution desquels, si l'action estoit indéfiniment receue, eux, leurs femmes et enfans seroyent ruynez. Au moyen de quoy lesdits exposans nous auroient très-humblement supplié et requis sur ce leur pourvoir de remèdes convenables.

Pour ce est-il que nous désirans subvenir à nos subjects selon les occurences et l'exigence des cas, et aussi traicter favorablement lesdicts exposans en ce qu'il nous sera possible pour l'affection qu'ils ont tousjours démonstrée au zèle de nostre service et de la justice, et d'abondant exciter les parties à se rendre plus diligentes, à faire rendre leurs sacs et pièces, et les retirer quand leurs procez seront jugés; et par ce moyen arrester le cours desdites poursuittes, à l'occasion desquelles lesdicts exposans, ny leurs femmes et enfans ne se peuvent asseurer du fruit de leurs labeurs, ayans aussi esgard que nostre cour de parlement a desjà limité le temps de la poursuite et recherche des sacs pour leur regard, et de leurs vefves et enfans, à trois ans, et donné plusieurs arrêts, tant en faveur desdits exposans, que procureurs de notre Chastelet et autres, par lesquels, auparavant les troubles, elle a limité le cours de ceste action, qui doit estre restraint, veu la misère et calamité des troubles.

A ces causes et autres à ce mouvans, Nous avons dict, statué, déclaré et ordonné, disons, statuons, déclarons et ordonnons par ces présentes, que d'oresnavant lesdicts advocats et procureurs de nostredicte cour de parlement à Paris, leurs vefves, enfans et héritiers et autres ayans droit d'eux, ne pourront estre poursuyvis, inquiétez, ny recherchez directement ny indirectement, soit par action principale de sommation ou autrement, en quelque sorte et manière que ce soit, pour la restitution des sacs, pièces, procez, instances et productions des parties dont ils sont et se trouveront chargez sur les registres des huissiers ou autres, ou par leurs récépissez, cinq ans auparavant que l'action soit mehe et intentée contre eux, leursdites vefves, enfans, héritiers ou autres ayant droit d'eux. Lesquels cinq ans passez, à compter du jour et date de leurs récépissez, ladicte action sera et demeurera nulle, estainte et prescripte, et telle la déclarons dès à présent, comme pour lors, après cinq ans passez, soit pour leur regard ou autres qui, à leur occasion, en pourroient être recherchez, et prétendroient avoir recours contre eux. Et à ceste fin voulons que pour l'advenir tous lesdits advocats et procureurs qui se chargeront des pièces des parties soient tenus en leurs récépissez, à costé ou en bas de leurs seings, mettre sur les registres le jour et an auquel ils se sont chargez.

N° 120. — EDIT *de création de procureurs postulans dans les élections et greniers à sel.*

Saint-Germain, décembre 1597, reg. en la Cour des aides le 23 décembre 1601. (Filleau, part. 2, tit. 7.)

N° 121. — EDIT *qui révoque les affranchissemens de tailles et les titres de noblesse accordés depuis 20 ans* (1).

Paris, anvier 1598, reg. en la Cour des aides le 27. (Fontan., II, 876. — Corbin, Code Louis, 77 et 423.)

N° 122. — DÉCLARATION *sur l'âge et autres conditions de la capacité des maîtres des requêtes* (2).

Paris, 5 février 1598, reg. au parl. le 9 mars 1602. (Vol. VV., f° 360, — Joly, I, 676.)

N° 123. — ÉDIT *sur la réduction de la Bretagne et du duc de Mercœur attaché au parti de la ligue* (3).

Angers, mars 1598, reg. au parl. de Paris le 26, en la chamb. des compt. le 26 et en la cour des aides le 28 du même mois. (Font., IV, 834.)

FIN DE LA GUERRE CIVILE.

---

(1) Le motif de cette loi est purement bursal. Il est dit dans le préambule, que depuis 50 ans le prix des terres a enchéri de beaucoup, et que les monnaies ont haussé. — V. ci-après l'édit de mars 1600.

(2) V. édit de Henri II, avril 1553. — Celui-ci fixe à 32 ans l'âge des maîtres et des conseill rs de l'hôtel du roi ; il exige de plus qu'on ait exercé comme conseiller près d'une cour souveraine.

(3) V. ci-devant l'édit de janvier 1596, sur la réduction du duc de Mayenne, et ci-après l'édit de Nantes.

N° 124. — *Édit de pacification (dit de Nantes)* (1), *suivi des articles secrets.*

Nantes, avril, 1598, reg. au parl. le 2 février, en la ch. des compt. le dernier mars, et en la Cour des aides le 30 août 1599. (Vol. UU, f° 1. — Font. IV, 361. — Rec. des traités de paix, II, 599.)

HENRY, etc. Entre les grâces infinies qu'il a pleu à Dieu de nous départir, celle-ci est bien des plus insignes et remarquables, de nous avoir donné la vertu et la force de ne céder aux effroyables troubles, confusions et désordres, qui se trouvèrent à nostre advénement à ce royaume, qui estoit divisé en tant de partis et de factions que la plus légitime en estoit quasi la moindre, et de nous estre néantmoins tellement roidis contre ceste tourmente, que nous l'ayons enfin surmontée, et touchions maintenant le port de salut et repos de cet estat; de quoy à lui seul en soit la gloire toute entière, et à nous la grâce et obligation qu'il se soit voulu servir de nostre labeur pour parfaire ce bon œuvre, auquel il a esté visible à tous si nous avons porté ce qui estoit non seulement de nostre devoir et pouvoir, mais quelque chose de plus qui n'eust peut estre pas esté en autre temps bien convenable à la dignité que nous tenons, que nous n'avons plus eu crainte d'y exposer, puisque nous y avons tant de fois et si librement exposé nostre propre vie. Et en ceste grande occurrence de si grands et périlleux affaires ne se pouvant tous composer tout à la fois et en même temps, il nous a fallu tenir cest ordre d'entreprendre premièrement ceux qui ne se pouvoient terminer que par la force, et plustost remettre et suspendre pour quelque temps les autres qui se pouvoient et devoient traicter par la raison et la justice, comme les différends généraux d'entre nos bons subjects et les maux particuliers des plus saines parties de l'estat, que nous estimions pouvoir bien plus aisément guarir après en avoir osté la cause principale qui est oit en la continuation de la guerre civile. En quoi nous estant (par la grâce de Dieu) bien et heureusement succédé, les armes et hostilités estant du tout cessées en tout le dedans du royaume, nous espérons qu'il nous succédera aussi

---

(1) Les protestans vécurent sous la protection de cet édit jusqu'à sa révocation par Louis XIV, en octobre 1685. V. ci-devant les édits de pacification de 1576 et 1577, et les notes. C'est par cet édit que se termina la dernière guerre civile religieuse commencée sous Henri III. — V. ci-après le traité de Vervins qui termine la guerre étrangère.

bien aux autres affaires qui restent à y composer, et que par ce moyen nous parviendrons à l'establissement d'une bonne paix et tranquille repos, qui a tousjours esté le but de tous nos vœux et intentions, et le prix que nous désirons de tant de peines et travaux ausquels nous avons passé ce cours de nostre âge. Entre lesdits affaires ausquels il a fallu donner patience, et l'un des principaux ont esté les plaintes que nous avons receues de plusieurs de nos provinces et villes catholiques, de ce que l'exercice de la religion catholique n'estoit pas universellement restably, comme il est porté par les édicts cy-devant faits pour la pacification des troubles à l'occasion de la religion. Comme aussi les supplications et remoustrances qui nous ont esté faites par nos subjects de la religion prétendue réformée, tant sur l'inexécution de ce qui leur est accordé par lesdicts édicts, que sur ce qu'ils disoient y estre adjoué pour l'exercice de leurdicte religion, la liberté de leurs consciences et la seureté de leurs personnes et fortunes, présumant avoir juste sujet d'en avoir nouvelles et plus grandes appréhensions, à cause de ces derniers troubles et mouvemens, dont le principal prétexte et fondement a esté sur leur ruine. A quoi pour ne nous charger de trop d'affaires tout à la fois, et aussi que la fureur des armes ne compatit point à l'establissement des lois pour bonnes qu'elles puissent estre, nous avons tousjours différé de temps en temps de pourvoir; mais maintenant qu'il plaît à Dieu commencer à nous faire jouir de quelque meilleur repos, nous avons estimé ne le pouvoir mieux employer qu'à vaquer à ce qui peut concerner la gloire de son sainct nom et service, et pourvoir qu'il puisse être adoré et prié par tous nos subjects; et s'il ne luy a pleu permettre que ce soit pour encore en une mesme forme et religion, que ce soit au moins d'une mesme intention et avec telle reigle qu'il n'y ait point pour cela de trouble ni de tumulte entre eux, et que nous et ce royaume puissions tousjours mériter et conserver le tiltre glorieux de très-chrétien, qui a esté par tant de mérites et dès si long-temps acquis, et par mesme moyen oster la cause du mal et trouble qui peut advenir sur le faict de la religion qui est tousjours le plus glissant et pénétrant de tous les autres. Pour ceste occasion ayant recogneu cette affaire de très grande importance et digne de très bonne considération, après avoir repris les cahiers des plaintes de nos subjects catholiques, ayant aussi permis à nosdits subjects de la religion prétendue réformée de s'assembler par députez pour dresser les leurs et mettre ensemble toutes lesdites remontrances, et sur ce fait conféré avec eux par diverses fois et reveu les arrêts précédents, nous avons jugé nécessaire de donner maintenant sur le tout à tous nosdits subjects une loy générale, claire, nette et absolue, par laquelle ils soient reiglés sur tous les différends qui sont cy-devant sur ce survenus entre eux et y pourront encore survenir cy-après, et dont les uns et les autres ayent sujet de se contenter, selon que la qualité du temps le peut porter, n'estans pour notre égard entrez en délibération que pour le seul zèle que nous avons au service de Dieu, et qu'il se puisse d'oresnavant faire et rendre par nosdits subjects et establir entre eux une bonne et perdurable paix. Sur quoy nous implorons et attendons de sa divine bonté la mesme protection et faveur qu'il a tousjours visiblement départie à ce royaume depuis sa naissance et pendant tout ce long aage qu'il a attainct, et qu'elle face la grâce à nosdits subjects de bien comprendre qu'en l'observation de ceste nostre ordonnance consiste (après ce qui est de leur devoir envers Dieu et envers nous) le principal fondement de leur union et concorde, tranquillité et repos, et du restablissement de tout cest estat en sa première splendeur, opulence et force, comme de nostre part nous promettons de la faire exactement observer, sans souffrir qu'il y soit aucunement contrevenu.

Pour ces causes, ayant avec l'avis des princes de nostre sang, autres princes et officiers de la couronne et autres grands et notables personnages de nostre conseil d'estat près de nous, bien et diligemment poisé et considéré tout cest affaire, avons par cest edict perpétuel et irrévocable dit, déclaré et ordonné, disons, déclarons et ordonnons :

(1) Que la mémoire de toutes choses passées d'une part et d'autre, depuis le commencement du mois de mars 1585 jusques à notre advénement à la couronne, et durant les autres troubles précédents et à l'occasion d'iceux, demeurera esteinte et assoupie, comme de chose non advenue ; et ne sera loisible ny permis à nos procureurs généraux ny autres personnes quelconques, publiques ny privées, en quelque temps ny pour quelque occasion que ce soit, en faire mention, procez ou poursuite en aucunes cours et jurisdictions que ce soit.

(2). Deffendons à tous nos subjects, de quelque état et qualité qu'ils soient d'en renouveller la mémoire, s'attaquer, injurier ny provoquer l'un l'autre par reproche de ce qui s'est passé, pour quelque cause et prétexte que ce soit, en disputer, contester, quereller ny s'outrager ou s'offenser de faict ou de parole : mais se contenir et vivre paisiblement ensemble comme frères, amis et concitoyens, sur peine aux contrevenans d'estre punis comme infracteurs de paix et perturbateurs du repos public.

(3) Ordonnons que la religion catholique, apostolique et romaine sera remise et restablie en tous lieux et endroits de cestuy nostre royaume et pays de nostre obéissance, où l'exercice d'icelle a esté intermis pour y estre paisiblement et librement exercée sans aucun trouble ou empeschement; défendant très expressément à toustes personnes, de quelque estat, qualité ou condition qu'elles soient, sur les peines que dessus, de ne troubler, molester ny inquiéter les ecclésiastiques en la célébration du divin service, jouissance et perception des dixmes, fruicts et revenus de leurs bénéfices, et tous autres droits et devoirs qui leur appartiennent; et que tous ceux qui, durant les troubles, se sont emparez des églises, maisons, biens et revenus appartenans ausdits ecclésiastiques et qui les détiennent et occupent, leur en délaissent l'entière possession et paisible jouissance, en tels droits, libertez et seuretez qu'ils avoyent auparavant qu'ils en fussent dessaisis; défendans aussi très expressément à ceux de ladite religion prétendue reformée de faire presches ni aucun exercice de ladite religion ès églises, maisons et habitations desdits ecclésiastiques.

(4) Sera au choix desdits ecclésiastiques d'achepter les maisons et bastimens construits aux places profanes sur eux occupées durant les troubles, ou contraindre les possesseurs desdits bastimens d'achepter le fonds, le tout suyvant l'estimation qui en sera faite par experts dont les parties conviendront, et à faute d'en convenir, leur en sera pourveu par les juges des lieux, sauf ausdits possesseurs leur recours contre qui il appartiendra. Et où lesdits ecclésiastiques contraindroyent les possesseurs d'achepter le fonds, les deniers de l'estimation ne seront remis en leurs mains, ains demeureront lesdits possesseurs chargez, pour en faire profit à raison du denier vingt, jusqu'à ce qu'ils aient esté employés au profit de l'église, ce qui se fera dans un an. Et où ledit temps passé, l'acquéreur ne voudroit plus continuer ladite rente, il en sera déchargé en consignant les deniers entre les mains de personne solvable, avec l'auctorité de la justice. Et pour les lieux

sacrez, en sera donné advis par les commissaires qui seront ordonnez pour l'exécution du présent édict, pour sur ce y estre par nous pourveu.

(5) Ne pourront toutefois les fonds et places occupées pour les réparations et fortifications des villes et lieux de nostre royaume, et les matériaux y employez estre revendiquez ny répétez par les ecclésiastiques ou autres personnes publiques ou privées, que lorsque lesdites réparations et fortifications seront démolies par nos ordonnances.

(6) Et pour né laisser aucune occasion de trouble et différends entre nos subjects, avons permis et permettons à ceux de ladite religion prétendue réformée vivre et demeurer par toutes les villes et lieux de cestuy notre royaume et pays de nostre obéissance, sans estre enquis, vexez, molestez ny adstraints à faire chose pour le faict de la religion contre leur conscience, ne pour raison d'icelle estre recherchez ès maisons et lieux où ils voudront habiter, en se comportant au reste selon qu'il est contenu en nostre présent édict.

(7) Nous avons aussi permis à tous seigneurs, gentilshommes et autres personnes tant regnicoles qu'autres, faisans profession de la religion prétendue réformée, ayans en nostre royaume et pays de notre obéissance haulte justice ou plein fief de haubert (comme en Normandie) soit en propriété ou usufruit, en tout ou par moitié, ou pour la troisiesme partie, avoir en telle de leurs maisons desdites haultes justices ou fiefs susdits, quils seront tenus nommer devant nos baillifs et séneschaux chacun en son destroit, pour leur principal domicile l'exercice de ladite religion tant qu'ils y seront résidens, et en leur absence leurs femmes ou bien leur famille ou partie d'icelle. Et encore que le droit de justice ou plein fief de haubert soit controversé, néantmoins l'exercice de ladite religion y pourra estre fait, pourvu que les dessusdits soient en possession actuelle de ladite haulte justice encore que nostre procureur général soit partie. Nous leur permettons aussi avoir ledit exercice en leurs autres maisons de haulte justice ou fiefs susdits de haubert, tant qu'ils y seront présens et non autrement, le tout tant pour eux, leur famille, subjects qu'autres qui y voudront aller.

(8) Es maisons des fiefs où ceux de ladite religion n'auront ladite haulte justice ou fief de haubert, ne pourront faire ledit exercice que pour leur famille tant seulement. N'entendons toutes-

fois s'il y survenoit d'autres personnes jusques au nombre de trente, outre leur famille, soit à l'occasion des baptesmes, visites de leurs amis, ou autrement, qu'ils en puissent être recherchez; moyennant aussi que lesdites maisons ne soient au dedans des villes, bourgs ou villages appartenans aux seigneurs haults justiciers catholiques autres que nous, esquels lesdits seigneurs catholiques ont leurs maisons. Auquel cas ceux de ladite religion ne pourront dans lesdites villes, bourgs ou villages faire ledit exercice, si ce n'est par permission et congé desdits seigneurs haults justiciers et non autrement.

(9) Nous permettons aussi à ceux de ladite religion faire et continuer l'exercice d'icelle en toutes les villes et lieux de nostre obéissance où il estoit par eux établi et fait publiquement par plusieurs diverses fois, en l'année 1596 et et en l'anné 1597, jusques à la fin du mois d'août, nonobstant tous arrêts et jugemens à ce contraires.

(10) Pourra semblablement ledit exercice estre étably et restably en toutes les villes et places où il a été estably ou deu estre par l'édict de pacification fait en l'année 77, art. particuliers et conférence de Nérac et Flex, sans que ledit establissement puisse estre empêché ès lieux et places du domaine donnez par ledit édict, articles et conférences pour lieux de bailliages, ou qui le seront cy-après, encore qu'ils ayent esté depuis alienez à personnes catholiques ou le seront à l'advenir. N'entendons toutesfois que ledit exercice puisse estre restably ès lieux et places dudit domaine qui ont esté cy devant possédez par ceux de la religion prétendue réformée, esquels il auroit esté mis en consideration de leurs personnes, ou à cause du privilége des fiefs, si lesdits fiefs se trouvent à présent possédez par des personnes de ladite religion catholique, apostolique et romaine.

(11) Davantage en chacun des anciens bailliages, séneschaussées et gouvernemens tenans lieu de bailliage, ressortissans nuement et sans moyen ès cours de parlement, nous ordonnons qu'ès faux-bourgs d'une ville outre celles qui leur ont esté accordées par ledit édict, articles particuliers et conférences, et où il n'y auroit des villes en un bourg et village, l'exercice de ladite religion prétendue réformée se pourra faire publiquement pour tous ceux qui y voudront aller, encore qu'esdits bailliages, séneschaussées et gouvernemens y ayt plusieurs lieux où ledit exercice soit à présent establi, fors et excepté pour ledit lieu de bailliage nouvellement

accordé par le présent édict, les villes esquelles il y a archevesché et éveschié, sans toutefois que ceux de ladite religion prétendue réformée soient pour cela privés de ne pouvoir demander et et nommer, pour ledit lieu dudit exercice, les bourgs et villages proche desdites villes, excepté aussi les lieux et seigneuries appartenans aux ecclésiastiques, esquelles nous n'entendons que ledit second lieu de bailliage puisse estre estably, les en ayans de grâce spéciale exceptez et reservez. Voulons et entendons sous le nom d'anciens bailliages parler de ceux qui estoient du temps du feu roi Henry, nostre très honoré seigneur et beau-père, tenus pour bailliages, séneschaussées et gouvernemens ressortissans sans moyen en nosdites cours.

(12) N'entendons par le présent édict déroger aux édicts et accords cy devant faicts pour la réduction d'aucuns princes, seigneurs, gentilshommes et villes catholiques en nostre obéissance, en ce qui concerne l'exercice de ladite religion, lesquels édicts et accords seront entretenus et observez pour ce regard, selon qu'il sera porté par les instructions des commissaires qui seront ordonnez pour la vérification du présent édict.

(13) Défendons très expressément à ceux de ladite religion faire aucun exercice d'icelle, tant pour le ministère, reiglement, discipline ou instruction publique d'enfans et autres en cestuy nostre royaume et pays de nostre obéissance, en ce qui concerne la religion, fors qu'ès lieux permis et octroyez par le présent édict.

(14) Comme aussi de faire aucun exercice de ladite religion en nostre cour et suite, ny pareillement en nos terres et pays qui sont delà des monts, ny aussi en nostre ville de Paris, ny à cinq lieues de ladite ville; toutesfois ceux de ladite religion demeurant esdites terres et pays delà des monts et en nostredite ville et cinq lieues autour d'icelle, ne pourront estre recherchez en leurs maisons ny adstraints à faire chose pour le regard de leur religion contre leur conscience en se comportant au reste selon qu'il est contenu en nostre présent édict.

(15) Ne pourra aussi l'exercice public de ladite religion estre fait aux armées, sinon aux quartiers des chefs qui en feront profession, autres toutesfois que celuy où sera le logis de nostre personne.

(16) Suyvant l'article deuxième de la conférence de Nérac, nous permettons à ceux de ladite religion de pouvoir bastir des lieux pour l'exercice d'icelle aux villes et places où il leur est accordé, et leur seront rendus ceux qu'ils ont cy devant bastis

ou le fond d'iceux en l'estat qu'il est à présent, mesme ès lieux où ledit exercice ne leur est permis, sinon qu'ils eussent été convertis en une autre nature d'édifices; auquel cas leur seront baillez par les possesseurs desdits édifices des lieux et places de mesme prix et valeur qu'ils estoient avant qu'ils y eussent été bastys, ou la juste estimation d'iceux à dire d'experts, sauf ausdits propriétaires ou possesseurs leur recours contre qui il appartiendra.

(17) Nous défendons à tous prescheurs, lecteurs ou autres qui parlent en public user d'aucunes paroles, discours et propos tendans à exciter le peuple à sédition, ains leur avons enjoinct et enjoignons de se contenir et comporter modestement, et de ne rien dire qui ne soit à l'instruction et édification des auditeurs, et à maintenir le repos et tranquillité par nous establie en nostredit royaume, sur les peines portées par les précédents édicts; enjoignans très expressément à nos procureurs-généraux et leurs substituts d'informer d'office contre ceux qui y contreviendront, à peine d'en respondre en leurs propres et privez noms et de privation de leurs offices.

(18) Défendons aussi à tous nos subjects, de quelque qualité et condition qu'ils soient, d'enlever par force ou induction, contre le gré de leurs parens, les enfans de ladite religion pour les baptiser ou confirmer en l'église catholique, apostolique et romaine; comme aussi mesmes défenses sont faites à ceux de ladite religion prétendue réformée, le tout à peine d'estre punis exemplairement.

(19) Ceux de ladite religion prétendue réformée ne seront aucunement adstraints ny demeureront obligez pour raison des abjurations, promesses et sermens qu'ils ont cy devant faits ou cautions par eux baillées, concernans le fait de ladicte religion, et n'en pourront estre molestez ni travaillez en quelque sorte que ce soit.

(20) Seront aussi tenus de garder et observer les festes indictes en l'église catholique, apostolique et romaine, et ne pourront ès jours d'icelles besongner, vendre ny estaller à bou tiques ouvertes, ny pareillement les ouvriers travailler hors leurs boutiques, et en chambres et maisons fermées esdits jours de fêtes et autres jours défendus, en aucuns métiers dont le bruit puisse estre entendu au dehors des passans ou des voisins, dont la recherche néantmoins ne pourra estre faite que par les officiers de la justice.

(21) Ne pourront les livres concernant ladite religion pré-

tendue réformée estre imprimez et vendus publiquement qu'ès villes et lieux où l'exercice public de ladite religion est permis; et pour les autres livres qui seront imprimez ès autres villes seront veuz et visitez tant par nos officiers que théologiens, ainsi qu'il est porté par nos ordonnances. Défendons très expressément l'impression, publication et vente de tous livres, libelles et escrits diffamatoires, sur les peines contenues en nos ordonnances; enjoignans à tous nos juges et officiers d'y tenir la main.

(22) Ordonnons qu'il ne sera fait différence ni distinction, pour le regard de ladite religion, à recevoir les escholiers pour estre instruits ès universitez, colléges et escholes, et les malades et pauvres ès hopitaux, maladeries et aumosnes publiques.

(23) Ceux de ladite religion prétendue réformée seront tenus de garder les loix de l'église catholique, apostolique et romaine, reçues en cestuy nostre royaume pour les faicts de mariage contractez et à contracter ès degrez de consanguinité et affinité.

(24) Pareillement ceux de ladite religion payeront les droits d'entrée, comme il est accoustumé pour les charges et offices dont ils seront pourveuz, sans estre contraints à assister à aucunes cérémonies contraires à leurdite religion; et estant appelés par serment, ne seront tenus d'en faire d'autre que de lever la main, jurer et promettre à Dieu qu'ils diront la vérité; et ne seront aussi tenus de prendre dispense du serment par eux presté en passant des contrats et obligations.

(25) Voulons et ordonnons que tous ceux de ladite religion prétendue réformée et autres qui ont suivi leur party, de quelque état, qualité ou conditions qu'ils soient, soient tenus et contraints par toutes voies dues et raisonnables, et sous les peines contenues aux édicts sur ce faicts, payer et acquitter les dixmes aux curez et autres ecclésiastiques et à tous autres à qui elles appartiennent, selon l'usage et coustume des lieux.

(26) Les exhérédations et privations, soit par dispositions d'entre vifs ou testamentaires, faites seulement en haine ou pour cause de religion, n'auront lieu tant pour le passé que pour l'advenir, entre nos subjects.

(27) Afin de réunir d'autant mieux les volontez de nos subjects comme est nostre intention et oster toutes plaintes à l'advenir, déclarons tous ceux qui sont ou seront profession de ladite religion prétendue réformée capables de tenir et exercer tous estats, dignités, offices et charges publiques quelconques, royales, seigneuriales ou des villes de nostredit royaume, pays, terres et

seigneuries de nostre obéissance, nonobstant tous sermens à ce contraires, et d'estre indifféremment admis et receuz en iceux; et se contenteront nos cours de parlemens et autres juges d'informer et enquérir sur la vie, mœurs, religion et honnestes conversations de ceux qui sont ou seront pourveuz d'offices, tant d'une religion que d'autre, sans prendre d'eux autre serment que de bien et fidèlement servir le roi en l'exercice de leurs charges, et garder les ordonnances comme il a esté observé de tout temps. Advenant aussi vacation desdits estats, charges et offices pour le regard de ceux qui seront en votre disposition, il y sera par nous pourveu indifféremment et sans distinction de personnes capables comme chose qui regarde l'union de nos subjects. Entendons aussi que ceux deladite religion prétendue réformée puissent estre admis et receuz en tous conseils, délibérations, assemblées et fonctions qui dépendent des choses dessus dites, sans que pour raison de ladite religion ils en puissent estre rejetez ou empeschez d'en jouir.

(28) Ordonnons pour l'enterrement des morts de ceux de ladite religion, pour toutes les villes et lieux de ce royaume, qu'il leur sera pourveu promptement en chacun lieu par nos officiers et magistrats, et par les commissaires que nous députerons à l'exécution de nostre présent édict, d'une place la plus commode que faire se pourra. Et les coemetières qu'ils avoient par cy-devant, et dont ils ont esté privez à l'occasion des troubles, leur seront rendus, sinon qu'ils se trouvassent à présent occupez par édifices et bastimens, de quelque qualité qu'ils soient : auquel cas leur en sera pourveu d'autres gratuitement.

(29) Enjoignons très expressément à nosdits officiers de tenir la main, à ce qu'ausdits enterremens, il ne se commette aucun scandale : et seront tenus dans quinze jours après la réquisition qui en sera faite, pourvoir à ceux de ladite religion de lieu commode pour lesdites sépultures, sans user de longueur et remise : à peine de 500 escus en leurs propres et privez noms. Sont aussi faictes défenses tant ausdits officiers que tous autres, de rien exiger pour la conduite desdits corps morts, sur peine de concussion.

(30) Afin que la justice soit renduë et administrée à nos subjects sans aucune suspicion, haine ou faveur, comme étant un des principaux moyens pour les maintenir en paix et concorde, avons ordonné et ordonnons, qu'en nostre cour de parlement de Paris, sera establie une chambre, composée d'un président et

seize conseillers dudit parlement, laquelle sera appellée et intitulée; la chambre de l'édict, et cognoistra non seulement des causes et procès de ceux de ladite religion prétendue réformée, qui seront dans l'étendue de ladite cour : mais aussi des ressorts de nos parlemens de Normandie et Bretagne, selon juridiction qui luy sera cy après attribuée par ce présent édict, et ce jusques à tant qu'en chacun desdits parlemens ait esté establie une chambre pour rendre la justice sur les lieux. Ordonnons aussi que des quatre offices de conseillers en nostredit parlement, res tans de la dernière érection qui a par nous esté faicte, en seront présentement pourveuz et receuz audit parlement, quatre de ceux de ladite religion prétendue réformée, suffisans et capables, qui seront distribuez, à sçavoir le premier receu, en ladite chambre de l'édict, et les autres trois à mesure qu'ils seront receus, en trois des chambres des enquestes : et outre que des deux premiers offices conseillers laiz de ladicte cour, qui viendront à vaquer par mort, en seront aussi pourveuz deux de ladite religion prétendue réformée, et iceux receuz, distribuez aussi aux deux autres chambres des enquestes.

(31) Outre la chambre cy devant establie à Castres, pour le ressort de nostre cour de parlement de Tholose, laquelle sera continuée en l'estat qu'elle est, Nous avons pour les mesmes considérations ordonné et ordonnons, qu'en chacune de nos cours de parlemens de Grenoble et Bourdeaux, sera pareillement establie une chambre, composée de deux présidens, l'un catholique, et l'autre de la religion prétendue réformée et douze conseillers, dont les six seront catholiques, et les autres de ladicte religion : lesquels présidens et conseillers catholiques seront par nous prins et choisis des corps de nosdites cours. Et quant à ceux de ladicte religion, sera faict création nouvelle d'un président et six conseillers pour le parlement de Bordeaux, et d'un président et trois conseillers pour celuy de Grenoble : lesquels avec les trois conseillers de ladicte religion, qui sont à présent audit parlement seront employez en ladite chambre de Dauphiné. Et seront créez lesdits offices de nouvelle création aux mesmes gages, honneurs, auctoritez et prééminence que les autres desdites cours. Et sera ladicte séance de la chambre de Bordeaux audit Bourdeaux ou à Nérac, et celle de Dauphiné à Grenoble.

(32) Ladite chambre de Dauphiné cognoistra des causes de ceux de la Religion prétendue réformée du ressort de nostre parlement de Provence, sans qu'ils y ayent besoin de prendre lettres

d'évocation ny autres provisions qu'en nostre chancellerie de Dauphiné : comme aussi ceux de ladite religion de Normandie et Bretaigne, ne seront tenus de prendre lettres d'évocation ny autres provisions qu'en nostre chancellerie de Paris.

(33) Nos subjects de la religion du parlement de Bourgoigne auront le choix et option de plaider en la chambre ordonnée au parlement de Paris, ou en celle de Dauphiné. Et ne seront aussi tenus prendre lettres d'évocation ny autres provisions qu'esdites chancelleries de Paris ou Dauphiné, selon l'option qu'ils feront.

— (34) Toutes lesdites chambres composées comme dit est, cognoistront et jugeront en souveraineté et dernier ressort par arrest privativement à tous autres, des procez et différends meuz et à mouvoir, esquels ceux de ladite religion prétendüe réformée seront parties principales, ou garends, en demandant ou défendant en toutes matières tant civiles que criminelles, soient lesdicts procez par escrit ou appellations verbales, et ce si bon semble ausdites parties, et l'une d'icelles le requiert, avant contestation en cause, pour le regard des procez à mouvoir : excepté toutesfois pour toutes manières bénéficiales, et les possessoires des dixmes non inféodez, les patronats ecclésiastiques, et les causes où il s'agira des droits et devoirs ou domaine de l'église, qui seront toutes traictées et jugées és cours de parlement, sans que lesdites chambres de l'édict en puissent cognoistre; comme aussi nous voulons que pour juger et décider les procez criminels qui interviendront entre lesdits ecclésiastiques et ceux de ladite religion prétendüe réformée, si l'ecclésiastique est défendeur, en ce cas la cognoissance et jugement du procez criminel appartiendra à nos cours souveraines privativement ausdites chambres; et où l'ecclésiastique sera demandeur, et celuy de ladicte religion défendeur, la cognoissance et jugement du procez criminel appartiendra par appel et en dernier ressort ausdites chambres establies. Cognoistront aussi lesdites chambres en temps de vacations, des matières attribuées par les édicts et ordonnances, aux chambres establies en temps de vacation, chacune en son ressort.

(35) Sera ladite chambre de Grenoble dès à présent unie et incorporée au corps de ladite cour de parlement, et les présidens et conseillers de ladicte religion prétendüe réformée, nommez présidens et conseillers de ladicte cour, et tenus au rang et nombre d'iceux : et à ces fins seront premièrement distribuez par les autres chambres, puis extraicts et tirez d'icelles, pour estre employez et servir en celle que nous ordonnons de nouveau : à la

charge toutesfois qu'ils assisteront et auront voix et séance en toutes les délibérations qui se feront, les chambres assemblées. et jouyront des mesmes gages, auctoritez, et prééminences que font les autres présidens et conseillers de ladicte cour.

(36) Voulons et entendons que lesdites chambres de Castres et Bourdeaux soient réünies et incorporées en iceux parlemens en la mesme forme que les autres, quand besoing sera, et que les causes qui nous ont meu d'en faire l'establissement, cesseront et n'auront plus de lieu entre nos subjects : et seront à ces fins les présidens et conseillers d'icelles, de ladite religion, nommez et tenus pour présidens et conseillers desdites cours.

(37) Seront aussi créez et érigez de nouveau en la chambre ordonnée pour le parlement de Bourdeaux, deux substituts de nos procureur et advocat généraux, dont celuy du procureur sera catholique : et l'autre de ladite religion, lesquels seront pourveuz desdits offices aux gages compétents.

(38) Ne prendront tous lesdits substituts autre qualité que de substituts, et lorsque les chambres ordonnées pour les parlemens de Tholose et Bourdeaux, seront unies et incorporées ausdits parlement, seront lesdits substituts pourveuz d'offices de conseillers en iceux.

(39) Les expéditions de la chancellerie de Bourdeaux se feront en présence de deux conseillers d'icelle chambre, dont l'un sera catholique, et l'autre de ladite religion prétendue réformée, en l'absence d'un des maistres de requestes de nostre hostel, et l'un des notaires et secrétaires de ladicte cour de parlement de Bourdeaux fera résidence au lieu où ladicte chambre sera establie, ou bien l'un des secrétaires ordinaires de la chancellerie, pour signer les expéditions de ladite chancellerie.

(40) Voulons et ordonnons qu'en ladite chambre de Bourdeaux, il y ait deux commis du greffier dudit parlement, l'un au civil et l'autre au criminel, qui exerceront leurs charges par nos commissions, et seront appellez commis au greffe civil et criminel : et pourtant ne pourront estre destituez ny révoquez par lesdits greffiers du parlement : toutefois seront tenus rendre l'émolument desdits greffes ausdits, lesquels greffiers, lesquels commis seront salariés par lesdits greffiers selon qu'il sera advisé et arbitré par ladite chambre. Plus y sera ordonné des huissiers catholiques, qui seront prins à ladite cour ou d'ailleurs, selon nostre bon plaisir : outre lesquels en sera de nouveau érigé deux de ladite religion, et pourveuz gratuitement, et seront tous lesdits huissiers reiglez par ladite chambre tant en l'exer-

cice et département, de leurs charges qu'ès émolumens qu'ils devront prendre. Sera aussi expédiée commission d'un payeur des gages, et receveur des amendes de ladite chambre, pour en estre pourveu tel qu'il nous plaira, si ladite chambre est establie ailleurs qu'en ladite ville : et la commission cy devant accordée au payeur des gages de la chambre de Castres sortira son plein et entier effect, et sera jointe à ladite charge la commission de la recepte des amendes de ladite chambre.

(41) Sera pourveu de bonnes et suffisantes assignations pour les gages des officiers des chambres ordonnées par cest édict.

(42) Les présidens, conseillers et autres officiers catholiques desdites chambres, seront continuez le plus longuement que faire se pourra, et comme nous verrons estre à faire pour nostre service et le bien de nos subjects : et en licenciant les uns, sera pourveu d'autres en leurs places avant leur département, sans qu'ils puissent durant le temps de leur service, se départir ny absenter desdites chambres, sans le congé d'icelles, qui sera jugé sur les causes de l'ordonnance.

(43) Seront lesdites chambres establies dedans six mois, pendant lesquels (si tant l'establissement demeure à estre fait) les procez meus et à mouvoir, où ceux de ladite religion seront parties des ressorts de nos parlemens de Paris, Roüen, Dijon, et Rennes, seront évoquez en la chambre establie présentement à Paris, en vertu de l'édict de l'an 1577, ou bien au grand conseil, au chois et option de ceux de ladite religion, s'ils le requièrent : ceux qui seront au parlement de Bordeaux, en la chambre establie à Castres, ou audit grand conseil, à leur chois : et ceux qui seront de Provence, au parlement de Grenoble. Et si lesdites chambres ne sont establies dans trois mois après la présentation qui y aura esté faite de nostre présent édict, celuy de nos parlemens qui en aura fait refus, sera interdit de cognoistre et juger des causes de ceux de ladite religion.

(44) Les procez non encore jugez, pendans ésdites cours de parlement et grand conseil de la qualité susdite, seront renvoyez, en quelque estat qu'ils soient ésdites chambres, chacun en son ressort, si l'une des parties de ladite religion le requiert, dedans quatre mois après l'établissement d'icelles ; et quant à ceux qui seront discontinuez, et ne sont en estat de juger, lesdits de la religion seront tenus faire déclaration à la première intimation et signification qui leur sera faite de la poursuite, et ledit temps passé, ne seront plus receus à réquérir lesdits renvois.

(45) Lesdites chambres de Grenoble et Bourdeaux, comme

aussi celle de Castres, garderont les formes et stil des parlemens, au ressort desquels elles seront établies, et jugeront en nombre esgal d'une et d'autre religion, si les parties ne consentent au contraire.

(46) Tous les juges ausquels l'adresse sera faite des exécutions des arrests, commissions desdites chambres, et lettres obtenues ès chancelleries d'icelles, ensemble tous huissiers et sergens seront tenus les mettre à exécution, et lesdits huissiers et sergens faire tous exploiots par tout nostre royaume, sans demander placet, visa ne pareatis, à peine de suspension de leurs estats, et des despens, dommages et intérests des parties, dont la cognoissance appartiendra ausdites chambres.

(47) Ne seront accordées aucunes évocations des causes dont la cognoissance est attribuée ausdites chambres, sinon ès cas des ordonnances, dont le renvoi sera fait à la plus prochaine chambre establie suivant nostre édict; et les partages des procez desdites chambres seront jugez en la plus prochaine, observant la proportion et forme desdites chambres dont les procez seront procédez; excepté pour la chambre de l'édict à nostre parlement de Paris, où les procez partis seront départis en la mesme chambre par les juges qui seront par nous nommez, par nos lettres particulières pour cest effect, si mieux les parties n'aiment attendre le renouvellement de ladite chambre. Et advenant que un mesme procès soit parti entre toutes les chambres my-parties, le partage sera renvoyé à ladicte chambre de Paris.

(48) Les récusations qui seront proposées contre les présidens et conseillers des chambres my-parties, pourront estre jugées au nombre de six, auquel nombre les parties seront tenues de se restreindre, autrement sera passé outre, sans avoir égard ausdites récusations.

(49) L'examen des présidens et conseillers nouvellement érigez èsdites chambres my-parties sera fait en notre privé conseil, ou par lesdites chambres, chacune en son destroit, quand elles seront en nombre suffisant; et néanmoins le serment accoustumé sera par eux presté ès cours où lesdites chambres seront establies, et à leur refus, en nostre conseil privé, excepté ceux de la chambre de Languedoc, lesquels presteront le serment ès mains de nostre chancelier, ou en icelle chambre.

(50) Voulons et ordonnons que la réception de nos officiers de ladite religion soit jugée esdites chambres my-parties par la pluralité des voix, comme il est accoustumé ès autres jugemens,

sans qu'il soit besoin que les opinions surpassent des deux tiers suivant l'ordonnance, à laquelle pour ce regard est dérogé.

(51) Seront faites ausdites chambres my-parties les propositions, délibérations et résolutions qui appartiendront au repos public, et pour l'estat particulier et police des villes où icelles chambres seront.

(52) L'article de la jurisdiction desdites chambres ordonnées par le présent édict sera suivi et observé selon sa forme et teneur, mesmes en ce qui concerne l'exécution et inexécution ou infraction de nos édicts, quand ceux de ladicte religion seront parties.

(53) Les officiers subalternes royaux ou autres, dont la réception appartient à nos cours de parlemens, s'ils sont de ladicte religion prétendue réformée, pourront estre examinez et receus esdites chambres, à sçavoir ceux des ressorts des parlemens de Paris, Normandie et Bretagne en ladicte chambre de Paris; ceux de Dauphiné et Provence en la chambre de Grenoble; ceux de Bourgogne en ladite chambre de Paris ou de Dauphiné, à leur choix; ceux du ressort de Thoulouse, en la chambre de Castres, et ceux du parlement de Bordeaux en la chambre de Guyenne, sans qu'autres se puissent opposer à leurs réceptions, et rendre parties, que nos procureurs généraux et leurs substituts, et les pourveus esdits offices. Et néanmoins le serment accoustumé sera par eux presté ès cours de parlemens, lesquels ne pourront prendre aucune cognoissance de leursdites réceptions; et au refus desdits parlemens, lesdits officiers presteront le serment esdites chambres, après lequel ainsi presté, seront tenus présenter par un huissier ou notaire l'acte de leurs réceptions aux greffiers desdictes cours de parlemens, et en laisser copie collationnée ausdits greffiers; ausquels il est enjoint d'enregistrer lesdits actes, à peine de tous déspens, dommages et intérests des parties, et où lesdits greffiers seront refusans de ce faire, suffira ausdits officiers de rapporter l'acte de ladite sommation expédié par lesdits huissiers ou notaires, et icelle faire enregistrer au greffe de leursdites jurisdictions, pour y avoir recours quand besoin sera, à peine de nullité de leurs procédures et jugemens. Et quant aux officiers, dont la réception n'a accoustumé d'estre faite en nosdicts parlemens, en cas que ceux à qui elle appartient fissent refus de procéder audit examen et réception, se retireront lesdits officiers par devers lesdites chambres, pour leur estre pourveu comme il appartiendra.

(54) Les officiers de ladite religion prétendue réformée, qui seront pourveus cy-après pour servir dans les corps de nosdites cours de parlemens, grand conseil, chambre des comptes, cours des aydes, bureaux des trésoriers généraux de France et autres officiers des finances, seront examinez et receus ès lieux où ils ont accoustumé de l'estre, et en cas de refus ou déni de justice, leur sera pourveu en nostre conseil privé.

(55) Les réceptions de nos officiers faites en la chambre cy-devant establie à Castres, demeureront valables, nonobstant tous arrests et ordonnances à ce contraires. Seront aussi valables les réceptions des juges, conseillers, esleuz et autres officiers de ladite religion faites en nostre privé conseil, ou par commissaires par nous ordonnez pour le refus de nos cours de parlemens, des aydes et chambres des comptes, tout ainsi que si elles estoient faites esdites cours et chambres, et par les autres juges à qui la réception appartient; et seront leurs gages allouez par les chambres des comptes sans difficulté; et si aucuns ont esté rayez, seront restablis, sans qu'il soit besoin d'avoir autre jussion que le présent édict, et sans que lesdits officiers soient tenus de faire apparoir d'autre réception, nonobstant tous arrests donnez au contraire, lesquels demeureront nuls et de nul effect.

(56) En attendant qu'il y ait moyen de survenir aux frais de justice desdites chambres sur les deniers des amendes, sera par nous pourveu d'assignation valable et suffisante pour fournir ausdits frais, sauf d'en répéter les deniers sur les biens des condamnez.

(57) Les présidens et conseillers de ladite religion prétendue réformée, cy-devant receus en nostre cour de parlement de Dauphiné, et en la chambre de l'édict incorporée en icelle, continueront et auront leurs séances et ordres d'icelle; sçavoir est les présidens, comme ils en ont jouy et jouissent à présent, et les conseillers suyvant les arrests et provisions qu'ils en ont obtenus en nostre conseil privé.

(58) Déclarons toutes sentences, jugemens, arrests, procédures, saisies, ventes et décrets faits et donnez contre ceux de ladicte religion prétendue réformée, tant vivans que morts depuis le trépas du feu roy Henri deuxiesme, nostre très-honoré seigneur et beau père, à l'occasion de ladicte religion, tumultes et troubles depuis advenus, ensemble l'exécution d'iceux jugemens et décrets, dès à présent cassez, révoquez et annulez, et iceux cassons, révoquons et annulons. Ordonnons qu'ils seront

rayez et ostez des registres des greffes des cours tant souveraines qu'inférieures; comme nous voulons aussi estre ostées et effacées toutes marques, vestiges et monumens desdites exécutions, livres et actes diffamatoires contre leurs personnes, mémoire et postérité, et que les places esquelles ont esté faites pour ceste occasion démolitions ou razemens, soient rendues en tel estat qu'elles sont aux propriétaires d'icelles; pour en jouir et disposer à leur volonté. Et généralement avons cassé, révoqué et annulé toutes procédures et informations faites pour entreprises quelconques, prétendus crimes de lèze-majesté et autres, nonobstant lesquelles procédures, arrests et jugemens, contenans réunion, incorporation et confiscation, voulons que ceux de ladite religion et autres qui ont suivy leur party, et leurs héritiers rentrent en la possession réelle et actuelle de tous et chacuns leurs biens.

(59) Toutes procédures faites, jugemens et arrests donnez durant les troubles contre ceux de ladite religion qui ont porté les armes ou se sont retirez hors de nostre royaume ou dedans iceluy, ès villes et pays par eux tenus en quelque autre matière que de la religion et troubles, ensemble toutes péremptions d'instances, prescriptions tant légales, conventionnales que coustumières, et saisies féodales échues pendant lesdits troubles, ou par empeschemens légitimes provenus d'eux, et dont la cognoissance demeurera à nos juges, seront estimez comme non faites, données ny advenues, et telles les avons déclarées et déclarons, et icelles mises et mettons à néant, sans que les parties s'en puissent aucunement aider. Ains seront remises en l'estat qu'elles estaient auparavant, nonobstant lesdits arrests et l'exécution d'iceux, et leur sera rendue la possession en laquelle ils estoient pour ce regard. Ce que dessus aura pareillement lieu pour le regard des autres qui ont suivy le party de ceux de ladite religion, ou qui ont été absens de notre royaume pour le fait des troubles. Et pour les enfans mineurs de ceux de la qualité susdite, qui sont morts pendant les troubles, remettons les parties au même estat qu'elles estoient auparavant, sans refonder les despens, ny estre tenus de consigner les amendes, n'entendans toutesfois que les jugemens donnez par les juges présidiaux ou autres juges inférieurs contre ceux de ladite religion, ou qui ont suivy leur party, demeurent nuls, s'ils ont esté donnez par juges séans ès villes par eux tenues, et qui leur estoient de libre accez.

(60) Les arrests donnez en nos cours de parlement ès ma-

tières dont la cognoissance appartient aux chambres ordonnées par l'édict de l'an 1577, et articles de Nérac et Flex, esquelles cours les parties n'ont procédé volontairement, c'est-à-dire ont allégué et proposé fins déclinatoires, ou qui ont esté données par défaut ou forclusion, tant en matière civile que criminelle, nonobstant lesquelles fins lesdites parties ont été contraintes de passer outre, seront pareillement nuls et de nulle valeur. Et pour le regard des arrests donnez contre ceux de ladite religion qui ont procédé volontairement, et sans avoir proposé fins déclinatoires, iceux arrests demeureront; et néanmoins sans préjudice de l'exécution d'iceux, se pourront (si bon leur semble) pourvoir par requeste civile devant les chambres ordonnées par le présent édict, sans que le tems porté par les ordonnances ait couru à leur préjudice, et jusques à ce que lesdites chambres et chancelleries d'icelles soient establies. Les appellations verbales ou par escrit interjettées par ceux de ladite religion devant les juges, greffiers ou commis exécuteurs des arrests et jugemens, auront pareil effect que si elles estoient relevées par des lettres royaux.

(61) En toutes enquestes qui se feront pour quelque cause que ce soit ès matières civiles, si l'enquesteur ou commissaire est catholique, seront les parties tenues de convenir d'un adjoint, et où ils n'en conviendront, en sera prins d'office par ledit enquesteur ou commissaire, un qui sera de ladite religion prétendue réformée; et sera le mesme pratiqué, quand le commissaire ou enquesteur sera de ladite religion, pour l'adjoint qui sera catholique.

(62) Voulons et ordonnons que nos juges puissent cognoistre de la validité des testamens, ausquels ceux de ladite religion auront intérest, s'ils le requièrent, et les appellations desdits jugemens pourront estre relevées ausdites chambres ordonnées pour les procez de ceux de ladite religion, nonobstant toutes coustumes à ce contraires, mesmes celles de Bretagne.

(63) Pour obvier à tous différens qui pourroient subvenir entre nos cours de parlemens et les chambres d'icelles cours ordonnées par nostre présent édict, sera par nous faict un bon et ample réglement entre lesdites cours et chambres, et tel que ceux de ladite religion prétendue réformée jouyront entièrement dudit édict, lequel réglement sera vérifié en nos cours de parlement, et gardé et observé sans avoir esgard aux précédens.

(64) Inhibons et défendons à toutes nos cours souveraines et

autres de ce royaume, de cognoistre et juger les procez civils et criminels de ceux de ladite religion, dont, par nostre édict, est attribuée la cognoissance ausdites chambres, pourvu que le renvoy en soit demandé, comme il est dit au quarantiesme article cy-dessus.

(65) Voulons aussi, par manière de provision, et jusques à ce qu'en ayons autrement ordonné, qu'en tous procez meus ou à mouvoir, où ceux de ladite religion seront en qualité de demandeurs ou défendeurs, parties principales ou garands ès matières civiles, esquelles nos officiers ès sièges présidiaux ont pouvoir de juger en dernier ressort, leur soit permis de requérir que deux de la chambre où les procez se devront juger s'abstiennent du jugement d'iceux, lesquels, sans expression de cause, seront tenus s'en abstenir, nonobstant l'ordonnance par laquelle les juges ne se peuvent tenir pour récusez sans cause, leur demeurans outre ce les récusations de droict contre les autres; et ès matières criminelles, esquelles aussi lesdits présidiaux et autres juges royaux subalternes jugent en dernier ressort, pourront les prevenus estans de ladite religion, requérir que trois desdits juges s'abstiennent du jugement de leurs procez, sans expression de cause. Et les prévosts des mareschaux de France, vibaillifs, visénéchaux, lieutenans de robbe courte, et autres officiers de semblable qualité, jugeront suivant les ordonnances et réglemens cy-devant donnez pour le regard des vagabonds; et quant aux domiciliés chargez et prévenus de cas prévostaux, s'ils sont de ladicte religion, pourront requérir que trois desdits juges qui en peuvent cognoistre s'abstiennent du jugement de leurs procez, et seront tenus s'en abstenir, sans aucune acception de cause, sauf si, en la compagnie où lesdits procez se jugeront, se trouvoient jusques au nombre de deux en matière civile, et trois en matière criminelle de ladite religion, auquel cas ne sera permis de recuser sans expression de cause; ce qui sera commun et réciproque aux catholiques en la forme que dessus, pour le regard desdites récusations de juges, où ceux de ladite religion prétendue réformée seront en plus grand nombre. N'entendons toutesfois que lesdits sièges présidiaux, prévosts des mareschaux, vibaillifs, visénéchaux et autres qui jugent en dernier ressort, prennent, en vertu de ce que dit est, cognoissance des troubles passez; et quant aux crimes et excès advenus pour autre occasion que du fait des troubles, depuis le commencement du mois de mars de l'année 1585, jusques à la fin de l'année, en cas qu'ils en prennent

cognoissance; voulons qu'il y puisse avoir appel de leurs jugemens pardevant les chambres ordonnées par le présent édict, comme il se pratiquera en semblable, pour les catholiques complices, et où ceux de ladite religion prétendue réformée seront parties.

(66) Voulons aussi et ordonnons que d'oresenavant, en toutes instructions autres qu'informations de procez criminels ès séneschaussées de Toulouse, Carcassonne, Rouërgue, Loragais, Beziers, Montpellier et Nismes, le magistrat ou commissaire député pour ladite instruction, s'il est catholique, sera tenu prendre un adjoint qui soit de ladite religion prétendue réformée, dont les parties conviendront, et où elles n'en pourroient convenir, en sera pris d'office un de ladite religion par le susdit magistrat ou commissaire; comme en semblable, si ledit magistrat ou commissaire est de ladite religion, il sera tenu en la mesme forme dessusdite prendre un adjoint catholique.

(67) Quand il sera question de faire procez criminel par les prévosts des mareschaux ou leurs lieutenans, à quelqu'un de ladite religion domicilié, qui sera chargé et accusé d'un crime prévostal, lesdits prévosts ou leursdits lieutenans, s'ils sont catholiques, seront tenus d'appeler à l'instruction dudit procez un adjoint de ladite religion; lequel adjoint assistera aussi au jugement de la compétence, et au jugement définitif du procez, laquelle competence ne pourra estre jugée qu'au plus prochain siége présidial, en l'assemblée avec les principaux officiers dudit siége qui seront trouvez sur les lieux, à peine de nullité, sinon que les prévenus requissent que la compétence fût jugée èsdites chambres ordonnées pour le présent édict; auquel cas, pour le regard des domiciliez ès provinces de Guyenne, Languedoc, Provence et Dauphiné, les substituts de nos procureurs généraux èsdites chambres, feront, à la requeste d'iceux domiciliez, apporter en icelles les charges et importations faites contre iceux, pour cognoistre et juger si les causes sont prévostables ou non, pour après, selon la qualité des crimes, estre par icelles chambres renvoyés à l'ordinaire, ou jugés prévostablement, ainsi qu'ils verront être à faire par raison, en observant le contenu en nostre présent édict. Et seront tenus les juges présidiaux, prévosts des mareschaux, vibaillifs, visénéchaux et autres qui jugent en dernier ressort, de respectivement obéir et satisfaire aux commandemens qui leur seront faits par lesdites

chambres, tout ainsi qu'ils ont accoustumé de faire esdits parlemens, à peine de privation de leurs estats.

(68) Les criées, affiches et subhastations des héritages, dont l'on poursuit le décret, seront faites ès lieux et heures accoustumées, si faire se peut, suivant nos ordonnances, ou bien ès marchez publics, si au lieu où sont assis lesdits héritages il y a marché, et où il n'y en auroit point, seront faites au prochain marché du ressort du siége où l'adjudication se doit faire, et seront les affiches mises au poteau dudit marché, et à l'entrée de l'auditoire dudit lieu, et par ce moyen seront bonnes et valables lesdites criées, et passé outre à l'interposition du décret, sans s'arrester aux nullitez qui pourroient estre alléguées pour ce regard.

(69) Tous tiltres, papiers, enseignemens et documens qui ont esté pris, seront rendus et restituez de part et d'autre à ceux ausquels ils appartiennent, encores que lesdits papiers ou les chasteaux et maisons, esquelles ils ont esté gardez, ayent esté pris et saisis, soit par spéciale commission du feu roy dernier décédé, nostre très-honoré seigneur et beau frère, ou nostre, ou par les mandemens des gouverneurs et lieutenans généraux de nos provinces, ou de l'authorité des chefs de l'autre part, ou soubs quelque prétexte que ce soit.

(70) Les enfans de ceux qui se sont retirez hors de nostre royaume, depuis la mort du feu roy Henry II, nostre très-honoré seigneur et beau-père, pour cause de la religion et troubles, encores que lesdits enfans soient nez hors de cestuy nostre royaume, seront tenus pour vrais François et régnicoles, et tels les avons déclarez et déclarons, sans qu'il leur soit besoin prendre lettres de naturalité ou autres provisions de nous que le présent édict, nonobstant toutes lettres à ce contraires, ausquelles nous avons dérogé ou dérogeons, à la charge que lesdits enfans nez en pays estrange, seront tenus dans dix ans après la publication du présent édict, de venir demeurer dans ce royaume.

(71) Ceux de ladite religion prétendue réformée, et autres qui ont suivi leur party, lesquels auraient prins à ferme avant les troubles aucuns greffes, ou autres domaines, gabelles, imposition foraine et autres droits à nous appartenans, dont ils n'ont peu jouyr à cause d'iceux troubles, demeureront deschargez, comme nous les deschargeons, de ce qu'ils n'auront receu desdites fermes, ou qu'ils auront sans fraude payé ailleurs que ès

receptes de nos finances, nonobstant toutes obligations sur ce par eux passées.

(72) Toutes places, villes et provinces de nostre royaume, pays, terres et seigneuries de notre obéyssance, useront et jouyront des mesmes priviléges, immunitez, libertez, franchises, foires, marchez, juridictions et siéges de justice, qu'elles faisoient auparavant les troubles commencez au mois de mars, l'an 1585 et autres précédents, nonobstant toutes lettres à ce contraires, et les translations d'aucuns desdits siéges, pourveu qu'elles ayent esté faites seulement à l'occasion des troubles, lesquels siéges seront remis et restablis ès villes et lieux où ils estoient auparavant.

(73) S'il y a encore quelques prisonniers qui soient détenus par authorité de justice ou autrement, mesmes ès galéres, à l'occasion des troubles ou de ladite religion, seront eslargis et mis en pleine liberté.

(74) Ceux de ladite religion prétendue réformée ne pourront cy-après estre surchargez et foulez d'aucunes charges ordinaires ou extraordinaires plus que les catholiques, et selon la proportion de leurs biens et facultez, et pourront les parties qui prétendront estre surchargées, se pourvoir pardevant les juges ausquels la cognoissance en appartient; et seront tous nos subjects, tant de la religion catholique que prétendue réformée, indifféremment deschargez de toutes charges qui ont esté imposées de part et d'autre, durant les troubles, sur ceux qui estoient de contraire party, et non consentans ensemble, des debtes créées et non payées, et frais faicts sans le consentement d'iceux, sans toutefois pouvoir répéter les fruicts qui auront esté employez au payement desdites charges.

(75) N'entendons aussi que ceux de ladite religion et autres qui ont suivy leur party, ny les catholiques qui estoient demeurez ès villes et lieux par eux occupez et detenus, et qui leur ont contribué, soient poursuivis pour le paiement des tailles, aydes, octrois, creuës, taillon, ustanciles, réparations et autres impositions et subsides, escheus et imposez durant les troubles advenus devant et jusques à nostre advénement à la couronne, soit par les édicts et mandemens des feuz rois nos prédécesseurs, ou par l'advis et délibération des gouverneurs et estats de provinces, cours de parlemens et autres, dont nous les avons deschargez et deschargeons, en défendant aux trésoriers de France, généraux de nos finances, receveurs généraux et par-

ticuliers, leurs commis, entremetteurs et autres intendans et commissaires de nosdites finances, les en rechercher, molester, ny inquiéter directement ou indirectement en quelque sorte que ce soit.

(76) Demeureront tous chefs, seigneurs, chevaliers, gentilshommes, officiers, corps de villes et communautez, et tous les autres qui les ont aydez et secourus, leurs veufves, hoirs et successeurs quittes et deschargez de tous deniers, qui ont esté par eux et leurs ordonnances prins et levez, tant des deniers royaux, à quelque somme qu'ils se puissent monter, que des villes et communautez et particuliers, des rentes, revenus, argenterie, ventes de biens meubles ecclésiastiques, et autres bois de haute fustaye, soit du domaine ou autres, amendes, butins, rançons, ou autre nature de deniers par eux pris à l'occasion des troubles commencez au mois de mars, 1585 et autres troubles précédens, jusques à nostre advénement à la couronne, sans qu'ils, ne ceux qui auront esté commis à la levée desdits deniers, ou qui les ont baillez ou fournis par leurs ordonnances, en puissent être aucunement recherchez à présent ni pour l'advenir ; et demeureront quittes, tant eux que leurs commis, de tout le maniement et administration desdits deniers, en rapportant pour toute descharge, dedans quatre mois après la publication du présent édict, faite en nostre cour de parlement de Paris, acquits deuëment expédiez des chefs de ceux de ladite religion, ou de ceux qui auroient esté par eux commis à l'audition et clôture des comptes, ou des communautez des villes qui ont eu commandement et charge durant lesdits troubles. Demeureront pareillement quittes et deschargez de tous actes d'hostilité, levée et conduite de gens de guerre, fabrication et évaluation de monnoye, faite selon l'ordonnance desdits chefs, fonte et prinse d'artillerie et munitions, confection de poudres et salpêtres, prises, fortifications, démantellemens et démolitions de villes, chasteaux, bourgs et bourgades, entreprinse sur icelles, bruslemens et desmolitions d'églises et maisons, establissement de justice, et jugemens et exécutions d'iceux, soit en matière civile ou criminelle, police et réglement fait entre eux, voyages et intelligence, négociations, traitez et contracts faits avec tous princes et communautez estrangères, et introduction desdits estrangers ès villes et autres endroits de nostre royaume, et généralement de tout ce qui a esté fait, géré et négocié durant lesdits troubles, depuis la mort du feu roy

Henry II, nostre très honoré seigneur et beau-père, par ceux de ladite religion et autres qui ont suivi leur party, encores qu'il deust estre particulièrement exprimé et spécifié.

(77) Demeureront aussi deschargez ceux de ladite religion, de toutes assemblées générales et provinciales, par eux faites et tenues, tant à Mante que depuis ailleurs, jusqu'à présent, ensemble des conseils par eux establis et ordonnez par les provinces, délibérations, ordonnances et réglemens faits ausdictes assemblées et conseils, établissement et augmentation de garnison, assemblées de gens de guerre, levée et prinse de nos deniers, soit entre les mains des receveurs généraux ou particuliers, collecteurs des paroisses, ou autrement, en quelque façon que ce soit, arrests de sel, continuation ou érection nouvelle de traites et péages et receptes d'iceux, mesmes à Royan, et sur les rivières de Charante, Garonne, le Rosne et Dordogne, armemens et combats par mer, et tous accidens et excez advenus pour faire payer lesdictes traites, péages et autres deniers, fortifications de villes, chasteaux et places, impositions de deniers et corvées, receptes d'iceux deniers, destitution de nos receveurs et fermiors et autres officiers, establissement d'autres en leurs places, et de toutes unions, dépesches et négociations faites, tant en dedans qu'en dehors du royaume; et généralement de tout ce qui a esté fait, délibéré escrit et ordonné par lesdites assemblées et conseil, sans que ceux qui ont donné leur advis, signé, exécuté, fait signer et exécuter lesdites ordonnances, réglemens et délibérations, en puissent estre recherchez, ny leurs vefves, héritiers et successeurs, ores ny à l'advenir, encores que les particularitez n'en soient icy amplement déclarées. Et sur le tout sera imposé silence perpétuel à nos procureurs généraux, leurs substituts et tous ceux qui pourroient y prétendre intérest, en quelque façon et manière que ce soit, nonobstant tous arrests, sentences, jugemens, informations et procédures faites au contraire.

(78) Approuvons en outre, validons et authorisons les comptes qui ont esté ouys, clos et examinez par les députez de ladite assemblée. Voulons qu'iceux, ensemble les acquits et pièces qui ont esté renduës par les comptables, soyent portés en nostre chambre des comptes de Paris, trois mois après la publication du présent édict, et mis ès mains de nostre procureur général, pour estre délivrez au garde des livres et registres de nostre chambre, pour y avoir recours toutes fois et quantes que besoin

sera, sans que lesdits comptes puissent estre reveus, ny les comptables tenus en aucune comparaison, ne correction, sinon en cas d'obmission de récepte ou faux acquits : imposant silence à nostredit procureur général, pour le surplus que l'on voudroit dire estre défectueux, et les formalitez n'avoir esté bien gardées : défendans aux gens de nos comptes, tant de Paris, que des autres provinces où elles sont establies, d'en prendre aucune cognoissance, en quelque sorte ou manière que ce soit.

(79) Et pour le regard des comptes qui n'auront encore esté rendus, voulons iceux estre ouys, clos et examinez par les commissaires qui à ce seront par nous députez, lesquels sans difficulté passeront et alloueront toutes les parties payées par lesdits comptables, en vertu des ordonnances de ladicte assemblée, ou autres ayans pouvoir.

(80) Demeureront tous collecteurs, receveurs, fermiers, et tous autres, bien et deuëment deschargez de toutes les sommes de deniers qu'ils ont payées ausdits commis de ladite assemblée, de quelque nature qu'ils soient, jusqu'au dernier jour de ce mois. Voulons le tout estre passé et alloué aux comptes, qui s'en rendront en nos chambres des comptes, purement et simplement, en vertu des quittances qui seront rapportées, et si aucunes estoient cy-après expédiées ou délivrées, elles demeureront nulles, et ceux qui les accepteront ou délivreront, seront condamnez à l'amende de faux employ. Et où y auroit quelques comptes jà rendus, sur lesquels seroient intervenuës aucunes radiations ou charges, pour ce regard avons icelles ostées et levées, restably et restablissons lesdites parties entièrement, en vertu de ces présentes, sans qu'il soit besoin pour tout ce que dessus de lettres particulières, ny autres choses, que l'extraict du présent article.

(81) Les gouverneurs, capitaines, consuls, et personnes commises au recouvrement des deniers, pour payer les garnisons des places tenuës par ceux de ladite religion, ausquels nos receveurs et collecteurs des paroisses auroient fourny par prest, sur leurs cédules et obligations, soit par contrainte, ou pour obéyr aux commandemens qui leur ont esté faits par les trésoriers généraux, les deniers nécessaires pour l'entretenement desdites garnisons, jusques à la concurrence de ce qui estoit porté par l'estat, que nous avons fait expédier au commencement de l'an 1596, et augmentation depuis par nous accordée, seront tenus quittes et deschargez de ce qui a esté payé pour l'effect susdit,

encore que par lesdites cédules et obligations, n'en soit faite expresse mention, lesquelles leur seront rendues comme nulles. Et pour y satisfaire, les trésoriers généraux, en chacune généralité, feront fournir par les receveurs particuliers de nos tailles, leurs quittances ausdits collecteurs, et par les receveurs généraux, leurs quittances aux receveurs particuliers : pour la descharge desquels receveurs généraux, seront les sommes, dont ils auront tenu compte, ainsi que dit est, dossées sur les mandemens levez par le trésorier de l'espargue, sous les noms des trésoriers généraux de l'extraordinaire de nos guerres, pour le payement desdites garnisons. Et où lesdits mandemens ne monteront autant que porte nostredit estat de l'année 1596 et augmentation, ordonnons que pour y suppléer, seront expédiez nouveaux mandemens de ce qui s'en défaudrait pour la descharge de nos comptables, et restitution desdites promesses et obligations, en sorte qu'il n'en soit rien demandé à l'avenir, à ceux qui les auront faites, et que toutes lettres de validations qui seront nécessaires pour la descharge des comptables, seront expédiées en vertu du présent article.

(82) Aussi ceux de ladite religion se départiront et désisteront dès à présent de toutes pratiques, négotiations et intelligences, tant dedans que dehors nostre royaume, et lesdites assemblées et conseils establis dans les provinces se sépareront promptement, et seront toutes ligues et associations faites ou à faire, sous quelques prétextes que ce soit, au préjudice de nostre présent édict, cassées et annullées, comme nous les cassons et annullons, défendant très expressément à tous nos sujets, de faire d'oresnavant aucunes cottisations et levées de deniers, sans nostre permission, fortifications, enroollemens d'hommes, congrégations et assemblées, autres que celles qui leur sont permises par nostre présent édict, et sans armes : ce que nous leur prohibons et défendons sur peine d'estre punis rigoureusement, et comme contempteurs et infracteurs de nos mandemens et ordonnances.

(83) Toutes prinses qui ont esté faites par mer durant les troubles, en vertu des congez et adveus donnez, et celles qui ont esté faites par terre, sur ceux de contraire party, et qui ont esté jugées par les juges et commissaires de l'amirauté, ou par les chefs de ceux de ladite religion ou leur conseil, demeureront assoupies soubs le bénéfice de nostre présent édict, sans qu'il en puisse estre faicte aucune poursuitte, ny les capitaines et autres qui ont fait lesdites prinses, leurs cautions, et lesdits juges, offi-

ciers, leurs vefves et héritiers, recherchez ny molestez en quelque sorte que ce soit, nonobstant tous arrests de nostre conseil privé, et des parlemens, et toutes lettres de marques et saisies pendantes, et non jugées, dont nous voulons leur estre faite pleine et entière main-levée.

(84) Ne pourront semblablement estre recherchez ceux de ladite religion des oppositions et empeschemens qu'ils ont donnez par cy-devant, mesmes depuis les troubles, à l'exécution des arrests et jugemens donnez pour le restablissement de la religion catholique apostolique romaine, en divers lieux du royaume.

(85) Et quant à ce qui a esté fait ou prins durant les troubles hors la voye d'hostilité, ou par hostilité, contre les réglemens publics ou particuliers des chefs, ou des communautez des provinces, qui avoient commandement, en pourra estre faite poursuitte par la voye de justice.

(86) D'autant néantmoins, que si ce qui a esté fait contre les réglemens d'une part et d'autre, est indifféremment excepté et réservé de la générale abolition, portée par nostre présent édict, et est sujet à estre recherché, il n'y a homme de guerre, qui ne puisse estre mis en peine, dont pourroit advenir renouvellement de troubles. A ceste cause, nous voulons et ordonnons, que seulement les cas exécrables demeureront exceptez de ladite abolition : comme ravissemens et forcemens de femmes et filles, bruslemens, meurtres, et voleries faites par prodition, et de guet à pens, hors les voyes d'hostilité, et pour exercer vengeances particulières, contre le debvoir de la guerre, infractions de passeports et sauvegardes, avec meurtres et pillages, sans commandement pour le regard de ceux de ladite religion, et autres qui ont suivy le party des chefs, qui ont eu authorité sur eux, fondée sur particulières occasions, qui les ont meus à le commander et ordonner.

(87) Ordonnons aussi que punition sera faite des crimes et délits commis entre personnes de mesme party, si ce n'est en actes commandez par les chefs d'une part et d'autre, selon la nécessité, loy et ordre de la guerre. Et quant aux levées et exactions de deniers, ports d'armes et autres exploicts de guerre faits d'authorité privée, et sans adveu, en sera faite poursuitte par voye de justice.

(88) Es villes desmantelées pendant les troubles, pourront les ruynes et desmantelemens d'icelles estre par nostre permission rédifiées et réparées par les habitans, à leurs frais et despens,

et les provisions octroyées ci-devant pour ce regard, tiendront et auront lieu.

(89) Ordonnons, voulons, et nous plaist, que tous les seigneurs, chevaliers, gentils-hommes et autres, de quelque qualité et condition qu'ils soient, de ladite religion prétenduë réformée, et autres qui ont suivy leur party, rentrent et soient effectuellement conservez en la jouyssance de tous et chacuns leurs biens, droicts, noms, raisons, et actions, nonobstant les jugemens ensuivis, durant lesdits troubles, et à raison d'iceux, lesquels arrests, saisies, jugemens, et tout ce qui s'en seroit ensuivy, nous avons à ceste fin déclaré et déclarons nuls, et de nul effect et valeur.

(90) Les acquisitions que ceux de ladite religion prétenduë réformée, et autres qui ont suivy leur party, auront faits par authorité d'autres que des feuz roys nos prédécesseurs, pour les immeubles appartenans à l'église, n'auront aucun lieu ny effect, ains ordonnons, voulons, et nous plaist, que lesdicts ecclésiastiques rentrent incontinent et sans délay, et soient conservez en la possession et jouyssance réelle et actuelle desdicts biens ainsi aliénés, sans estre tenus de rendre le prix desdictes ventes, et ce nonobstant lesdits contracts de vendition, lesquels à cest effect nous avons cassez et révoquez comme nuls, sans toutesfois que lesdits achepteurs puissent avoir aucun recours contre les chefs, par l'authorité desquelles lesdits biens auront esté vendus. Et néantmoins pour le remboursement des deniers par eux véritablement et sans fraude desboursez, seront expédiées nos lettres patentes de permission à ceux de ladicte religion, d'imposer et esgaler sur eux les sommes, à quoy se monteront lesdites ventes : sans qu'iceux acquéreurs puissent prendre aucune action pour leurs dommages et intérests à faute de jouyssance, ains se contenteront du remboursement des deniers par eux fournis pour le prix desdites acquisitions : précomptant sur iceluy prix les fruicts par eux perceus, en cas que ladite vente se trouvast faite à trop vil et injuste prix.

(91) Et à fin que tant nos justiciers, officiers, qu'autres nos sujets soient clairement et avec toute certitude advertis de nos vouloir et intention, et pour oster toutes ambiguitez et doutes qui pourroient estre faits au moyen des précédents édicts pour la diversité d'iceux, nous avons déclaré et déclarons tous autres précédents édicts, articles secrets, lettres, déclarations, modifications, restrictions, interprétations, arrests et registres, tant secrets qu'autres délibérations cy-devant par nous, ou les

roys nos prédécesseurs faites en nos cours de parlemens, et ailleurs, concernans le fait de ladite religion, et des troubles advenus en nostredit royaume, estre de nul effect et valeur : ausquels, et aux dérogatoires y contenuës, nous avons par cestuy nostre édict dérogé et dérogeons, et dès à présent comme pour lors les cassons, révoquons et annulons. Déclarans par exprez que nous voulons que cestui nostre édict soit ferme et inviolable, gardé et observé tant par nosdits justiciers, officiers que autres subjets, sans s'arrester ny avoir aucun esgard à tout ce qui pourroit estre contraire ou dérogeant à iceluy.

(92) Et pour plus grande assurance de l'entretenement et observation que nous désirons d'icelui, nous voulons, ordonnons, et nous plaît, que tous les gouverneurs et lieutenans généraux de nos provinces, baillifs, sénéchaux, et autres juges ordinaires des villes de nôtredit royaume, incontinent après la réception d'icelui édit, jurent de le faire garder et observer chacun en leur détroit : comme aussi les maires, échevins, capitouls, consuls, et jurats des villes, annuels et perpétuels. Enjoignons aussi à nosdits baillifs, sénéchaux, ou leurs lieutenans, et autres juges, faire jurer aux principaux habitans desdites villes, tant d'une que d'autre religion, l'entretenement du présent édit, incontinent après la publication d'icelui. Mettans tous ceux desdites villes en nôtre protection et sauvegarde, et les uns à la garde des autres, les chargeans respectivement et par actes publics de répondre civilement des contraventions qui seront faites à nôtredit édit dans lesdites villes, par les habitans d'icelles, ou bien représenter et mettre ès mains de justice lesdits contrevenans.

Mandons à nos amez et féaux les gens tenans nos cours de parlemens, chambres des comptes, et cours des aides, qu'incontinent après le présent édit reçu, ils ayent, toutes choses cessantes, et sur peine de nullité des actes qu'ils feroient autrement, à faire pareil serment que dessus, et icelui nôtre édit faire publier et enregistrer en nosdites cours selon la forme et teneur d'icelui, purement et simplement, sans user d'aucunes modifications, restrictions, déclarations, ou registres secrets, ni attendre autre jussion, ni mandement de nous; et à nos procureurs généraux, en requérir et poursuivre incontinent et sans délai ladite publication.

Si donnons, etc.

N° 125. — Declaration *pour l'enregistrement des articles secrets de l'édit de Nantes* (1).

Nantes, dernier avril 1598. (Corbin, Code Louis, p. 97. Recueil des traités, II, 612.)

Henry, etc. Nous avons, au mois d'avril dernier, fait expédier nos lettres d'édit pour l'établissement ou bon ordre et repos entre nos sujets catholiques et ceux de ladite religion prétendue réformée ; et outre ce, nous avons accordé auxdits de la religion certains articles secrets et particuliers, que nous voulons avoir pareille force et vertu et être observez et accomplis ainsi que notre édit. A ces causes, nous voulons, vous mandons, et très expressément commandons par ces présentes que lesdits articles, signez de notre main, cy attachez sous le contre-scel de notre chancellerie, vous fassiez registrer ès registres de notredite cour, et le contenu en iceux garder, entretenir et observer de point en point, tout de même que celui de notre édit ; cessans et faisans cesser tous troubles et empêchemens au contraire, car tel est notre bon plaisir.

Articles secrets de l'édit de Nantes.

(1) L'art. 6 dudit édit touchant la liberté de conscience, et permission à tous les sujets de sa majesté de vivre et demeurer en ce royaume, et pais de son obéissance, aura lieu et sera observé selon sa forme et teneur : mêmes pour les ministres, pédagogues, et tous autres qui sont ou seront de ladite religion, soient regnicoles, ou autres, en se comportant au reste selon qu'il est porté par ledit édit.

(2) Ne pourront être ceux de ladite religion contraints de contribuer aux réparations et constructions des églises, chapelles et presbytères, ni à l'achat des ornemens sacerdotaux, luminaires, fontes de cloches, pain béni, droits de confrairies, loüages de maisons pour la demeure des prêtres et religieux, et autres choses semblables, sinon qu'ils y fussent obligez par fondations, dotations, ou autres dispositions faites par eux, ou leurs auteurs et prédécesseurs.

(3) Ne seront aussi contraints de tendre et parer le devant de leurs maisons aux jours de fêtes ordonnez pour ce faire : mais seulement souffrir qu'il soit tendu et paré par l'autorité des offi-

---

(1) On ne trouve pas l'enregistrement dans les parlemens.

ciers des lieux, sans que ceux de ladite religion contribuent aucune chose pour ce regard.

(4) Ne seront pareillement tenus ceux de ladite religion de recevoir exhortation, lorsqu'ils seront malades ou proches de la mort, soit par condamnation de justice ou autrement, d'autres que de la même religion; et pourront être visitez et consolez de leurs ministres, sans y être troublez : et quant à ceux qui seront condamnez par justice, lesdits ministres les pourront pareillement visiter et consoler, sans faire prières en public, sinon ès lieux où ledit exercice public leur est permis par ledit édit.

(5) Sera loisible à ceux de ladite religion, de faire l'exercice public d'icelle à Pimpoul, et pour Dieppe, au faux-bourg du Paulet; et seront lesdits lieux de Pimpoul et du Paulet ordonnez pour lieux de bailliages. Quant à Sancerre, sera ledit exercice continué, comme il est à présent, sauf à l'établir dans ladite ville, faisant apparoir par les habitans du consentement du seigneur du lieu, à quoy leur sera pourvu par les commissaires que sa majesté députera pour l'exécution de l'édit. Sera aussi ledit exercice libre et public rétabli dans la ville de Montagnac en Languedoc.

(6) Sur l'article faisant mention des bailliages, a été déclaré et accordé ce qui s'ensuit. Premièrement, pour l'établissement de l'exercice de ladite religion ès deux lieux accordez en chacun bailliage, sénéchaussée et gouvernement, ceux de ladite religion nommeront, deux villes, ès fauxbourgs desquelles ledit exercice sera établi par les commissaires que sa majesté députera pour l'exécution de l'édit. Et où il ne seroit jugé à propos par eux, nommeront ceux de ladite religion deux ou trois bourgs, ou villages proches desdites villes, et pour chacunes d'icelles, dont lesdits commissaires en choisiront l'un. Et si par hostilité, contagion ou autre légitime empêchement, il ne peut être continué esdits lieux, leur en seront baillez d'autres pour le temps que durera ledit empêchement. Secondement, qu'au gouvernement de Picardie, ne sera pourvu que de deux villes, aux fauxbourgs desquelles ceux de ladite religion pourront avoir l'exercice d'icelle pour tous les bailliages, sénéchaussées et gouvernemens qui en dépendent : et où il ne seroit jugé à propos de l'établir esdites villes, leur seront baillez deux bourgs ou villages commodes. Tiercement, pour la grande étendue de la sénéchaussée de Provence, et bailliage de Viennois, sa majesté accorde en chacun desdits bailliages et sénéchaussées un troisième lieu, dont le choix et nomination se fera comme dessus, pour y établir

l'exercice de ladite religion, outre les autres lieux où il est déjà établi.

(7) Ce qui est accordé par ledit article pour l'exercice de ladite religion ès bailliages, aura lieu pour les terres qui appartenoient à la feuë reine belle-mère de S. M., et pour le bailliage de Beaujolois.

(8) Outre les deux lieux accordez pour l'exercice de ladite religion, par les articles particuliers de l'an 1577, ès isles de Marennes et d'Oleron, leur en seront donnez deux autres, à la commodité desdits habitans : savoir, un pour toutes les isles de Marennes, et un autre pour l'isle d'Oleron.

(9) Les provisions octroyées par sa majesté, pour l'exercice de ladite religion en la ville de Metz, sortiront leur plein et entier effet.

(10) S. M. veut et entend, que l'art. 27 de son édit touchant l'admission de ceux de ladite religion prétenduë réformée aux offices et dignitez, soit observé et entretenu selon sa forme et teneur, nonobstant les édits et accords cy-devant faits pour la réduction d'aucuns princes, seigneurs, gentils-hommes et villes catholiques en son obéïssance, lesquels n'auront lieu au préjudice de ceux de ladite religion, qu'en ce qui regarde l'exercice d'icelle. Et sera ledit exercice réglé, selon et ainsi qu'il est porté par les articles qui s'ensuivent, suivant lesquels seront dressées les instructions des commissaires que sa majesté députera pour l'exécution de son édit, selon qu'il est porté par iceluy.

(11) Suivant l'édit fait par sa majesté pour la réduction du sieur duc de Guise, l'exercice de ladite religion prétenduë réformée ne pourra être fait ni établi dans les villes et faux-bourgs de Rheims, Rocroy, Saint-Disier, Guise, Joinville, Fimes, et Moncornet ès Ardennes.

(12) Ne pourra aussi être fait ès autres lieux, ès environs desdites villes, et places défendues par l'édit de l'an 1577.

(13) Et pour ôter toute ambiguité qui pourroit naître sur le mot ès environs, déclare S. M. avoir entendu parler des lieux qui sont dans la banlieuë desdites villes, esquels lieux l'exercice de ladite religion ne pourra être établi, sinon qu'il y fût permis par l'édit de 1577.

(14) Et d'autant que par iceluy ledit exercice étoit permis généralement ès fiefs possédez par ceux de ladite religion, sans que ladite banlieuë en fût exceptée : déclare sadite majesté, que la même permission aura lieu, mêmes ès fiefs qui seront dedans

icelle tenus par ceux de ladite religion, ainsi qu'il est porté par son édit donné à Nantes.

(15) Suivant aussi l'édit fait pour la réduction du sieur maréchal de la Châtre, en chacun des bailliages d'Orléans et Bourges, ne sera donné qu'un lieu de bailliage pour l'exercice de ladite religion, lequel néanmoins pourra être continué ès lieux où il leur est permis de le continuer par ledit édit de Nantes.

(16) La concession de prêcher ès fiefs, aura pareillement lieu dans lesdits bailliages, en la forme portée par ledit édit de Nantes.

(17) Sera pareillement observé l'édit fait pour la réduction du sieur maréchal de Bois-Dauphin; et ne pourra ledit exercice être fait ès villes, faux-bourgs et places amenées par luy au service de sa majesté; et quant aux environs ou banlieuë d'icelles, y sera l'édit de 77 observé, mêmes ès maisons de fiefs, ainsi qu'il est porté par l'édit de Nantes.

(18) Ne se fera aucun exercice de ladite religion ès villes, fauxbourgs et château de Morlais, suivant l'édit fait sur la réduction de ladite ville, et sera l'édit de 77 observé au ressort d'icelle, mêmes pour les fiefs, selon l'édit de Nantes.

(19) En conséquence de l'édit pour la réduction de Quinpercorantin, ne sera fait aucun exercice de ladite religion en tout l'évêché de Cornouaille.

(20) Suivant aussi l'édit fait pour la réduction de Beauvais, l'exercice de ladite religion ne pourra être fait en ladite ville de Beauvais, ni trois lieuës à la ronde. Pourra néanmoins être fait et établi au surplus de l'étenduë du bailliage, aux lieux permis par l'édit de 77, mêmes ès maisons des fiefs, ainsi qu'il est porté par ledit édit de Nantes.

(21) Et d'autant que l'édit fait pour la réduction du feu sieur amiral de Villars n'est que provisionnel, et jusqu'à ce que par le roy en eût autrement été ordonné, S. M. veut et entend, que nonobstant iceluy son édit de Nantes ait lieu pour les villes et ressorts amenez à son obéissance par ledit sieur amiral, comme pour les autres lieux de son royaume.

(22) En suite de l'édit pour la réduction du sieur duc de Joyeuse, l'exercice de ladite religion ne pourra être fait en la ville de Thoulouse, faux-bourgs d'icelle, et quatre lieuës à la ronde, ni plus près que sont les villes de Villemur, Carmain et l'isle en Jourdan.

(23) Ne pourra aussi être remis ès villes d'Alet, Fiac, Auriac,

et Montesquiou, à la charge toutefois, que si ausdites villes aucuns de ladite religion faisoient instance d'avoir un lieu pour l'exercice d'icelle, leur sera par les commissaires que sa majesté députera pour l'exécution de son édit, ou par les officiers des lieux, assigné pour chacune desdites villes lieu commode et de sûr accès, qui ne sera éloigné desdites villes de plus d'une lieuë.

(24) Pourra ledit exercice être établi, selon et ainsi qu'il est porté par ledit édit de Nantes, au ressort de la cour de parlement de Thoulouse, excepté, toutefois ès bailliages, sénéchaussées et leurs ressorts dont le siége principal a été ramené à l'obéissance du roy par ledit sieur duc de Joyeuse, auquel l'édit de 77 aura lieu : entend toutefois sadite majesté, que ledit exercice puisse être continué ès endroits desdits bailliages et sénéchaussées, où il étoit du temps de ladite réduction, et que la concession d'iceluy ès maisons des fiefs, ait lieu dans iceux bailliages et sénéchaussées, selon qu'il est porté par ledit édit.

(25) L'édit fait pour la réduction de la ville de Dijon sera observé, et suivant iceluy n'y aura autre exercice de religion, que de la catholique, apostolique et romaine en ladite ville et fauxbourgs d'icelle, ny quatre lieuës à la ronde.

(26) Sera pareillement observé l'édit fait pour la réduction du sieur duc de Mayenne, suivant lequel ne pourra l'exercice de ladite religion prétenduë réformée, être fait ès villes de Châlons, et deux lieuës ès environs de Soissons, durant le tems de six ans à commencer au mois de janvier, an 1596, passé lequel temps y sera l'édit de Nantes observé, comme aux autres endroits de ce royaume.

(27) Sera permis à ceux de ladite religion de quelque qualité qu'ils soient d'habiter, aller et venir librement en la ville de Lyon, et autres villes et places du gouvernement de lyonnois, nonobstant toutes défenses faites au contraire par les syndics et échevins de ladite ville de Lyon, et confirmées par S. M.

(28) Ne sera ordonné qu'un lieu de bailliage pour l'exercice de ladite religion en toute la sénéchaussée de Poitiers, outre ceux où il est à présent établi, et quant aux fiefs sera suivi l'édit de Nantes. Sera aussi ledit exercice continué dans la ville de Chauvigny : et ne pourra ledit exercice être rétabli dans les villes d'Agen, et Périgueux, encores que par l'édit de 77, il y pût être.

(29) N'y aura que deux lieux de bailliage pour l'exercice de ladite religion en tout le gouvernement de Picardie, comme il a été dit cy-dessus, et ne pourront lesdits deux lieux être donnez

dans les ressorts des bailliages et gouvernemens reservez par les édits faits sur la réduction d'Amiens, Péronne, et Abbeville. Pourra toutefois ledit exercice être fait ès maisons de fiefs, par tout le gouvernement de Picardie, selon et ainsi qu'il est porté par ledit édit de Nantes.

(30) Ne sera fait aucun exercice de ladite religion en la ville et faux-bourgs de Sens, et ne sera ordonné qu'un lieu de bailliage pour ledit exercice en tout le ressort du bailliage, sans préjudice toutefois de la permission accordée pour les maisons de fiefs, laquelle aura lieu selon l'édit de Nantes.

(31) Ne pourra semblablement être fait ledit exercice en la ville et fauxbourg de Nantes, et ne sera ordonné aucun lieu de bailliage pour ledit exercice à trois lieuës à la ronde de ladite ville : pourra toutefois être fait ès maisons de fiefs, suivant iceluy édit de Nantes.

(32) Veut et entend sadite majesté, que sondit édit de Nantes soit observé dès à présent, en ce qui concerne l'exercice de ladite religion, ès lieux où par les édits et accords faits pour la réduction d'aucuns princes, seigneurs, gentilshommes et villes catholiques, il étoit inhibé par provision tant seulement, et jusques à ce qu'autrement fût ordonné. Et quant à ceux où ladite prohibition est limitée à certain temps, passé ledit temps, elle n'aura plus de lieu.

(33) Sera baillé à ceux de ladite religion un lieu pour la ville, prévôté et vicomté de Paris, à cinq lieuës pour le plus de ladite ville, auquel ils pourront faire l'exercice public d'icelle.

(34) En tous les lieux où l'exercice de ladite religion se fera publiquement, on pourra assembler le peuple, même à son de cloches, et faire tous actes et fonctions appartenans tant à l'exercice de ladite religion, qu'au réglement de la discipline, comme tenir consistoires, colloques, et synodes provinciaux et nationaux par la permission de S. M.

(35) Les ministres, anciens et diacres de ladite religion, ne pourront être contraints de répondre en justice en qualité de témoins, pour les choses qui auront été révélées en leurs consistoires, lorsqu'il s'agit de censures, sinon que ce fût pour chose concernant la personne du roy, ou la conservation de son état.

(36) Sera loisible à ceux de ladite religion qui demeurent ès champs, d'aller à l'exercice d'icelle ès villes et faux-bourgs, et autres lieux où il sera publiquement établi.

(37) Ne pourront ceux de ladite religion tenir écoles publiques

sinon ès villes et lieux où l'exercice public d'icelle leur est permis : et les provisions qui leur ont été cy-devant accordées pour l'érection et entretenement des colléges, seront vérifiées où besoin sera, et sortiront leur plein et entier effet.

(38) Sera loisible aux pères faisans profession de ladite religion, de pourvoir à leurs enfans de tels éducateurs que bon leur semblera, et en substituer un ou plusieurs par testament, codicile ou autre déclaration passée par devant notaires, ou écrite et signée de leurs mains, demeurant les lois reçues en ce royaume, ordonnances et coutumes des lieux en leur force et vertu, pour les dations et provisions des tuteurs et curateurs.

(39) Pour le regard des mariages des prêtres, et personnes religieuses qui ont été cy-devant contractez, sadite majesté ne veut ni entend pour plusieurs bonnes considérations, qu'ils en soient recherchez ni molestez : sera sur ce imposé silence à ses procureurs généraux, et autres officiers d'icelle. Déclare néanmoins sadite majesté qu'elle entend que les enfans issus desdits mariages pourront succéder seulement ès meubles, acquêts et conquêts immeubles de leurs pères et mères, et au défaut desdits enfans, les parens plus proches et habiles à succéder : et les testamens, donations, et autres dispositions faites ou à faire par personnes de ladite qualité, desdits biens meubles, acquêts, et conquêts immeubles, sont déclarées bonnes et valables. Ne veut toutefois sadite majesté que lesdits religieux et religieuses profès, puissent venir à aucune succession directe ni collatérale, ains seulement pourront prendre les biens qui leur ont été ou seront laissez par testament, donations, ou autres dispositions, excepté toutefois ceux desdites successions directes et collatérales, et quant à ceux qui auront fait profession avant l'âge porté par les ordonnances d'Orléans et Blois, sera suivie et observée en ce qui regarde lesdites successions, la teneur desdites ordonnances, chacune pour le temps qu'elles ont eu lieu.

(40) Sadite majesté ne veut aussi que ceux de ladite religion, qui auront cy-devant contracté ou contracteront cy-après mariages au tiers et quart degré, en puissent être molestez, ni la validité desdits mariages révoquée en doute; pareillement la succession ôtée ni querellée aux enfans, nez ou à naître d'iceux : et quant aux mariages qui pourroient être jà contractez en second degré, ou du second au tiers entre ceux de ladite religion, se retirans devers sadite majesté, ceux qui seront de ladite qualité, et auront contracté mariage en tel degré, leur seront baillées

telles provisions qui leur seront nécessaires, afin qu'ils n'en soient recherchez ni molestez, ni la succession querellée ni débattuë à leurs enfans.

(41) Pour juger de la validité des mariages faits et contractez par ceux de ladite religion, et décider s'ils sont licites, si celuy de ladite religion est défendeur, en ce cas le juge royal connoîtra du fait dudit mariage, et où il seroit demandeur et le défendeur catholique, la connoissance en appartiendra à l'official et juge ecclésiastique; et si les deux parties sont de ladite religion, la connoissance appartiendra aux juges royaux : voulant sadite majesté que pour le regard desdits mariages, et différends qui surviendront pour iceux, les juges ecclésiastiques et royaux, ensemble les chambres établies par son édit, en connoissent respectivement.

(42) Les donations et légats faits et à faire, soit par disposition de dernière volonté à cause de mort, ou entre vifs pour l'entretenement des ministres, docteurs, écoliers et pauvres de ladite religion prétendue réformée et autres causes pies, seront valables et sortiront leur plein et entier effet, nonobstant tous jugemens, arrêts et autres choses à ce contraires, sans préjudice toutefois des droits de S. M. et l'autruy, en cas que lesdits légats et donations tombent en main morte; et pourront toutes actions et poursuites nécessaires pour la jouissance desdits légats, causes pies et autres droits, tant en jugement que dehors, être faites par procureur sous le nom du corps et communauté de ceux de ladite religion qui aura intérêt; et s'il se trouve qu'il ait été cy-devant disposé desdites donations et légats autrement qu'il n'est porté par ledit article, ne s'en pourra prendre aucune restitution que ce qui se trouvera en nature.

(43) Permet sadite majesté à ceux de ladite religion eux assembler par-devant le juge royal, et par son autorité égaler et lever sur eux telle somme de deniers qu'il sera arbitré être nécessaire pour être employez pour les frais de leurs synodes et entretenement de ceux qui ont charge pour l'exercice de leurdite religion, dont on baillera l'état audit juge royal pour iceluy garder, la copie duquel état sera envoyée par ledit juge royal de six mois en six mois à sadite majesté ou à son chancelier, et seront les taxes et impositions desdits deniers exécutoires, nonobstant oppositions ou apellations quelconques.

(44) Les ministres de ladite religion seront exempts des gardes et rondes, et logis de gens de guerre et autres assiettes et cueil-

lettes de tailles, ensemble des tutelles, curatelles et commissions pour la garde des biens saisis par autorité de justice.

(45) Pour les enterremens de ceux de ladite religion faits par cy-devant aux cimetières desdits catholiques, en quelque lieu ou ville que ce soit, n'entend sadite majesté qu'il en soit fait aucune recherche, innovation ou poursuite, et sera enjoint à ses officiers d'y tenir la main. Pour le regard de la ville de Paris, outre les deux cimetières que ceux deladite religion y ont présentement, à savoir celuy de la Trinité et celui de saint Germain, leur sera baillé un troisième lieu commode pour lesdites sépultures aux fauxbourgs Saint-Honoré ou Saint-Denis.

(46) Les présidens et conseillers catholiques qui serviront en la chambre ordonnée au parlement de Paris seront choisis par S. M. sur le tableau des officiers au parlement.

(47) Les conseillers de ladite religion prétendue réformée, qui serviront en ladite chambre, assisteront, si bon leur semble, ès procès qui se vuideront par commissaires, et y auront voix délibérative sans qu'ils aient part aux deniers consignés, sinon lorsque par l'ordre et prérogative de leur réception ils y devront assister.

(48) Le plus ancien président des chambres mi parties présidera en l'audience, et en son absence le second, et se fera la distribution des procès par les deux présidens conjointement, ou alternativement, par mois ou par semaine.

(49) Avenant vacation des offices dont ceux de ladite religion sont ou seront pourvus auxdites chambres de l'édit, y sera pourvu de personnes capables, qui auront attestation du synode ou colloque dont ils seront, qu'ils sont de ladite religion et gens de bien.

(50) L'abolition accordée pour ceux de ladite religion prétendue réformée par le 74e article dudit édit aura lieu pour la prise de tous deniers royaux, soit par rupture de coffres ou autrement, même pour ceux qui se levaient sur la rivière de Charante, ores qu'ils eussent été affectez et assignez à des particuliers.

(51) L'art. 49 des articles secrets, fait en l'année 1577, touchant la ville et archevêché d'Avignon et comté de Venise, ensemble le traité fait à Nîmes, seront observez selon leur forme et teneur, et ne seront aucunes lettres de marque, en vertu desdits articles et traitez, données que par lettres patentes du Roy, scellées de son grand seau. Pourront néanmoins ceux qui les voudront obtenir se pourvoir, en vertu du présent article et sans autre

commission, pardevant les juges royaux, lesquels informeront des contraventions, déni de justice et iniquité des jugemens proposés par ceux qui désireront obtenir lesdites lettres, et les enverront avec leur avis clos et scellé à S. M., pour en être ordonné comme elle verra être à faire par raison.

(52) S. M. accorde et veut que maître Nicolas Grimoult soit rétabli et maintenu au titre et possession des offices de lieutenant général civil ancien, et de lieutenant général criminel au bailliage d'Alençon, nonobstant la résignation par lui faite à maître Jean Marguerit, réception d'iceluy, et la provision obtenue par maître Guillaume Bernard de l'office de lieutenant général, civil et criminel au siége d'Exmes; et les arrêts donnez contre ledit Marguerit résignataire, durant les troubles au Conseil privé, ès années 1586, 1587 et 1588, par lesquels maître Nicolas Barbier est maintenu ès droits et prérogatives de lieutenant général ancien audit bailliage, et ledit Bernard audit office de lieutenant à Exmes, lesquels S. M. a cassez, et tous autres à ce contraires. Et outre, sadite majesté, pour certaines bonnes considérations, a accordé et ordonné que ledit Grimoult remboursera dedans trois mois ledit Barbier de la finance qu'il a fournie aux parties casuelles pour l'office de lieutenant général, civil et criminel en la vicomté d'Alençon, et cinquante écus pour les frais, commettant à cette fin le baillif du Perche ou son lieutenant à Mortagne. Et le remboursement fait, ou bien que ledit Barbier soit refusant ou dilayant de le recevoir, sadite majesté a défendu audit Barbier, comme aussi audit Bernard, après la signification du présent article, de plus s'ingérer en l'exercice desdits offices, à peine de crime de faux, et envoye icelui Grimoult en la jouissance d'iceux offices et droits y appartenant; et en ce faisant, les procès qui étoient pendans au conseil privé de S. M., entre lesdits Grimoult, Barbier et Bernard, demeureront terminez et assoupis, défendant sadite majesté aux parlemens et tous autres d'en faire poursuite. En outre sadite majesté s'est chargée de rembourser ledit Bernard des écus fournis aux parties casuelles pour iceluy office, et de soixante mil écus pour le marc d'or et frais; ayant pour cet effet présentement ordonné bonne et suffisante assignation, le recouvrement de laquelle se fera à la diligence et frais dudit Grimoult.

(53) Sadite majesté écrira à ses ambassadeurs de faire instance et poursuite pour tous ses sujets, même pour ceux de ladite religion prétendue réformée, à ce qu'ils ne soient recherchez en leurs consciences, ni sujets à l'inquisition, allans, venans, séjour-

nans, négocians et trafiquans par tous les pays étrangers, alliez et confédérez de cette couronne, pourvu qu'ils n'offensent la police des pays où ils seront.

(54) Ne veut S. M. qu'il soit fait aucune recherche de la perception des impositions qui ont été levées à Royan, en vertu du contrat fait avec le sieur de Candelay, et autres faits en continuation d'iceluy, validant et approuvant ledit contrat pour le temps qu'il a eu lieu en tout son contenu, jusques au dix-huitième jour de mai prochain.

(55) Les excès avenus en la personne d'Armand Courtines dans la ville de Millant en l'an 1587, et de Jean Reines et Pierre Seiguret, ensemble les procédures faites entre eux par les consuls dudit Millant demeureront abolies et assoupies par le bénéfice de l'édit, sans qu'il soit loisible à leurs veuves et héritiers, ni aux procureurs généraux de sa majesté, leurs substituts ou autres personnes quelconques, d'en faire mention, recherche ni poursuite; nonobstant et sans avoir égard à l'arrêt donné en la chambre de Castres, le dixième jour de Mars dernier, lequel demeurera nul et sans effet, ensemble toutes informations et procédures faites de part et d'autre.

(56) Toutes poursuites, procédures, sentences, jugemens et arrêts donnez tant contre le feu sieur de La Noue, que contre le sieur Odet de La Noue son fils, depuis leur détention et prison en Flandres, avenues ès mois de mai 1580 et de novembre 1584, et pendant leur continuelle occupation au fait des guerres et service de S. M., demeureront cassez et annullez et tout ce qui est ensuivi en conséquence d'iceux, et seront lesdits de La Noue reçus en leur défenses, et remis en tel état qu'ils étaient auparavant lesdits jugemens et arrêts, sans qu'ils soient tenus refondre les dépens ni consigner les amendes, si aucunes ils avaient encouru, ni qu'on puisse alléguer contre eux aucune péremption d'instance ou prescription, pendant ledit temps.

Par le roy en son conseil.

N° 126. — Traité avec l'Espagne, l'Autriche et la Savoie (1).

Vervins, 2 mai 1598. (Rec. des traités, II, 616.)

---

(1) V. sous Henri II le traité de Cateau Cambresis à la date du 3 avril 1559, et ci-devant la déclaration de guerre au roi d'Espagne, du 16 janvier 1595. — Henri IV s'engage à restituer au roi d'Espagne la jouissance du comté de Cha-

CHEVERNY, CHANCELIER. — SEPTEMBRE 1598.

N° 127. — DÉCLARATION *qui supprime les cinq offices de vendeurs de poisson de mer à Paris, créés par un édit précédent* (1).

Paris, 17 juin 1598, reg. au parl. le 30 décembre. (Vol. TT., f° 274. — Traité de la police, III, 166.)

N° 128. — DÉCLARATION *qui défend le port des armes à feu, sous peine d'amende et de confiscation pour la première fois, et de la vie en cas de récidive* (2).

Monceaux, 4 avril 1598, reg. au parl. le 13. (Vol. TT., f° 196. Code Henri, liv. 8, tit. 7. — Font., I, 657.)

N° 129. — RÉGLEMENS *et statuts des quatre facultés de l'université de Paris* (3).

Paris, 3 septembre 1598, reg. au parl. le même jour. (Font. IV, 435. — Rec. des lois et réglemens de l'université, Paris, 1814, tom. I.)

---

rolais, pour en jouir lui et ses successeurs sous la souveraineté des rois de France ; le roi d'Espagne s'engage à rendre à la France les villes et places prises et occupées depuis le traité de Cateau-Cambresis, savoir: Calais, Ardres, Monthulin, Dourlans, La Capelle, le Castelet en Picardie, et Blavette Bretagne; se réservant toutefois, lors de la restitution de ces places, de faire emporter toute l'artillerie, poudres, boulets, armes et autres munitions de guerre et de bagage.

(1) V. l'édit de Henri III, du mois de janvier 1583, et la note, sur la vente du poisson. — La déclaration de 1598 se borne à supprimer cinq offices nouvellement créés, sans indiquer par quel édit, et à réunir ces offices aux dix anciens (ordonn. du roi Jean, 30 janvier 1350, art. 80 à 132); du reste elle défend, à peine de confiscation, à tout autre qu'auxdits vendeurs de se livrer au commerce du poisson.

(2) Sur la défense du port d'armes, V. édit de Charles VIII, 25 septembre 1487 ; de François Ier, 16 juillet 1546, l'ordonn. de Moulins (février 1566), art. 27 et 30, et ci-après ordonn. du 12 septembre 1609, 14 juillet 1718 et 23 mars 1728. — V. décrets du 2 nivose an XIV, 12 mars 1806, et avis du Conseil d'état du 10 mai 1811.

(3) V. note sur l'édit de François Ier, avril 1515, et ci-après, 25 septembre 1600, Appendix à ces statuts. — V. aussi le règlement sur les boursiers, du 20 août 1767, réglemens des 18 janvier et 28 août 1769, 3 septembre 1778, 19 mars 1780. — V. la loi du 14 septembre 1791, décret du 12 décembre 1792, 14 février 1793, et le recueil des lois et réglemens concernant l'instruction publique, (in-8°. Paris, 1814.) Comme ces statuts, qui du reste contiennent principalement des réglemens d'intérieur, sont imprimés dans plusieurs collections, nous n'en donnons pas le texte.

N° 130. — Édit *qui défend l'importation d'aucunes marchandises d'or, d'argent et de soie* (1).

Paris, janvier 1599, reg. au parl. le 15 mars. (Vol. TT., f° 289. — Font., 1, 1046.)

N° 131. — Édit *sur le paiement des dîmes* (2).

Paris, 20 janvier 1599, reg. au parl. le 8 mars. (Vol. TT., f° 281. — Font. IV, 1004.)

N° 132. — Édit *sur les attributions des secrétaires du roi, et sur le règlement de la chancellerie de France, et des chancelleries établies auprès des cours de parlement* (3).

Paris, février 1599, pub. et enreg. à la chancellerie de France le 9, à la chancellerie de Paris le 13 mars 1599, et à l'hôtel des requêtes du roi le même jour. (Hist. de la chancellerie, 1, 241. — Descorbiac, 276. — Font. 1, 166.)

N° 133. — Édit *pour le desséchement des marais* (4), *portant commission à cet effet à un étranger.*

Fontainebleau, 8 avril 1599, reg. au parl. le 15 novembre suivant, en la ch. des compt. le 2 avril 1600, en la cour des aides le 10 décembre 1601, au parl. de Dijon le 5 février, et au siège et bailliage de Provins le 14 décemb. (Vol. UU, f° 78. — Font. II, 398. — Code des desséchemens, 1817.)

Henry, etc. La force et richesse des roys et princes souverains

---

(1) Cet édit fut rendu en conséquence de l'assemblée de Rouen (V. 1596). C'est le renouvellement des anciennes lois somptuaires dont nous avons donné la chronologie dans une note sur des lettres-patentes de François Ier, mars 1514. V. à cette date.

(2) V. sur la dîme, constitution de Clotaire Ier, 560, art. II; Capitulaire de Pepin, 756, art. 5; de Charlemagne, 801, art. 6; du même, 803; établissement de Philippe-Auguste, 1204, art. 3; de saint Louis, avril 1228, art. 9, mars 1269 et les notes; lettres de Philippe VI, 1333; lettres patentes de Charles VII, 3 août 1437; de Henri II, juin 1557; de Charles IX, janvier 1572, 14 juin et 29 août 1573; de Henri III, 18 avril 1576. — V. ci-après l'édit de décembre 1606, rendu sur les plaintes du clergé. — La dîme a été supprimée par la loi du 24 août 1789.

(3) A la suite de cet édit, il fut arrêté le 12 mars un règlement du Conseil d'état qui règle la procédure des chancelleries et les fonctions des maîtres des requêtes, secrétaires du roi et autres officiers des sceaux. — V. ci-devant ordon. de Philippe-le-Long, février 1320; de Louis XI, nov^{re} b. 1482; de Charles VIII, 1490; de Louis XII, ordonn. de 1499, art. 138; de Henri II, novembre 1554; de Charles IX, septembre 1570; de Henri III, février 1575, mars et juillet 1576; et ci-après, arrêt du conseil du 12 décembre 1609.

(4) C'est la première loi sur cette matière. — V. ci-après édit de janvier 1607, l'arrêt du conseil du roi (le roi présent) du 22 octobre 1611, déclarations de

consiste en l'opulence et nombre de leurs subjects. Et le plus grand et légitime gaing et revenu des peuples, mesmes des nostres, procède principalement du labour et culture de la terre, qui leur rend, selon qu'il plaist à Dieu, à usure, le fruict de leur travail, en produisant grande quantité de bleds, vins, grains, légumes et pasturages : de quoy non seulement ils vivent à leur aise, mais en peuvent entretenir le traficq et commerce avec nos voisins et pays loingtains, et tirer d'eux, or, argent, et tout ce qu'ils ont en plus grande abondance que nous, propres et communs à l'usage de l'homme. Ce que nous considérans, et que Dieu par sa saincte bonté nous a donné la paix dedans et dehors nostre royaume : nous avons estimé nécessaire de donner moyen à nosdits subjects, de pouvoir augmenter ce thrésor : joinct que soubs ce labour infinis pauvres gens destruits par le malheur des guerres, dont la pluspart sont contraincts mendier, peuvent travailler et gaigner leur vie, et peu à peu se remettre et relever de misère. Et pour ce sçachans bien qu'en plusieurs de nos provinces et pays, mesmes le long des mers de l'une et l'autre costé, des grosses et petites rivières et autres endroits de nostredit royaume, il y a grande quantité de palus et marais inondez et entrepris d'eau, et presque inutiles, et de peu de profit, qui tiennent beaucoup de pays comme désert et inhabité, et incommodent les habitans voisins, tant à cause de leurs mauvaises vapeurs et exhalations, que de ce qu'ils rendent les passages fort difficiles et dangereux : lesquels palus et marais estans desseichez, serviront partie en labour et partie en prairies et pasturages. Aussi en réparant les chaussées, vieux fossez et achenaux descheuz, qui ont esté autresfois navigables, et en faisant de nouveaux ès endroicts où il est requis, les chemins et passages en seront abbrégez, la navigation se gaignera, et en proviendront plusieurs autres profits et commoditez pour le bien public.

Pour à quoy parvenir, ne s'estant trouvé aucun de nos subjects qui nous en ayt fait offre, soit à raison des grandes difficultez, risques et despenses, ou autrement, nous jugeant ceste œuvre

---

juillet et 19 octobre 1613, 12 avril 1639, 4 mai 1641; de Louis XIV, 20 juillet 1643, mars 1644; statuts homologués par le parlement de la société du haut Poitou pour le desséchement des marais, 7 juin 1644; de Louis XV, déclaration du 14 juin 1764. — DROIT NOUVEAU. — Loi du 5 janvier 1791, loi (et motifs présentés par M. de Montalivet, ministre de l'intérieur) du 16 septembre 1807; décrets du 25 mai 1811, 21 février et 3 mars 1814; ordonnances royales des 2 juillet et 10 septembre 1817, 24 juin 1818.

très-nécessaire, et pour obvier tant que faire se pourra aux grandes inondations et desbordement des eaux qui adviennent souvent, ruynant plusieurs terres et maisons, voire des villages entiers, comme il est, à nostre grand regret, n'aguères advenu en nos provinces de Poictou, Bourdelois, Xainctonge, Bretagne, et autres. Sur l'advis qui nous a esté donné de la suffisance, expérience et practique en l'art et profession de maistre des digues de nostre bien amé le sieur Hunfrey Bradléij de Bergues sur le Zon au duché de Brabant, et qu'il estoit pour faire et parfaire ceste entreprise, avec plus d'avantageuse condition pour nous et le public que nul autre : aurions fait venir par devers nous iceluy Bradléij, auquel ayant fait entendre nostre intention, et après avoir par luy veu et visité une grande partie desdits palus et maraiz, il nous auroit fait offre de les desseicher à ses propres cousts, fraiz et despens, risques, périls et fortunes, sans qu'aucune advance luy soit faite, aux charges et conditions cy après déclarées. Lesquelles ayans esté leues, veuës, et bien entendues par nous, et autres princes, prélats, seigneurs et notables personnages estans en nostre conseil,

Sçavoir faisons, que de l'advis d'iceluy, et de nos certaine science, pleine puissance et auctorité royale : nous avons dit, statué, et ordonné, disons, statuons et ordonnons par ces présentes, voulons et nous plaist, que tous les palus et maraiz estans dans nostredit royaume, pays, terres et seigneuries de nostre obéyssance, tant dépendans de nostre domaine et à nous appartenans, que ceux appartenans aux ecclésiastiques, gens nobles et du tiers estat, sans aucune exception de personne, assis et situez le long desdites mers, rivières, ou ailleurs, soyent desseichez et essuyez par ledit Bradléij ou ses associez, ou lesdits propriétaires, et par eux rendus propres audit labour, prairies ou herbages, selon que leur situation et naturel le permettra. Néantmoins avons défendu et défendons audit Bradléij et propriétaires de diguer ou desseicher les maraiz où l'on fait du sel, les maraiz ou palus faits en estangs ou peschieries, ou nécessaires pour entretenir l'eau dans les fossez des villes, chasteaux et places d'importance : et principalement et sur toutes choses ne pourront toucher aux achenaux, canaux, rivières, ruisseaux et fossez navigables, ny mesmes aux maraiz, ny leurs flaches, qui servent d'estenduë et réceptacle pour la marée à s'y respandre, et de là par son rapport cours et recours maintenir quelqu'un de nos havres, ports, ou rivières en leurs creux et bon estat, ou autre maraiz dont l'inondation excède le profit et esmolument du desseichement. Et quant aux autres palus et maraiz n'estans de la qualité susdite, entendons qu'ils soyent desseichez, soit par les propriétaires, ou par ledit Bradléij et ses associez, aux charges, restrinctions et conditions qui ensuivent.

(1) Pour desdommager et récompenser ledit Bradléij, ses associez, leurs hoirs et ayans cause, tant des fraiz, cousts et despens qu'il leur conviendra faire et advancer de leurs bourses à faire faire et dresser les digues, levées, turcyes, bords, chaussées, fossez, canaux, achenaux, arcades, ponts, auges, retenuës, bondes, eccluses, moulins à tirer l'eau, et plusieurs autres choses pour borner les eaux, vuider celles qui y sont, et empescher qu'autres n'y viennent, que de leur expérience, industrie et intention : nous leur avons et à leurs associez, hoirs et ayans cause, donné, octroyé, cédé, quitté, transporté, délaissé, et par la teneur des présentes, donnons, octroyons, cédons, quictons, transportons et délaissons pour nous et nos successeurs roys, la juste moitié de tous les palus et maraiz appartenans à nous, et dépendans de nostre domaine, qu'ils auront ainsi desseichez et essuyez, tant de ceux arrentez et subjects à redevances, que non arrentez ny subjects à redevances. Pour icelle moitié demeurer propre à perpétuité audit sieur Bradléij, ses associez, leurs hoirs et ayans cause : en jouyr, user et disposer comme de leur vray héritage, sans qu'ils en puissent estre dépossédez pour quelque cause ou occasion que ce soit : à la charge d'en payer par eux en nostredit domaine : assavoir pour ceux qui sont arrentez et chargez de cens ou autre redevance, les mesmes cens ordinaires, à l'acquict des premiers preneurs : et pour ceux qui ne le sont, ils nous en payeront cens par chacun an à telle raison qu'il se paye selon la coustume des lieux, avec lots, ventes, quints, ou treiziesme aux mutations où ils escherront selon la susdite coustume de chacun pays

(2) Le semblable sera faict par ledit Bradléij et ses associez, à leurs despens, cousts et risque, des palus et maraiz appartenans aux ecclésiastiques, gens nobles et du tiers estat : pourveu toutesfois que ce soit du gré et consentement des propriétaires : ausquels à ceste fin pour entendre leur volonté et résolution sur le desseichement desdits maraiz, nous avons ordonné et ordonnons qu'ils ayent à déclarer dedans deux mois après la publication du présent nostre édict au parlement de leur ressort, s'ils ont intention de desseicher leursdits palus et maraiz eux-mesmes à leurs

propres cousts et risques : et à ceste fin passer acte de leur déclaration aux greffes des eaux et forests des lieux : voulans après lesdits deux mois passez, au cas qu'ils n'eussent fait ladite déclaration, que leurs maraiz soient desseichez par ledit Bradléij et ses associez, lesquels pour récompense de leurs advances, fraiz et industries, auront et prendront pareillement la moitié de ce qu'ils auront desseiché aux mesmes charges que dessus.

(3) Et d'autant que plusieurs palus et maraiz appartiennent en commun à divers propriétaires, ou se trouvent tellement meslez et enclavez les uns parmy les autres, qu'il seroit impossible audit Bradléij et propriétaires de les desseicher si non conjoinctement et d'une mesme opération de levées, fossez, moulin à tirer les eaux, et autres engins : voulons et ordonnons, que où lesdits propriétaires seroient de différens advis pour le faict dudit desseichement, la voix des propriétaires ayans la plus grande partie des maraiz emporte celuy de la moindre part.

(4) Et où les propriétaires tant des maraiz, palus meslez, que tous autres, déclareront au greffe, comme dit est, vouloir faire le digage et desseichement eux-mesmes et à leurs fraiz et risques, faire le pourront, pourveu que leurs maraiz ne soyent de la qualité de ceux réservez cy dessus : et à cet effect seront tenus y faire travailler dans trois mois après ladite déclaration faicte, et continuer la besongne incessamment par nombre compétent d'ouvriers jusques à la perfection de l'ouvrage : lesquels ils seront tenus rendre accomplis et parachevez dedans le temps qui leur sera préfix et limité par le grand maistre des eaux et forests, ou maistre particulier des eaux et forests des provinces.

(5) Et au cas que lesdits propriétaires, qui auront déclaré vouloir desseicher leursdits maraiz eux-mesmes à leur risque et despens, désireroient s'ayder et prévaloir dudit maistre des digues, pour ses directions, expérience et invention : en ce cas il sera tenu de se transporter à heure et temps convenables selon les lieux, ou pour le moins y envoyer à ses despens, personnes, dont il sera responsable, habiles, bastans et actuellement expérimentez, avec des instructions requises pour ordonner, desseigner, commencer, poursuyvre et parachever la besongne et ouvrage qui sera requis et nécessaire, tout ainsi que si ledit Bradléij en estoit entrepreneur. Auquel Bradléij lesdits propriétaires seront aussi tenus payer et délivrer pour ses peines, salaires et vacations, la somme de quarante sols pour une fois seulement pour chacun arpent réduit à la mesure de Paris, et ce dedans deux

mois après ledit desseichement faict. Et à faulte de faire le payement desdits quarante sols pour arpent dedans ledit temps de deux mois, avons déclaré et déclarons la sixiesme partie desdits maraiz et palus desseichez acquise et appartenir audit Bradléij, et à luy avons adjugée et adjugeons par ces présentes, pour en jouyr et disposer par luy et ses ayans cause, ainsi que son vray héritage, en payant cens et redevance aux seigneurs à qui elles sont deuës.

(6) Advenant que les ouvrages entreprins et commencez à faire par ledit Bradléij et ses associez vinssent à faillir contre leur desseing, soit par tremblement desdits palus et maraiz, faulseté de fonds, sables mouvants, vivacitez et abondances de sources, violence et desbordement de mer, rivières et torrens, ruptures et brisement de leurs levées, machines et autres défauts, de sorte que l'ouvrage ne fust parachevé : nous n'entendons qu'iceux entrepreneurs en encourent ny tombent en aucune autre perte ny dommage que de ce qu'ils y auront mis, le fonds demeurant aux propriétaires.

(7) Et où il plaira à Dieu favoriser les actions et entreprinses dudit Bradléij, de sorte que les effects dudit desseichement ensuyvent, nous avons ordonné et ordonnons, à fin qu'iceluy Bradléij puisse recevoir le fruict de ses mérites, advances et labeurs, et que les partages de la moitié à luy attribuée puissent estre exécutez sans dispute et remise de la part des propriétaires, que le jour du desseichement dépende de la nomination, arbitrage et discrétion dudit Bradléij, soubs les réserves et restrictions mentionnées cy après ès art. x, xj et xij, et que les maraiz et palus soyent estimez et réputez diguez et desseichez et essuyez réellement, actuellement et de faict, du jour qu'il en aura faict l'affirmation par devant un notaire ou tabellion royal des lieux où il aura fait assavoir ledit desseichement estre faict comme il est porté par l'article suyvant : et incontinent après pourra ledit Bradléij faire tracer les terres desseichées ou remarquer par des picquets l'alignement et partition desdites terres en deux parties les plus esgalles qu'il pourra, desquelles les seigneurs et propriétaires auront le choix, à en prendre la moictié la plus advantageuse à leur volonté et discrétion : l'autre moictié demeurant audit Bradléij chargée de cens, rentes ou autres redevances, comme dessus. Et après le choix faict en la forme et manière qu'il sera dit cy après, lesdits propriétaires seront tenus contribuer pour leur moitié aux fraiz des fossez, chemins, hayes,

bornes et autres défenses qu'il conviendra faire pour l'exécution dudit partage, en laquelle moictié dudit Bradléij entendons estre compris tous les arbres, flaches, ports et ruisseaux qui s'y trouveront enclavez.

(8) Et pour ce que plusieurs propriétaires sont peut-être morts, absens, mescogneus, mineurs ou autrement négligens à venir faire le susdit choix, ledit Bradléij sera tenu déclarer par acte au greffe des eaux et forests des lieux respectivement le jour dudit desseichement et partition marquée, en outre faire notifier et signifier aux églises parrochialles et places publiques à jour et heure de service et marché, le peuple estant assemblé par trois dimanches ou jours de marchez consécutivement de venir faire le choix lequel ils seront tenus dedans quinze jours après la dernière publication faire enregistrer, et en laisser l'acte susdit ausdits greffes des eaux et forests.

(9) Et en cas qu'aucuns desdits propriétaires soyent négligens ou défaillans de faire dans le susdit temps ledit choix et option, nous mandons et commettons et enjoignons par ces présentes à nos officiers de nosdites eaux et forests des lieux, de faire huict jours après la quinzaine expirée, ledit choix et option pour les défaillans et non comparans, et laisser l'autre moitié audit Bradléij et ses associez, pour en jouyr comme dit est, afin qu'ils ne soyent privez du fruict de leur labeur et despence.

(10) Les propriétaires qui seront en doubte que ledit desseichement ne sera bien fait, pourront contraindre ledit Bradleij et associez de prendre pour un temps de sept ans ensuivans et consécutifs, ladite moictié des terres desseichées appartenans à iceux propriétaires, et de leur en payer de ferme un quart par an, plus que le total desdits marais ne leur souloit valoir de revenu et profit avant ledit desseichement, demeurant la moictié desdits Bradleij et associez affectée et obligée à leurdite ferme; et les sept ans commenceront à courir du jour du choix et partage réellement exécutés et accomply.

(11) Et pour notre plus grande asseurance, comme aussi des seigneurs fonciers et autres interessez : Nous avons ordonné et ordonnons, que ledit maistre des digues demeurera chargé de l'entretien et réparation de tous et chacuns ses ouvrages faits et dressez pour le desseichement l'espace de trois ans consécutifs après le jour dudit desseichement, au cas que lesdits propriétaires ne retirent la moitié dudit Bradleij.

(12) Et d'autant qu'aucuns desdits propriétaires pour leur

commodité voudront retirer ladite moitié dudit Bradleij, nous voulons que luy et ses associez leur quittent et délaissent leurdite moitié à juste et raisonnable prix, voire à une cinquiesme partie moins qu'elle ne sera estimée. Et pour ce faire iceux Bradleij et ses associez feront l'estimation de leurdite moitié en dedans deux mois après le choix fait, puis le laisseront à l'option desdits propriétaires, soit de donner et bailler ou de prendre et accepter ledit prix, comme si lesdits Bradleij et associez estimoient à quatre cens escus leur part des terres desseichées, il sera au choix et option du propriétaire de la prendre à cedit prix, ou bien iceux Bradleij et associez soient tenus de bailler et payer cinq cens escus pour la moitié des propriétaires: et auront aussi iceux propriétaires deux mois de temps pour prendre ou laisser lesdits marais desseichez, si bon leur semble, à compter du jour que ladite moitié desdits Bradleij et associez aura esté prisée, et dont apparoistra par actes qui en seront dressez aux greffes desdites eaux et forests des lieux comme dessus. Celuy à qui il escherra de tirer toute la terre, aura deux ans de terme et respit pour faire le payement à compter du jour du choix fait par lesdits propriétaires, demeurans cependant tous deux en paisible possession de leur moitié. Et à faute de payement dans lesdits deux ans, voulons que lesdits propriétaires ou autres interessez, en vertu des présentes soient décheuz à jamais de leurdit droit de rachapt, et lesdits Bradleij et ayans cause demeurent paisibles possesseurs à perpétuité de la moitié à eux attribuée.

(13) Laquelle moitié desdites terres desseichées, qui demeurera ausdits Bradleij et associez, ne sera tenue, obligée, ny hypothéquée sinon aux cens, rentes foncières, et devoirs seigneuriaux, à commencer du jour dudit choix et option : sans qu'on la puisse prétendre chargée d'aucunes debtes, hypothèques ou obligations, usufruicts, usages, douaires, donations, arrérages de loyers, de ferme, ou rente, ou autrement, en quelle sorte et manière que ce soit, sinon en cas qu'elle soit retirée par lesdits propriétaires, suivant l'article précédent.

(14) Ordonnons et commandons au maistre des digues, en cas qu'au fait de sa besongne pour le desseichement il vienne en des endroits à remonstrer le moyen de retirer et remettre quelque vieil achenail, rivières ou fossez qui ayent esté quelquefois navigables, et à présent soient presque ou du tout décheuz et gastez ou bien de faire de nouveaux fossez, achenaux, chemins

et passages dans les marais desseichez pour la commodité et profit de nosdits subjects, qu'il soit tenu de restablir lesdits fossez et achenaux, ou redresser lesdits chemins par de nouveaux alignemens, selon la commodité des lieux ; à la charge qu'il sera payé séparément desdits ouvrages extraordinaires, tant par les propriétaires des marais, que par les voisins mesmes des provinces adjacentes, à mesure qu'ils pourront ressentir des profits et émolumens desdits ouvrages, ou autres y ayans intérests, desquels il en aura esté requis, et selon le prix dont il conviendra avec eux de gré à gré.

(15) Et d'autant que lesdits Bradleij et associez seront contraints d'employer grande quantité de bois pour la confection de leurs moulins, outils, engins, dont ils ne pourront commodément chevir s'il ne leur est par nous pourveu, voulons qu'en cas qu'il n'y ait vente ouverte en nos forests proches des lieux esquels lesdits Bradleij et associez puissent acheter le bois à eux nécessaire, qu'il leur soit fait délivrance par nos officiers jusques à la quantité de trois arpens, et au-dessous, ès lieux plus commodes que faire se pourra : à la charge que lesdits Bradleij et associez en payeront le prix selon les dernières coupes, et qu'il en sera autant diminué sur les ventes de l'année suivante, le tout sans abus en gardant les ordonnances. Et au cas que ledit Bradleij et associez ayent besoin de plus grande quantité de bois que trois arpens, voulons qu'il y soit pourveu par nostre grand maistre des eaux et forests, et aux mesmes charges que dessus.

(16) Ceux des Pays-Bas et autres estrangers qui viendront trouver ledit Bradleij et associez pour servir et travailler ausdits desseichemens et ouvrages, seront tenus et réputez comme nos vrais subjects, et faisant apparoir par certificat de nos officiers et dudit Bradleij, comme ils en auront esté continuellement l'espace de deux ans, il leur sera par nous octroyé lettres de naturalité, comme dès à présent nous leur octroyons, sans qu'ils soient tenus nous en payer aucune finance, ny durant ledit temps de deux ans, advenant le trespas d'aucuns d'iceux, nos officiers, ny ceux d'aucun seigneur haut justicier, puissent prétendre leurs biens aubenaux.

(17) Et pour faciliter l'exécution de ce grand œuvre, tant pour le bien public que particulier de plusieurs personnes, dont néantmoins toutes les circonstances, qualitez et accidents, advancemens et retardemens ou difficultez, ne se peuvent qu'à peine

recognoistre du premier coup par la nouveauté du faict, nous avons enjoint au grand maistre de nos eaux et forests, maistres particuliers d'icelles, et leurs lieutenans, après la publication du présent édict, de visiter tous les marais et palus estans en l'estendue de leurs charges et seigneuries, et informer de l'estat, nature et qualité, situation et voisinage des villes, bourgs, villages, montagnes, rivières, ou fossez, et de la commodité ou incommodité que pourra apporter au pays le desseichement d'iceux, entendre les advantages, nécessitez et remonstrances de nos subjects sur la facilité ou difficulté de l'exécution du présent édict, dont ils envoyeront quinze jours après ladite visitation faite, fidèle et ample procez-verbal au greffe du siége de la table de marbre de nostre palais à Paris, pour y avoir recours quand besoin sera, et pourvoir par nous ou nostredit grand maistre et ses lieutenans à ladite exécution, et pour la commodité des chemins, passages, navigation et contentement des propriétaires desdits marais, villes, et places voisines, ou particuliers y ayans intérest, ainsi qu'il sera advisé, desquels procez-verbaux ledit Bradleij pourra tirer copie collationnée à ses dépens, toutesfois et quantes que bon lui semblera.

(18) Voulons que nostredit grand maistre ou ses lieutenans et maistre particulier, les uns en l'absence des autres, après lesdits desseichemens faits et publiez comme dessus, partagent pour nous, avec lesdits Bradleij et associez, nos marais et palus qui auront esté desseichez, et facent choix et option de nostre moitié selon qu'ils jugeront nous estre plus commode et utile, laissant l'autre moitié audit Bradleij et associez, dont ils les mettront en saisine et possession de par nous, sans qu'il soit besoin avoir autres lettres de provision, don, ou transport, que lesdites présentes ou le vidimus d'icelles, pour en jouir, user, et disposer plainement par ledit Bradleij et associez, leurs hoirs et ayans cause, aux charges et ainsi que dit est.

(19) Et advenant débat et procez entre lesdits propriétaires, seigneurs fonciers, communautez, ou autres particuliers prétendans intérests sur lesdits palus et marais desseichez et ledit Bradleij et associez pour raisons desdits desseichemens, circonstances et dépendances d'iceux, et exécution du présent édict, nous en avons commis, attribué toutes crites jurisdiction et cognoissance en première instance au grand maistre et enquesteur surintendant et général réformateur des eaux et forests de France, ou ses lieutenans ou officiers ès siéges de nos tables de

marbre privativement à tous autres juges : et où il n'y aura siége et table de marbre estably en iceluy de nostre palais à Paris, et par appel en nos cours de parlemens. Voulons néantmoins pour soulager ledit Bradleij, et afin qu'il ne soit contrainct de consommer son temps et ses moyens en procédures de justice, que les sentences qui interviendront ausdits siéges des tables de marbre soient par provision exécutées, nonobstant et sans préjudice de l'appel, pourveu que le cas soit réparable en définitive et qu'au jugement ayent assisté jusques au nombre de cinq juges.

(20) Et outre avons ordonné, ordonnons et nous plaist, en considération de tout ce que dessus, que nul de nos subjets et autres, ne s'entremettent, entreprennent ou attentent de quinze ans consécutifs après la publication des présentes, de besongner, diguer, travailler, ou contrefaire les façons, outils, machines, directions, expériences, moyens, et pratique usuelle dudit Bradleij au fait du desseichement par ses ouvrages d'eaux, ni mesmes faits à la façon d'exchantillon ou exemple d'iceux, si ce n'est de son consentement et bon gré, le tout à peine de dix escus d'amende pour chacun arpent entrepris à desseicher sans son consentement, applicable la moitié à nous et l'autre moitié audit Bradleij. Et à ceste fin révoquons toutes commissions, ordonnances et édicts précédans et contraires à ce présent nostredit édict, et autres qui pourroient cy-après estre obtenus de nous par inadvertance ou autrement, lesquels dès à présent comme pour lors avons déclaré et déclarons objectifs, subjectifs et de nul effect et valeur. Défendons à tous nos juges, officiers et subjets en avoir aucun esgard.

(21) Nous avons prins et prenons la personne dudict maistre des digues et celle de tous ses domestiques, leurs biens meubles, terres, engins et ouvrages en nostre protection et sauvegarde.

Si donnons, etc.

N° 134. — Édit de création d'un office de grand-voyer de France (1).

Fontainebleau, mai 1599, reg. au parl. le 7 septembre. (Vol. VV, f° 34. — Mém. ch. des compt., SSSS, f° 124. — Dict. de Voierie, p. 457.)

Henry, etc. Nos prédécesseurs rois, considérant les entreprises

---

(1) V. ci-après l'ordonn. du prévôt de Paris sur la police générale de la voierie, 22 septembre 1600, l'édit de décembre 1607 sur les fonctions du grand

et usurpations qui se font sur les voyes et ruës publiques des villes, au grand préjudice du public, et l'incommodité des passans ; pour faire cesser telles voyes, avaient fait plusieurs édicts contenans le réglement qu'ils avaient connu estre nécessaire pour l'observation d'iceux, estably en notre ville de Paris, capitale de ce royaume, un voyer, ayant entr'autres choses, le pouvoir d'avoir l'œil ausdites voyes et passages, les conserver en leurs espaces, grandeurs et largeurs ; visiter les bastimens estans sur les ruës et voyes ; alligner les bastimens nouveaux, et toutes autres fonctions qui en dépendent ; chose grandement importante, et l'une des principales de la police : et depuis a esté créé en aucunes autres villes, des offices de voyers avec pareille authorité, qui a fait cesser les usurpations dont usoient les communautez et particuliers, ès édifices, et bastimens et allignemens des ruës, maisons et autres choses très-nécessaires. Et d'autant que par l'injure du temps, que négligence des officiers et autres personnes préposées ausdites charges, lesdits réglemens ont esté du tout délaissez, et les mesmes abus qui s'y commettoient, continuez.

A quoy estant besoin de pourvoir pour l'importance de cette affaire, concernant généralement tous nos subjets, et commodité du commerce, avons jugé estre à propos pour le bien de nosdits subjets, d'establir un estat de grand-voyer, ayant l'authorité et super-intendance sur tous les voyers establis, et qui le pourroient estre cy-après en toutes et chacunes les villes de nostredit royaume et pays de nostre obéissance, pour la conservation de nos droits et l'observation des réglemens establis pour le faict desdits voyers :

Avons par cettuy nostre édict perpétuel et irrévocable, estably, créé et érigé, establissons, créons et érigeons, ledit estat de grand-voyer de France, pour y estre pourveu présentement, et quand vacation escherra, par nous et nos successeurs, de personnes capables, dont la suffisance, dignité, expérience et intégrité requise en icelle charge, nous soient cognuës et approu-

---

voyer, lettres patentes de septembre 1608, édit de Louis XIII, février 1626, qui supprime l'office de grand voyer ; édit d'avril 1627, février 1631, mai 1635 ; ordonn. des trésoriers de France, du 26 octobre 1666, et notre Traité de la Voierie. — Aujourd'hui le gouvernement a la police réglementaire de la grande voierie (loi du .... 1829), comme les maires l'ont de la petite voierie, d'après les lois de 1790 et 1791.

vées, et en jouir et user aux honneurs, authoritez, prérogatives, prééminences, franchises, libertez, pouvoirs, droits, profits et émolumens audit office appartenans, et aux gages, taxations et droits qui seront spécifiez et déclarez par ses lettres de provision, qui aura le pouvoir de super-intendance sur tous nos voyers establis en toutes les villes de nostre obéissance, et lesquels seront tenus recognoistre ledit grand-voyer en ce qui dépend de leur charge et fonctions, à condition que ledit grand-voyer ne pourra prétendre aucune juridiction contentieuse, et sans qu'en conséquence de ladite création, il puisse estre fait à l'advenir aucunes nouvelles créations d'officiers, ny levées de deniers sur nos subjets, pour les droits qui seront attribuez audit estat, et que celuy qui en sera pourveu, l'exercera en personne, et en son absence, les officiers ordinaires des lieux où il n'y aurait point de voyers.

Si donnons, etc.

N° 135. — EDIT *portant suppression de tous les offices de prévôts des maréchaux France créés depuis 20 ans.*

Fontainebleau, mai 1599, reg. au parl. le 26 juillet. (Vol. TT, f° 361.)

N° 136 — LETTRES-PATENTES *qui instituent une commission pour connaître des déprédations faites sur mer* (1) *à l'égard des sujets de la reine d'Angleterre.*

Orléans, 19 juillet 1599. reg. au parl. le 12 juin 1600. (Vol. VV, f° 92.)

HENRY, etc. Ayant esté naguères proposé et résolu entre nous et la royne d'Angleterre, nostre très chère et très amée bonne sœur et cousine, de choisir de part et d'autre des juges et commissaires pour congnoistre du faict des déprédations et pirateries qui se font sur la mer, et faire raison à nos communs subjects qui auront quelque occasion de se plaindre des torts et injures qu'ils pourroient recevoir les uns des autres, au préjudice de la confédération qui est entre nous et nostredite bonne sœur et cousine; il y a esté satisfait par nostredicte bonne sœur et cousine, qui a commis des juges pour cest effect, et estant requis de nostre part de faire le semblable pour promouvoir et advancer le bien qui en reviendra à nosdicts subjects;

---

(1) V. la loi du 10 avril 1825 sur la piraterie et la baraterie, et les notes que nous y avons jointes dans notre collection. — V. ci-devant l'ord. de Henri III, mars 1584, sur la juridiction de l'amiral, le droit de prise, etc.

A ces causes, à plein confiant de vos sens, suffisance, loyauté, prudhomie, expérience au fait de judicature et bonne intelligence, et afin que nosdits subjects puissent avec plus de liberté trafiquer sur la mer :

(1) Nous vous avons et les trois d'entre vous en l'absence, maladie ou empêchement des autres, commis et députés, commettons et députons, par cesdites présentes, pour congnoistre des différends qui pourroient doresnavant survenir sur les plaintes que feront les subjects de nostredite bonne sœur et cousine la royne d'Angleterre, tant contre les autres qui les auront volés et dépredés que contre leurs complices, et autres personnes quelconques qui se trouveront saisis des biens pris et dépredés ; desquels différends, circonstances et dépendances,

Nous vous avons privativement, à tous nos autres juges ordinaires et extraordinaires, attribué et attribuons toute cour, juridiction et cognoissance icelle, et leur avons interdite et défendue, interdisons et défendons par ces présentes.

(2) Voulons que vous puissiez évoquer à vous les instances pendantes par-devant eux, pour raison du faict et cas dessusdits, et icelles juger ainsi que vous adviserez en vos loïautés et consciences, et que les jugemens que vous donnerez pour ce qui concernera les plaintes des subjects de nostredite bonne sœur la royne d'Angleterre ayent force et vertu d'arrêts, comme s'ils étoient donnés en cour souveraine, et soient exécutés comme tous jugemens donnés en dernier ressort.

(3) Et à ceste fin nous les avons dès à présent comme pour lors validez et auctorisez, validons et auctorisons par cesdites présentes ; vous permettant, si la chose requéroit que vous eussiez à vous transporter sur les lieux, de subdéléguer les juges ordinaires de l'admirauté en tels ports et havres que vous adviserez pour l'instruction desdites plaintes afin d'éviter aux frais, y ce n'estoit qu'il fût nécessaire que l'un de vous s'achemine sur lesdits lieux, ce que nous remettons en vous, et selon que vous congnoistrez que la gravité et conséquence de l'affaire le requerra.

(4) Nous voulons aussi que vous ayez à recevoir les plaintes qui vous pourront estre faites par nosdits, icelles instruire pour nous et les renvoyer, afin d'en faire faire instance à nostredicte bonne sœur, soit par nostre ambassadeur résident près d'elle ou autre, afin d'en pourchasser justice en son pays, et généralement faire en ce que dessus, circonstances et dépendances, tout

ce que vous jugerez appartenir au faict et exécution des présentes, jaçoit que le cas requit mandement plus spécial qu'il n'est contenu par icelles de le faire; et aux trois d'entre vous en l'absence, maladie ou empêchement des autres, vous avons donné et donnons plein pouvoir, puissance, auctorité, commission et mandement spécial.

Mandons et commandons à tous nos justiciers, officiers et subjects, obéir aux jugemens, décrets et ordonnances qui seront par vous faits, et à tous nos huissiers et sergens icelles mettre à exécution sur les peines au cas appartenant, etc.

Donné à, etc.

―――――

N° 137. — LETTRES *de commission pour la réforme des hôpitaux, maladeries et léproseries du royaume.* (1).

Paris, 18 décembre 1599, reg. au parl. le 20 mars (Vol. VV, f° 133.)

N° 138. — EDIT *sur la chasse* (2).

Paris, janvier 1600, reg. au parl. de Bordeaux le 12 mai, au parl. de Toulouse le dernier juillet, et à celui de Rennes le 8 août. (Reg. ch. des compt. Grenoble. — Baudrillart, rec. des réglemens forestiers.)

N° 139. — EDIT *portant réglement général sur les tailles, sur les usurpations du titre de noblesse, les bâtards, la rescision des ventes de biens communaux et usagers* (3).

Paris, mars 1600 reg. en la cour des aides le 21 avril, avec modification. (Font. II, 878. — Code Henry, liv. 13, tit. 15.) Code des tailles, in-12.

HENRY, etc. Aussitôt qu'il a plu à Dieu mettre ce royaume en repos, nous avons jeté les yeux, avec larmes de pitié, sur nostre

―――――

(1) V. édit de François Ier, 1542, et la note; dernier décembre 1543, 19 mai 1544, 15 mars 1546; de Charles IX, 8 octobre 1570. Ces lettres ne sont qu'une confirmation.

(2) V. ci-après l'édit de juin 1601 et la note. — Celui-ci est à peu près semblable; nous donnons le texte de l'autre, parce qu'il est plus complet.

(3) V. ci-devant dans ce recueil, établissement de Philippe-Auguste, mars 1214; ordonnance sans date de saint Louis (insérée sous le n° 232), établissemens de ce prince, art. 95; mandement de Philippe IV, 1296; lettres de Charles V en faveur des habitans de Rodez, juin 1371; du même, lettres du 22 juin 1372, notes sur l'édit de Charles VII, 2 novembre 1439; lettres du même, 21 novembre 1440; doléances des états, sous Charles VII, 1441, demande 9 et la réponse du roi (tom. IX, p. 108 de ce recueil); lettres-patentes du 19 juin 1445, sur la juridiction des élus; 26 août 1452, sur le même sujet; ordonn. du 30 janvier 1455, *id.* juin 1456, 30 août 1459; de Louis XI, 16 octobre 1464;

peuple appauvry et presque réduit à sa dernière ruine par les playes de plusieurs années, que la calamité et longueur de la guerre leur a fait, et mis tout nostre soin à chercher les moyens de diminuer les tailles et autres impositions qui se lèvent sur eux, en intention de les faire jouyr des fruits que la paix a accoustumé de produire soubs un bon roy au mesme temps que la guerre a finy, plus désireux d'acquérir le nom de père du peuple, leur faisant du bien, que de laisser quelque souvenance à la postérité, d'autres titres plus spécieux et élevez que nos périls et labeurs nous avoient pu mériter; mais ne l'ayant pu aussi promptement que leur misère le requéroit, à cause des charges excessives qui se sont trouvées sur cet estat, dont la despense ne pouvoit être diminuée que peu à peu, ny les revenus ordinaires, pour y fournir, remis en valeur, qu'en donnant quelque loisir au repos estably dans ce royaume, par une grâce et bénédiction spéciale de Dieu, de changer la face de ceste grande désolation que la guerre y a laissée : nous avons sur les plaintes faites et réitérées souvent en nostre conseil, des abus, inégalitez, malversations et exactions qui se commettoyent en la levée et perception des tailles, député des commissaires, personnes de qualité et intégrité cogneuë, pour en informer, chastier les coulpables, procéder au régallement d'icelles, et nous donner advis des moyens qu'ils jugeroient les plus propres et convenables pour faire cesser ces désordres à l'advenir, et par leur rapport estre informez que noz subjects ont souffert beaucoup de foule et d'oppression, à cause desdicts abus et malversations : mesmes de ce que l'égalité n'a esté gardée par les esleuz au département des paroisses, moins encores par les asseeurs en l'assiette et ès taxes des particuliers habitans qu'ils ont gratifié, surchargé ou exempté, comme il leur a pleu, sans y garder autre règle que celle de leur passion et intérest : comme aussi à cause de la fréquence, longueur et

---

lettres-patentes du même mois en faveur des habitans d'Ivetot; de Charles VIII, mars 1483; de Louis XII, 24 juin 1600, ordonn. sur la juridiction de la cour des aides; de François 1er, dernier juillet 1517; de Henri II, février 1552; de François II, juillet 1560; de Charles IX, ordonn. d'Orléans, art. 121 et suiv.; du même, 29 novembre 1565; ordonnance de Moulins, février 1566; art. 23; de Henri III, septembre 1575, juillet 1577, mai 1578, septemb. 1581, mars 1583; ci-devant, déclaration de juin 1596 (nous n'en donnons pas le texte. Celui-ci est plus important.)—Cet édit a cherché à remédier à beaucoup d'abus sur l'assiette de la taille répondant à notre impôt personnel et mobilier, abus qui subsistent encore.

frais excessifs des procez meuz entre eux pour raison de ce, et des violences, exactions, et larcins commis impunément par les sergens employez au recouvrement des tailles.

A quoy désirant pourveoir, tant par bons réglemens que diminution des charges qu'ils portent, attendant que Dieu nous face la grâce de leur faire sentir plus abondamment les effets de nostre paternelle bonté ; sçavoir faisons, qu'après avoir mis l'affaire en délibération en nostre conseil, où assistoyent les princes de nostre sang et autres notables seigneurs et personnes de nostredict conseil d'estat, par leur advis, et de nostre pleine puissance et authorité royale ;

Avons dict, statué et ordonné, disons, statuons, ordonnons, voulons et nous plaist (1).

(2) Et pour l'advenir ordonnons aux esleuz de faire les départemens des paroisses de leur eslection dans quinzaine après les commissions receuës, et d'y procéder avec la plus grande égalité et justice qu'ils pourront, sans y apporter aucune passion, qui les puisse empescher de juger sainement de l'estat, commodité ou incommodité desdites paroisses : à peine de privation de leurs offices, et punition exemplaire contre ceux qui auront obmis malicieusement à faire lesdits départemens, ou failly en les faisant par corruption ou faveur.

(3) Et afin qu'ils soient mieux instruits, de ce que chacune parroisse devra porter, et par ce moyen sans excuse, s'il y a quelque inégalité en leurs départemens, seront tenus de faire leurs chevauchées, et visitations chacun an, en temps deu, et d'un lieu en autre, sans pouvoir aller deux années consécutives en mesmes parroisses, s'informer bien particulièrement des moyens, et facultez des habitans, de l'abondance ou stérilité de l'année, du nombre des charrues et trafic qui se fait esdictes parroisses, ensemble de toutes les autres commoditez et incommoditez qui les peuvent rendre riches ou pauvres.

(4) Comme aussi des noms des exempts, et de la cause de leurs exemptions, pour cognoistre si aucun d'eux s'attribue indeuëment ladicte qualité : en feront autant pour sçavoir s'il y a de l'inégalité ès taxes des particuliers habitans, soit en excès ou diminution, et s'ils trouvent que ainsi soit, prendront l'advis de trois ou quatre de la parroisse, ou des parroisses circonvoisines,

---

(1) L'art. 1er fait remise du reste des tailles de 1596 et années antérieures.

des plus gens de bien, et qui seront mieux informez de leurs facultez et moyens, pour après en l'assemblée des officiers de l'élection, le procez-verbal de l'esleu qui aura esté sur le lieu, veu, faire les départemens des parroisses, avec droicture et sincérité, taxer par mesme moyen ceux qui s'exemptoient indeuëment, modérer ou augmenter les taxes des autres, ainsi qu'ils jugeront en leurs consciences, et sur le rapport desdicts preud'hommes, devoir estre faict.

(5) Lesquelles taxes seront insérées ès commissions que les esleuz envoyeront ès parroisses de leur ressort, et adjousté qu'un tel qui se prétendoit exempt indeuëment en payera (tant) un autre qui n'estoit taxé selon ses facultez et moyens, ou bien surchargé (tant), et si les cottizés appellent du surtaux, seront déclarez non recevables appellans, pourveu que leur taxe n'excède la somme de trois escuz un tiers du principal de la taille : défendons à nos cours des aydes d'entrer en aucune cognoissance du mérite des causes susdites, pour sçavoir s'il aura esté bien ou mal jugé, à peine de nullité des procédures, et de payer par les appellans tous les dommages et intérests des parties contre lesquelles ils se seront pourveus, deffendons aussi à nos conseillers, et maistres des requestes ordinaires de nostre hostel, et gardes des seaux en nos chancelleries, et à nos secrétaires, d'expédier aucuns reliefs d'appel desdits jugemens.

(6) Voulons encore pour faire cesser la longueur et despense excessive, qui est en la poursuitte, et ès jugemens desdits procez de surtaux, que l'ordonnance d'Orléans, en l'art. 134, soit gardée, et suivant icelle les parties ouyes devant les esleus, esdictes causes en personnes, et sans ministère d'avocat, ny procureur, pour après estre jugées sommairement sur le roolle des trois années immédiatement précédentes, et par l'advis de trois ou quatre des principaux habitans de la parroisse, ou des parroisses circonvoisines, dont les parties seront tenuës convenir dans un bref délai, à faute dequoy les juges en prendront d'office sans les appointer, comme en procez par escrit, ny prendre aucun droit d'espices, à peine de concussion, desquels jugemens s'il y a appel, les appellans ne seront non plus recevables, pourveu que ladicte taxe n'excède trois escuz un tiers du principal de la taille, comme dit est, et que trois esleuz pour le moins ayent assisté ausdits jugemens, et signé les dictons d'iceux (1).

---

(1) Art. 7 et 8 relatifs à la taxe des élus et greffiers.

(9) Les hameaux qui ont esté distraits, et séparez du corps des parroisses, encores que ce soit à leur requisition et sur leurs plaintes, pour ce qu'ils estoient surchargez par les bourgs et villages principaux, ausquels les parroisses sont assises, y seront rejoints et réünis par les esleus au premier département qu'ils feront, et n'y aura plus qu'un seul envoy pour la parroisse entière, y compris lesdicts hameaux : et pour faire cesser les causes, qui avoient meu lesdicts hameaux à poursuivre ceste séparation, adjousteront les esleus en leur commission et au département de la somme qui devra estre levée sur toute la parroisse, de laquelle somme un tel hameau payera tant, sans néantmoins que lesdits hameaux soient responsables de la taille, les uns des autres, ou du corps de la parroisse, ny pareillement la parroisse de celle desdits hameaux.

(10) Pour faire cesser les abus qui se commettent par les asseeurs, lesquels taxent bien souvent les pauvres, et médiocres à plus que les riches, afin de se descharger, et leurs parens, alliés et amis, ordonnons qu'ils ne se pourront cottiser à moins, ny leurs parens et alliés en l'année de leurs charges, qu'ils estoient l'année précédente, ou sur le pied de leur cotte, au cas que la taille eust esté augmentée ou diminuée, sinon qu'ils ayent souffert quelque notable perte en leurs biens, commodités et profits : pour raison de laquelle il soit jugé par les esleus, au nombre susdit de trois pour le moins, que ledit rabais leur ait deu estre fait, et s'ils le font autrement, leur taxe sera augmentée à ladicte raison, outre laquelle, ils payeront encores la mesme somme de plus, par forme d'amende pour la première fois, et s'ils y retournent, seront punis à l'arbitrage des esleus, ausquels enjoignons d'y procéder avec sévérité.

(11) Voulons en outre, que lesdits asseeurs, soient collecteurs en la mesme année de leur charge, comme un moyen propre pour les empescher de cottiser les pauvres, et médiocres à plus qu'ils ne peuvent porter, crainte d'avancer leurs taxes, et que nul des contribuables de la parroisse, s'il est riche ou médiocre, et suffisamment solvable, soit receu à s'exempter de ladite charge d'asseeur collecteur, mais tenus et obligés tous de la faire par ordre, et chacun à leur tour.

(12) Seront lesdits asseeurs collecteurs mis et esleus jusques au nombre de quatre chacun an, pour les grandes parroisses taxés à trois cens escus de grand taille, et au-dessus, et pour les moindres deux, lesquels feront ensemblement ladite récepte,

on la sépareront entre eux s'ils veulent, par quartier, ou demie année, en sorte toutesfois qu'ils soient responsables l'un de l'autre.

(13) Ne pourront lesdits collecteurs estre deschargés, sinon le procureur scindic de la parroisse ouy, et par jugement des esleus assemblez au lieu, jour et heures accoustumées, en nombre de trois pour le moins, qui signeront la minute dudict jugement, dont le greffier fera mention par la grosse, à peine de nullité : nonobstant laquelle descharge lesdits asseeurs collecteurs feront la levée de noz deniers, jusques à ce qu'il y en ayt d'autres en leurs places, sauf à recouvrer leurs dommages et intérests contre les habitans, s'ils ont esté dilayans d'en nommer.

(14) Et afin que lesdits esleus soient toujours en nombre suffisant pour juger, tant les causes susdictes qu'autres qui dépendent de leur jurisdiction, feront leur résidence actuelle au lieu où les eslections sont establies, esquelles ils doivent service ordinaire, à peine de privation de leurs gages, pour le temps qu'ils se seront absentez, et s'ils continuent de le faire, sans cause légitime, de privation de leurs offices, dont les trésoriers faisant leurs chevauchées, informeront pour nous en donner advis et y pourvoir.

(15) S'il y a de l'inégalité en l'assiette, et qu'elle soit désavouée par lesdits habitans, lesdits asseeurs pourront estre prins à partie par les particuliers qui s'en plaindront, conformément à l'art. 155 de l'ordonnance d'Orléans.

(16) Pour recognoistre à l'inspection et lecture des roolles, si la taille aura esté bien assise ou non, la condition des cottisez sera adjoustée à leur nom, comme de juge, greffier, notaire, sergent, procureur de seigneurie, marchand, artisan ou laboureur, et s'il laboure pour luy ou pour autruy, et à combien de charruës, et ainsi de tous autres.

(17) Les noms des exempts, s'il y en a, seront mis au bas des roolles, avec la cause de leur exemption, et s'il n'y en a point, en sera fait mention : à faute dequoy enjoignons aux esleus de condamner les asseeurs en amendes, et de les punir exemplairement, s'il est trouvé qu'ils ayent faict sciemment lesdictes obmissions.

(18) Ne feront lesdits asseeurs l'assiette, sinon en lieu où ils soient libres, et n'y assistera personne que ceux qui en auront la charge : deffendons mesmes aux seigneurs d'y faire procéder en leurs maisons, de n'y estre présens quand elle se fera ailleurs.

et de n'apporter aucune contrainte à la volonté desdits asseeurs, pour les forcer ou obliger de la faire autrement qu'ils ne doivent, à peine de perdition de leurs fiefs et droicts de haute justice. Et pour ce que lesdits asseeurs se sont plaints souvent que les greffiers des tailles ne suivent ce qu'ils ordonnent, mais augmentent ou diminuent les cottes des habitans comme bon leur semble, en quoy il est aisé de les tromper, à cause que la plus-part d'entre eux ne sçait lire ny escrire, voulons que l'édict cy devant fait pour la suppression desdits greffiers, en les remboursant, tienne: et ès lieux où ledit remboursement n'aura encore esté fait, qu'il soit loisible aux asseeurs de commettre en l'année de leur charge, telle personne idoine que bon leur semblera pour faire ledit exercice, moyennant que lesdits greffiers soient payez des droicts qui leur sont attribuez par l'édict de leur création.

(19) Lesdits asseeurs comprendront entre les contribuables les fermiers des ecclésiastiques, gentils-hommes et autres privilégiés, tant à raison de leur bien, que des profits qu'ils peuvent faire esdites fermes. Et d'autant qu'aucuns desdits privilégiez y commettent des fraudes et donnent leurs terres à des personnes qui en jouissent à prix fait et en vertu de beaux secrets, feignant néantmoins qu'ils sont leurs serviteurs domestiques, dont les plus riches et aisez des paroisses abusent, et prennent ce nom et qualité pour s'exempter du paiement desdites tailles, au dommage des autres habitans; nous leur défendons très expressément de plus commettre telles fraudes, à peine d'être décheus du droit et privilége de pouvoir tenir leurs terres par leurs mains, et de payer pareilles sommes que leurs fermiers eussent fait leurs terres étant données à ferme, à quoy le revenu d'icelles demeurera spécialement affecté.

(20) Et généralement seront cottisez par eux tous ceux qui sont contribuables à raison de leurs facultez, quelque part qu'elles soient, meubles ou immeubles, héritages nobles ou roturiers, trafic et industrie, suivant notre édit du mois de janvier 1598, vérifié en nos cours des aides, et s'ils en exceptent aucuns, en seront responsables et paieront en leurs propres et privez noms, à la descharge des autres habitans de la paroisse les sommes à quoy lesdits prétendus exempts eussent deu être cottisez, outre lesquelles sommes enjoignons aux eleuz de les condamner en amendes et punir aussi exemplairement, s'il y échet.

(21) Et pour ce qu'aucun desdits contribuables résident en pays

où les tailles sont réelles (1), ayans néanmoins la plupart de leurs biens ès lieux où elles sont personnelles, sans y être cottisez, d'autant qu'ils n'y ont leur domicile, et par ce moyen s'exemptent d'une grande partie de la charge qu'ils devroient porter; voulons que dorénavant ils soient cottisez ès dits lieux à cause du bien qu'ils y possèdent, et que les fruits provenant de leurs héritages demeurent affectez au paiement de leurs taxes.

(22) Plusieurs habitans, pour s'exempter du paiement des tailles, ont accoutumé de faire publier au prône avant la saint Remi, qu'ils veulent aller demeurer en autre paroisse, puis retournent quand la taille est assise, n'étant bien souvent cottisez ny en l'un ny en l'autre lieu, ou bien le sont aux lieux où, pour n'être cogneus et n'avoir leurs biens, ils sont taxés à beaucoup moins qu'ils ne devroient; d'autres étant sur les confins de diverses élections ou généralitez bâtissent, hors le lieu de leur demeure ordinaire et en autre élection ou généralité, quelque petite maison, en laquelle ils résident et s'accordent d'y être cottisez, comme ils sont aussi à quelque petite et légère somme, ne laissant pourtant d'aller et venir au lieu de leur vray domicile, d'y avoir partie de leur famille, bestail, labourage, et toutes autres commoditez dont on peut tirer profit, sans que les asseeurs osent les cottiser, pour ce qu'ils se maintiennent habitans d'autre paroisse. Pour à quoi obvier ordonnons auxdits asseeurs de cottiser les premiers au lieu de leur ancienne demeure, jusques à ce qu'ils aient demeuré par an et jour au lieu auquel ils ont fait publier qu'ils se vouloient retirer; et pour les autres, de les cottiser toujours au lieu de leur premier et plus vray domicile, encore qu'ils soient cottisez en celui où ils se sont malicieusement retirez et en fraude, sinon qu'ils aient donné leurs héritages dudit premier domicile à fermiers qui payent la taille en leur lieu, à raison du profit qu'ils y peuvent faire, selon qu'il est accoutumé ès cottes de ceux qui sont de ladite qualité.

(23) Après que les départemens de la grande taille auront été faits, les autres, pour quelque lieu que ce soit, seront réglés sur le même pied et au sol la livre sans y rien changer, à quoy si

---

(1) A Paris, la contribution personnelle est réelle en vertu d'un acte du gouvernement du 13 vendémiaire, érigé en loi le 5 ventôse an 12. L'impôt mobilier que l'on reconnaît très mal assis se paye ainsi double. Voy. art. 48, loi du 25 mars 1817, et art. 24, loi du 31 juillet 1821, sur une nouvelle assiette de l'impôt mobilier, discussion législative, séance du 15 mai 1829.

lesdits élens ou asseeurs contreviendront seront tenus aux dommages et intérêts de ceux qui s'en plaindront.

(24) Les collecteurs feront leurs receptes sur le rolle signé par les elens, et le tiendront en main lorsqu'ils poursuivront les cottisez, pour croiser et endosser au même instant le payement qui leur aura été fait, à peine de faux.

(25) La licence et corruption du temps a été cause aussi que plusieurs, sous prétexte de ce qu'ils ont porté les armes durant les troubles, ont usurpé le nom de gentilhomme pour s'exempter induement de la contribution aux tailles; pour à quoi remédier, défendons à toutes personnes de prendre le tiltre d'écuyer et de s'insérer au corps de la noblesse, s'ils ne sont issus d'un ayeul et père qui ayent fait profession des armes, ou servy au public en quelques charges honorables, de celles qui par les lois et mœurs du royaume peuvent donner commencement de noblesse à la postérité, sans avoir jamais fait aucun acte vil et dérogeant à ladite qualité, et qu'eux aussi se rendans imitateurs de leur vertu les aient suivis en cette louable façon de vivre, à peine d'être dégradés avec déshonneur du tiltre qu'ils auront osé induement usurper.

(26) Pour le regard des bâtards, encores qu'ils soient issus de pères nobles, ne se pourront attribuer le tiltre et qualité de gentilhomme, s'ils n'obtiennent nos lettres d'ennoblissement, fondées sur quelque grande considération de leurs mérites ou de leurs pères, vérifiées où il appartient.

(27) Ceux qui ont porté les armes et été enrollez ès compagnies d'ordonnance parmi les gens de pied, en charges de capitaine en chef, lieutenant ou enseigne, l'espace de vingt ans, dont ils feront duement apparoir, n'ayant pendant ledit temps ny depuis fait aucun acte dérogeant, jouiront d'exemption et y seront conservés tant et si longuement qu'ils feront ledit service et non plus avant, sinon qu'après avoir servy vingt-cinq années ès ordonnances, ou parmy les gens de pied ès charges susdites, ils ayent obtenu nos lettres vérifiées en nos cours des aydes, pour être dispensez dudit service et jouir de ladite exemption leur vie durant, en signe et recognoissance de leur vertu et mérite.

(28) Et pour l'advenir, enjoignons à nos capitaines de scompagnies de gendarmes de les remplir de gentilshommes, ou de personnes qui ayent servi dix ans pour le moins, parmi les gens de pied ès charges susdites de capitaine en chef, lieutenant ou enseigne; et s'ils y mettent d'autres de qualité roturière, ne pourront

jouir d'exemption qu'après avoir servi dix ans entiers èsdites compagnies, et pour autant de temps qu'ils continueront ledit service, et ne seront acte dérogeant comme dessus (1).

(29) Les commissaires, contrerolleurs et payeurs desdites compagnies seront réduits à certain nombre modéré, et les retenus jouiront d'exemption. Mais quant aux menus officiers, comme maréchaux-ferrans, chirurgiens et autres de pareille qualité, n'en pourront jouir, sinon pendant le temps qu'ils seront à la suite desdites compagnies, et étans de retour en leur domicile ordinaire seront cottisez tout ainsi que les autres habitans contribuables.

(30) Pour le regard des maistres de camp, capitaines en chef, lieutenans et enseignes des compagnies des régimens entretenus, seront aussi prins du corps de la noblesse, ou bien vieils et expérimentés soldats ayans suivi les armes dix ans pour le moins, et rendu quelque preuve signalée de leur valeur, dont faisant apparoir, ils jouiront d'exemption tant et si longuement qu'ils seront service, sinon qu'ils en soient dispensez par nous en la forme susdite.

(31) En jouiront pareillement les prévôts des maréchaux et leurs lieutenans de robbe courte; et quant aux archers, jusques à cent sols seulement qui leur seront déduits sur toutes tailles; mais les autres officiers desdits prévôts des maréchaux, comme assesseur, procureur du roy, commissaire, contrerolleurs des montres, payeur et greffier, y seront comprins pour le tout comme les autres contribuables.

(32) Estant aussi nécessaire de réduire l'exemption de maints officiers, qui n'ont dignité annexée à certaine somme, pour ôter le moyen et désir aux riches d'en abuser, et se faire employer aux états; sans que la plupart d'eux face aucun service, nous ordonnons que dorénavant les exemptions attribuées aux officiers cy-après nommez, lesquels les commissaires ont recogneu que les plus grands abus se commettaient, seront réduites; sçavoir, pour les chevaucheurs d'escuiries, du nombre de six-vingts, lesquels ne feront résidence et service actuel à la suite de la cour un quartier pour le moins chacun an, à la somme de vingt livres; les maitres de poste à pareille somme, avec permission tant auxdits chevaucheurs qu'aux maitres de poste de tenir à ferme trente arpens de terre d'autruy, sans déroger à leurs privilèges; les

---

(1) Les officiers sans troupe sont assujettis à la contribution personnelle, art. 2511, 31, loi de juillet 1841.

archers des villes à dix livres; les gardes de nos forêts à cent sols, et les salpêtriers à pareille somme de cent sols; lesquelles sommes leur seront rabattues et déduites sur leurs cottes de toutes tailles, et paieront le surplus tout ainsi que les autres contribuables.

(33) Pour la difficulté que les collecteurs pourroient avoir de se faire payer des prétendus exempts qui auront été cottisez, lesquels bien souvent sont craints et respectez au lieu où ils demeurent, après que les taxes leur auront été signifiées à la diligence desdits collecteurs, s'ils sont refusans ou dilayans de payer les receveurs des tailles et taillon, seront tenus d'en faire les poursuites et recouvremens aux frais des cottisez, et lesdits collecteurs déchargez d'autant.

(34) Les receveurs des tailles, taillon et autres nos deniers ne pourront donner leurs contraintes solidairement contre un particulier habitant pour la somme entière, à quoi la paroisse aura été taxée, sinon aux cas exceptez; à sçavoir, de rébellion jugée par les éleuz, de n'avoir fait assiette et nommé collecteur, ou bien que lesdits collecteurs, sommaire discussion faite de leurs biens meubles, ayans été trouvez non solvables; en tous lesquels cas voulons encore, afin que les sergens n'y commettent les mêmes abus qu'ils ont fait du passé, prenans argent des plus riches pour les exempter, au lieu desquels il mettent les pauvres ès prisons, dont après avoir souffert beaucoup il les faut tirer sans recevoir aucune chose que lesdites contraintes signées d'un éleu et du receveur, contiennent les noms et surnoms de trois ou quatre habitans des plus riches et aisez de la paroisse, ou autre plus grand nombre s'il est besoin, ayant égard à la grandeur de la somme deue; auxquels et non à autres lesdits sergens seront tenuz s'adresser, à peine de châtiment exemplaire et de restitution de tous dommages et intérêts à ceux qui s'en plaindront.

(35) Pour ôter aux sergens le moyen d'exiger plus grands salaires des collecteurs et autres habitans des paroisses qu'il ne leur est permis par les ordonnances, ne pourront d'orénavant ceux qui seront employez par les receveurs au recouvrement des tailles et autres nos deniers, recevoir leur salaire sinon par les mains desdits receveurs, et non par les collecteurs et autres habitans des paroisses, ce que leur défendons très expressément, à peine de la vie, de laquelle avance ils seront remboursez sur les premiers payemens que les collecteurs feront. Ordonnons encore ausdits receveurs, pour amoindrir ledit salaire à la décharge de nos subjects, de donner leurs contraintes sur plusieurs paroisses voisines

à un même sergent, lequel fera ses exploits en même temps et à un seul voyage ; à quoy s'ils faillent, l'excez de la cotte sera prins sur eux sans espoir d'aucun dédommagement : enjoignons aux eleuz d'y tenir, à peine d'en être responsables en leurs propres et privez noms.

(36) Les registres des receveurs seront dès le commencement de l'année cottez et paraphez en chacun feuillet, et le nombre écrit au long, non en chiffres, par l'un des éleus en présence de l'un de ses collégues au moins, dans lesquels ils mettront et non en autres les sommes qu'ils recevront, et au même instant que les payemens leur seront faits, comme aussi pour quelle année, sur quelle nature de deniers, en quelle espèce, et en donneront les quittances aux collecteurs en la même forme, à peine d'être convaincus de concussion.

(37) Ayant été contraints la plupart des habitans des paroisses de ce royaume vendre leurs usages et communes à fort vil prix, pour payer les tailles et autres grandes sommes de deniers qui se levoient avec violences sur eux durant les troubles, et bien souvent à ceux mêmes qui en avaient les assignations, voulons et ordonnons, quoyque lesdites ventes ayent été faites purement et sans rachapt, qu'il soit loisible aux habitans de les retirer en remboursant le prix actuellement payé par les acquéreurs, dans quatre ans du jour de la publication des présentes.

(38) Enjoignons aux substituts de nos procureurs généraux ès élections de ce royaume de recevoir les plaintes qui leur seront faites par nos subjects, d'en faire informer, instruire et juger les procez contre les coupables avec soin et diligence, sans obliger ou contraindre les complaignans de se rendre parties, ny faire les frais des poursuites ; et afin qu'on puisse mieux cognoistre s'ils s'en seront bien acquittés ou s'ils auront usé de connivence, seront obligés de donner acte signé d'eux aux parties qui les en requerront du jour de la plainte qui leur aura été faite.

(39) Voulons aussi que les réglemens particuliers faits par les commissaires, où ils ont jugé qu'il en étoit besoin, soient gardez en ce qu'ils ne seront contraires au présent réglement, et autres nos ordonnances ou de nos prédécesseurs, sauf si nos cours des aydes trouvent qu'il y faille faire quelque changement, de nous en donner advis pour après y pourvoir.

(40) Pour ce que sommes advertis que plusieurs appellations ont été interjectées des jugemens donnez par les commissaires, aucuns s'étans plaints des procédures criminelles et condamnations faites

contre eux, les autres d'avoir été surtaxés ou bien rendus contribuables se prétendans néanmoins exempts, notre intention étant que la justice soit rendue à chacun; et que ce qui a été fait et ordonné que lesdits commissaires pour le bien et utilité de nos subjects soit gardé; nous ordonnons quant aux appellations en cas de surtaux, qu'elles ne seront reçues contre les taxes par eux faites pour un an, sauf de les modérer ès années suivantes, s'il est jugé raisonnable de le faire, ceux qui y ont intérêt ouys et appelez. Ne seront pareillement reçues ès matières criminelles, ès quelles il leur a été permis de juger souverainement, appelé avec eux nos officiers sur les lieux, et pour le regard des appellations en tous autres cas, nous en avons évocqué la connoissance à nous et à notre conseil, et pour certaines causes et considérations icelles renvoyé et attribué, renvoyons et attribuons à nos cours des aydes chacun en leur ressort. Nous leur avons aussi attribué la cognoissance et jugement des procez instruits par ceux que lesdits commissaires ou subdéleguez, en vertu du pouvoir que nous leur en aurions donné, soit pour causes concernans la noblesse, criminelles ou autres, chargeans leur honneur et conscience, de suivre les ordonnances et le présent règlement ès jugemens qu'ils rendront, comme aussy d'y procéder plus sommairement et le plus à la décharge et soulagement des parties que faire se pourra.

Si donnons, etc.

Régistrée à la charge que, pour le regard du 2° art., les élus seront tenus de faire les départemens des paroisses de leurs élections dans quinzaine après les commissions par eux receues. Et quant au 4° art., qu'il aura lieu à la charge que l'esleu, lorsqu'il fera sa chevauchée, sera tenu d'ouyr le procureur syndic ou les marguilliers de la paroisse, pour eux ouis en faire bon et fidèle procez verbal, tant du consentement que dissentement des habitans. Les 5° et 6° art. auront aussi lieu suivant les édicts, ordonnances, arrêts et règlement de ladite cour; et sur le 11° seront faites très humbles remontrances au roy. Le 32° aura aussi lieu, fors et excepté que les maîtres des postes ne pourront tenir à ferme aucune terre d'autruy, suyvant les lettres de déclaration du roy, du 25 janvier 1599, et arrêt de vérification du 25 janvier dernier donné sur l'édict concernant les privilèges desdits maîtres des postes, le tout néanmoins par provision.

N° 140. — *Edit qui défend l'usage des draps d'or et d'argent* (1).

Paris, 24 mars 1600, reg. au parl. le 4 mai. (Vol. UU, f° 167.)

N° 141. — *Ordonnance du prévôt de Paris pour la police générale, et réglement sur la voierie* (2).

Paris, 22 septembre 1600, lue et publiée à son de trompe et cri public par les carrefours et faubourgs de Paris le 14 octobre 1600. (Diction. de voierie, p. 459, in-4°. Paris, 1782.)

Sur ce qui nous a esté remontré par le procureur du roy, prenant le fait et cause pour le voyer dudit seigneur, ès ville, faubourgs, prévosté et vicomté de Paris que, contre plusieurs ordonnances du roy et réglemens sur le fait de la police générale, et arrests de la cour cy-devant faits et donnez sur l'embellissement et décoration des bâtimens de cette ville et faubourgs, accroissement et ouvertures des rues, chemins et voyes publiques; plusieurs se sont licenciez et émancipez depuis vingt-cinq ou trente ans, et mesmement pendant les troubles derniers, de faire entreprises sur lesdites rues, places, chemins et voyes d'icelle ville et faubourgs, soit en bastimens de maisons, pans de murs, eschoppes, restablissement ou confortation de saillies, avances, estalages ou autres entreprises, et en telle sorte que lesdites rues, places, marchez et voyes de cetteditte ville et faubourgs, sont tellement encombrez et empeschez que le public n'y peut aucunement passer, aller ne venir, soit de jour ou de nuit, sans y recevoir de grandes incommoditez, et bien souvent en advient de grands dangers et inconvéniens. Nous requérant sur ce, et conformément ausdites ordonnances, réglemens, arrests, y pourvoir, et faire réitérer les deffenses y contenues, suivant laquelle requeste, et icelle considérée, qu'avons trouvée juste et raisonnable.

(1) Defenses sont faites et reïtérées à tous maçons, charpentiers, menuisiers, serruriers et autres ouvriers artisans, de ne faire à l'avenir aucun bâtiment, pans de murs, jambes, estrières ou autres édifices sur les rues, chemins et voyes de ladite ville,

---

(1) On trouve sous le règne de Henri IV en grand nombre d'édits semblables. V. note sur les lettres patentes de François Ier, mars 1514.
(2) V. ci-devant édit d'institution du grand-voyer, mai 1599 et la note, et ci après déclaration du 1er juin 1603.

fauxbourgs et banlieue, sans avoir au préalable pris l'alignement dudit voyer ou son commis.

(2) Et quant aux alignemens des encoignures des rues estans en et au-dedans de l'étendue desdits lieux, ils seront pris par ledit voyer ou sondit commis, en la présence de nous et dudit procureur du roy, comme il a été en tout temps observé.

(3) Pareilles défenses sont faites auxdits maçons, charpentiers, menuisiers, serruriers, et tous autres ouvriers, de ne mettre, asseoir, maçonner et attacher au-devant des maisons aucunes avances sortans hors œuvre, ou ouvrant sur rue et voyrie, depuis le rez-de-chaussée en amont, sans avoir aussi pris permission et alignement dudit voyer ou son commis, pour les hauteurs et saillies d'icelles.

(4) Comme aussi semblables défenses que dessus sont faites à tous lesdits maçons, charpentiers, menuisiers, et tous autres artisans, de n'innover aucune chose au-devant desdites maisons, et autres lieux où il y a saillies ou pans de bois, iceux réédifier, ne faire ouvrages en icelles qui les puisse conforter, conserver ou soutenir, ni faire aucun encorbellement en avances pour porter aucun mur, pan de bois, ou autre chose en saillie, et porter à faux sur lesdites rues, ains le tout continuer à plomb depuis le rez-de-chaussée tout contremont.

(5) Semblables défenses sont faites à tous les susdits ouvriers de n'excéder, n'outrepasser ès avances qu'ils feront sur la voyrie, les hauteurs et longueurs, portées et contenues par les permissions et alignemens qui leur en seront baillez par écrit par ledit voyer ou son commis, le tout à peine de cinquante écus d'amende et de prison contre les contrevenans, et de pouvoir par ledit voyer ou sondit commis, abattre et démolir ce qui se trouvera avoir esté fait et entrepris contre et au préjudice de ce que dessus.

(6) Et aussi sont faites deffenses sur les mesmes peines que dessus, à tous charpentiers, menuisiers et serruriers, de ne faire asseoir ny ferrer cy-après aucunes fermetures de boutiques estans en avances ou saillies sur la voyerie, soit par le pied, ou goussets par le haut, ny de deux assemblages brisez; et s'ouvrant par le milieu en forme de trappes, l'une se soutenant par le haut et l'autre s'abattant par le bas, ains seront assis et plantez d'un droit alignement, après les pans de murs, jambes ou poteaux, estrières, et la fermeture en fenestre et coulisse pour la commodité publique. Et ordonnons qu'à l'avenir toutes les establies

que les marchands et autres personnes désirent avoir au-devant de leurs maisons et boutiques, pour estaler et faire montre des marchandises estant en icelles, seront faites et construites d'un aiz ou membrure, qui servira de coulisse à la fermeture desdites boutiques, sans aucune avance ou saillie par le pied, ny en goussets par le haut, comme dessus est dit, et en icelles des contr'avances en forme de battans, brisez, serrez ou emboistez, afin qu'ils se puissent renverser ou oster à toutes occasions que le public se trouvera oppressé ou incommodé au passage et endroits où ils seront posez et assis.

(7) Et ne pourra néanmoins ledit voyer ou son commis donner ses alignemens et permissions, à sçavoir, ès plus grandes et plus larges rues desdites ville et fauxbourgs, pour les aiz ou membrures qui serviront de coulisse à la fermeture des boutiques, comme dessus est dit, que de deux pouces, pour seulement servir de liaison, et maintenir lesdites fermetures de boutiques, et les battans et contravances qui seront mises en icelles membrures ou aiz, comme dit est de cinq à six pouces. Les establies ou escoffroirs ne pourront estre attachez à fer ni à cloud, et les auvens seront de dix à douze pieds de longueur, deux pieds et demy de chassis en largeur, et affichez de douze pieds de hauteur du rez-de-chaussée, et aux petites rues à l'équipolent, et selon qu'il jugera pour la commodité du public.

(8) De tous lesquels alignemens et permissions susdits, iceluy voyer et ses commis ne pourra prendre ne s'attribuer pour son droit de voyer plus grande somme que celle que nous avons trouvé avoir cy-devant été prise par les prédécesseurs voyers ou leurs commis ; à sçavoir des allignemens des encoignures, pans de mur ou de bois et de chacun d'iceux, soixante sols parisis, sans que pour un seul pan de mur ledit voyer ou son commis puisse prendre plus de soixante sols parisis, encore que pour raison des coudes ou ply qui s'y pourroient trouver, il fust besoin donner audit pan de mur plusieurs estalonnemens ; et pour toutes les autres permissions et allignemens qu'il donnera des choses susdites, pour ce qui sera fait et édifié de neuf, et de chacune des avances, soixante sols parisis, et de la réfection ou innovation d'icelles, trente sols parisis ; le tout conformément à l'avis par nous donné à nosseigneurs de la cour de parlement, suivant l'arrest d'icelle sur ce donné, et à nous adressant.

(9) Toutes fermetures de boutiques qui se trouveront de présent ès rues, places, marchez et voyes esdites ville et fauxbourgs

de Paris, excéder en saillies ou avance hors des corps des pans de murs, jambes ou posteaux, estrières, soit au rez-de-chaussée, ou par le haut, au-dessus des membrures d'icelles fermetures, en goussets ou autrement; comme aussi lesdites membrures qui se trouveront excéder en avances plus de deux pouces après lesdits corps des pans de murs, jambes ou posteaux, estriers, seront ostez, rompus, démolis et abattus, et iceux réduits et réformez suivant les alignemens et avances que dessus, dedans quinzaine du jour de la publication des présentes, sans que ledit voyer ou ses commis puissent prendre ny demander aucuns droits de voyerie pour ledit nouveau alignement et retranchement, et pour cette fois seulement, en obéissant par les propriétaires ou locataires à ce que dessus dedans le temps susdit. Et à faute de ce faire, avons permis et permettons audit voyer ou ses commis, les faire oster, abattre et démolir, aux frais et dépens des propriétaires ou locataires, lesquels frais lesdits locataires seront tenus avancer, sauf leur recours contre qui, et ainsi qu'ils verront estre à faire par raison.

(10) Seront aussi ostez et abattus tous estalages excédans huit pouces après le gros mur ès plus grandes rues, serpilières, râteliers, escoffroirs, selles, tonneaux, billots, troncs et pièces de bois, siéges ou autres pierres ou encombremens qui se trouveront par les rues empescher lesdites rues et voyes, soit au-devant des boutiques des marchands ou autres endroits, et ce dans huitaine du jour de la publication des présentes, à peine de confiscation des choses susdites et de dix écus d'amende, applicable comme dessus. Et à faute de ce faire, avons permis audit voyer du roi et son commis, commissaires et sergens, d'enlever, prendre et confisquer tout ce qui sera par eux trouvé sur lesdites rues et voyes.

(11) Comme aussi seront ostées et abattues toutes fausses vues qui se trouveront faites dans les auvents qui sont au-devant des boutiques, et aux fenestres des chambres et arrière-boutiques, soit sur rue ou ailleurs, desquelles s'aident les marchands de soye et autres marchands, et dont ils tirent du faux jour pour déguiser leurs marchandises en la montre et vente d'icelles, le tout dans huitaine, à peine de dix écus d'amende contre chacun d'eux. Et à faute de ce faire, avons enjoint audit voyer les faire oster et abattre par son commis, aux dépens desdits contrevenans.

(12) Deffenses sont aussi faites à toutes personnes, mesmes aux charrons, sculpteurs, marchands de bois, charpentiers et tous

autres, de mettre ny tenir sur les chemins, rues, voyes et voyeries, soit au-devant de leurs maisons, sur les quais, chemins, rivages, bordages et avenues des rivières ou autres lieux, places et voies publiques, aucuns carosses, coches, charettes, chariots, troncs et pièces de bois ou autres choses qui puissent encombrer ou empescher les chemins et voyes. Et à eux enjoint d'oster et retirer ceux qui y sont de présent, dedans huitaine du jour de la publication des présentes; et à cette fin auront granges, chantiers, cours ou autres lieux commodes pour les y retirer, le tout à peine de dix écus d'amende, et de confiscation des choses susdites qui y seront trouvées.

(13) Deffenses sont aussi faites à tous teinturiers, foulons, tondeurs, frippiers et tous autres, de ne mettre seicher sur perches, soit ès fenestres de leurs greniers, ou autrement sur rues et voyes, aucuns draps, toiles ou autres choses qui puissent incommoder ou empescher le public, ou offusquer les rues à peine de dix écus d'amende.

(14) Les propriétaires ou autres qui feront bastir sur les rues et voyes, comme aussi les ouvriers qui entreprendront à faire lesdits bastimens, ne pourront tailler leurs pierres esdites rues, ny matériaux plus de vingt quatre heures, ains se retireront dans les places à bastir. Comme aussi ne pourront mettre en icelles rues et voyes aucunes vuidanges, soit de gravois, terres ou autres qui les puissent encombrer, sinon lors et à l'instant que les tombereaux les pourront charger et enlever desdits lieux, à peine de dix écus d'amende.

(15) Deffenses sont faites aussi à tous revendeurs, regrattiers, fruitiers, harengères, poissonnières et autres gens de basse condition, de ne vendre et estaller èsdites rues et voyes publiques, aucunes marchandises ou denrées; ains est enjoint à eux retirer et vendre icelles ès places et marchez publics, lieux et endroits qui leur ont été et seront destinez et baillez par ledit voyer ou son commis, sans qu'il les puisse néanmoins placer ès entrées desdits marchez, ne y vendre par les dessusdits, à peine de confiscation de leurs marchandises et denrées, et de prison.

(16) Et néanmoins pour la commodité du public, et pour donner moyen aux regrattiers susdits de vivre, pourront iceux regrattiers prendre boutiques et maisons particulières de ladite ville et fauxbourgs, et en icelles vendre leurs fruits et autres denrées, ou de porter paniers à col par les rues, allans et ve-

nans en hallcs, sans que pour ce ils se puissent placer ou estaller sur lesdites rues et voyes.

(17) Comme aussi seront les boulangers forains, placez par ledit voyer ou son commis, ès places à ce destinées, une fois pour tout l'an, au commencement de janvier, et ce en la présence du commissaire du quartier.

(18) Deffenses sont aussi faites à tous propriétaires ou locataires, et autres qui ont maisons assises ès places, marchez et autres lieux publics où il est accoustumé de tenir foires ou marchez èsdites villes et fauxbourgs, et au-dedans desquelles se vendent et estallent marchandises ou denrées par marchands forains et autres, de n'empescher lesdits marchands forains et autres, au plaçage qui leur sera donné par le voyer èsdits lieux, ny en la vente de leurs marchandises ou denrées, ny mesme en prendre ou exiger d'eux aucune chose, sous pretexte qu'ils pourront alléguer en recevoir incommodité, à peine de vingt écus d'amende et de prison, attendu qu'au roy seul appartient la seigneurie foncière desdites rues, places, marchez, chemins royaux et publics.

(19) Autres deffenses sont aussi faites à tous artisans et gens de mestier, comme petits merciers, ferreurs et vendans esguillettes, espingles, faisans esguilles, savetiers, revendeurs, racoustreurs de bas d'estame et autres de basse condition, de poser leurs establies, selles ou billots èsdites rues et voyes, contre et au-devant des maisons particulières ou autrement, sans le gré des propriétaires ou locataires, et sans qu'au préalable le lieu auquel ils désireront se placer et mettre leursdites marchandises, establies, selles ou billots, n'aye esté veu et visité par le voyer du roy susdit ou son commis, sur la commodité ou incommodité du public, et n'ayent de luy pris sa permission et congé, à peine de confiscation desdits estaux, marchandises et denrées y estans, et d'amende arbitraire.

(20) Ledit voyer pourvoira au pavement des rues, et où il se trouvera quelques pavez cassez et rompus ou enlevez en la rue, l'ouverture soit promptement restablie aux dépens des détempteurs des maisons, et prendre garde à ce que le pavé fait de neuf soit bien fait, et ne se trouve plus haut élevé que celuy de son voisin.

(21) Sont faites deffenses à tous charretiers menans et conduisans terraux, vuidanges de privez, bouës et autres immondices, de décharger ailleurs qu'ès fosses et voieries à ce destinées,

et où il leur sera commandé par ledit voyer ou son commis, à peine de confiscation des chevaux, charettes et harnois, de dix écus d'amende et de prison.

(22) Comme aussi sont faites deffenses à toutes personnes de jetter aucunes eauës, immondices ni ordures par les fenêtres ès-dites rues et voyes, tant de jour que de nuit, à peine de deux écus d'amende et de prison.

(23) Lesquelles amendes ci-dessus adjugées contre les contrevenans, seront baillées; à sçavoir, le tiers au roy et les deux tiers audit voyer, tant pour les salaires de lui et de ses commis, que frais qui luy conviendra faire pour le soutennement et manutention de l'exécution de ces présentes, et afin que deuëment et diligemment il soit par lui vacqué au fait de sa charge.

(24) Et à cette fin mandons au-dit voyer de tenir la main à l'exécution de tout ce que dessus, et de nous estre fait rapport par son commis ès jours de police, des contraventions qui y seront faites, comme de choses dépendans de sa charge et office, et aux commissaires et sergens dudit Chastelet, les assister toutes fois et quantes qu'ils en seront requis, et faire en sorte que le roy soit obéi, et la justice maintenue et gardée.

(25) Et à cet effet ordonnons que cette nostre présente ordonnance sera leue et publiée, tant à la police, icelle tenant, que par les carrefours de cettedite ville et fauxbourgs, et d'icelle mis affiches ès poteaux, places et autres lieux et endroits apparens et ensuivans desdites ville et fauxbourgs, à ce qu'aucun à l'avenir n'en prétende cause d'ignorance, et aye à y obéir sur les peines que dessus, et autres plus grandes, s'il y échet.

N° 142. — ARTICLES *additionnels au réglement précédent, sur la réforme des statuts de l'université* (1).

Paris, 25 septembre 1600. Recueil des lois et réglemens de l'université, 1814, I, 48.)

N° 143. — DÉCLARATION *qui ratifie le mariage du roi conclu à Florence avec Marie de Médicis* (2).

Chambéry, 21 octobre 1600, reg. au parl. le 16 juin 1601. (Vol. VV, f° 226. — Rec. des traités, II, 640.)

---

(1) V. ci-devant 13 septembre 1598, note sur ce réglement. — Les articles de 1600 sont relatifs à la police intérieure des colléges, à l'époque de l'ouverture des cours de médecine, etc.

(2) Le contrat de mariage est du 26 avril. — Le grand duc de Toscane, père de

N. 144. — Déclaration *par laquelle le roi prend sous sa protection et sauvegarde les frères religieux de l'ordre de Saint-François, dits* capucins (1).

Chambéry, 19 octobre 1600, reg. au parl. le 8 mai 1601. (Vol. VV, f° 119.)

N° 145. — Traité *avec le duc de Savoie, qui réunit à la France la Bresse, le Bugey, le Véromey et le pays de Gex, en échange du marquisat de* Saluces (2).

Lyon, 17 janvier 1601. (Pinson, indust. 989. — Hist. de la maison de Savoie, 548. — Rec. des traités, III, p. 1).

N° 146. — Déclaration *qui permet la libre exportation des blés pendant le cour de l'année* 1601 (3).

Paris, 20 février 1601, reg. au parl. le 26. (Traité de la pol., liv. 5, tit. 13, ch. 4, p. 932.)

N° 147. — Edit *qui révoque les priviléges accordés aux soi-disans descendans d'Eudes, dit* Chalo Saint-Mas (4).

Paris, mars 1601, reg. au parl. le 3 juillet 1602. (Vol. VV, f° 425.)

N° 148. — Déclaration *qui défend l'importation et la vente de la drogue appelée* Inde ou Anil (5), *et l'usage de cette drogue par les teinturiers.*

Fontainebleau, 15 avril 1601, reg. au parl. le 20 juillet. (Vol. VV, f° 243.)

Marie, lui donne une dot de 600,000 écus d'or (monnaie florentine) — Henri IV s'engage à lui constituer un domaine de 20,000 écus d'or de rente.

(1) V. lettres patentes de Henri III, juillet 1576, en faveur de cet ordre, et la note que nous y avons jointe. Les capucins supprimés par la loi de 1792, rétablis de fait en 1821 ou 1822, ont été dénoncés par nous à la justice comme violant les lois répressives de la mendicité, en octobre 1827, et renvoyés de France en 1828, par un ordre du garde des sceaux Portalis.

(2) V. le traité de Cateau-Cambresis, 3 avril 1559, et celui de Vervins, 2 mai 1598.

(3) Les troubles civils ayant amené la disette, Henri IV, par déclaration du 12 mars 1595 (V. à cette date), avait prohibé l'exportation des blés sous des peines sévères. Mais l'édit de Nantes et la paix de Vervins (V. avril et mai 1598) ayant rétabli la paix et l'abondance dans le royaume, il leva cette prohibition par la déclaration de 1601.

(4) V. note sur l'édit de Henri III du 26 mars 1575; ces priviléges consistaient dans l'exemption de payer la taille et autres impôts.

(5) On trouve à peu près à la même date un grand nombre de déclarations semblables. La peine, en cas d'infraction, était, pour la première fois, de 500 écus d'amende; pour la seconde, l'amende arbitraire. Le quart était alloué aux dénonciateurs.

N° 149. — *Édit général sur le fait des chasses, la louveterie, etc.* (1).

Paris, juin 1601, reg. au parl. le 10 juillet, et au siège de la table de marbre le 20 du même mois. (Vol. VV, f° 246. – Font. II, 337. – Baudrillart, rec. des réglemens forestiers, tom. I.)

Henry, etc. Les roys nos prédécesseurs pour réprimer la licence qu'un chacun s'est voulu de tout temps attribuer de chasser indifféremment par tout, ont faict à ce regard plusieurs belles ordonnances qui ont esté inviolablement entretenues et gardées, jusques à ce que par la misère des guerres civiles qui ont eu cours en ce royaume, la liberté s'y estant de nouveau coulée, elle y a apporté autant ou plus de désordre et confusion qu'au précédent. Mais depuis qu'il a pleu à Dieu nous donner une bonne paix, nous n'avons rien tant désiré que d'establir de bons et asseurez reiglemens au faict desdites chasses, à ce que nous puissions avec les princes et nostre noblesse parmy ceste tranquilité jouir de ce plaisir qui nous doit estre réservé. A ces causes ayans fait revoir en nostre conseil lesdites ordonnances, nous en suyvant la plus part d'icelles par cestuy nostre présent édict perpétuel et irrévocable, avons dit, statué et ordonné, disons, statuons et ordonnons ce qui s'ensuit :

(1) Défendons à toutes personnes de quelque qualité et condition qu'ils soyent, de chasser dans nos buissons, forests et garennes à quelque sorte de gibier que ce soit, et hors icelles, les cerfs, biches, et faons, sinon ceux qui en ont expresse permission de nous, ou qui se trouveront fondez en tiltres valables et authentiques, permissions, concessions et octrois qu'ils en ont eu des rois nos prédécesseurs, duement vérifiez, ou qui en cas de pertes de leurs tiltres par guerre, feu, hostilité et autres accidens, vérifieront en avoir jouy depuis le décez de notre très honoré sieur et grand oncle le roy François Ier, à la charge d'obtenir par eux dans un an du jour de la publication des présentes, lettres de confirmation de nous de leurs priviléges, et icelles faire vérifier pardevant nostre grand maistre enquesteur et général réformateur de nos eaux et forests, ou ses lieutenans ès siéges des tables de marbre en chacun parlement, sinon et où il n'y en auroit point, au siége de Paris.

(2) Défendons pareillement de prendre en nosdites forests,

---

(1) V. l'ordonn. de François Ier, mars 1515, et la note.

buissons et garennes, aires d'oiseaux : et d'y tendre et chasser à beccasses, ramiers, pluviers, bizets, et autres oiseaux de passages, sans nostre congé et permission, ou de nos officiers ayans charge d'icelles.

(3) Défendons (1) aussi à toutes personnes, et mesmes à nos officiers, de mener aucuns chiens en nosdites forests, buissons et garennes, et à tous paysans et gens de village d'en tenir et avoir à une lieue près d'icelles s'ils ne sont attachez, ou une jambe rompue.

(4) Permettons à tous seigneurs, gentilshommes et nobles de chasser et faire chasser noblement à force de chiens et oiseaux par leurs receveurs, garenniers et serviteurs domestiques dans leurs forests, buissons et garennes, à toutes sortes de gibier, mesmes aux chevreuils et bestes noires, pouveu que ce ne soit qu'à trois lieues de nos forests, pour le regard desdits chevreuils et bestes noires seulement, ni dans les bleds, depuis qu'ils sont en tuyaux; dans les vignes, depuis le premier jour de mars jusques après la dépouille d'icelles, à la charge que lesdits seigneurs, gentilshommes et nobles respondront de leursdits receveurs, garenniers et domestiques, s'ils abusent de la présente permission.

(5) Leurs permettons (2) aussi de pouvoir tirer et faire tirer de l'arquebuze par leursdits receveurs, garenniers et serviteurs domestiques aux charges cy-dessus, dans l'estendue de leursdits fiefs, et sur les terres, eaux et marais qui en dépendent, aux oiseaux de rivière, grues, oyes sauvages, bizets, ramiers, et tout autre gibier de passage non défendu : ensemble de faire tendre et prendre avec les filets, panneaux et engins que nos ordonnances permettent, les lapins, beccasses, pluviers et toute autre pareille sorte de gibier, fors et excepté les lièvres, levrauts et perdrix, que nous défendons à toutes personnes de prendre et tirer à coups d'arquebuze et d'arbaleste, ou chiens couchans, ains seulement comme dit est cy-dessus, à force de chiens et oiseaux.

(6) Et d'autant que depuis les guerres dernières, le nombre des loups est tellement accreu et augmenté en ce royaume, qu'il apporte beaucoup de perte et dommage à tous nos pauvres subjects, nous admonestons tous nos seigneurs hauts justiciers et seigneurs de fiefs, de faire assembler de trois mois en trois mois

---

(1) V. Edit de juillet 1607, art. 6.
(2) V. la declaration du 16 février 1602, ci-après, et celle du 14 août 1603.

ou plus souvent encore, selon le besoin qu'il en sera, aux temps et jours plus propres et commodes, leurs paysans et rentiers, et chasser au dedans de leurs terres, bois et buissons avec chiens, arquebuzes, et autres armes aux loups et renards, bléreaux, loutres et autres bestes nuisibles, et de prendre acte et attestations du devoir qu'ils en auront faict par devant leurs officiers ou autres personnes publiques, et iceux envoyer incontinent après aux greffes des maistrises particulières des eaux et forests du ressort où ils seront demeurans: révoquant par ce moyen toutes les permissions particulières que nous pourrions par importunité ou autrement avoir accordées et fait dépescher, de tirer de l'arquebuze à qui que ce soit, s'il n'est de ladite qualité, et en son fief et sur les maraiz et terres qui en dépendent seulement.

(7) Enjoignons aux maistres particuliers de nosdites eaux et forests, et capitaines de nos chasses d'y tenir la main, et de contraindre les sergens louvetiers par condamnations d'amendes, suspension et privation de leurs estats et charges, à chasser et tendre ausdits loups et renards, et de faire rapport par devant eux de quinzaine en quinzaine ou de mois en mois, du devoir ou des prises qu'ils auront faictes.

(8) Et quant aux marchands, artisans, laboureurs, paysans et autres telles sortes de gens roturiers, leur avons faict et faisons inhibition et défenses très expresses de tirer de l'arquebuze, escopette, arbaleste et autres bastons, et d'avoir et tenir en leurs maisons collets, poches, filets, tonnelles et engins de chasse, oyseaux gentils et de proye, furets et lévriers, ensemble de chasser au feu ny autrement, à aucunes grosses et menues bestes et gibier, en quelque sorte et manière que ce soit.

(9) Faisons défences à toutes personnes indifféremment de faire ouvrer et exposer en vente, avoir et eux aider de tirasses, tonnelles, traisneaux, bricolles, de cordes et de fil d'archal, pièces et pants de rets et collets, ains seulement pourront estre exposez en ventes toiles à grosses bestes, poches et panneaux à prendre lapins et connils, ailliers à caille, napes et filets à allouettes, grues et merles, ramiers, bizets, beccasses, pluviers, sarcelles et autres oiseaux de passage.

(10) Défendons(1) à toutes personnes d'user au faict de chasse, avoir ou tenir aucuns chiens couchans.

---

1) V. l'édit de 1607.

(11) Et afin que le présent (1) édict soit invariablement observé et gardé pour l'ad venir, nous voulons et ordonnons que les infracteurs et contrevenans aux défences portées par iceluy, soyent punis ainsi qu'il s'ensuit.

(12) A sçavoir ceux qui auront chassé aux cerfs, biches et faons, en 83 escus un tiers d'amende, et aux sangliers et chevreuils en 41 escus deux tiers, s'ils ont de quoy : sinon et en défaut de ce, seront battus de verges soubs la custode jusques à effusion de sang.

(13) S'ils y retournent pour la seconde fois, et après ladite punition seront battus de verges autour des forests, bois, buissons, garennes et autres lieux où ils auront délinqué, et bannis de quinze lieues à l'entour.

(14) Après lesdites punitions s'ils y retournent pour la tierce fois, seront envoyez aux galères ou battus de verges, et bannis perpétuellement de nostre royaume, et leurs biens confisquez; et s'ils estoyent incorrigibles, obstinez, et récidivoyent après lesdites punitions, enfraignans leur ban, seront punis du dernier supplice s'il est ainsi trouvé raisonnable par les juges qui feront leur procez, à la conscience desquels nous avons remis d'en ordonner selon l'exigence des cas.

(15) Ceux qui auront contrevenu aux défenses susdites, et chassé par plusieurs et diverses fois ausdits cerfs, biches et faons, sans avoir esté punis, seront condamnez en 196 escus deux tiers d'amende, s'ils ont de quoy payer, et en défaut de ce seront battus de verges aux environs des forests, bois, buissons, garennes et autres lieux où ils auront délinqué, et bannis à trente lieues à l'entour : et en chascun desdits cas, les venaisons, chiens, filets, bastons et engins confisquez.

(16) Si après ladicte punition, ils contreviennent ausdites défenses, ils seront punis en la forme et manière que ceux qui auront contrevenu la tierce fois, ainsi qu'il est cy dessus déclaré.

(17) Ceux qui auront chassé aux menues bestes et gibier, seront condamnez pour la première fois en 6 escus deux tiers d'amende, s'ils ont de quoy payer, sinon et en défaut, demeureront un mois en prison au pain et à l'eau : la seconde au double de ladite amende, et en défaut de payer, seront battus de verges

---

(1) V. l'édit de François Ier, mars 1515.

soubs la custode, et mis au carcan trois heures, à jour et heure de marché, et la tierce fois, outre lesdites amendes, battus de verges autour des garennes, bois, buissons, et autres lieux où ils auront délinqué, et bannis à quinze lieues à l'entour.

(18) Ceux qui après avoir chassé par plusieurs fois ausdites menues bestes et gibier, et sans avoir esté punis, seront repris et appréhendez par justice, seront condamnez en 15 escus un tiers d'amende, s'ils ont de quoy, sinon et en défaut de ce, seront battus de verges soubs la custode, et mis au carcan, comme dessus : et en chacun desdits cas, les venaisons et gibier, chiens, oyseaux, filets, bastons et engins confisquez. Et si après ladite punition ils récidivoyent, ils seront punis en la forme et manière que ceux qui auront contrevenu la tierce fois.

(19) Ceux qui auront ouvré, exposé en vente ou acheté, ou qui auront esté trouvez saisis de tirasses, tonnelles, traisnaux, bricolles, pants de rets, collets et autres engins défendus, seront pour la première fois condamnez en 5 escus d'amende, pour la seconde au double, et pour la troisième, outre lesdites amendes, bannis de la ville, prévosté ou bailliage où ils auront esté trouvez, et les filets et engins confisquez, lesquels nous voulons estre ars et bruslez à jour de marché et place publique desdites villes, bourgs et villages : et pour la première et seconde fois qu'ils n'auront de quoy payer lesdites amendes, seront battus de verges soubs la custode, ou en place publique, à l'arbitrage des juges, et ceux qui enfreindront leur ban, seront punis comme les infracteurs cy-dessus pour la troisième fois.

(20) Ceux qui chasseront aux chiens couchans à l'harquebuze autrement que nous avons cy-dessus déclaré, et seront trouvez saisis, seront condamnez pour la première fois en 33 escus un tiers d'amende, au double pour la seconde, et au triple pour la troisième, s'ils ont de quoy, et à défaut de ce, la première fois battus de verges soubs la custode, la seconde en place publique, et la troisième bannis à toujours du lieu de leur demeure : et en chacun desdits cas auront les chiens les jarrets de derrière coupez, et seront les harquebuzes confisquées.

(21) Ceux qui se trouveront atteints de larcins, tant en nos garennes, que celles de hauts justiciers, et autres, seront punis et chastiez selon les anciennes ordonnances des rois nos prédécesseurs, et de nous sur ce faictes.

(22) Pareillement ceux de nosdits officiers sur le faict de nosdites chasses et forests, qui auront contrevenu à nos défenses,

ou usé de négligence ou connivence à l'endroit des infracteurs, seront condamnez en chacun desdits cas, aux peines et amendes cy-dessus déclarées pour la première fois, et pour la seconde, suspendus pour un an, et pour la troisième, privés de leurs offices.

(23) Et où en aucuns autres cas de nosdites défenses, la peine n'aurait esté exprimée, par cestuy notre présent édict, nous voulons que les infracteurs et contrevenans soyent condamnés par nos juges et officiers en telles peines et amendes qu'ils verront qu'au cas appartiendra, selon la qualité du délict.

(24) N'entendons toutefois que les peines inflictives du corps soyent exécutées, sinon sur personnes viles et abjectes, et non autres.

(25) Avons (1) attribué et attribuons au dénonciateur des délinquans, coupables et contrevenans à nosdites défenses, le tiers denier provenant desdites amendes et confiscations, après toutefois qu'elles seront jugées par arrêts de nos cours souveraines.

(26) Voulons aussi que la capture des délinquans au faict de chasses, saisie des bastons, chiens, filets, et engins défendus, et information première, appartienne concurremment aux maistres de nos eaux et forests, capitaines des chasses, forestiers, verdiers, gruyers, ou leurs lieutenans, leurs sergens, gardes, et mottes-payés par prévention des uns sur les autres.

(27) Ne pourra néantmoins l'instruction des procez concernans lesdites chasses estre faicte sinon par les lieutenans de robe longue de la qualité requise par les ordonnances, à la poursuite et sur les conclusions de nos procureurs ès maistrises et gruyeries, à l'instruction et jugement desquels procez assisteront lesdits capitaines des chasses, si bon leur semble, et y auront leur séance, voix, opinion, fors et excepté pour le regard des forests dépendantes de nos maisons de Sainct-Germain-en-Laye et Fontainebleau, où, pour la résidence ordinaire que nous y faisons, ayans establi capitaines, de la diligence, prud'hommie et fidélité desquels, et bonne cognoissance au faict des chasses, nous nous sommes asseurez que des autres nos officiers y estans: nous voulons qu'iceux capitaines, tant eux, leurs lieutenans, que gardes des chasses, facent la recherche et capture des délinquans et contrevenans dans nos forests de Sainct-Germain-en-

---

(1) V. l'édit de François Ier du 1 juillet 1539.

Laye, et Fontainebleau, aux défenses sur le faict d'icelles, contenus en nostre présent édict; procèdent à l'instruction et jugement des procez, à la poursuite et diligence toutefois de nos procureurs, appelez nos lieutenans de nos eaux et forests de robbe longue, et autres juges et avocats pour conseil, qui seront appelez par nos ordonnances. N'entendons toutefois par ce que dessus prejudicier à la jurisdiction de nos subjects, ayans haute, moyenne et basse justice, en sorte qu'en leurdite justice le procez ne puisse estre faict et parfaict à ceux qui contreviendront à la présente ordonnance, pour les crimes et délicts commis en leurs terres: fors et excepté pour ce qui concerne le cerf et la biche: dont pour ce regard seulement, nous avons attribué et attribuons la cognoissance à nos officiers, comme dessus, privativement à tous autres juges: à la charge toutefois que les appellations desdits juges subalternes ressortiront en nos cours de Parlement.

(28) Ressortiront toutes appellations (1) interjectées desdits maistres capitaines, gruyers, ou leurs lieutenans: mesmes celles qui seront qualifiées comme de juge incompétent, desny de renvoy, ou autres de quelque nature et qualité qu'elles soyent, par devant nosdites cours de parlement.

Si donnons, etc.

N° 150. — ÉDIT *qui confirme les précédens sur les mines et minières* (1) *et qui crée un grand-maître et autres officiers.*

Fontainebleau, juin 1601, reg. au parl. le 3 avril 1602, et en la ch. des compt. le dernier juillet 1603. (Vol. V.Y, f° 373. — Mém. ch. des compt., VVVV, 177.)

HENRY, etc. Nous avons fait voir en notre conseil les déclarations des rois nos prédécesseurs, même celles de François I.er, Henri II,

---

(1) Ces appellations ressortaient autrefois de la juridiction du grand-maître réformateur des eaux et forêts. Une déclaration du 16 juin 1602 remit les choses sur l'ancien pied.

(1) V. l'ordonn. de Charles VI du 30 mai 1413 et la note; de Henri II, dernier septembre 1548; de François II, 11 juillet 1560; de Charles IX, 6 juillet 1561 et 28 septembre 1568; ci-après l'arrêt du conseil du 14 mai 1604; de Louis XIII, 1626; de Louis XIV, 1680; de Louis XV, 9 janvier 1717, 6 août 1719, février 1722, 12 juillet et 9 août 1723, 26 avril 1727 et 11 juillet 1728, 27 mai 1731, 14 janvier 1744; de Louis XVI, arrêts du conseil du 21 mars 1781 et 19 mars 1783, 14 mars 1784, 7 avril 1786, 29 septembre suivant. — Législation nouvelle. — Loi du 28 juillet 1791, 10 juin 1793; arrêtés des 1er, 6

François II et Charles IX, nos très honorés seigneurs, beau-père, frères et autres, vérifiées en notre cour de parlement, chambre de nos comptes et cour de nos aydes à Paris et ailleurs où besoin a esté, sur le fait des usines et minières de ce royaume, pays et terres de nostre obéissance, par lesquels nosdits prédécesseurs roys meus de la même affection que nous sommes de faire cognoistre à nos subjects que Dieu a tellement béni nos royaumes, pays et terres de nostre obéissance que toutes choses s'y peuvent recouvrer en très grande abondance, ils auraient, pour induire leurs sujets à faire recherche et travailler auxdites mines, et pour y appeler les étrangers et leur faire quitter les mines et minières de nos voisins, beaucoup moindres que les nostres, fait et attribué plusieurs beaux et grands priviléges, auctorités, franchises, et libertés, tant à l'état de grand maître superintendant et général réformateur desdites mines et minières, qu'à ses lieutenans, commis et députés et ouvriers régnicoles et estrangiers, avec pouvoir de justice audit grand-maistre, comme plus au long le contiennent lesdites ordonnances, déclarations et reiglemens, et comme l'expérience, seul juge assuré des bons établissemens, elle a fait cognoistre beaucoup de défauts auxdites ordonnances, en ce que par icelles, au lieu de gaiges ordinaires qui devaient être attribués audit office de grand maître, nosdits prédécesseurs auroient fait aux pourvus dudit office don de leur droit pour certain temps, le jugement duquel appartenant aux officiers establis par lesdits grauds maîtres, il s'y commettait de très grands abus en ce que lesdits officiers dépendant entièrement de lui, lui adjugeoient plustost ce qu'il désiroit que ce qui lui appartenoit, dont se seroient ensuivies plusieurs plaintes en nos cours de parlement.

A quoy désirant pourveoir et à ce que notredit droit à nous appartenant, à cause de notre souveraineté inséparable d'icelle ainsi que le contiennent lesdits édicts, ordonnances, reiglemens et déclarations, et qu'il a esté jugé plusieurs fois spécialement par la declaration du feu roy François II, notre très honoré seigneur et

---

et 12 juillet 1794, circulaire du ministre de l'intérieur, 4 mars et mai 1796, 22 octobre 1795; arrêté du 11 avril 1797, id. du 23 décembre suivant; loi du 16 novembre 1799, 21 décembre suivant; décret du 2 février 1801; instruction ministérielle du 7 juillet suivant; arrêté du 23 janvier 1802, et la loi du 21 avril 1810; décrets des 7 août et 18 novembre même année, 5 avril 1811; ordonnances royales des 17 juillet 1815, 20 août et 5 décembre 1816; loi du 6 avril 1825, sur la mine de sel de Vic. — V. l'ouvrage de Blavier sur les mines. (3 vol. in-8°, 1825.)

frère, du 29 juillet 1560, confirmées par autres lettres du feu rey Charles IX, aussi notre très honoré seigneur et frère, du 29 juillet 1561, vérifiées en notredite cour de parlement, le 9 mai 1562, par laquelle est enjoint à notre procureur général et ses substituts de faire poursuite de nosdits droits sans dissimulation, et desirant à l'avenir faire inviolablement garder lesdits édits, ordonnances, réglemens et déclarations, pourveoir à la conservation de nosdits droits et obvier à l'usurpation d'iceux :

(1) Nous avons confirmé et approuvé, et par ces présentes confirmons et approuvons lesdits édits et déclarations de point en point, selon leur forme et teneur, pour suivant iceux notredit droit estre payé franc et quitte, pur et affiné en toutes lesdites mines.

(2) Sans toutesfois comprendre en icelles les mines de souffre, salpestre, de fer, ocre, petroil, de charbon de terre, d'ardoise, plastre, craye et autres sortes de pierres pour bastimens et meules de moulins, lesquelles, pour certaines bonnes et grandes considérations, nous en avons exceptées, et par grace spéciale, exceptons en faveur de nostre noblesse et pour gratifier nos bons sujets propriétaires des lieux.

(3) Voulons aussi que celui qui sera par nous pourveu dudit office de grand-maître superintendant et général réformateur, et tous les autres officiers et personnes employées auxdites mines et autres qu'il appartiendra jouissent des priviléges, autorités, jurisdictions, prééminences, franchises, libertés et droits y attribués par nos prédécesseurs, comme si de mot à autre lesdits privilèges, prééminences, autorités, jurisdictions, franchises et droits estaient cy insérés, aux restrictions toutefois que ceux de nos sujets cottisables à nos tailles qui travailleront et commanderont auxdites mines ne pourront prétendre autres exemptions que des charges desquelles nous les avons deschargées et deschargeons ; à savoir de tutelles, curatelles des mineurs, collecteurs de nos tailles, commis à les asseoir ou d'estre établis commissaires et dépositaires des biens de justice et de toutes autres commissions dont nos sujets demeurant tant en nos villes, bourgs que villages, sont ordinairement choisis et eslus, pourvu néanmoins que ceux qui prétendront telles exemptions ayent durant six mois servi ou travaillé aux choses dessusdites auparavant leur élection, et qu'ils continuent; autrement, et si par fraude ils avoient travaillé durant ledit temps et après avoir échappé ladite élection ils discontinuoient leur travail ; en ce cas, ils seront te-

nus en tous les dépens, dommages et intérests de celui qui aura esté calu en leur lieu.

(4) Et en tant que besoin seroit, et d'abondant de l'advis de nostre conseil auquel estoient plusieurs princes de nostre sang et principaux officiers de nostre couronne estant près de nous, ouy le rapport fait en icelui nostredit conseil par ceux que nous aurions cydevant envoyés pour faire faire recherches desdites mines et des moyens de les mettre en valeur par cestuy nostre édit perpétuel et irrevocable, nous avons de nouveau créé et érigé, créons et érigeons en titre d'office formé ledit état de grand-maitre superintendant général réformateur desdites mines et minières de nosdits royaume, pays et terres de nostre obéissance, auquel nous avons attribué et attribuons 1333 escus 20 s. de gâges ordinaires à prendre par chacun an, sur le fonds provenant du droit à nous appartenant sur lesdites mines, ensemble un lieutenant général par tout nostredit royaume avec la qualité de notre conseiller, et un contrôleur général aussi en titre d'office formé pour tenir registres et contrôle desdites mines, leur qualité et quantité et de nosdits droits.

(5) Et pareillement ung receveur général pour faire la recette générale desdits deniers, lequel nous avons establi à Paris et ung greffier pour estre tant avec ledit grand-maître que lieutenant-général en personne ou par ses commis par les expéditions, sentences, jugemens et autres qui se feront en ladite charge, auquel lieutenant général nous avons donné et donnons pareils et semblables pouvoirs et auctorité sur lesdites mines et minières et ce qui en dépend, qu'audit grand-maître en l'absence d'icelui et aux choses pressées et qui ne pourront attendre sa présence ou ses ordonnances sur les avis qui lui auront esté donnés des occurrences de sa charge.

(6) Voulons et nous plaist que ledit grand-maître et lieutenant général, en son absence comme dit est, puisse commettre personne capable et suffisante en qualité de lieutenant particulier par tous les lieux et endroits que besoin sera, pour, en leur absence, ordonner, régler, restablir et réformer tout ce que sera besoin et nécessaire pour le fait desdites mines et minières et conservation de nos droits, comme il est dit cy-dessus, bailler advis audit grand-maître et lieutenant général des nouvelles ouvertures qu'on voudra faire d'icelles, leur en envoyer les qualités, essais et eschantillons, pour estre par ledit grand-maître ou son lieutenant général, en son absence, ordonné ce qui sera plus utile pour

notre service sur l'ouverture desdites mines, lesquelles se feront en vertu des commissions dudit grand-maître ou de son lieutenant général en son absence.

(7) Et afin que nous puissions faire estat certain à l'advenir du profit et esmolument qui pourra revenir de nosdits droits, nous voulons et ordonnons que ledit grand-maître superintendant, ou en son absence, ledit lieutenant général, à mesure qu'ils vaqueront à faire leurs chevauchées, visitations, réformations et restablissemens chacun séparément ez dites mines par les provinces de nostre royaume, dressent les procès-verbaux desdites visitations et de la recette de nos droits desquels, ensemble du controle, il en sera, par eux, envoyé un en nostre conseil d'estat et un autre mis ez mains du receveur général pour faire la recette et recouvrement desdits deniers.

(8) Et pour obvier à ce qu'il n'advienne confusion par le moyen des diverses commissions que ledit grand-maître général superintendant, et ledit lieutenant général pourroient bailler cy-après sur le fait desdites mines, nous voulons et ordonnons que ceux qui seront commis par ledit lieutenant général ne puissent jouir de leurs commissions, et en vertu d'icelles faire aucun exercice sur lesdites mines, qu'au préalable ils n'ayent sur leurs lettres de commission pris attache dudit grand maître, lesquels commis porteront la qualité de lieutenant particulier dudit grand maître, et jouiront pendant le temps qu'ils exerceront lesdites charges et commissions des priviléges et exemptions attribuées par cesdites présentes aux officiers desdites mines à tous lesquels estats et offices nous avons attribué et attribuons la qualité de nos conseillers, et outre ce de gages par chacun an, à prendre sur les fonds de nostre droit comme dit est :

Assavoir audit estat de lieutenant général 1000 escus, audit controleur général tant pour lui que pour ses commis, 1000 escus, et audit receveur général tant pour lui, ses commis que pour le port et voiture des deniers en ses mains à Paris pareille somme de 1000 escus avec 4 deniers pour livre de la recette actuelle, à l'instar des receveurs généraux des bois, 133 escus un tiers audit greffier et à chacun de ceux qui seront commis ez dites qualités de lieutenans particuliers ez dites provinces d'un escu et demi par chacun jour qu'ils vaqueront à faire leurs visitations, réformations et rétablissemens sur lesdites mines et minières.

(9) A tous lesquels offices ainsi par nous créés, sera par nous pourvu dès à présent, et cy après quand vacation y escherra lesquels presteront le serment: assavoir ledit grand maître général superintendant et lieutenant général ez mains de nostre très cher et féal chancelier, et pardevant nos amés et féaux conseillers les gens tenant notre cour de parlement à Paris, ledit controleur et receveur général pardevant les gens de nos comptes, et les greffiers ez mains dudit grand maître général et superintendant dudit lieutenant général en son absence, et sera ledit receveur général tenu en outre de bailer caution pardevant nos amés et féaux conseillers et trésoriers de France de la somme de...

(10) Et pour donner plus de moyen audit grand maître et lieutenant général de bien et diligemment vacquer au fait de leurs charges, leur avons ordonné et attribué, donnons et attribuons outre et pardessus lesdits gages ordinaires: assavoir audit grand maître 6 escus deux tiers, et audit lieutenant général 4 escus par jour qu'ils vaqueront à leursdites chevauchées par les provinces de nostre royaume, dont ils rapporteront bons et valables procès-verbaux de tout ce qui aura esté par eux fait sur lesdites mines, et au greffier, 1 escu un tiers aussi de taxations extraordinaires.

(11) Tous lesquels gages et taxations et ce qui sera ordonné par ledit grand maître ou ledit lieutenant général desdites mines soit aux huissiers ou sergens pour les saisies, contraintes et autres frais nécessaires pour le fait desdites mines, conservation de nos droits, ensemble des taxations desdits commis, lieutenans particuliers, nous voulons et ordonnons estre payés des deniers qui proviendront du droit desdites mines par ledit receveur général et ses commis en vertu des ordonnances et simples quittances dudit grand maître et dudit lieutenant général et des parties prenantes en vertu desdites ordonnances, lesquelles nous avons validées et autorisées, validons et autorisons sans qu'il soit besoin cy après d'autres validations sur icelles que cesdites présentes, rapportant lesquelles au vidimus d'icelles par nostredit receveur général pour une fois avec lesdits procès-verbaux dudit grand maître du lieutenant général et desdits lieutenans particuliers commis avec lesdites ordonnances et quittances sur ce suffisantes, nous voulons tout ce que payé aura esté par ledit receveur général ou ses commis, estre passé et alloué en la dépense de ses comptes et rabbatu de la recette d'iceux partout où il appartiendra.

(12) Cassant, révoquant et adnullant comme nous cassons, révoquons et adnullons toutes provisions, commissions et dons cy devant faits desdits offices à autres qu'à ceux que nous en ferons pourveoir, en conséquence du présent édict et tous dons de notredit droict, tant impétrés qu'à impétrer par quelque personne, et pour quelque cause et occasion que ce soit, dérogeant, pour cet effet, à iceux et aux vérifications qui en pourroient avoir esté faites pour le préjudice que lesdits dons ont jusques ici apporté au bien et commodité, que l'ouverture et travail desdites mines debvoit rendre à nous et à nos sujets.

(13) N'entendons toutefois, en cette révocation générale, comprendre le contrat par nous fait au mois de....., pour nos mines de notre duché de Guyenne, haut et bas pays du Languedoc, pays de labour; ensemble les autres contrats passés en nostre conseil, et depuis ratifiés par nous, ny les commissions données par le sieur de Béringhen, suivant le pouvoir qu'il en a eu de nous; ains voulons qu'ils soient observés et entretenus de point en point, selon leur forme et teneur, pourvu toutefois que les impétrans des commissions dudit sieur Béringhen prennent nouvelle commission et réglement du grand maître, et satisfassent en tout ce qui leur sera par lui ordonné.

(14) Pourra ledit grand maître faire faire et passer tous contrats et marchés d'acquisition de fonds de terres, maisons, moulins, martinets, bois, faire construire tous édiffices et maisons, acheter tous ustensils et outils qu'il jugera nécessaires; ordonner les payemens aux ouvriers, charretiers, voituriers, messagers, et autres personnes qu'il conviendra employer pour faire travailler auxdites mines précieuses et autres pour le bien de notre service, pourvu que le fonds en soit pris sur ce qui nous reviendra desdites mines et non ailleurs.

(15) Lesquels marchés, baux et ordonnances cy-dessus, et tous autres réglemens que fera ledit grand-maître, suivant lesdites ordonnances, nous avons dès-lors, comme dès à présent, et dès à présent, comme dès-lors, validés et auctorisés, validons et auctorisons, par ces dites présentes, ensemble les quittances et payemens qui en seront faits, pourvu que le tout soit bien et deument contrôlé, et que le receveur général ait fait vérifier son état au vrai par ledit grand-maître.

(16) Et d'autant qu'il seroit impossible, tant audit grand-maître et à son lieutenant contrôleur général et greffier desdites mines, d'être en un même temps en tous les lieux, auxquels leur pré-

sence seroit nécessaire pour nostre service et le dû de leurs charges, nous avons permis et permettons auxdits grand-maître, contrôleur et greffier, de commettre et subroger en leurs charges personnes capables et solvables aux taxations extraordinaires, que ledit grand-maître verra et jugera, en sa loyauté et conscience être raisonnable, leur donner selon les occasions et pour le temps qui s'en offriroit.

(17) Et suivant lesdits édits, ordonnances, déclarations et réglemens, permettons à toutes personnes de quelque état ou condition qu'elles soient, de rechercher et travailler auxdites mines et minières, ou eux associer et prendre associés pour ce faire aux conditions cy-dessus, et des contrats qui leur en seront passés, sans qu'ils puissent, pour ce, être dits déroger à noblesse ni à aucunes dignités et qualités qu'ils aient, en nous prêtant par les essaieurs et affineurs le serment accoutumé entre les mains dudit grand-maître ou l'un de sesdits lieutenans généraux ou particuliers en son absence, appelé le contrôleur général et greffier, ou l'un de leurs commis.

(18) Seront iceux entrepreneurs et gens qui feront la recherche desdites mines, tenus, aussitôt qu'ils en auront découvert quelques-unes, d'en advertir le grand-maître, lui rapporter ou envoyer l'essai et eschantillon qui aura été fait, le lieu, province et paroisse où ladite mine sera assise, afin de prendre de lui réglement avant que d'y pouvoir faire travailler.

(19) Et pour prévenir tous abus, ledit contrôleur général ou ses commis tiendront bon et fidèle registre des noms, lieux et pays de la naissance et demeure de chaque personne qu'ils employeront, et en quelle qualité et quels gages ou journées, l'arrivée de chacun des ouvriers, les jours et journées qu'ils travailleront, les payemens qui leur seront faits, ce qui sera fait de jour en jour, de semaine en semaine, de mois en mois, et d'an en an, ensemble tous les marchés, achats et acquisitions qu'ils feront de quelque chose que ce soit pour servir aux mines, et de tout ce qu'ils en tireront, tant affiné que non affiné.

(20) Ne pourront lesdits entrepreneurs et gens qui feront la recherche desdites mines, vendre ou faire vendre aucuns métaux provenans desdites mines sans la marque dudit grand-maître.

(21) Et afin que les mines et minières puissent être prises par toutes personnes qui en auront la volonté et avec toutes les assurances requises, nous avons dit et déclaré, disons et déclarons

qu'ils ne pourront être dépossédés, ni leurs associés, successeurs, et ayant cause des mines qu'ils travailleront ou feront travailler sans discontinuation, en payant et satisfaisant par eux aux conditions de leurs contrats et réglemens qui leur auront été baillés par ledit grand-maître.

(22) Et pour obvier et éviter aux différends qui pourroient intervenir entre les propriétaires des héritaiges auxquels se trouveront aucunes desdites mines et les étrangers ou autres qui les voudront ouvrir et travailler, nous voulons, et très expressément enjoignons par ces présentes, que les propriétaires qui auront dans leurs terres, héritages et possessions des mines cy-dessus non exceptées, et qui les voudront ouvrir, ne le puissent faire sans envoyer, premièrement, devers ledit grand-maître prendre réglement de lui.

(23) Permettons auxdits maîtres, entrepreneurs et ouvriers, travailler et faire travailler auxdites mines et minières sans aucune discontinuation à cause des fêtes solemnelles, en gardant les saints dimanches, festes de Pasques, Penthecoste, l'Ascension et les Festes-Dieu, les quatre Notre-Dame, des douze apôtres, des quatre évangelistes, la feste de tous les saints, celle de Noël, et les festes des paroisses où lesdites mines sont assises; et défendons très expressément à tous nos justiciers, prélats, et autres officiers et sujets, de les troubler en travaillant les autres jours et festes, d'autant que s'ils étoient troublés, cela causeroit trop de perte et de dommages auxdits entrepreneurs et intérêt au public.

(24) Et pour ce que cy-devant lesdites mines ou minières ont été délaissées au moyen des troubles qui ont été donnés aux entrepreneurs et ouvriers d'icelles, nous avons interdit et défendu, interdisons et défendons à tous juges quelconques la congnoissance des différends qui interviendront à cause desdites mines, circonstances et dépendances entre quelques personnes que ce soit en première instance, et icelles avons de rechef attribué et attribuons audit grand-maître et susdit lieutenant général pour les juger définitivement, appelés avec eux des juges en nombre suffisant, suivant l'ordonnance, et le substitut de nostre procureur général du siège ou ressort duquel se feront les ouvertures d'icelles mines quant le cas y escherra; et par appel, nous les avons renvoyés et renvoyons en celle de nos cours de parlement, au ressort de laquelle seront assises lesdites mines.

(25) Enjoignons très expressément à tous nos lieutenans gé-

néraux, seigneurs, tant ecclésiastiques ayant justice que temporels, de prêter auxdits officiers, entrepreneurs et à leurs commis et associés, tout confort, assistance et telle faveur que requis en seront et que besoin sera, à peine de tous dépens, dommages et intérêts des parties intéressées, et faire en leur pouvoir inviolablement garder et observer le contenu en ces présentes, sans souffrir qu'il y soit contrevenu sur les mêmes peines et de privation de leurs droits et justice.

(26) Et afin que sous prétexte de ces présentes, ceux qui ont joui desdites mines ne soient travaillés, nous leur avons quitté et remis, quittons et remettons entièrement tout ce qu'ils nous peuvent devoir du passé jusqu'au jour et date de ces dites présentes, pourvu qu'ils ne soient refusans de payer ce qu'ils devront cy-après, et qu'ils viennent prendre réglement et pouvoir dudit grand-maître, ce que nous leur enjoignons très expressément faire, à peine d'être privés du tout desdites mines, suivant ladite déclaration dudit 26 mai 1563, et d'être contraints au payement entier de ce qu'ils doivent de notre droit à cause du passé, et d'être châtiez comme usurpateurs de nos droits de souveraineté.

(27) Enjoignons auxdits procureurs généraux et leurs substituts, qui seront sur ce requis de la part desdits officiers, entrepreneurs et leurs commis et députés, de poursuivre et requérir l'entière exécution des présentes et payement de notredit droit, ensemble tous nos lieutenans généraux, gouverneurs de nos provinces, villes, pays, ponts, péages et passages, baillis, sénéchaux, prévôts, consuls, maire et échevins, capitouls, jurats et communautés, de prêter auxdits officiers, entrepreneurs, tous conforts, conseil, main-forte et telle faveur que besoin sera requis, en seront pour l'entière exécution des présentes, et à tous huissiers et sergens, sur peine de suspension de leurs charges et privations, s'il y échet de faire tous exploits requis et nécessaires pour l'exécution des mandemens, sentences, jugemens et ordonnances desdit grand-maître et ses lieutenans généraux, commis et députés, sans pour ce demander aucunes lettres de placet, visa, ni pareatis, dont, et de ce faire, nous l'avons relevé et dispensé, relevons et dispensons, mandons et commandons à tous nos justiciers, officiers et sujets à lui, en ce faisant, obéir.

Si donnons, etc.

N° 151. — Edit *qui défend de constituer les rentes à plus haut prix que le denier seize* (1).

Paris, juillet 1601; reg. au parl. le 18 février. (Vol. VV. f° 321.—Font. I, 78°.)

N° 152. — Edit *qui défend l'usage des draps et toiles d'or et d'argent* (2)

Paris, juillet 1601; reg. au parl. le 6 août. Vol. VV, f° 151. — Font. I, 996. Traité de la pol., liv. 3, tit. 1er, ch. 4.)

N° 153. — Lettres *de provision de l'office d'amiral de Guyenne vacant par la mort d'Henri, comte de Coligny, en faveur de Gaspard de Coligny son frère.*

Fontainebleau, 4 octobre 1601; reg. au parl. le 24 novembre. (Vol. VV, f° 288.)

N° 154. — Declaration *qui soumet les acquéreurs du domaine à supporter le 20e des charges des biens par eux acquis, encore qu'ils en aient été affranchis* (3).

Fontainebleau, 12 octobre 1601; reg. au parl. le 29 mars 1602. (Vol. VV, f° 367.—Font. II, 405.)

N° 155. — Edit *sur le fait de l'artillerie et sur les poudres et salpêtres.* (4).

Paris, décembre 1601; reg. au parl. le 13 mai, en la ch. des comptes le 24 juillet, et en la cour des aides le 21 août 1602. (Vol. VV, f° 380. — Font. IV, 843.)

Henry, etc. Avons résolu et résolvons les défenses, ordonnances et réglemens qui ensuyvent, conformément aux ordonnances cy-devant faites pour le mesme suject, par les roys nos

---

(1) Un édit de Charles IX, juin 1572, révoqué en mars 1574, avait fixé le taux de l'intérêt à 6 pour cent. —V. à cette date la note que nous avons jointe au titre; et ci-après édit de Louis XIII, mars 1634; Louis XIV, décembre 1665; Louis XV, mars 1720, et la loi du 3 septembre 1807 sur l'usure.

(2) V. note sur les lettres patentes de François Ier, mars 1514, où sont rappelés tous les édits sur la matière.

(3) V. l'édit de 1566 sur le domaine, et les lois de l'an VII et de mars 1820.

(4) V. ci-devant note sur l'ordonn. de Henri III, de février 1582, et ci-après édit de Louis XIII, janvier 1634; Louis XVI, 30 et 24 juin 1775, 8 août 1777 et 24 janvier 1778; lois des 5 juin 1793 et 13 fructidor an V, et arrêté du 27 pluviôse an 8. V. aussi la loi du 10 mars 1819, et l'ordonnance du 11 août même année. —V. l'ordonn. illégale du 24 juillet 1816, sur la remise forcée des armes de guerre.

prédécesseurs, lesquelles avec les suyvantes, nous voulons estre soigneusement observées.

(1) Ne sera loisible à aucunes personnes de quelque estat, qualité et condition qu'ils soient, de transporter ou faire transporter hors l'estendue de nostre royaume, pour quelque cause ou occasion que ce soit, aucuns métaux, cuivres ou autres matières servans à l'artillerie et munitions d'icelle, de faire ny fondre aucunes pièces d'artillerie, ny boulets des six calibres de France; à sçavoir canon, grande coulevrine, basterde, moyenne, faucon et fauconneau, ny d'autre calibre estranger quel qu'il soit, approchant de la grosseur desdits six calibres, sans permission de nous par lettres patentes scellées de nostre grand scel, qui seront adressées au grand maistre et capitaine général de l'artillerie de France, pour sur icelles donner son attache et consentement, et estre icelles contreroolées par le contreroolear général de l'artillerie qui en tiendra registre, afin d'y avoir recours quand besoin sera, révoquant à cette fin toutes lettres, permissions et concessions qui pourraient cy-devant avoir esté obtenues de nous ou des roys nos prédécesseurs sur ce sujet. Et où aucuns de nos subjects se trouveroient avoir en leurs maisons, villes ou chasteaux desdites pièces et boulets des calibres cy-dessus spécifiez, pouldres, cordages, affuts, ferremens, métaux, ou autres ustancilles dépendans du fait d'artillerie, voulons que dans deux mois ils en représentent l'estat et inventaire audit grand maistre, et prennent de nous nouvelles permissions par nos lettres-patentes et attache d'icelui grand maistre, de pouvoir avoir et garder lesdites pièces de fontes et munitions en leurs maisons et places; et à faute d'y satisfaire, demeureront à nous acquises et confisquées, pour estre lesdites pièces, matières et susdites munitions conduites et faites porter en nostre arsenal et magazin le plus proche de leursdites maisons, et par eux délivrées ès mains des commissaires de nostre artillerie ayans charge dudit arcenal, qui en advertiront soigneusement ledit grand maistre. Et ce, sur peine aux contrevenans de punition corporelle (1).

(4) Défendons en outre très-expressément à tous commissaires ayans charge de fournir nos magazins, de faire ny composer aucunes pouldres ailleurs qu'en nosdits arsenaux et magazins,

---

(1) Le deuxième et troisième article sont sans intérêt.

sur peine de confiscation desdites poudres et d'amende arbitraire.

(5) Défendons pareillement à tous salpestriers et toutes autres personnes, de quelque estat, qualité et condition qu'ils soient, de faire ny composer poudres à canon en aucunes villes, chasteaux, maisons publiques et privées, villages, bourgs et bourgades, ny en quelque autre lieu que ce soit, ny dresser moulins et autres engins à battre icelles pouldres, fors ausdits commissaires et pouldriers qui sont ou seront establis en nosdits arcenaux et magazins par commission dudit grand maistre de l'artillerie, controollées comme dict est, et ce sur peine de la vie, suivant les anciennes ordonnances, confiscation desdits moulins, engins, pilons, mortiers, chaudières et autres ustanciles qui seront trouvez ailleurs qu'en nodit magazins, et iceux prins et emportez et enlevez, estre faict vente d'iceux par lesdits officiers de nostre artillerie, au plus offrant et dernier enchérisseur, en présence de nostre procureur dudit lieu, où se fera ladite vente, et les deniers qui en proviendront, affectez moitié pour la réparation de nos arsenaux, et l'autre moitié au dénonciateur.

(6) Et en outre voulons que les contrevenans ausdites défenses soient condamnez en cinquante livres d'amende pour chacune livre de pouldre qui se trouvera estre faicte par personnes non ayans pouvoir de nous et dudit grand maistre de l'artillerie de France, et ailleurs qu'en nosdits magazins. Et afin que lesdits reiglemens soient mieux observez, et qu'il ne s'y commette plus aucun abus, défendons très-expressément, sur peine de confiscation de corps et de biens, à toutes personnes, de quelque estat, qualité ou condition qu'ils soient, transporter ny vendre en gros ou détail, aucuns salpestres en nostre royaume et hors d'iceluy, ny iceux retenir et réceler en quelque sorte que ce soit. Voulons qu'ils soient contraints à faire et souffrir l'ouverture de tous lieux où seront récelez lesdits salpestres par toutes voyes accoustumées de justice, réaument et de faict, mesmes par emprisonnement de leurs personnes, en cas de désobéissance, nonobstant oppositions ou appellations quelconques, et sans préjudice d'icelles, pour lesquelles ne voulons estre différé.

(7) Défendons en outre à toutes personnes, tant nos subjects qu'estrangers, d'amener ny faire entrer en nostre royaume, aucunes pouldres à canon, ny icelles vendre ny débiter en gros ou en détail, sur peine de confiscation desdites pouldres et d'amende arbitraire.

(8) Et afin d'éviter à l'incommodité que telles défenses pourroient apporter à nos subjects qui peuvent avoir besoin de pouldres pour leur usage, soit pour leur exercice ordinaire ou pour la munition ou commodité de leurs maisons, navires ou vaisseaux, et mesme qu'icelle pouldre leur soit vendue à beaucoup meilleur prix qu'elle n'était par le passé. Voulons que, dans chacune de nos provinces, il soit estably trois lieux, outre nostre arcenal ordinaire, auxquels, en certains jours de la semaine, il soit en toute liberté vendu et débité pouldres à canon à tous ceux qui en voudront achepter, et ce, par les commissaires de nos salpestres, ou autres par eux commis, à raison de quatorze sols la livre d'amorce, douze sols la menue grenée et dix sols la grosse grenée, du tiltre porté par nos ordonnances; lesquels lieux et jours cy-dessus seront establis et reiglez par ledict grand maistre, selon qu'il jugera estre le plus à propos pour la commodité de nosdits subjects, de laquelle vente et distribution qui sera ainsi faite à nostre peuple, voulons qu'il soit tenu bon registre par chacun des commissaires et pouldriers de nosdicts magazins et arcenaux, pour estre iceluy représenté à nostredict grand maistre, toutes fois et quantes que besoin sera. Défendons de rechef à toutes autres personnes, de quelque qualité et conditions qu'ils soient, d'en vendre ny faire exposer en vente, en gros ou en détail, sur peine aux contrevenans de confiscation de corps et de biens. Donné, etc.

N° 156. — Edit sur les duels (1).

Blois, avril 1602; reg. au parl. le 7 janvier (2). Vol. VV, f° 410. — Font. I, 665.)

N° 157. — Lettres de confirmation des ordonnances relatives à la vente du poisson (3) de mer à Paris.

Paris, août 1603; reg. au parl. le 30. (Vol. VV, f° 436.)

---

(1) V. ci-après édit de juin 1609 et la note.
(2) L'enregistrement contenait la clause suivante : « Sans que le connétable, maréchaux de France et gouverneurs des provinces puissent prendre cognoissance des crimes, délits et voyes de fait, non concernant ce qui est estimé point d'honneur entre les seigneurs, gentilshommes et autres faisant profession des armes. »
(3) V. édit de janvier 1583 et la note.

N. 158. — *Edit qui révoque la création de relais de poste établis par un édit (1) précédent, et qui incorpore ces relais aux offices de maîtres de poste.*

Paris, août 1602; reg. au parl. le 31 juillet 1603. (Font. IV, 859.)

Henry, etc. Lorsque par nostre édict du mois de mars 1597, nous ordonnasmes l'establissement des chevaux de relais en toutes les villes, bourgs, et bourgades de nostre royaume, les raisons plus fortes qui nous firent prendre cette résolution, furent fondées sur l'espérance certaine qui nous fut donnée du bien et soulagement que cest establissement apporteroit à nos subjects, tant marchands, laboureurs, qu'autres particuliers, et que nostre service n'en recevroit aucun préjudice : et bien que tels prétextes fussent spécieux en apparence, les effects en ont néantmoins réussy selon nostre intention, et comme nous l'estions promis; ce que les événemens nous ont assez fait cognoistre par les désordres qui s'en sont ensuyvis, tant en la ruine de nos postes, qui demeuroient à ceste occasion desmonstées, le port de nos despesches et pacquets de lettres retardé, et qui pis est la cognoissance de ce qui alloit et venoit par nostre royaume, de la part des estrangers, nous a esté par ce moyen du tout osté.

(1) Car au lieu de prendre la voye ordinaire de nos postes où rien ne peut passer qui ne vienne à nostre cognoissance, et des principaux officiers de notre couronne, et gouverneurs de nos provinces, ils se sont servis desdits chevaux de relays pour le passage de leurs courriers, qu'ils ont par ce moyen destournez des grands chemins, s'en servans à courre, contre les défenses mesmes portées par nostredit édict, au grand préjudice de nostre service, et du bien de nos affaires, et à la ruine de nos postes.

(2) A quoy voulant pourvoir et empescher que lesdits abus ne se continuent à l'advenir : sçavoir faisons, que nous ayans mis ceste affaire en délibération en nostre conseil : de l'avis d'iceluy, et de nostre certaine science, plaine puissance et authorité royale,

(3) Avons par cestuy nostre édict perpétuel et irrévocable esteint, supprimé et aboly, esteignons, supprimons et abollisons lesdits relays, ensemble les offices, tant des controoleurs généraux qu'autres qui ont esté créez par nostredit édict du mois de

---

(1) V. mars 1597, et la note.

mars 1597, lequel nous avons à cet effect révoqué et révoquons, tant en ce qui est exécuté que ce qui reste à exécuter.

(4) Et afin que nos subjects qui ne peuvent aller en poste ne demeurent privez du moyen qu'ils avaient d'aller à journées sur lesdits chevaux de relays, voulant pourvoir à leur soulagement, autant que le bien de nos affaires le pourra permettre, après avoir mis en considération combien fidèlement et utilement nos prédécesseurs rois et nous avons esté servis des maistres des postes de notre royaume.

(5) Et afin de leur donner moyen et occasion de continuer de bien en mieux à l'advenir, avons aussi par notredit édict uny et incorporé, unissons et incorporons aux charges desdits maistres des postes les susdits chevaux de relays, pour estre doresnavant par eux fournis à tous ceux de nos subjetcts qui voudront aller à moictié poste, en payant par eux pour chacun cheval demy poste seulement, sans que ceux qui se serviront desdits chevaux les puissent mener qu'au pas et au trot, comme il leur étoit permis par nostredict édict de l'établissement desdits relays, sur les peines y contenues.

(6) Et afin que tous nos subjets, tant des traverses qu'autres, se puissent ressentir de la commodité de nostredict édict, nous avons ordonné et enjoinct au controolleur général de nos postes d'establir des postes sur les chemins des traverses où lesdits postes ne sont encores establis. Voulans que les maistres qui seront par luy ainsi establis ausdites postes, jouissent des mesmes priviléges et franchises que ceux par nous accordez aux maistres des chevaux desdits relais, par nostre édict de 97. Et afin que lesdits chevaux de postes soient conservez et que l'intention qu'avons de servir et soulager le public ne soit point divertie par la prinse ou ravage d'iceux, nous voulons lesdicts chevaux quelque part qu'ils soient establis estre advouez de nous.

(7) Défendons à toutes personnes, soient gens guerre ou autres de quelque qualité qu'ils soient, de les prendre ou enlever contre la volonté desdits maistres des postes souz quelque prétexte que ce soit à peine de cent escus : déclarant quant à présent comme pour lors que ceux qui les auront emmenez contre la volonté desdits maistres des postes, ou s'en trouveront saisis, seront puniz rigoureusement comme infracteurs de nos ordonnances.

(8) Enjoignons très-expressément aux prevosts des mareschaux, baillis, seneschaux, leurs lieutenans et autres nos officiers qu'il

appartiendra, se saisir de tous ceux qui se trouveront des ainsi pris et retenus en leur puissance contre la volonté desdits maistres des postes, et les faire punir comme voleurs et guetteurs de chemins; comme encores ordonnons aux capitaines et membres des compagnies de nos gens de guerre, d'empescher la prinse desdits chevaux par ceux qui seront sous leurs charges, à peine de respondre en leurs propres et privez noms des despens, dommages et intérests desdits maistres des postes, et leur faire payer la juste valeur desdits chevaux.

(9) Et pour donner plus de moyen ausdits maistres des postes de tenir leurs escuries garnies du nombre de chevaux qui leur sera ordonné, défendons à tous nos huissiers, sergens et autres quels qu'ils soient, de prendre par exécution lesdits chevaux, soit pour debtes particulières desdits maistres des postes pour nos deniers et affaires, ou pour cottes imposées pour l'entretenement de nosdits gens de guerre à l'instar de ce qui a esté ordonné pour les chevaux de postes et bestial servant au labourage, ainsi qu'il est porté par nostre édit de 1597 en faveur des maistres desdits relays.

(10) Voulons aussi et nous plaist pour la commodité publique qu'il soit par nostredit controolleur général des postes estably en chacune des villes principales de nostredit royaume qu'il jugera à propos, un ou plusieurs bureaux où il sera baillé et fourny des chevaux à louages pour aller à journées, bailleront aussi lesdits maistres des postes des chevaux à louage à nos subjects qui iront aux traverses pour une ou plusieurs journées, selon qu'ils en auront besoin.

(11) Ayant aussi reconnu que la licence qu'un chacun prenoit, l'un de louer un cheval, l'autre deux ou trois, rendoit plusieurs de nos sujects fainéans, mesmes les abus qui s'y commettent, et que les estrangers s'en servent ordinairement. Pour empescher que lesdits abus ne continuent, défendons très expressément à toutes personnes de qualité et condition qu'ils soient de tenir des chevaux à louage sans l'exprès congé et permission dudit controoleur général de nos postes, sur peine de 20 escus d'amende et de confiscation desdits chevaux applicables, ausdits maistres des postes, à qui le fait touchera, et l'autre moitié aux dénonciateurs, comme il est porté par nostredit édict de 1597.

Si donnons, etc.

N° 159. — Edit *portant qu'il sera levé un sou sur chaque minot de sel vendu dans les greniers et chambres à sel, pour le paiement des gages des plus anciens secrétaires du roi.*

Paris, septembre 1602; reg. en la ch. des compt. le 25 du même mois, et en la cour des aides le 28 octobre. (Hist. de la chancel., I, 269.)

N° 160 — *Edit sur les monnaies, avec le tableau du nom, du poids et de la figure de toutes les monnaies ayant cours* (1).

Monceaux, septembre 1602; reg. au parl. le 16, en la ch. des compt. le 19, et en la cour des monn. le 20. (Vol. VV, f° 456. — Font. II, 227.)

Henry, par la grâce de Dieu, roy de France et de Navarre, Daulphin de Viennois, comte de Valentinois, Dioys, comte de Provence, Forcalquier et terres adjacentes, à tous présens et advenir salut : Aussitost que par l'assistance et bonté infinie de Dieu, nous eusmes estably la paix et le repos en ce royaume, et banny d'iceluy toutes sortes de guerres et séditions, nostre principal soin et sollicitude fut de repurger le plus qu'il nous seroit possible les abus et désordres que la licence des guerres avoit tolérées et faict glisser dans l'esprit de nos subjects, et d'apporter les remèdes nécessaires et convenables, tant pour les maux qui étoient présens, que pour ceux que la prudence humaine prévoyoit devoir arriver. Entre lesquels nous n'en avons nul tant appréhendé que celui qui proviendroit de la rareté et pénurie d'or et d'argent, tant à cause de l'extrême diminution du trafic et commerce que du grand transport qui se faisoit de nos meilleures monnoyes ès provinces estrangères, ce qu'ayant plusieurs fois considéré, et eu l'advis de nostre conseil et cours des monnoyes ; nous aurions practiqué tous les expédiens que l'on auroit représentez et estimez utiles pour prévenir un tel inconvénient tant redouté, soit en défendant l'entrée des manufactures estrangères, favorisant celle des marchandises crues, soit en deschargeant, tant que la nécessité de nos affaires l'a pu permettre,

---

(1) V. ordonn. de Philippe III, 1273; de François Ier, 5 mars 1532, 15 juillet 1536, 29 mars 1537, 29 novembre 1538, 11 septembre et 19 mars 1540, 23 juin 1542, 25 juillet et 20 septembre 1543, 15 avril 1545; de Henri II, août et septembre 1548, 29 juillet, 14 et 23 janvier 1549, 2 juin 1550, 29 janvier 1551, 22 janvier 1552, juillet 1553, 5 mars 1554, août et septembre 1555, juin 1556; de François II, août 1560; de Charles IX, 17 août 1561, 29 juin 1564, 15 juin 1566, 21 août 1571; de Henri III, 22 septembre 1575, mai et septembre 1577, juillet 1581, 23 septembre, 13 octobre et 10 novembre 1586, et ci-après 15 février 1609.

5 sols 4 deniers. Considérant aussi qu'il est besoing de faciliter les denrées et marchandises qui se débitent en cestuy nostre royaume : afin de convier par la vilité de leur prix toutes sortes de personnes d'en venir achepter, soit en renouvellant les anciennes ordonnances sur le faict des transports d'or et d'argent, et y en adjoustant encores de plus rigoureuses, soit en defendant l'exposition de toutes monnoyes estrangeres, et réduisant le prix des nostres à une juste proportion, suyvant l'édit de 1577, comme il a esté faict par noz lettres de déclaration du 24 may 1601, vérifiées en nostredicte cour des monnoyes, seule en ce royaume instituée pour la direction de ce faict. Pour laquelle faire exécuter, nous avons employé toutes sortes de moyens, jusques à envoyer aucuns des principaux de nostredite cour des monnoyes en diverses provinces où le mal estoit plus enraciné. Mais ayant recogneu par expérience que tous ces moyens estoient rendus inutiles tant pour la disposition universelle des esprits des peuples de nostredit royaume, que par la confusion, en quoy noz voisins ont réduit leurs monnoyes, à l'abus desquels nous sommes comme contraincts de nous accommoder, tellement que le commerce se réduisoit en nostredit royaume au seul billonnement et permutation de nos monnoyes fortes et fines, à celles de nos voisins foibles et empirées. De quoy recevant un extrême desplaisir, et afin de travailler aux extrêmes remèdes, nous aurions cy devant despesché à toutes nos cours souveraines et communautez des principales villes de nostre royaume, afin d'avoir sur ce leur avis et conseil. Lequel ayant receu, et par la lecture d'iceluy recogneu leur opinion et désir estre tout contraire aux remèdes cy-devant discourus, que nous avons tasché de practiquer. Enfin nous aurions résolu pour la dernière fois, assembler ce qui se trouveroit près de nous, des princes et seigneurs de nostre conseil, officiers de nos cours souveraines, prévost des marchans et autres notables bourgeois de nostre bonne ville de Paris, comme il a esté faict en cas semblable par nos prédécesseurs, en laquelle assemblée ayans esté les choses cy dessus desduites, et autres à ce propos bien au long représentées : mesmement les advis des autres provinces ayans esté leuz, et en icelle recogneu par un chacun que le mal estoit trop avant enraciné en l'esprit des hommes, et qu'il estoit quasi impossible d'oster tout d'un coup ce qui est passé de si longue main en usage et coutume : afin d'obvier au désordre qui va croissant de jour en jour, et empescher qu'à tout le moins ce mal n'allast en augmentant.

Sçavoir faisons que nous, de l'advis de nostre conseil, et de nostre pleine puissance et authorité royale, delphinale et provençale, pour le bien et utilité de nous et de nosdits subjects, avons par cestuy nostre présent édict, dit, déclaré, statué et ordonné, disons, déclarons, statuons et ordonnons:

(1) Que doresenavant, à commencer du jour de la publication des présentes, les espèces cy-après déclarées n'auront cours, et ne seront exposées par tout nostre royaume, pays, terres et seigneuries de nostre obeïssance, à plus haut prix qu'il est cy-après spécifié; à sçavoir l'escu d'or sol, du poids de deux deniers 15 grains tresbuchants pour 65 sols. Le demy escu pesant 1 denier 7 grains et demy pour 32 sols 6 deniers. L'escu couronné du poids de 2 deniers 14 grains, pour 64 sols. Le vieil escu du poids de 3 deniers tresbuchant, pour 78 sols. Le double ducat Henry du poids de 5 deniers 17 grains tresbuchant, pour 7 livres. Le demi du poids de 2 deniers 20 grains et demy, pour 3 livres 10 sols. Le vieil double ducat d'Espagne à deux testes du poids de 5 deniers 10 grains tresbuchant, pour 6 livres quinze sols. Le vieil ducat simple d'Espagne du poids de 2 deniers 17 grains, pour 3 livres 7 sols 6 deniers. Le double ducat de Portugal, appelé millerets, du poids de 6 deniers tresbuchant, pour 6 livres 18 sols; et le simple, pesant 3 deniers tresbuchant, pour 3 livres 9 sols. Le double pistolet d'Espagne du poids de 5 deniers 6 grains tresbuchant, pour 6 livres 6 sols. L'escu simple d'Espagne, dit pistolet, du poids de 2 deniers 15 grains tresbuchant pour 63 sols. La pièce cy-devant appelée quart d'escu, tant de France que de Navarre, du poids de 7 deniers 18 grains tresbuchant, pour 16 sols. La demie du poids de 3 deniers 12 grains pour 8 sols. Le franc d'argent du poids de 11 deniers 1 grain tresbuchant, pour 21 sols 4 deniers. Le demy franc du poids de 5 deniers 12 grains et demy, pour 10 sols 8 deniers. Le quart de franc du poids de 2 deniers 18 grains, pour 5 sols 4 deniers. Le teston, tant de France que de Navarre, du poids de 7 deniers 10 grains tresbuchant, pour 15 sols 6 deniers. Le demy teston du poids de 3 deniers 17 grains, pour 7 sols 9 deniers. La pièce de quatre réalles d'Espagne, du poids de 10 deniers 16 grains tresbuchant, pour 21 sols 4 deniers. La double réalle du poids de 5 deniers 8 grains, pour 10 sols 8 deniers. La simple réalle du poids de 2 deniers 16 grains, pour 5 sols 4 deniers. Et la demie du poids de 1 denier 8 grains, pour 2 sols 8 deniers. Et en ce faisant vaudra le marc d'or fin 240 livres 10 sols, et le marc d'argent de roy de haute loy, 20 livres

le commerce avec les estrangers, traffiquans en cestuy nostre royaume, et s'accommoder de leurs espèces, rendre nostre peuple abondant en or et argent. Nous, par bonne et meure délibération de nostre conseil :

(2) Avons donné cours et mise aux espèces estrangères cy-après déclarées, qui seront prises et exposées entre nosdits subjects, pour le prix contenu en la présente ordonnance, indifféremment comme celles fabriquées à nos coings et armes, en achat de denrées, marchandises, maisons et héritages et en toute autre négociation; à sçavoir, le double ducat à deux testes de la nouvelle fabrication, du poids de 5 deniers 10 grains, pour 6 livres 10 sols. Le simple ducat à deux testes, aussi de la nouvelle fabrication, du poids de 2 deniers 17 grains, pour 5 livres 5 sols. Double ducat Albertus à deux testes du poids de 5 deniers 10 grains, pour 6 livres 12 sols. Albertus de Flandres, du poids de 2 deniers 6 grains, pour 46 sols. Double Albertus de Flandres du poids de 4 deniers pour 4 livres 12 sols. Angelot d'Angleterre pesant 4 deniers pour cinq livres. Noble à la roze du poids de 6 deniers tresbuchant, pour sept livres 10 sols. Noble Henry du poids de 5 deniers 10 grains, pour 6 livres 15 sols. Le chelin d'Angleterre, pesant 4 deniers 16 grains, pour 9 sols et 6 deniers. Philippes dalles de Flandres, du poids de 1 once 1 gros, pour 47 sols, 6 deniers. La demye du poids de demye once demy gros pour 23 sols 9 deniers. Le quint de dalle pesant 5 deniers 10 grains tresbuchant pour 9 sols 6 deniers. Le florin de Flandres à deux testes, de la nouvelle fabrication, du poids de 10 deniers 15 grains, pour 18 sols. Le demy du poids de 6 deniers 12 grains, pour 9 sols. Le teston de Lorraine du poids de 7 deniers 10 grains, pour 12 sols. Le teston de Dombes, du poids de 7 deniers 10 grains tresbuchant, pour 15 sols 6 deniers. Le ducaton de Florence, Parme, Venise, Milan, Savoye, Mantoue, Gennes, Lucques, du poids de 1 once 1 denier pour 52 sols. Dalles de la Franche-Comté du poids de 23 deniers pour 44 sols.

(3) Toutes autres espèces d'or ou d'argent, non contenues en la présente ordonnance demeureront décriées de tout cours et mise, comme pareillement tout billon estranger, de quelque fabrication qu'il soit. Et deffences à toutes personnes de prendre, recevoir, exposer ou mettre en cours et usage, autres espèces que celles susmentionnées, les surhausser de prix ou billonner, à peine de 200 liv. d'amende pour la première fois, outre la confiscation des espèces : et pour la deuxième, de 400 liv. d'a-

mende, et bannissement à temps de nostredit royaume, pays, terres et seigneuries : et où ils seroient trouvez récidiver outre lesdites amendes et bannissement, seront punis corporellement selon l'exigence des cas : le tiers de l'amende et confiscation applicable au dénonciateur, par le moyen duquel la contravention à ce que dessus sera avérée, le tout par provision, et jusques à ce que par nous autrement en ait esté ordonné.

(4) Et quant aux douzains fabriquez en nos monnoyes, à nos coings et armes, auront cours pour douze deniers, comme il est accoustumé.

(5) Et parce que les transports de nos monnoyes et matières d'or et d'argent hors nostre royaume par les billonneurs, préjudicient grandement au bien public d'iceluy : nous, conformément aux anciennes ordonnances, avons de rechef interdit et défendu, interdisons et défendons le transport de toutes monnoyes et matières d'or, d'argent et billon, hors nostredit royaume, sur peine de la vie, et de confiscation de toutes autres marchandises qui se trouveront ensemblement emballées : mesmes des charrois et chevaux qui les porteront, à qui que ce soit qu'ils puissent appartenir, et à nos lieutenans généraux des provinces, capitaines de nos villes frontières, ports et hâvres, et tous autres, de donner pour cet effect aucun congé ou permission, pour quelque cause que ce soit, quelque requeste qui leur en soit faicte par marchands ou autres de quelque qualité qu'ils soyent. Nous estant spécialement réservée l'authorité de donner seul lesdits passe-ports et permissions, quand le cas y escherra, et non à autres, sur peine de crime de lèze-majesté.

(6) Voulons aussi et nous plaist, que le compte à escus porté par l'ordonnance de 1577, jugé utile audit temps, pour arrester le cours excessif de toutes sortes d'espèces, ayant depuis par l'expérience esté recognu grandement préjudiciable, voire se peut dire l'une des causes de la despence et superfluité qui se remarque à présent en tous estats, et de l'enchérissement de toutes choses, n'aura plus de lieu d'oresnavant, à commencer du jour de la publication de la présente ordonnance, et l'avons pour plusieurs bonnes et justes considérations interdict et défendu, interdisons et défendons, sans que par cy-après en tous actes, contracts et négotiations d'entre nosdits subjets et estrangers, il soit plus fait aucune mention dudit compte à escus. Au lieu duquel nous avons remis et remettons en usage celuy de la livre : voulans désormais que tous contracts, promesses, obligations, marchez,

tant verbaux que par escrit, prests, actes de justice, redditions de comptes, et tous autres actes, quels qu'ils puissent estre, soient conceus, faits et dressez audit compte à livre : défendans à tous notaires et tabellions d'en recevoir autrement, à peine de nullité. Et néantmoins les déposts et consignations seront rendues en mesmes espèces.

(7) Et afin de pourvoir aux différends qui pourroient intervenir entre nosdits subjects à cause des contracts qui ont esté faits et conceus audit compte à escus, nous voulons et ordonnons que les payemens qui seront à faire desdites sommes conceuës èsdits escus, deuës pour quelque cause ou occasion que ce soit, se pourront acquitter ès espèces mentionnées par ce présent édict, selon le prix et cours qui leur est donné par iceluy, en sorte que qui devoit trèze escus, se pourra acquitter en baillant douze escus d'or sol, ou bien quarante-huict pièces cy-devant appellées quarts d'escu, et douze sols, ou trente-neuf livres de monnoye (sans qu'il soit tenu de recevoir plus que le tiers en douzains) : et qui devoit 100 escus, s'acquittera en payant 92 escus 20 sols en espèces d'escus, ou 300 livres ès espèces contenuës par le présent édict, et au prix qu'il est porté par iceluy.

Si donnons, etc.

Enregistrement de la cour des monnaies, 20 septembre 1602.

Enregistré à la charge que les doubles et petits deniers de cuivre fin auront cours comme auparavant, suivant la déclaration du roy, du 30 mars 1596. Et quant au cours donné aux espèces étrangères, pourveu qu'elles soient du poids et tiltre qu'elles sont de présent. Et à ceste fin en sera fait essay de trois en trois mois, et s'il est trouvé qu'elles soient diminuées en poids et loy, ou surhaussées de prix par commun cours par-dessus celuy porté par la présente ordonnance, seront lesdites espèces descriées de tout cours et mise : à la charge aussi, quant aux réales d'Espagne, que celles marquées M. et F. n'auront aucun cours, pour n'estre de l'aloy et tiltre des autres. Et outre seront lesdites lettres d'édict publiées à son de trompe et cry public par les carrefours de ceste ville et fauxbourgs de Paris, et autres de ce royaume, à ce qu'aucun n'en puisse prétendre cause d'ignorance : et copies d'iceluy collationnées par le greffier, envoyées aux baillifs, sénéchaux et juges royaux de ce royaume, ausquels ladite cour enjoint faire faire semblable publication, incontinent après la réception, tenir la main et veiller soigneusement à l'observation et exécution, suivant le vouloir et intention dudit seigneur.

Fait en la cour, etc.

N° 161. — DÉCLARATION *qui proroge pendant cinq années le privilége accordé aux ecclésiastiques pour le rachat de leurs biens* (1).

Paris, 4 novembre 1602; reg. au parl. le 13 décembre. (Vol. XX, f° 3. — Mém. du clergé, IV, 352.)

N° 162. — DÉCLARATION *qui supprime l'impôt dit* pancarte, *et augmente le droit d'entrée sur le vin à Paris* (2).

Fontainebleau, 10 novembre 1602; reg. en la cour des aides le 27. (Font. IV, 1185.)

HENRY, etc. Encore que nous ayons assez fait cognoistre quel est nostre desir et affection au soulagement de nos subjects, tant par la diminution de quatorze cents mille écus que nous avons faite dessus la crue extraordinaire de nos tailles depuis trois ans, que par le retranchement et modération de plusieurs subsides et impositions; néantmoins voyant de plus en plus combien nostre peuple a esté appauvry et ruyné par les calamitez et misères passées, et combien il a encore besoin que nous estendions et continuions en son endroit la même bonté et liberalité, recognoissant qu'il n'y a charge qui lui soit plus insupportable et odieux que l'imposition du sol pour livre, nommée en plusieurs lieux pancarte, quoi qu'elle ait été estimée de tous les subsides le plus juste et équitable, et le plus à la décharge des pauvres et nécessiteux; et que par l'assemblée des trois ordres de notre royaume tenu à Rouen, il nous ait esté accordé, pour subvenir aux grandes dépenses à quoy nouz étions adstraints pour la conservation de nostre état, néantmoins désirant comme un bon père et un bon roy nous accommoder au désir général de nos peuples, nous aurions toujours d'année en année faict desseing de les descharger de cette sorte d'imposition, et auroit esté retardé à cause des divers remuemens dont cet estat étoit menacé par la mauvaise volonté d'aucuns, ce qui nous empeschoit de

---

(1) V. à sa date l'édit de Henri III, février 1586.
(2) V. note sur l'édit de mars 1597, et l'assemblée de Rouen, novembre 1596.

pouvoir diminuer nos dépenses; et quoyque toutes choses ne soient encore en tel estat qu'il seroit à désirer, néantmoins préférant à tous autres advantages le soulagement et contentement de nos subjects, nous nous sommes à cette fois résolu d'estaindre et abolir cette imposition du sol pour livre, à commencer au premier jour de janvier prochain. Mais d'autant qu'il nous a été impossible de dresser notre estat général de l'année 1603, sans faire un nouveau fonds pour remplacer celui qui nous venoit dudit sol pour livre, nous avons, par l'advis de nostre conseil, délibéré d'y procéder en la forme qui suit : à sçavoir de nous servir des 450,000 livres dont nos fermes des gabelles de France ont esté augmentées, rejeter pareille somme de 450,000 livres sur la crue extraordinaire des tailles, en enlever 400,000 livres sur les villes et bourgs francs des tailles ou abonnez par forme de subvention ou imposition sur aucunes marchandises, ainsi que chacune ville advisera et jugera lui estre plus commode, estimant qu'ils auront beaucoup plus agréable de payer ces modérées sommes par les formes cy-dessus, que de voir continuer ladite imposition du sol pour livre.

(1) A ces causes, sçavoir faisons que, nous avons icelle imposition esteinte et abolie, esteignons et abolissons par ces présentes, à commencer au premier jour de janvier prochain, comme dit est; à condition toutefois que les remplacemens et choses cy-dessus spécifiées seront exécutées selon leur forme et teneur, et que ce qui nous est deub de reste d'icelle imposition, tant de l'année présente que des précédentes, nous sera payé actuellement et entièrement dans le premier jour de janvier prochain, comme chose dont la dépense est déjà faite.

(2) Et d'autant que pour le remplacement de ce qui touche la ville de Paris, il a esté trouvé qu'il n'y avoit sorte de marchandise qui le peut mieux porter que l'imposition qui seroit mise sur le vin, nous, de l'advis aussi de nostre conseil et de nostre certaine science, plaine puissance et auctorité royale, avons dit, ordonné et statué, disons, ordonnons et statuons, voulons et nous plaist que d'oresnavant et durant les deux années prochaines seulement, à commencer du premier jour de janvier prochain, il sera prins et levé trente sols sur chaque muid de vin entrant à Paris, par les mêmes formes et en la même manière que les vingt sols se levaient cy devant, pour être iceux baillez à ferme ou tenus en recepte durant lesdites deux années, ainsi que nous adviserons pour le mieux.

Si donnons, etc.

N. 163. — Mandement *pour l'établissement d'un plant de mûriers et l'entretien des vers à soie* (1).

Paris, 7 décembre 1602. (Font. I, 1049.)

Henry, etc. Comme par nos lettres-patentes du 15 avril 1601, et autres subséquentes données en conséquence d'icelles, nous avons commis et député plusieurs nos officiers des cours souveraines, et autres notables personnages, pour vacquer au restablissement du commerce et manufacture en ce royaume : et sur leur advis par autres nos patentes du 21 juillet dernier, nous leur avons donné plain pouvoir de contracter pour nous, et en nostre nom, sur les articles et mémoires à nous présentez, pour establir en cedit royaume le plant des meuriers, et l'art de faire la soye, avec les entrepreneurs dudit establissement : afin d'empescher par ce moyen le transport qui se faict de trois et quatre millions d'or, par chacun an ès pays estrangers, pour l'achat desdites soyes, et donner commodité à nos sujets de s'employer et enrichir en une si précieuse manufacture : et après avoir veu les expériences de ceste entreprise, et par icelles recogneu la facilité et l'utilité qui en proviendroit à nosdits sujets : veu aussi le contract sur ce faict par lesdits commissaires avec lesdits entrepreneurs, eussions iceluy confirmé et ratifié, tant par arrest de nostre conseil, du 14 octobre dernier, que par lettres-patentes de ratification du 24 ensuivant, et promis faire expédier pour l'effect et exécution d'iceluy, tous mandemens et lettres nécessaires ;

(1) A ces causes, vous mandons, ordonnons et très expressément enjoignons que incontinent après la réception des présentes, et que lesdits entrepreneurs, ou leurs commis, vous auront monstré et communiqué ledit contract, ou l'extraict d'iceluy deuëment collationné, vous ayez à faire département le plus esgallement que faire se pourra (appellé avec vous le greffier de vostredite eslection, ou l'un de ses commis) sur toutes les paroisses d'icelles, excepté celles où vous jugerez ledit plant ne se pouvoir utilement establir, soit pour la stérilité ou autres répugnances du lieu, pénurie d'habitans ou autrement, tant de la quantité du plant de meuriers blancs, de deux à trois ans, propres à transplanter, que de la graine desdits meuriers, pour servir à faire pépinière,

---

(1) V. ci-devant édit de Henri II, avril 1554, et ci-après déclaration du 16 septembre 1605.

que lesdits entrepreneurs sont tenus de fournir et livrer en vostredite eslection : suivant ledit contract, et l'estat qui en a esté faict par lesdits commissaires, cy-attaché souz nostre contrescel : mandant par vous aux habitans et procureurs, scindics ou fabriciers desdites paroisses, qu'ils ayent dans la quinzaine, pour toutes préfixions et délaiz, après la publication ou signification de vosdits mandemens, à peine de 3o liv. d'amende, a apporter ou envoyer pardevers le greffier de vostredite eslection, un brief estat ou déclaration, certifiée du curé, vicaire, greffier, ou tabellion, de la quantité de meuriers blancs ou noirs qui se trouveront de présent en leursdites paroisses : ensemble de leur aage et grosseur à peu près, dont leur enjoignons s'informer diligemment, afin que lesdits estats et déclarations soient mis ès-mains desdits entrepreneurs, ou leur commis, pour sur iceux estre pourveu à la distribution des graines de vers à soye qui s'en pourront nourrir, et au payement qu'iceux entrepreneurs sont tenus faire ausdits habitans, des soyes qui en pourront aussi provenir.

(2) Enjoignant par vous ausdits procureurs, scindics et habitans, de faire publier aux prosnes de leurs paroisses, qu'ils ayent à eslire un ou plusieurs d'entr'eux les plus capables, ayans commodité d'un jardin clos de murailles, pour se charger de faire eslever et profiter lesdits meuriers, et graines qui leur seront délivrez, comme dit est : si bon ne semble ausdits procureurs, scindics ou fabriciers, marguillier, ou autres principaux habitans s'en charger volontairement, du consentement des autres paroissiens, à condition qu'ils en recevront seuls pour l'advenir tout le profit, et que lesdits arbres leur demeureront en propriété, pour la peine de les avoir eslevez, cultivez et entretenus, dont ils seront chargez et responsables, suivant les instructions et mémoires imprimez qui seront délivrez avec lesdits arbres et graines, pour les entretenir en mesme nombre qu'ils leur auront esté baillez : sur peine en cas de deffaut ou manquement de tous despens, dommages et intérests envers lesdits habitans.

(3) Pour lequel effect enjoindrez aussi ausdits procureurs, scindics ou fabriciers, d'envoyer au bureau de vostre eslection, un de ceux qui se seront chargez volontairement, ou qui auront esté nommez et esleuz pour eslever ledit plant et graines, afin de venir prendre et recevoir telle part et quantité que leur en aurez départy et ordonné pour leurs paroisses, dont la distribution s'en fera en la présence de Barthélemy de Laffemas Beau-

semblant, controlleur général du commerce, ou l'un de ses commis sur le lieu, depuis le 1ᵉʳ avril prochain 1603 jusques au 8 dudit mois, auquel temps leur seront délivrez des graines ou semence de vers à soye, en telle quantité que leur aurez aussi ordonnez avec amples mémoires et instructions, au nombre de deux pour chacune paroisse, tant de la manière de semer, planter et cultiver lesdits arbres et graines, que pour faire esclorre et nourrir lesdits vers, les faire filer et en tirer la soye, et qu'ils n'ayent à y faire faute, à peine d'autres 30 liv. d'amende contre les défaillans, et de leur estre envoyés lesdits arbres et graines en leurs paroisses à leurs fraiz et despens par le greffier de ladite eslection.

(4) Pareillement ferez publier et notifier ausdits prosnes, qu'il sera permis aux seigneurs du village, et à tous ecclésiastiques, gentilshommes ou privilégiez qui y seront résidens, entrer en la condition desdits habitans (s'ils y veulent consentir) pour se charger au lieu d'eux, desdits meuriers et graines qui leur seront départis et ordonnez, les faire profiter suivant lesdites instructions et mémoires, en rendant et payant aux collecteurs, à la descharge desdits habitans, tant pour le plant, graines de meuriers, semence de vers, instructions imprimées, qu'autres fraiz quelconques, à raison de 7 liv. 10 s. pour chacun cent dudit plant, qu'ils en auront receu, et sans que lesdits ecclésiastiques, gentilshommes, privilégiez, puissent estre declarez avoir dérogé à leur dignité, noblesse et priviléges. Comme aussi leur sera faict à sçavoir ausdits prosnes, que lesdits entrepreneurs feront et entretiendront, suivant ledit contract, une pépinière de meuriers blancs en chacune eslection de celles qui leur seront désignées et ordonnées par le susdit estat cy-attaché, tant pour en bailler et remplacer gratuitement et sans argent aux habitans desdites paroisses, autant de meuriers blancs qu'il s'en trouvera de morts de ceux qui leur auront esté délivrez, par l'injure du temps ou autrement, en rapportant ausdits entrepreneurs, leurs commis ou gardes desdites pépinières, le tronc et bois sec desdits meuriers morts, avec certificat du curé ou du procureur, scindic ou fabricier, que ce n'aura esté faute de soin, culture, ny par fraude ou malice qu'ils seroient morts : comme, pour vendre et débiter des meuriers blancs desdites pépinières, par lesdits entrepreneurs ou leursdits commis, de gré à gré à tous ceux qui indifféremment en voudront acheter, pour parvenir à l'édifica-

tion et multiplication du plant desdits meuriers, et art de faire la soye.

(5) Ferez en outre par la teneur de vosdits mandemens sçavoir ausdites paroisses que dès ledit 1ᵉʳ avril prochain 1603, sera envoyé en vostredite eslection, un ou plusieurs experts qui résideront sur le lieu l'espace de trois mois, et plus si besoin est, pour instruire publiquement et indifféremment les habitans du ressort de vostredite eslection, à mesure qu'ils viendront et auront commodité d'y venir : non seulement a bien cultiver et eslever lesdits meuriers et graines : mais de faire esclorre les semences de vers a soye, les nourrir, faire filler, tirer la soye, la préparer, et rendre propre à estre renduë : et que lesdits entrepreneurs seront achepter et payer en argent comptant par lesdits experts ou leurs commis, toutes les soyes que lesdits habitans voudront et pourront faire en leurs paroisses dès ladite première année des meuriers qui s'y trouveront, suivant lesdites instructions qui leur seront données, tant imprimées que par ledit expert, à raison de 9 fr. pour chacune livre, et au prorata jusques à une once.

(6) Et en outre leur sera faict sçavoir que ceux qui auront esté esleuz pour faire eslever et entretenir lesdits arbres et graines des meuriers blancs, seront aussi chargez de nourrir lesdits vers ès lieux où il se trouvera des meuriers pour ceste année seulement, et que pour ce faire ils seront tenus de faire provision de deux ou trois aix et tablettes, pour sur iceux mettre lesdits vers, suivant lesdites instructions imprimées, qui leur seront délivrées avec lesdits arbres et graines de meuriers, et que d'ailleurs une seule personne peut suffire pour employer les feuilles de trois grands meuriers, à la nourriture et entretenement d'une demie once de vers, sans divertissement de leur vacation ordinaire, en y employant une heure par chacun jour, par l'espace de cinq ou six semaines seulement : et que les femmes et petits enfans en sont aussi capables que les hommes, et y sont ordinairement employez sans divertissement de leur mesnage.

(7) Et enjoindrez par vostredite ordonnance et mandement à tous particuliers, propriétaires ou détempteurs desdits meuriers, en laisser prendre et cueillir les feuilles gratuitement par ceux qui seront esleuz et députez pour la nourriture desdits vers, pour ceste première année seulement : sur peine aux contrevenans de 30 liv. d'amende. Laquelle vostre ordonnance et mandement vous envoyerez publier et signifier, tant ausdits procureurs, sindics ou fabriciers, que aux habitans des paroisses de vostre-

dite eslection par les sergens de vostre jurisdiction, et en même temps qu'ils porteront les commissions des tailles, si commodément faire se peut, sinon par autre commodité la plus propre et à moindres frais qu'advisons. Et à l'exécution de ces présentes nos lettres de commission vous vaquerez en toute diligence.

De ce faire vous avons donné et donnons, etc.

N° 164. — LETTRES-PATENTES *sur les priviléges et exemptions des Suisses attachés au service du roi* (1).

Fontainebleau, 9 décembre 1602; reg. au parl. le 20. (Vol. XX, f° 37. — Mém. ch. des compt., VVVV, f° 117.)

N° 165. — LETTRES *d'érection de la vicomté de Rohan en duché-pairie* (2).

Fontainebleau, 7 avril 1603; reg. au parl. le 7 août, et au parl. de Bretagne le 16 octobre. (Vol. XX, f° 95. — Coquille des Pairs de France, p. 537.)

N° 166. — DÉCLARATION *sur l'autorité et les fonctions du grand voyer de France* (3).

Fontainebleau, 1er juin 1603; reg. au parl. le 9 avril 1604. (Vol. XX, f° 41. — Mém. ch. des compt., VVVV, f° 30.)

---

(1) C'est une confirmation des anciens édits sur les priviléges des Suisses. — V. lettres-patentes de François Ier, 12 mars 1514. — Les Suisses jouissent aujourd'hui de grands priviléges en vertu des capitulations de 1816 non insérées au Bulletin des lois, publiées dans le recueil du canton de Vaux, et censurées constamment dans les Chambres comme contraires aux principes du droit public, en ce qui concerne le droit de justice souveraine, les lois sur les pensions, l'égalité entre les sujets d'un même roi, comme contraires à l'honneur national et comme excédant les pouvoirs que l'art. 14 de la Charte donne au roi de conclure des traités. Il y a un traité du 30 mai 1827, qui établit une parfaite réciprocité entre les deux nations.

(2) Cette pairie, qui se trouve la quatrième en ordre d'ancienneté, n'est placée dans la liste du 4 juin 1814 que la huitième.

(3) V. ci-devant édit de mai 1599 et la note, réglement du prévôt de Paris, du 22 septembre 1600, et ci-après édit de décembre 1607, lettres-patentes, septembre 1608, et édit de Louis XIII, février 1626. — V. la loi du 27 floréal an X, la loi de 1829 sur les droits du gouvernement à l'égard de la police de la grande voierie, et notre Traité de la voierie. — La déclaration de 1603 n'est qu'une confirmation de priviléges à l'égard du grand voyer. — Elle permet à ce

N° 167. — **Lettres** *de confirmation des statuts des maîtres patenôtriers, tailleurs de corail, d'ambre, coquille, etc.*

Paris, juillet 1603; reg. au parl. le 6 septembre. (Vol. XX, f° 101.)

N° 168. — **Édit** *d'établissement d'une manufacture d'habits de draps et toiles d'or, d'argent et de soie à Paris* (1).

Saint-Germain-en-Laye, août 1603; reg. au parl. le 9 avril, et en la ch. des compt. le 2 août 1604. (Vol. XX, f° 150. — Rec. cour des monn., CC, f° 242.)

Henry, etc. Dieu qui de son œil tout voyant et sa divine puissance cognoist les plus cachées et secrètes pensées de nos ames, nous sera témoing s'y depuis qu'il a pleu à son infinie bonté de nous appeler à ceste couronne et après son assistance et bénédiction en plusieurs travaux, toucher le cœur de nos subjets et les disposer unanimement à nous rendre l'obéissance qui nous est légitimement due, et nous bienheurer de sa sainte paix universelle, tant dedans que dehors ce royaume, nos actions ont butté à autre desseing qu'à relever ce pauvre estat que nous avons trouvé languissant et comme gissant à terre, et s'y nous avons esté mu d'autre affection que de sa première splendeur, ayant toujours esté accompagné d'un soing paternel d'y apporter les salutaires remèdes que nous avons jugé y être nécessaires pour le bien universel de nosdits sujets et par ce moyen les tirer des grandes incommodités qu'ils ont souffertes pendant la guerre qui est toujours suivie de désordres et confusion.

L'un des principaux expédiens pour cet effet est l'établissement des arts et manufactures, tant pour l'espérance qu'elles donnent d'enrichir et embélir ce royaume et ne plus recourir à nos voisins, comme mendians en pauvres d'invention, chercher au loin ce que nous possédons dans nostre seing, que pour estre aussi un facile et doux remède de purger nostredit royaume de tant de vices que produit l'oisiveté, et le seul moyen de ne point transporter hors du royaume l'or et l'argent pour enrichir nos voisins, ne restant plus que l'introduction des manufactures, lesquelles jusques ici ont esté dédaignées et semblent estre parti-

---

magistrat de se choisir en chaque province un lieutenant sous le titre de lieutenant du grand voyer de France.

(1) V. note sur l'édit de François Ier, mars 1514, qui rappelle toutes les lois somptuaires rendues contre l'usage des draps d'or et de soie, et ci-après note sur l'édit de novembre 1606.

culières à aucuns de nos voisins, soit pour la matière, industrie ou perfection de l'œuvre, spécialement de celles d'or, d'argent et de soye, qui ne nous a manqué que par négligence et (illisible) pour l'establissement desquelles nous aurions cy-devant ordonné des commissaires, lesquels en auroient dressé et fait voir à nostre conseil les mémoires et articles par lesquels nous avons recognu combien il était aisé de remédier à ce défaut; et pour avancer et en faciliter l'entière introduction, nous aurions fait plusieurs réglemens pour l'usage et défense expresse pour l'entrée des étoffes des manufactures étrangères dont n'ayant encore pu recueillir le fruit que nous en espérions, cela nous fait chercher d'autres moyens plus assurés; et à ceste fin, aurions ouy et entendu quelques notables bourgeois, marchands de nostre bonne ville de Paris; lesquels aurions mandé sur ce sujet, et l'affaire proposée en nostre conseil, auquel ont assisté plusieurs princes de nostre sang, officiers de nostre couronne et autres seigneurs de nostredit conseil;

De l'advis d'icelui ne se seroit trouvé expédient plus prompt et certain que de commettre quelques personnes capables et expérimentées à cet establissement, principalement en nostre ville de Paris, afin que, outre le contentement que nous en recevrons par l'introduction, l'exemple serve à l'accroissement d'une si louable et importante entreprise.

Et nous confiant de la fidélité, prud'hommie, intelligence, expérience et affection de nos bien-amés *Jehan de Moisset*, contrôleur de nostre artillerie et menues affaires de nostre chambre, et de *P. Sainctot*, *J. A. Limaigne*, *N. Camus*, *C. Parfait* et *Odard Collebert*, marchands; lesquels nous aurions pour ce mandés et ouys à plusieurs et divers fois.

(1) A ces causes, et plusieurs autres considérations à ce nous mouvans, nous les avons, par ces présentes, chargés, commis et députés à l'establissement et entreprise en nostredite bonne ville de Paris pour les manufactures d'or, d'argent et de soye, en ce qui est des moulins à soye, baterie d'or et d'argent pour les battre, couper, et filer à la façon de Milan et au titre de dix deniers vingt-deux grains, et pour façonner et travailler toutes sortes de draperies de soye, tant pleines que façonnées et meslées d'or et d'argent, selon le réglement et l'ordre qui leur sera cy-après par nous donné.

(2) Et d'autant que le principal advancement de ces choses, tant pour dresser l'or, ateliers et métiers, que pour entretenir

les ouvriers, où il convient faire de grandes avances dépend principalement de l'entreprise desdits, de *Moisset, Sainctot, Limaigne, Camus, Parfait* et *Collebert*, que nous avons, pour ce, commis à cet establissement et pour favoriser et aider autant qu'il nous sera possible leur bonne volonté et exciter les autres à faire le semblable pour ce qui sera des autres manufactures.

(3) Nous avons lesdits Moisset, Sainctot, Limagne, Camus, Parfait et Collebert déclaré domestiques et commensaux de nostre maison, les décorant, en outre, eux et leur postérité née et à naître, en loyal mariage, de qualité de noblesse, pour en jouir comme font les autres nobles de cestuy nostre royaume, à condition, toutefois, qu'ils continueront et entretiendront lesdites manufactures l'espace de douze années, sans qu'on leur puisse imputer, ny à leurdite postérité, le trafique qu'ils font et feront de marchandises durant lesdites douze années, outre ladite entreprise desdites manufactures, pour actes dérogeans à noblesse, et dont, en tant que besoin est ou seroit, nous les en avons relevés et dispensés, relevons et dispensons, par ces présentes, pour ledit temps, pendant lequel nul autre qu'eux ne pourra, en cette dite ville, banlieue et fauxbourgs de Paris, dresser et faire dresser moulins à soye, métiers, et lever boutiques pour travailler auxdites manufactures de soye, tant pleines que façonnées de toutes sortes, sy ce n'est par leur permission et consentement.

(4) Et afin de ne rien oublier de ce qui sera de la perfection desdites étoffes, nous leur avons permis de faire teindre, par chacun an, hors du royaume, jusques au nombre de vingt balles de soye crue, tant en noir que couleur pour la nécessité des ouvrages qu'il convient faire, sans, pour ce, payer à l'entrée du royaume, ni ailleurs, autre droit que celui qui se doit payer pour les soyes crues.

(5) Et pour ce que lesdits entrepreneurs pourront, dès la première année, faire suffisamment travailler (effacé dans l'original) et de l'or et de l'argent filés à la façon de Milan, et en rendre (effacé dans l'original) autant qu'il en peut falloir pour l'usage de nostredit royaume; nous voulons et nous plaist que pendant ledit temps de douze années, tant en nostredite bonne ville de Paris qu'en cestuy nostre royaume, nul autre qu'eux ne puisse tenir boutique ny faire travailler en quelque façon que ce soit dudit or et argent à la façon et titre de Milan, sans leur adveu et consentement fors et excepté *Devieux*, nostre valet

de chambre et parfumeur ordinaire, *Vexin*, *Laforêt* et *Tallot*, auxquels nous avons permis de lever une boutique seulement et y faire travailler conjointement, sans qu'ils puissent associer autres personnes avec eux, ny transporter le droit à qui que ce soit; et quant aux priviléges tant pour eux que leurs ouvriers, jouirons de tels et semblables que ceux que nous accordons auxdits entrepreneurs pour le regard dudit or et argent seulement, et à condition encore qu'ils seront tenus prendre la soye des entrepreneurs, pourvu qu'ils la leur baillent aussi bonne et à pareil prix qu'ils la pourront trouver ailleurs, à la charge, encore, qu'après que l'ouvrage qu'ils feront faire sera fait et contremarqué de leur marque, ils seront tenus, avant que le débiter, le faire marquer à la marque générale que nous avons mis pour cet effet entre les mains desdits *Sainctot* et *Parfait*, tant pour ladite fabrique que pour les autres étoffes de soye.

(6) Et dès à présent défenses sont faites que trois mois après la date des présentes, personne, de quelque qualité et condition qu'il soit, n'en puisse faire entrer en ce royaume et à toutes personnes d'en vendre, débiter ni employer en quelques étoffes que ce soit dudit or et argent à ladite façon et titre de Milan, que celui qui aura esté fait fabriquer en France par lesdits entrepreneurs et lesdits *Devieux*, *Vexin*, *Laforêt* et *Tallot*, contremarqué de la marque qui sera par nous donnée aux dessusdits *Sainctot* et *Parfait*, comme dit est, à peine de confiscation et d'amende, moitié à nous et l'autre moitié auxdits entrepreneurs; et pour éviter aux abus ceux qui en auront, seront tenus dans lesdits trois mois le faire contremarquer de nostredite marque par iceux entrepreneurs.

(7) Et pour faciliter le débit de tout ce que les entrepreneurs feront travailler, tant dudit or et argent à la façon et titre de Milan que des étoffes d'or, d'argent et de soye tant pleines, mêlées que façonnées et inciter les étrangers d'en acheter et enlever; nous voulons que sur nostre marque qui en sera par eux apposée, elles puissent être vendues et débitées librement sans aucune imposition tant dedans qu'à la sortie de nostredit royaume, dont nous les avons déchargées.

(8) Et pour induire et atirer les ouvriers étrangers et y retenir les françois, nous avons iceux ouvriers étrangers déclarés et déclarons naturels et régnicoles et dispensés du droit d'aubaine, sans que pour cela ils soient tenus prendre autres lettres de na-

turalité que ces présentes, ny pour ce payer aucune finance tant et si longuement qu'ils seront travaillans pour lesdits entrepreneurs exemptés tant lesdits étrangers et François de toutes charges publiques personnelles, si ce n'est de leur consentement, et afin de les contenir en leur travail et qu'ils le puissent mieux continuer sans interruption.

(9) Et après y avoir travaillé, à sçavoir les maistres par l'espace de trois années et les compagnons de six années entières et consécutives, nous avons, tant lesdits étrangers que François affranchis pour travailler et lever boutiques sans estre subjets à aucun chef-d'œuvre ni lettres de maistrise autres que le certificat desdits entrepreneurs.

(10) De pareil privilége pourront aussi jouir les apprentis qui seront par eux tirés des hospitaux et autres lieux et instruits auxdites manufactures après y avoir travaillé pendant l'espace de huit années : à scavoir quatre années comme apprentis et quatre années comme compagnons, et où ils se trouveront avoir quitté et abandonné lesdites manufactures sans le congé desdits entrepreneurs ils seront déchus de ce privilége.

(11) Et pour aucunement subvenir aux grandes avances qu'il convient faire pour cet établissement, nous avons accordé et accordons auxdits entrepreneurs de leur bailler et fournir par prêt la somme de 180,000 livres, dont ils seront assignés sur nostre espargne pour les recevoir incontinent, sans aucun retardement, laquelle somme demeurera entre leurs mains pour le temps et espace de douze années sans aucun profit et intérêts, et à la fin dudit temps seront iceux entrepreneurs tenus de nous rendre et restituer seulement la somme de 150,000 livres, et des trente mille restans nous leur en avons fait et faisons don dès à présent en considération des frais et dépenses extraordinaires que nous avons reconnu nécessaires et qu'il leur convient faire à leur perte et dommage pour ledit établissement.

Sy donnons en mandement, etc.

N° 169. — DÉCLARATION *qui défend de chasser à l'arquebuse et au pistolet* (1).

Saint-Germain-en-Laye, 14 août 1603 ; reg. au parl. le 6 novembre. (Vol. XX, f° 98. — Font. II, 341.)

(1) Dans cette déclaration, Henri IV se plaint de l'extension abusive que les

N° 170. — *Édit de rétablissement des jésuites, sous la condition d'un serment et d'autres obligations* (1).

Rouen, septembre 1603, reg. au parl. de Paris le   janvier 1604, sur lettres de jussion et après remontrances. (Vol. XX; f° 116. — Mercure de France, 1611, f° 262.)

Henry, etc. Sçavoir faisons que désirant satisfaire à la prière qui nous en a été faicte par notre saint père le pape pour le rétablissement des jésuites en cestuy notre royaume, et pour aucunes autres bonnes et grandes considérations à ce nous mouvans :

(1) Nous avons accordé et accordons par ces présentes pour ce signées de notre main et de notre grâce spéciale, pleine puissance et auctorité royale, à toute la société et compagnie des jésuites qu'ils puissent et leur soit loisible de demeurer et resider ès lieux où ils se trouvent à présent établis en notredit royaume, à sçavoir, ès villes de Thoulouze, Auch, Agen, Rhodez, Bordeaux, Périgueux, Limoges, Tournon, Le Puy, Aubenaz et Béziers; et oultre lesdits lieux nous leur avons, en faveur de S. S., pour la singulière affection que nous lui portons, encore accordé et permis de se remettre et établir en nos villes de Lyon et Dijon, et particulièrement de se loger en notre maison de La Flèche en Anjou, pour y continuer et établir leurs collèges et résidences, aux charges toutefois et conditions qui s'ensuivent :

1° Qu'ils ne pourront dresser aucuns collèges ni résidences en autres villes ny endroits de cestuy notredict royaume, pays, terres et seigneuries de notre obéissance sans notre expresse permission, sur peine d'être déchus du contenu en cette notre présente grâce;

2° Que tous ceux de ladite société des jésuites étant en notredit royaume, ensemble leurs recteurs et proviseurs, seront naturels français, sans qu'aucun étranger puisse être admis et avoir

---

gentilshommes ont donnée aux art. 4 et 5 de l'édit de juin 1601, qui leur avait permis de chasser sur leurs terres. Pour y remédier, il défend à toutes personnes, tant nobles que roturiers, de chasser soit à l'arquebuse, soit au pistolet, sous peine, pour la noblesse, d'amende arbitraire, confiscation de ses armes et 15 jours de prison pour la première fois, et de la vie pour la seconde ; et pour toutes autres personnes, sous peine de la vie dès la première fois, quinzaine après la publication de cette déclaration. — La défense, relativement aux nobles, fut levée par déclaration du 3 mai 1604.

(1) V. l'arrêt d'expulsion à la date du 28 septembre 1594, et note sur l'édit du 7 janvier 1595.

lieu en leurs colléges et résidences sans notredite permission, et si aucuns y en a à présent, seront tenus dans trois mois, après la publication de ces présentes se retirer en leur pays, déclarant toutefois que nous n'entendons comprendre dans ce mot d'étrangers les habitans de la ville et comté d'Avignon.

3° Que ceux de ladite société auront ordinairement près de nous un d'entre eux, qui sera François, suffisamment authorisé parmi eux pour nous servir de prédicateur et nous répondre des actions de leurs compagnies aux occasions qui s'en présenteront.

4° Que tous ceux qui sont à présent en notredit royaume et qui seront cy-après reçus en ladite société feront serment pardevant nos officiers des lieux de rien faire ny entreprendre contre notre service, la paix publique et repos de notre royaume sans aucune exception ny réservation, dont nosdits officiers envoiront les actes et procès-verbaux ès mains de notre très cher et féal chancelier, et où aucuns d'iceux, tant de ceux qui sont à présent que de ceux qui surviendront, seroient refusans de faire ledit serment, seront contraints de sortir hors de notredit royaume.

5° Que cy-après tous ceux de ladite société, tant ceux qui ont fait les simples vœux seulement que les autres, ne pourront acquérir dans notredit royaume aucuns biens immeubles par achat, donation ou autrement, sans notre permission. Ne pourront aussi ceux de ladite société prendre ni recevoir aucune succession, soit directe ou collatérale, non plus que les autres religieux; et néanmoins au cas que ci-après, ils fussent licenciez et congédiez par ladite compagnie, pourront rentrer en leurs droits comme auparavant.

6° Ne pourront ceux de ladite société prendre ni recevoir aucuns biens immeubles de ceux qui entreront d'oresnavant en leur société, ains seront réservés à leurs héritiers ou à ceux en faveur desquels ils en auront disposé avant que d'y entrer.

7° Seront aussi ceux de ladite société subjects en tout et partout aux lois de notre royaume et justiciable de nos officiers aux cas et ainsi que les autres ecclésiastiques religieux y sont subjects.

8° Ne pourront aussi ceux de ladite compagnie et société entreprendre ni faire aucune chose tant au spirituel que au temporel, au préjudice des évêques, chapitres curés et universitez de notre royaume, ni des autres religieux, ains se conformeront au droit commun.

9° Ne pourront pareillement prescher, administrer les saints sacremens, ny mesme celui de la confession, à autres personnes qu'à ceux qui seront de leur société, si ce n'est par la permission des évêques diocésains, des parlemens auxquels ils sont établis par le présent édict; sçavoir, de Thoulouze, Bordeaux et Dijon, sans toutefois que ladite permission se puisse entendre pour le parlement de Paris, fors et excepté ès villes de Lyon et La Flèche, auxquelles il leur est permis de résider et exercer leurs fonctions comme ès autres lieux qui leur sont accordés; et afin que ceux de ladite société qui sont à présent restablis ayent moyen de se pouvoir entretenir et vivre en leurs collèges et résidences, nous leur avons permis et permettons de jouir de leurs rentes et fondations présentes et passées, et au cas que sur icelles eussent été faites aucunes saisies, pleine et entière main-levée leur en sera faicte.

Si donnons en mandement, etc.

N° 171. — DÉCLARATION *sur l'insaisissabilité des gages des prévôts des maréchaux de France.*

Paris, 5 janvier 1604. (Joly, II, 1872.)

N° 172. — DÉCLARATION *qui interdit tout commerce, soit par terre, soit par mer, avec l'Espagne, sous peine de confiscation des navires, bateaux, charrettes, et des marchandises importées ou exportées* (1).

Paris, février 1604. (Rec. des traités, III, 17.)

N° 173. — ARRÊT *du conseil sur l'exploitation des mines et minières* (2).

Fontainebleau, 14 mai 1604. (Ouvrage de Blavier, Jurisp. générale des Mines, préface, p. 21, 1825, 3 vol. in-8°.)

---

(1) Cette défense, qui était motivée sur ce que le roi d'Espagne avait établi un droit de 30 pour 100 sur toutes les marchandises importées dans son royaume, fut levée par un traité du mois de novembre.

(2) V. ci-devant édit de juin 1601 et la note. — L'arrêt de 1604 impose aux exploitans l'obligation, sous peine d'être dépossédés, d'activer leurs travaux dans le délai d'un mois à partir de la date de l'autorisation du grand maître. — Les associés sont tenus de faire connaître les produits de leurs entreprises au grand maître, ainsi que les divers accidens qui pourraient survenir, afin qu'il y soit pourvu par lui — Création du droit de *trentième* de la masse entière du produit net, pour être appliqué aux secours spirituels ou temporels à administrer aux ouvriers qui d'ailleurs devaient être payés de préférence à tous autres créanciers de la mine — Institution d'un fondeur, essayeur et affineur général, pour constater le titre des matières d'or ou d'argent sur lesquelles devait être perçu le dixième de la couronne.

N° 174. — Déclaration *portant que l'hôpital de la Charité à Paris, faubourg St.-Marceau, servira de logement aux pauvres officiers et soldats invalides* (1).

Paris, juillet 1604. (Blanch., compil. chronol.)

N° 175. — Édit *sur les eaux minérales et médicinales* (2).

Mai 1605. (Blanch., compil. chronol.)

N° 176. — Édit *de création d'offices de vendeurs de bestiaux à pied fourché dans les villes, bourgs et bourgades où il y a foire ou marché* (3).

Fontainebleau, septembre 1605; reg. au parl. le 5 juillet 1607. (Vol. YY; f° 46. — Font. I, 1163. — Traité de la pol., liv. 5, tit. 19, p. 1192.)

N° 177. — Déclaration *pour l'établissement dans tous les diocèses de France, d'une pépinière de mûriers blancs pour l'entretien des vers à soie* (4).

Paris, 16 novembre 1605. (Font. I, 1051.)

Henry, etc. Comme nous ayons recogneu cy-devant par les expériences qui ont esté faictes en nostre ville de Paris, et autres lieux, l'utilité qui peut revenir de la nourriture des vers à soye, et plant de meuriers qui leur servent de nourriture, nous avons recherché tous moyens pour induire et exciter nos sujets de s'employer promptement à l'advancement de ceste commodité publique et particulière : mesmes les bénéficiers et ecclésiastiques, lesquels faisans le premier ordre de nostre royaume, nous avons

---

(1) V. note sur l'édit de Henri III, février 1585, et le mandement du 27 mars 1586. — Louis XIII plaça les invalides à Bicêtre, qu'il érigea en commanderie de saint Louis. — V. l'édit de Louis XIV, avril 1674, qui donne des réglemens et une administration à l'hôtel royal des invalides.

(2) Nous n'avons pu retrouver cet acte aux archives. V. en 1626, l'institution du jardin des plantes.

(3) Avant Charles VI, il existait des courtiers pour le commerce des bestiaux; ce prince les érigea en offices royaux par lettres patentes du 31 janvier 1392, après en avoir réduit le nombre à 12 par lettres du 7 novembre précédent. — V. dans notre recueil, ordonnance du 19 décembre 1403; lettres patentes de Louis XI, du 18 mars 1477, interprétées et modifiées par ordonnance du 6 février 1479 (l'une et l'autre omises dans notre collection); de Charles IX, édit sur la police, du 4 février 1567; de Henri III, 21 novembre 1577. — V. ci-après édits de Louis XIV, septembre 1655, janvier et mars 1690, et janvier 1707.

(4) V. lettres patentes de Henri II, avril 1554, et ci-devant mandement du 7 décembre 1602.

estimé devoir aussi les premiers embrasser ceste entreprise, pour y attirer les autres à leur exemple, et augmenter le revenu de leurs églises par le profit qui s'en peut recueillir : et à ceste fin auroient faict expédier nos lettres patentes dès le mois de septembre dernier, addressantes aux députez généraux establis à Paris, suivant lesquels ils auroient au mois de décembre ensuivant, mandé aux évesques du ressort du bureau dudit lieu, de faire expédier lettres par leurs diocèses, chacun en son esgard aux abbez, abbesses, prieurs ou prieurez, et autres bénéficiers et communautez, pour leur ordonner et enjoindre de faire planter et semer la quantité de meuriers, de graines, que leurs bénéfices pourront porter, qui leurs seroient fourny par leurs entrepreneurs dudit plant, aux conditions accordées avec eux, et contenus ès articles arrestées de l'advis des principaux du clergé, avec nos commissaires par nous ordonnez sur le faict du commerce, et attachées souz le contre-seel de nosdites lettres. En exécution desquelles, les départemens ayans esté faicts, contenans la quantité des meuriers et graines qui pourroient estre distribuez en chacun diocèse, aucuns évesques affectionnez au bien de nostre service et royaume, y auroient promptement satisfaict, esgalant sur les bénéfices de leurs éveschez la quantité qui leur auroit esté ordonnée, qui auroit donné occasion ausdits entrepreneurs, espérance que les autres feroient semblable devoir, de faire achapt des graines et meuriers, jusques à la quantité nécessaire pour ledit fournissement. Ce qui est néantmoins demeuré sans effect, par le moyen d'un second mandement desdits députez, depuis publié et envoyé aux ecclésiastiques et bénéficiers desdits diocèses : par lequel ils déclarent n'avoir par leurs premières lettres entendu qu'aucuns puissent être contraints à prendre desdites graines et meuriers, sinon volontairement, et de gré à gré, ce qui a esté prins par un chacun, comme une semonce de n'en prendre point du tout, et a grandement refroidy ceux qui estoient affectionnez auparavant, et du tout destourné les autres qui n'en avoient grande volonté, au retardement d'une si profitable entreprise, et à l'intérest très grand des pauvres entrepreneurs, lesquels s'estans à ceste occasion retirez pardevers nous, et remonstré que ladite fourniture ne se faisant tous les meuriers et graines qu'ils auroient acheptez, pour lesquels ils seroient entrez en de grandes advances, leurs demeureront sur les bras en pure perte, qui leur apportera une ruine entière. Nous suppliant humblement qu'il nous pleust sur ce leur pourvoir de remède, et recognoissant que les frais et advances esquels lesdits entrepreneurs sont entrez, a esté pour servir à l'effect de nostre vouloir et intention, et souz l'asseurance du traicté fait avec les commissaires par nous députez et ordonnez sur le faict du commerce, approuvé par nous et par lesdits ecclésiastiques, souz la foy desquels il ne seroit raisonnable qu'ils demeurassent déçeuz, et chargez d'une si grande perte.

A ces causes, nous voulons et nous plaist, que, suivant ledit mandement conforme à nostre intention, et à l'advis desdits commissaires, lesdits entrepreneurs non seulement establissent en chacun diocèse dépendant dudit bureau de Paris : mais généralement par tous les diocèses de France, au lieu le plus commode que faire se pourra, une pépinière de cinquante mil meuriers blancs au moins, et un bureau auquel ils tiendront un commis suffisant et capable, pour livrer et distribuer lesdits meuriers et graines à ceux des ecclésiastiques qui en voudront prendre de gré à gré suivant les départemens qui en seront faicts par les évesques en chacun diocèse, de la qualité, au prix et conditions contenuës par lesdits articles et mémoires accordées dès le 22 avril 1604 : leur permettant d'en pouvoir vendre et débiter, tant aux gentilshommes qu'autres qui en désireroient avoir, aux mesmes conditions et prix qu'aux ecclésiastiques, pourveu que la fourniture du clergé n'en soit retardée ou empeschée, et en ce faisant et baillant bonne et suffisante caution pardevant nosdits commissaires, pour leur donner moyen de vendre et débiter les graines et meuriers qui leur pourroient demeurer de reste, au moyen de ce que une bonne partie des ecclésiastiques pourront délaisser d'en prendre souz couleur dudit mandement des députez, nous avons faict et faisons défenses à toutes personnes de quelque estat et condition qu'ils soient, de négocier, vendre ou débiter aucuns meuriers blancs, ou graines d'iceux, dans l'estendyë de leursdits diocèses, et ce pour le temps et espace de deux ans, à commencer quinze jours après la publication qui sera faicte des présentes en chacun bailliage ou séneschaussée, à peine de confiscation desdits meuriers et graines, voitures, harnois et chevaux, et des marchandises, avec lesquelles ils se trouveroient chargez ou emballez, le tout applicable, le tiers à nous, un autre tiers ausdits entrepreneurs, et l'autre tiers au dénonciateur : fors et excepté pour la ville et banliceüe de Paris, où nonobstant lesdites défenses, il sera permis d'en vendre et débiter, sans qu'il soit loisible de les transporter de ladite ville et banlieuë en un autre lieu, ny y en apporter de dehors sur lesdites peines et confiscations que dessus.

Si donnons, etc.

N° 178. — EDIT *qui permet au premier médecin du roi de commettre des chirurgiens dans les villes, pour faire les visites et rapports des malades et blessés* (1).

Paris, janvier 1606; reg. au grand conseil le 2 mai. (Blanchard, compil. chronol.)

N° 179. — TRAITÉ *avec Jacques Ier, roi d'Ecosse et d'Angleterre, pour la liberté du commerce entre les deux nation* (2).

Paris, 24 février 1606, ratifié le 26 mai, et confirmé par lettres patentes du 22 janvier 1607, reg. au parl. le 23. (Rec. des traités, III, 31. — Vol. XX, f° 383.)

HENRY, etc. Comme nous avons ci-devant commis et député nos amés et féaux conseillers en nostre conseil d'état, les sieurs de Maisse et de Boissize, pour traiter, conférer, et résoudre avec le sieur Thomas Parry, chevalier, naguère ambassadeur près de nous, de la part de nostre très cher et très amé bon frère, cousin et ancien allié le roi de la Grand' Bretagne, du moien de continuer et augmenter de plus en plus la bonne amitié et intelligence qui est entre nous, et procurer le bien et commodité de nos roiaumes : mêmement en ce qui concerne le trafic et commerce entre nos communs sujets. Et soit ainsi que suivant les pouvoirs et commissions qui ont esté respectivement données par nous et nostredit bon frère et cousin, lesquelles seront insérées en la fin des présentes : nosdits commissaires de part et d'autre aient conclu et arresté entre eux, sous nos bons plaisirs, le traité et articles, desquels la teneur ensuit.

Au nom de Dieu tout-puissant, etc.

(1) A esté convenu et accordé, qu'en nul des articles contenus au présent traité, il ne sera aucunement réputé que l'on se soit

---

(1) V. à leur date lettres patentes de Philippe VI, août 1331 ; de Charles VI, 5 août 1390. — Sur les priviléges du premier chirurgien et barbier du roi, V. note jointe à la déclaration d'octobre 1592. — Nous n'avons pu retrouver l'édit de janvier 1606.

(2) V. traité de François Ier avec Henri VIII, 5 avril 1515, et sous Louis XVI, traité du 26 septembre 1786, convention additionnelle de 15 janvier 1787, et les notes que nous y avons jointes dans notre recueil.

departy des précédens traités, mais qu'ils demeureront en leur première force et vertu, sinon en ce qui est dérogé par ce présent traité.

(2) Aussi a été convenu et accordé, pour confirmer et accroître de plus en plus la bonne amitié et intelligence qui est entre sa majesté très chrétienne et sa majesté de la Grand' Bretagne, qu'il sera mandé par toutes les provinces, villes, ports et havres des roïaumes, de bien et favorablement traiter les sujets de l'un et l'autre prince, et les laisser trafiquer en toute sûreté et liberté les uns avec les autres, sans les molester, ni permettre qu'ils soient induëment travaillés ni molestés, pour quelque cause et occasion que ce soit, contre les loix et constitutions des lieux où ils se trouveront : et sera enjoint aux officiers de part et d'autre, de tenir la main à l'exécution de ce que dessus, à peine de répondre en leurs propres et privés noms des dépens, dommages et intérests des parties où ils se trouveront avoir fait le contraire.

(3) Aussi a été convenu et accordé, que toutes daces et impositions, qui se lèvent maintenant sur les sujets, marchandises et denrées de l'un et l'autre royaume, au profit desdites deux majestés, et par leurs fermiers et commis, continueront d'estre levés, comme ils se font à présent ; et ce par manière de provision, en attendant que l'on les puisse ôter, ou modérer : ce qui se fera au plustôt que le bien des affaires de l'un et l'autre prince le pourront porter. Et afin qu'un chacun de part et d'autre soit certain des daces et impositions qu'ils devroient paier, en sera dressé pancarte en l'un et l'autre roïaume, qui sera mise et attachée ès lieux publics, tant de la ville de Roüen, et autres villes de France, que de la ville de Londres et autres, pour y avoir recours quand besoin sera.

(4) Pour le regard des levées et impositions qui se lèvent au profit de certaines villes particulières de l'un et l'autre roïaume, a été avisé, que les maires et échevins des villes de Roüen, Caen, Bordeaux et autres, rapporteront au premier jour au conseil de sa majesté les lettres en vertu desquelles ils font et continuent lesdites levées, pour icelles vuës, estre cassées et abolies, si les lettres en vertu desquelles elles ont été faites se trouvent mal ordonnées, leur faisant cependant inhibitions et défenses, à peine de la vie et du quadruple, de lever plus que ce qui est porté par lesdites lettres, ni excéder les conditions portées par icelles : et le semblable sera fait par les maires et échevins de Londres, et autres dudit roïaume de la Grand' Bretagne.

(5) A été aussi accordé, que les marchands françois trafiquans en Angleterre, ne seront contraints bailler autre caution de leur vente et emplois de leur marchandise, entr'autres, que leur caution juratoire, ni d'obtenir aucunes prolongations, ni décharges, ni faire aucuns frais et dépens pour ce regard.

(6) Plus, a été accordé et convenu, que les navires françois pourront aller librement jusques au quai de la ville de Londres, et autres ports et havres de la Grand' Bretagne, et y étans pourront charger et fréter avec les mêmes libertés et franchises dont les navires anglois jouïssent en France, sans qu'il leur soit donné de part ni d'autre aucun empêchement avant ni après le frettement, ni contraints de décharger leurs vaisseaux en autres, et en toutes autres choses la liberté et égalité du commerce sera gardée et observée le plus que faire se pourra.

(7) Et parce qu'il est impossible de pourvoir aux plaintes particulières, et même sur la qualité des marchandises et denrées qui se transportent de l'un en l'autre royaume, et des fautes et abus qui s'y commettent, a été accordé, que pour mieux et promptement y pourvoir, en la ville de Roüen seront nommés par S. M. T. C. deux notables marchands françois, gens de bien et expérimentés : lesquels avec deux marchands anglois de pareille qualité, qui seront aussi nommés par l'ambassadeur de la Grand' Bretagne, résidant près S. M. T. C., recevront les plaintes desdits marchands anglois, et vuideront tous différens qui pourront intervenir sur le fait dudit trafic et commerce en ladite ville de Roüen, et havres de ladite province : comme aussi S. M. de la Grand' Bretagne nommera en la ville de Londres deux notables marchands anglois, lesquels pareillement avec deux marchands françois, qui seront nommés par l'ambassadeur de France, résidant près S. M. de la Grand' Bretagne, feront le semblable, et pourvoiront promptement à toutes les plaintes qui pourroient survenir pour le fait dudit trafic et commerce : et où ils ne se pourront accorder, les dessusdits quatre marchands conviendront d'un cinquième françois, si c'est à Roüen ; et d'un anglois, si c'est à Londres. En sorte que le jugement passé par la pluralité de voix, sera suivi et exécuté : et pour cet effet leur seront de part et d'autre baillées des commissions et pouvoirs nécessaires ; et au cas qu'il survienne quelque notable difficulté, qui méritât d'estre entendue par l'un et l'autre prince, lesdits marchands ainsi députés de part et d'autre, en donneront respectivement

avis au conseil de l'un et l'autre prince, pour y estre pourvû sans aucune dilation.

(8) Le semblable établissement sera fait et observé ès villes de Bourdeaux et Caën: comme aussi ès villes dudit royaume de la Grand' Bretagne et royaume d'Irlande, pour par ceux qui seront nommés et députés, estre pourvû aux plaintes et difficultés qui peuvent survenir sur le réglement dudit commerce et trafic en la même forme que dessus.

(9) Et pour mieux pourvoir au soulagement desdits marchands de part et d'autre, a été avisé, que lesdits marchands tant françois que anglois, lesquels seront appellés dorénavant *conservateurs du commerce*, seront nommés et députés d'an en an, et feront serment devant le prieur et consuls, tant de la ville de Roüen et autres villes du royaume de France où ils seront établis, qu'en la ville de Londres, et autres où besoin sera, de bien et fidèlement s'acquitter de ladite charge: et seront tenus pendant ledit temps d'y travailler selon les occasions gratuitement, sans exiger aucunes choses des uns et des autres sujets, si ce n'est pour les actes par écrit que les parties voudront lever, dont par eux en sera fait taxe raisonnable.

(10) Que tous les salaires excessifs et autres profits et menus droits que prennent les officiers des lieux sur les marchands de l'un et de l'autre royaumes, les gardes et contre-gardes, les chargeurs, déchargeurs, amballeurs, porteurs, et généralement tous autres, seront réglés et modérés par lesdits conservateurs, et en sera fait par eux une taxe raisonnable, qui sera envoyée au conseil de l'un et l'autre prince, pour y estre vuë et arrestée, et puis publiée et attachée par les carrefours et places publiques des lieux, afin qu'un chacun de part et d'autre soit certain et asseuré de ce qu'il en devra payer.

(11) Les conservateurs s'informeront aussi particulièrement des franchises et priviléges que prétendent aucunes villes et bourgeois d'icelles de l'un et l'autre royaume, de la commodité et incommodité d'iceux, et en donneront avis à l'un et à l'autre prince, pour estre réglés et modérés selon les anciennes usances des lieux, ainsi qu'il sera avisé au conseil desdits princes.

(12) Sera la charge desdits conservateurs de prendre garde aux poids et mesures en chacune ville de l'un et l'autre royaume, afin qu'il n'y ait fraude, ni abus de part ni d'autre: et pour le regard des marchandises, régleront celles qu'ils jugeront estre sujettes à visitation ou non.

(13) Et d'autant que la principale plainte faite par l'ambassadeur de la Grand'Bretagne, et par les marchands anglois, est contre un arrest donné au conseil de S. M. T. C. le 21 jour d'avril 1600, portant réglement sur le fait de la draperie qui se transporte par les marchands anglois au royaume de France, et principalement és provinces de Normandie, Bretagne et Guienne: S. M. T. C. voulant de plus en plus contenter le roi de la Grand' Bretagne son bon frère, sur l'instance qui lui a été faite par plusieurs fois de la part de son ambassadeur : désirant aussi faciliter le commerce de ladite draperie, sans toutefois apporter incommodité au public, Sadite M. T. C. a révoqué et révoque ledit arrêt, et a déchargé et décharge pour l'avenir lesdits marchands anglois de la confiscation portée, tant par icelui, que par tous autres arrests et ordonnances faits pour raison de ladite draperie, et leur a permis et permet de remporter en Angleterre les draps vicieux et mal façonnés : et d'autant que lesdits marchands anglois sur la dispute qui pourroit intervenir sur la qualité de ladite draperie, pourroient estre travaillés, et leurs draps retenus et saisis, avec perte de temps et dommage, il a été accordé et convenu, que lesdits conservateurs du commerce députés comme dessus, au cas que la plainte en vienne jusques à eux, jugeront lesquels desdits draps seront bons et marchands, selon leur prix et valeur, pour estre vendus et débités, ou ceux qui devront estre renvoiés en Angleterre, comme étans vicieux, et s'en rapportera sa majesté à leur conscience et loiauté, ayant pour agréable ce que par eux en sera ordonné ; n'entendant toutefois que pour lesdits draps vicieux qui seront ainsi rapportés en Angleterre, il soit paié aucune chose pour le droit de sortie.

(14) Aussi a été accordé et convenu, que la liberté du commerce sera entretenuë comme elle est à présent de part et d'autre, tant des marchandises manufacturées, que non manufacturées, selon le présent traité et les précédens, et ne pourront de part et d'autre estre faites aucunes défenses d'en trafiquer : et si aucunes ont été faites, seront révoquées ; excepté toutefois les marchandises qui sont de contrebande, et dont le transport a été de tout temps, et est encore prohibé et défendu par les loix de l'un et l'autre roiaume, dont sera baillé état de part et d'autre.

(15) A été accordé, qu'au cas qu'il se trouve aucun vaisseau venant d'Angleterre en France, ou de France en Angleterre, chargé de plus grande quantité de marchandises, que celle pour laquelle il aura paié et acquitté les droits dûs à l'un et l'autre

prince, ladite quantité non acquittée sera seulement saisie et confisquée, et non le surplus desdites marchandises, s'il ne se trouve parmi des marchandises de contrebande prohibées et défendues en l'un et l'autre roiaume : auquel cas les ordonnances de l'un et l'autre prince seront observées.

(16) Aussi a esté accordé, que les habitans des isles de Jerzai et Guernezai pourront librement et seurement passer et trafiquer dans le roiaume de France, et joüiront en France de pareils priviléges dont les François joüissent esdites isles, en paiant toutefois par les uns et les autres les droits appartenans à l'un et à l'autre prince.

(17) Sera rendu aux sujets de sa majesté de la Grand' Bretagne en leurs causes et procès prompte et briève justice, et mandé és officiers des ports et havres de Normandie, Bretagne et de Guienne, de les traiter favorablement : et où il y auroit quelque affaire d'importance, S. M. T. C. enjoint son conseil d'en prendre la connoissance, ou leur pourvoir de juges non suspects. Comme aussi le semblable sera fait par le roi de la Grand' Bretagne aux sujets de S. M. T. C., se trouvant en Angleterre, et y demandant justice.

(18) Les sujets de S. M. T. C., entrant aux ports de mer dudit païs d'Angleterre, ne paieront ci-après le droit de cocquet plus que les naturalisés Anglois.

(19) Les sujets de S. M. T. C., et ceux de sa majesté de la Grand' Bretagne, qui seront par tourmente, fortune de mer, ou contrainte de guerre, contraints jetter l'anchre dans aucuns ports et havres de l'un et l'autre roiaume, ne seront tenus de paier aucun droit, ni pour l'entrée, ni pour la sortie de leurs marchandises, à la charge toutefois que le maître du navire ou marchand facteur, seront tenus le même jour ou le lendemain de leur arrivée faire connoître aux officiers de la justice de l'un et l'autre roiaume, appellé *le commis du fermier*, la vérité et l'occasion de leur entrée audit havre, et même exhiber leur charte partie, si besoin est, à la charge aussi de sortir au premier temps convenable : et si pendant le séjour ils sont contrains de vendre leur marchandise, ou partie d'icelle, par nécessité ou autrement, ils seront tenus d'en paier les droits pour la quantité qu'ils en auront vendu : et pour le surplus, le pourront transporter comme dessus.

(20) Et voulant S. M. T. C. faire connoître de plus en plus l'estime qu'elle fait de l'amitié du roi de la Grand' Bretagne son

bon frère, et le désir qu'elle a de bien et favorablement traiter ses sujets trafiquans et demeurans en France : et aussi en faveur du commerce et trafic, encore que le droit d'aubeine soit un des plus anciens priviléges de son roiaume; néanmoins sadite M. T. C. a permis et permet aux marchands anglois, leurs facteurs, et tous autres sujets du roi de la Grand' Bretagne, de disposer à leur volonté, soit entre vifs, ou pour cause de mort, de toutes leurs marchandises, argent, monnoie, dettes, et tous biens meubles qu'ils auront ès païs de l'obéïssance de S. M. T. C., et qu'après leur mort, soit qu'ils aient testé ou non, leurs héritiers leur puissent succéder, selon les loix d'Angleterre, tellement que par droit d'aubeine leurs biens ne puissent estre confisqués à l'avenir.

(21) Semblablement a été accordé aussi que les François disposeroient à leur volonté de leurs biens qu'ils auront en Angleterre, Escosse et Irlande, et autres païs de l'obéïssance du roi de la Grand' Bretagne, soit par mort ou autrement, et qu'après leur mort, soit qu'ils aient testé ou non, leurs héritiers institués ou légitimes leur succéderont, selon les loix de France; pourveu toutefois que les testamens et prochaines successions, tant des sujets du roi de France, que du roi de la Grand' Bretagne, soient légitimement prouvées ou en France ou en Angleterre, sçavoir au païs des deux princes où ils seront décédés.

(22) Et en attendant que justice se fasse des pirateries et déprédations prétenduës avoir été faites de part et d'autre par les sujets de l'un et l'autre roiaume, à quoi faire sera pourvû le plus promptement que faire se pourra, a été conclu, que toutes les lettres de marque et de représaille, qui ont été ci-devant expédiées par l'un et l'autre prince, seront surcises, sans qu'elles se puissent exécuter de part ni d'autre, jusques à tant qu'autrement en ait été avisé par le conseil de l'un et l'autre prince, et que pour l'avenir ne seront expédiées aucunes lettres de marque et représaille, que premièrement l'ambassadeur résidant près de l'un et l'autre des princes ne soit averti, et qu'elles n'aient été vûës et délibérées au conseil de l'un et l'autre prince, scellées de leurs grands sceaux, et que toutes les solemnités en tel cas requises n'y aient été gardées et observées.

(23) Pour la fin a été conclu et accordé, que le présent traité sera ferme et stable et entretenu, tant et si longuement, que l'alliance et mutuelle amitié et intelligence durera entre lesdits rois et leurs successeurs; et que ce traité aura le sens et intelligence que la force et propriété des paroles représente, et ne re-

cevra aucune interprétation, qui puisse changer ou empêcher en façon quelconque la force, forme et effet des paroles claires et simples, exprimées par ce traité; mais que toute subtile recherche et invention rejetée, qui a accoutumé de subvertir la sincère et concorde intention des contractans, que ce qui a été accordé et géré par ce traité, sera aussi entièrement et sincèrement gardé, entretenu et observé.

Sçavoir faisons que nous, désirans embrasser de bonne foy tous les moyens d'entretenir et accroître la bonne et sincère amitié et correspondance qui est entre nous et nostredit frère, et n'obmettre aucune chose qui puisse servir à faciliter ledit commerce, avons le contenu audit traité ci-dessus écrit en tous ses points et articles agréé, ratifié et approuvé, agréons, ratifions et approuvons par ses présentes, promettant en foi et parole de roi de l'entretenir et observer inviolablement, sans jamais aller, venir directement ou indirectement au contraire. En témoignage de quoi, nous avons à ces présentes signées de nostre main, fait mettre et apposer nostre scel.

N° 180. — EDIT *pour la subsistance, nourriture et entretien des pauvres gentils hommes, capitaines et soldats estropiés, vieux et caducs, et l'administration des hôpitaux, aumôneries, léproseries et confréries* (1).

Paris, juin 1606; reg. au grand conseil le 7 juillet. (Code Henri, liv. 1er, tit. 31. — Traité de la pol., liv. 4, tit. 12, ch. 2.)

N° 181. — DÉCLARATION *qui permet aux jésuites de résider à Paris et d'y faire les fonctions de leur vocation dans leur maison professe de Saint-Louis, et dans leur collège appelé de Clermont, excepté pour la lecture et les classes publiques* (2).

Monceaux, 17 juillet 1606; reg. au parl. le 11 août. (Vol. XX, f° 364.)

---

(1) V. ci-devant sous Henri III, note sur l'édit de février 1585, et mandement du 17 mars 1586. — V. ci-après édit de Louis XIII, 24 octobre 1612, confirmatif et ampliatif de celui-ci.

(2) V. ci-devant édit de rétablissement en 1603, et la note.

N° 182. — Déclaration *qui défend aux notaires et tabellions d'insérer dans les brevets, contrats et obligations, aucune clause de renonciation au sénatus-consulte velléien, relatif à la dot des femmes, à peine de suspension de leurs offices, d'amendes et dommages-intérêts des parties* (1).

Paris, août 1606; reg. au parl. le 22 mai 1607. (Vol. YY, f° 10. — Font. I, 757. — Joly, II, 1759. — Néron, I, 722.)

Henry, etc. Les grands désordres arrivez par les renonciations stipulées dans les contracts, èsquels les femmes interviennent au sénatus-consulte de Velleian, authentique *si qua mulier*, et autres droicts introduits en faveur de leur sexe, sur lesquels infinis procez ont prins leur origine et naissance, mesme pour la diversité du style des notaires et tabellions, dont les uns donnent à entendre auxdîtes femmes que leur obligation est de nul effect et valeur, sans la renonciation ausdits droicts, les leur expriment spécialement, et les insèrent tant dans leurs minutes que grosses; les autres, soit par ignorance ou négligence, mauvais usage, usage particulier des lieux, ne les insèrent au long ès minutes et grosses de tous les contracts, ains seulement de ceux qu'ils estiment de grande conséquence, ou bien s'ils les insèrent, ce n'est que par abréviation, réservans à eux ou aux tabellions en dressant les grosses en faire l'extension : Et encore d'ailleurs y en a qui obmettent les mots qui spécialement concernent les intercessions et obligations d'icelles femmes pour leurs marys. Toutes ces défectuosités ont porté nos subjects à nous faire plusieurs grandes plaintes et doléances, ausquelles voulans remédier, et pourvoir à leur soulagement :

Avons, de l'advis de nostre conseil, auquel cette affaire a esté meurement délibérée, et pour plusieurs grandes considérations à ce nous mouvant, dit, statué et ordonné, et de nos certaine science, plaine puissance et authorité royale, disons, statuons, ordonnons, voulons et nous plaist;

(1) Que d'oresnavant les notaires et tabellions de cestuy nostre royaume généralement quelconques, ne pourront ès brevets, contracts, obligations et autres actes passez devant eux, insérer les renonciations ausdits droits cy-dessus, ny en faire aucune mention, à peine de suspension de leurs charges, d'amende ar-

---

(1) V. édit d'avril 1664.

bitraire et des despens, dommages et interests des parties. Demeureront néantmoins lesdites femmes bien et deuëment obligées sans lesdites renonciations.

(2) Et pour couper court aux procez nays et à naystre en nos cours de parlemens, ou autres nos jurisdictions sur les choses et matières susdites non encore jugées et terminées entre nosdits subjects, avons, de mesme puissance et authorité que dessus, validé et autorisé, validons et autorisons par ces présentes tous et chacuns les contracts, brevets, actes et obligations cy-devant passez par les femmes, soit pour et avec leurs marys, auctorisées d'eux, ou autrement, en quelque sorte et manière que ce soit, bien que lesdits droits n'ayent esté exprimez, insérez et estendus au long, ou que la renonciation d'iceux droicts ait esté entièrement obmise, pour estre tous lesdits contracts de tel effect, force et vertu comme si toutes ces formes y eussent esté bien gardées et observées, sans toutefois préjudicier aux arrests cy-devant intervenus en telle matière, que nous entendons demeurer en leur force et vertu.

Si donnons, etc.

N° 183. — Edit *qui défend l'usage des habits de drap en toile d'or ou d'argent* (1).

Fontainebleau, novembre 1606; reg. au parl. le 9 janvier 1607. (Vol. XX, f° 581. — Font. I, 997. — Traité de la pol., liv. 3, tit. 1er, ch. 4.)

N° 184. — Edit *sur les plaintes et remontrances du clergé assemblé à Paris* (2).

Paris, décembre 1606; reg. au parl. le dernier février 1608. (Vol. YY, f° 85. — Font. IV, 1033. — Néron I, 723.)

Henry, etc. Les prélats et députez du clergé de nostre royaume, assemblez par nostre permission en nostre bonne ville de Paris, nous ont fait plusieurs bonnes remontrances, pour le bien et avancement de la piété, manutention de la discipline

---

(1) V. l'édit de François Ier, mars 1514. Celui-ci n'est qu'une confirmation des précédens.
(2) V. l'ordonnance de 1539, art. 108; l'édit de Henri II, 27 juin 1551; l'ordonnance d'Orléans, sous Charles IX (janvier 1560), art. 6, 11 et 23; ordonnance de Moulins (février 1566), édit du 16 avril 1571, les premiers articles de l'ord. de Blois (mai 1576), ord. de Melun, 1580, et l'édit ci après de 1610.

et police ecclésiastique, par le cahier qu'ils nous ont à cette fin représenté, lequel, après avoir esté vu en nostre conseil, de l'avis d'icelui, avons dit, déclaré, statué et ordonné, disons, déclarons, statuons et ordonnons ce qui ensuit :

(1) Que nostre intention et vouloir a toujours esté et est encore, avenant vacations des prélatures abbayes et autres bénéfices consistoriaux, qui sont de nostre nomination, d'y pourvoir de personnes de mérite, qualité et suffisance requise pour se bien et dignement acquitter de leurs charges; voulons à cette fin les art. 1, 2 et 5 de nos ordonnances des estats tenus en nostre ville de Blois, en l'an 1579, vérifiez en nos cours souveraines, et celles faites, sur les remontrances du clergé, assemblé en nostre ville de Melun en l'année 1580, estre exactement entretenus et observez, et d'autant que les dignitez des églises cathédrales requièrent aussi personnes de qualité et suffisances dont néanmoins le choix est souvent osté aux collateurs ordinaires, à cause des indults et grâces expectatives, nous voulons que lesdites dignitez en soient à l'avenir deschargées, tant envers les graduez qu'autres, et que les pourvus desdits bénéfices soient tenus se faire promouvoir à l'ordre de prestrise dans l'an, à compter du jour de la paisible possession, à peine d'estre deschus de leur droit (1).

(2) Pour retrancher la fréquence des appellations comme d'abus, avons ordonné, conformément au 1ᵉʳ article de Melun, de l'an 1580, qu'elles n'auront aucun effet suspensif, mais seulement dévolutif en matière de discipline et correction ecclésiastiques, enjoignant en outre à nos cours de parlement de tenir soigneusement la main à ce que les ecclésiastiques ne soient troublez en leur jurisdiction, au moyen desdites appellations comme d'abus; et pour empescher que les parties ne recourent à ce remède si souvent qu'elles ont fait par le passé, défendons à nos cours souveraines de mettre lesdites parties hors de cour et de procès sur lesdites appellations comme d'abus, et voulons au contraire qu'ils soient tenus prononcer toujours par bien ou mal, et abusivement, et de condamner aussi à l'amende

---

(1) Depuis 1790, il n'y a plus de bénéfices en France. D'après la loi de 1802, le gouvernement nomme aux évêchés; le cardinalat n'est pas une fonction du culte; le gouvernement approuve les nominations faites par les évêques aux cures cantonales; les évêques nomment et révoquent les desservans. Il y a des congrégations qui nomment leurs supérieurs : lazaristes, missionnaires, etc.; mais ces congrégations ne sont pas reconnues par la loi.

dudit appel, sans la pouvoir remettre ni modérer pour quelque cause que ce soit. Et pour ce que ladite amende ne suffit encore pour retenir la passion des téméraires plaideurs, au lieu qu'elle ne souloit estre que de 60 livres parisis, elle soit augmentée d'autant et jusques à la somme de six-vingts livres parisis; et en outre que lesdits appelans comme d'abus ne soient reçus à faire plaider lesdites appellations, sans estre assistez de deux avocats à la plaidoirie de la cause.

(3) Les évêques pourront visiter les églises paroissiales situées ès monastères, commanderies et églises des religieux qui se prétendent exempts de la juridiction des ordinaires, sans préjudice de leurs priviléges en autres choses, à la charge toutefois qu'ils seront tenus de faire lesdites visites en personne, et sans aucuns salaires ni taxes sur les curez.

(4) Les religieuses ne pourront ci-après estre pourvues d'abbayes et prieurez conventuels, qu'elles n'ayent esté dix ans auparavant professes, ou exercé un office claustral par six ans entiers. Admonestant les archevêques avec les chefs d'ordre, de pourvoir à la translation et union des monastères desdites religieuses, situez ès lieux champestres et mal assurez, en autres convens de même ordre, situez ès villes, le plus commodément que faire se pourra.

(5) Faisons inhibitions et défenses à tous nos sujets, autres qu'ecclésiastiques, faire leur demeure et habitations ordinaires dans les abbayes, monastères, prieurez et autres maisons ecclésiastiques, à peine d'amende arbitraire, applicable à la réparation des églises; enjoignons à nos procureurs en chacun de nos parlemens et à leurs substituts d'y tenir la main.

(6) Enjoignons à nos cours de parlement, et à tous nos autres juges et officiers de tenir soigneusement la main à l'exécution des jugemens et ordonnances des archevêques, évêques, leurs officiers ou chef d'ordre, concernant la décence des habits, tant des ecclésiastiques séculiers que réguliers, sans avoir égard aux appellations comme d'abus, qui pourroient estre interjettées par eux, nonobstant lesquelles nous voulons qu'ils puissent estre contraints d'y obéir, même par emprisonnemens de leurs personnes.

(7) Les religieux de quelque ordre que ce soit se trouvant hors de

---

(1 C'est par erreur que nous n'avons pas indiqué en 1605 que Sillery avait pris les sceaux. Voy. le sommaire en tête du volume.

leurs abbayes, sans avoir congé par écrit de leur supérieur, pourront estre emprisonnez par ordonnances des archevêques, évêques, leurs grands vicaires ou officiaux, et mulctez de peines et amendes arbitraires, qui seront exécutées, nonobstant priviléges, exemptions appellations quelconques, et sans préjudice d'icelles.

(8) Les ecclésiastiques, tant séculiers que réguliers, constituez ès ordres de prestrise, diacre ou sous-diacre, ou bien ayant fait vœu, ne pourront, estans prévenus de crimes dont la connoissance doit appartenir aux juges d'église, s'exempter de leurs jurisdictions pour quelque cause que ce soit, ni même sous prétexte de liberté de conscience. Faisons à cet effet inhibitions et défenses à nos juges d'en prendre aucune connoissance, encore que lesdits accusez et prévenus le voulussent consentir, comme aussi ausdits ecclésiastiques ou religieux qui se voudront séparer de l'église catholique, apostolique et romaine, et quitter leur vie et profession, pour suivre la religion prétendue réformée, de ne se trouver ès assemblées où se fait l'exercice public de ladite religion, avec l'habit qu'ils souloient porter pour marque de leur vœu et profession, avant qu'ils eussent fait ce changement, à peine d'estre punis comme scandaleux et infracteurs de nos édits.

(9) Les ordonnances faites par les rois nos prédécesseurs contre les blasphémateurs, n'ont eu assez de force jusques ici pour retenir l'impiété des méchans, à l'occasion de la négligence et du peu de devoir que nos officiers y ont fait, modérant les peines y contenues, ou méprisant du tout de les chastier au lieu d'y procéder avec toute rigueur et sévérité, comme il estoit besoin à cause de la fréquence de tels délits. Pour à quoi remédier, voulons que lesdites ordonnances soient à la diligence de nos procureurs généraux et leurs substituts, publiées de six mois en six mois ès auditoires des bailliages, sénéchaussées et autres jurisdictions de nostre royaume, et que tous ceux qui y contreviendront soient punis des peines portées par icelles, sans qu'il soit loisible à nos officiers d.. les modérer. Voulons en outre que la moitié des amendes pécuniaires, èsquelles les coupables seront condamnez, soit adjugée à la réparation des églises des lieux où le délit aura esté commis, et l'autre moitié aux dénonciateurs.

(10) Ceux de la religion prétendue réformée ne pourront estre inhumez ne élire leurs sépultures dans les églises, monastères et cimetières des églises des catholiques, encore qu'ils fussent fondateurs desdites églises ou monastères. Voulons et ordonnons à

cet effet que l'édit par nous fait en la ville de Nantes, en l'art. 28, pour le regard desdites sépultures, soit observé.

(11) Les prédicateurs ne pourront obtenir la chaire des églises, même pour l'avent et le carême, sans la mission et permisson des archevêques et évêques, ou leurs grands vicaires, chacun en leur diocèse. N'entendons néanmoins y assujettir les églises où il y a coutume au contraire, ésquelles suffira d'obtenir l'approbation desdits archevêques et évêques, du choix et élection qu'ils auront fait. Pour le salaire desquels prédicateurs, au cas qu'il y eût différend, ne s'en pourront adresser à nos juges ordinaires, mais seulement par devant lesdits achevêques et évêques, ou leurs officiaux.

(12) Nous voulons que les causes concernans les mariages soient et appartiennent à la connoissance et jurisdiction des juges d'églises, à la charge qu'ils seront tenus garder les ordonnances, même celle de Blois en l'article 40, et suivant icelles, déclarer les mariages qui n'auront esté faits et célébrez en l'église et avec la forme et solemnité requise par ledit article, nuls et non valablement contractez, comme estant cette peine indicte par les conciles. Et afin que les évêques chacun en leur diocèse, et les curez en leurs paroisses en soient avertis, et qu'ils ne faillent ci-après contre ladite ordonnance, elle sera renouvellée et publiée de rechef, à ce que lesdits évêques et leurs officiaux ayent d'oresnavant à juger conformément à icelles.

(13) Et sur les plaintes qui nous ont esté faites par lesdits ecclésiastiques, qu'en plusieurs endroits ceux de la religion prétendue réformée bâtissent leurs temples si près des églises catholiques que le service divin en est troublé, et y a danger d'émotion entre nos sujets, nous défendons à ceux de ladite religion, de faire construire à l'avenir leurs temples si près des églises, que les catholiques en puissent recevoir de l'incommodité et du scandale, à quoi les juges des lieux prendront garde soigneusement, afin qu'aucuns différends ne surviennent pour ce regard entre les catholiques et ceux de ladite religion, qui puissent apporter du trouble et altérer le repos que voulons maintenir et conserver entre tous nos sujets.

(14) Les régens, précepteurs ou maistres d'écoles des petites villes et villages seront approuvez par les curez des paroisses ou personnes ecclésiastiques qui ont droit d'y nommer: et où il y auroit plaintes desdits maistres d'écoles, régens ou précepteurs, y sera pourvu par les archevêques et évêques, chacun en leur diocèse: n'entendons néanmoins préjudicier aux anciens privi-

léges des universitez, et à ce nous avons ordonné par nostre édit de Nantes, art. 39.

(15) Nous avons déclaré et déclarons que les aliénations faites par les ecclésiastiques et marguillers du temporel des églises, sans les solemnitez requises par nos ordonnances et disposition canonique, nulles et de nul effet et valeur; voulons qu'elles soient cassées, les parties pour voir ce faire appelées.

(16) Pour détourner davantage nos sujets des duels, voulons outre les peines portées par nos ordonnances sur ce faites, que ceux qui mourront à l'instant et sur le lieu du combat, sans avoir eu le temps et loisir pour se repentir, soient privez de sépulture en terre sainte.

(17) Nous voulons que les archevêques, évêques, abbez, archidiacres et autres ecclésiastiques qui ont droit de visite, y soient conservez et en jouissent ainsi qu'ils ont accoutumé, faisant leurs visites en personne et non autrement, suivant l'article 32 des ordonnances de Blois. Et sur les fréquentes plaintes que nous avons reçues des divers lieux, qu'aucuns évêques et autres collateurs ordinaires, prennent et exigent plus qu'il ne leur est dû et permis pour la collation des bénéfices: voulons aussi qu'ils observent exactement ce qui est contenu au 12e article desdites ordonnances de Blois. Et d'autant que cet abus provient le plus souvent de ce qu'ils donnent à ferme le spirituel, défenses et inhibitions leur sont faites de le plus faire à l'avenir, mais de le tenir par leurs mains.

(18) Par les 22 et 23e articles des ordonnances des estats tenus en nostre ville de Blois, l'on a ordonné que les unions des bénéfices et suppressions pour augmenter le revenu, à ce que les bénéfices puissent estre desservis par personnes capables, qui ayent moyen de vivre et s'entretenir selon leurs qualités: mais telles unions n'estans que de cures et autres bénéfices séculiers et non des réguliers, le remède a esté du tout inutile et sans aucun effet, ne pouvant estre procédé à l'union des cures sans incommodité des paroisses, ni à l'union des prébendes qui requierent résidence, ni à la suppression d'icelles que rarement, pour les fréquentes résignations qui s'en font. Et pour ce que les bénéfices se trouvent souvent affectez aux indultaires ou graduez, demeurans par ce moyen plusieurs cures abandonnées pour en estre le revenu trop petit, et beaucoup d'églises dénuées de personnes de capacité requises pour les bien desservir; pour à quoi obvier et faciliter lesdites unions, avons ordonné et ordonnons que les ar-

chevêques et évêques, chacun en leur diocèse, pourront procéder ausdites unions, tant des bénéfices séculiers que réguliers, selon qu'ils jugeront estre commode, et pour le bien et utilité de l'église : pourvu toutefois que ce soit du consentement des patrons et collateurs, et qu'ils ne touchent aux offices claustraux, qui doivent résidence aux églises desquelles ils dépendent.

(19) Avons fait inhibitions et défenses à nos sujets de quelque qualité et condition qu'ils soient d'occuper ès églises les places destinées aux ecclésiastiques pendant le service divin, même les hautes chaires du chœur desdites églises affectées aux chanoines et autres ecclésiastiques qui y font le service.

(20) Voulans conserver le domaine de l'église et empêcher qu'il ne soit aliéné, avons ordonné et ordonnons, que les ecclésiastiques ne pourront estre contraints à souffrir le rachat des rentes foncières dépendans de leurs bénéfices : et pour le regard des rentes constituées à prix d'argent, le rachat ne s'en pourra faire que appelé le patron ou collateur du bénéfice duquel dépend ladite rente, à ce que les deniers du rachat soient employez à l'augmentation du revenu du même bénéfice, non au profit partipulier du titulaire ou ailleurs.

(21) Avons permis et permettons ausdits ecclésiastiques de pouvoir entrer, si bon leur semble, dans trois ans à compter du jour de la vérification des présentes au droit des acquéreurs de nostre domaine aliéné, fiefs, justice, droits de régale, pariages et autres droits ésquels lesdits ecclésiastiques estoient auparavant lesdites aliénations associez avec nous, soit par donations, transactions et autres traitez faits avec les rois nos prédécesseurs, en remboursant par lesdits ecclésiastiques à un seul payement lesdits acquéreurs, tant de leur sort principal que frais et loyaux cousts.

(22) Nos notaires ou sergens, soit qu'ils soient d'ancienne ou nouvelle création, ne pourront faire aucuns exploits ni passer contrats, testamens ou faire aucuns exercices de leurs estats ès terres et seigneuries appartenans ausdits ecclésiastiques en toute justice, encore qu'ils y soient demeurans et actuellement habituez, si ce n'est de leur consentement et permission, ou qu'il soit question, pour le regard des sergens, d'exploiter pour cas royaux ou bien d'appel devant nos juges, le tout à peine de nullité et de faux.

(23) Encore que par les ordonnances de Moulins les ecclésiastiques constituez ès ordres sacrez ne puissent estre contraints

par corps pour dette civile, néanmoins on y contrevient en aucunes de nos cours de parlement, au scandale et mépris de l'ordre ecclésiastique. A cette occasion nous avons de nouvel, en tant que besoin est, voulu et ordonné, que lesdits ecclésiastiques jouissent dudit privilége, et qu'ils ne puissent estre contraints pour dette civile, par emprisonnement de leurs personnes, ni par exécution de leurs biens meubles destinez au service divin: déclarant tous emprisonnemens et exécutions faites au contraire tortionnaires et injurieuses, et se pourront pourvoir lesdits ecclésiastiques pour leurs dommages et intérests, tant contre la partie civile que ceux qui auront fait lesdits emprisonnemens et exécutions.

(24) Les curez prétendans devoir estre préférez aux baux à ferme des dixmes qui sont au-dedans de leurs paroisses, et qu'ils ont droit de contraindre lesdits ecclésiastiques à leur laisser lesdites dixmes, au grand dommage de ceux à qui elles appartiennent, à qui la liberté d'en disposer doit demeurer; c'est aussi un moyen de détourner lesdits curez de leurs charges s'employant à choses séculières, contre leur proffession : à quoi désirans pourvoir, nous avons ordonné et ordonnons que lesdits ecclésiastiques pourront bailler leurs dixmes à ferme à telles personnes que bon leur semblera, sans que lesdits curez y puissent prétendre aucune préférence, nonobstant toutes ordonnances à ce contraire, lesquelles, s'il y en a, nous avons révoquées, et voulu et ordonné au lieu d'icelles, que l'arrest donné en nostre cour de parlement de Paris le 11 février 1604 sur semblable différend et empêcher telles préférences, soit inviolablement gardé.

(25) Par les contrats de l'an 1561, 67, 80, 86, 96 et de la présente année 1606, faits avec ledit clergé, tous les bénéfices estans au-dedans de nostre royaume sont sujets à la contribution des décimes : néanmoins aucuns bénéficiers, sous prétexte qu'ils ne sont compris aux rolles et départemens des décimes de l'an 1516, s'en veulent exempter, et aucuns d'eux ont obtenu en nos cours des aydes à Paris et Montpellier, arrest d'exemption du payement desdites décimes, encore que par lesdits contrats et autres nos lettres patentes duement vérifiées, la connoissance des taxes et impositions desdites décimes ait esté attribuée premièrement aux syndics généraux dudit clergé, et du depuis aux bureaux establis ès villes de Paris, Toulouse, Bourdeaux, Rouen, Aix, Tours, Lyon et Bourges, avec inhibitions et défenses à nosdites cours des aydes d'en prendre connoissance, à peine de nul-

lité. Et d'autant que lesdits privilèges et exemptions accordez aux ecclésiastiques, en considération du payement desdites décimes, sont générales pour les ecclésiastiques, sans aucuns excepter : nous avons aussi ordonné et ordonnons que tous les bénéfices de quelque qualité qu'ils soient, seront imposez en chaque diocèse au rolle et département desdites décimes, même ceux qui se trouvent estre compris esdits rolles de l'an 1516, soit par obmission ou qu'ils ayent esté du depuis fondez, et que lesdites taxes tournent à la décharge des curez des mêmes diocèses qui sont les plus chargez. Enjoignons à cet effet ausdits archevêques, évêques et députes en chacun diocèse, procéder à l'imposition et taxe des décimes desdits bénéfices, à raison de leur revenu, dont nous chargeons leur honneur et conscience.

(26) Et pour ôter le sujet des contentions qui pourroient survenir esdits diocèses, à cause des taxes particulières desdites décimes non comprises en la première taxe de l'an 1516, ou faites depuis, avons ordonné que les taxes faites ès diocèses en vertu des lettres patentes, il y a déjà trente ans passez, seront suivies et exécutées esdits diocèses, encore qu'elles ne fussent conformes aux taxes faites en l'an 1516, y ayant pour ce regard dérogé.

(27) Estans duement informez de plusieurs désordres avenus à cause qu'ès vacations en régale le droit d'y pourvoir qui nous appartient a esté pratiqué par nos prédécesseurs et par nous jusques à 30 ans, et par ce moyen les possesseurs qui en avoient joui à autre titre par plusieurs années, en estoient évincez par celui qui estoit pourvu de nouveau en vertu de ladite régale : voulans faire cesser lequel abus et désordre, à la diminution même de nos droits, ordonnons que les titulaires qui auront esté pourvus canoniquement et joui paisiblement trois ans entiers et consécutifs desdits bénéfices, ne pourront après estre inquiétez sous prétexte desdites provisions en régale, que déclarons en ce cas de nul effet et valeur. N'entendons aussi jouir dudit droit de régale, sinon en la même forme que nos prédécesseurs et nous avons fait, sans l'étendre plus avant au préjudice des églises qui en sont exemptes.

(28) Ajoutant au 48e article de nos ordonnances de Blois, nous voulons que les gentilshommes qui par eux ou par personnes interposées, prennent ou font prendre à titre de ferme le revenu desdits ecclésiastiques, soient condamnez en amendes pécuniaires à l'arbitrage des juges, applicables moitié à nous et moitié aux réparations des bénéfices et contraints au payement d'icelles.

comme pour nos propres deniers; et afin que nul n'en puisse prétendre cause d'ignorance, sera tant l'article de ladite ordonnance de Blois que le présent, publié aux prônes des paroisses, et répété de six mois en six mois.

(29) Semblablement voulons et ordonnons que les archevêques et évêques soient reconnus, respectez et honorez ainsi qu'il est dû et appartient à leur dignité, et qu'il en soit usé comme il souloit estre d'ancienneté, et lors même que la piété et dévotion des chrétiens convioit un chacun à leur rendre toutes sortes d'honneurs et respects : et pour ce que nous avons esté avertis que tels rangs et respects sont fort soigneusement gardez dans la ville de Paris, entre lesdits sieurs archevêques, évêques, officiers de nostre parlement, et autres personnes de qualité, voulons que cette même regle soit suivie et observée par tout nostre royaume, et que les jugemens et arrest donnez au contraire demeurent nuls et comme non avenus.

(30) Les graduez ayant été pourvus de bénéfices en vertu de leur degré : sçavoir, les séculiers de quatre cents livres de rente et revenu annuel, et les réguliers, de bénéfice de quelque revenu que ce soit, ne seront recevables ci-après à requérir autres bénéfices en vertu de leur degré s'ils ne montrent qu'ils ont esté évincez par jugemens contradictoirement donnés sans fraude ni collusion : et si pour raison desdits bénéfices les graduez avoient composé et reçu quelque récompense, elle leur tiendra lieu de réplétion, sans considérer la valeur et revenu dudit bénéfice.....

(31) Nul ne pourra à l'avenir estre pourvu des dignitez des églises cathédrales, ni des premières dignitez collégiales, s'ils n'est gradué en la faculté de théologie ou droit canon, à peine de nullité des provisions.

Si donnons, etc.

Enregistré aux charges, restrictions et modifications qui ensuivent : Que le premier article aura lieu, sans déroger au droit des indultaires; que les 2° et 6° articles seront exécutes selon l'ordonnance; le 8° observé, à la charge du cas privilégié; de le 11° seront ôtez ces mots : *Pour le salaire desquels prédicateurs, au cas qu'il y eût différend, ne s'en pourront adresser à nos juges ordinaires, mais seulement pardevant nos archevêques, évêques, ou leurs officiaux.* Le 22° sera observé, les officiers lais et mariez au-dedans des terres et seigneuries desdits ecclésiastiques, exceptez, suivant le règlement contenu ès arrests sur ce intervenus; le 23° n'aura lieu pour le regard des steltionnaires ni autres qui auront pris les ordres depuis les obligations, submissions et condamnations par corps; le 27, sera observé pour l'avenir, sans préjudice des procès intentez et droits acquis aux parties; et du 29e article seront ôtez ces mots : *Et que les jugemens et arrests donnez au contraire demeurent nuls, et comme non avenus.* Fait etc.

Nº 185. — EDIT *qui permet aux ecclésiastiques de rachetter leurs biens aliénés depuis 45 ans, en remboursant les acquéreurs, leurs héritiers ou ayans cause du prix principal et des frais et loyaux coûts.*

Paris, décembre 1606, reg. au parl. le 13 juillet 1609. (Vol. YY, fº 352. — Code Henri, liv. 6, tit. 13.)

Nº 186. — EDIT *pour le desséchement des marais* (1).

Paris, janvier 1607, reg. au parl. le 23 août 1613. (Vol. ZZ, fº 435. — Font. II, 407. Code des desséchemens, p. 22, in-8º, Paris, 1817.)

HENRY, etc. Entre tous les moyens licites que nous avons recherchez pour soulager et enrichir nos subjects depuis notre advénement à cette couronne, ayant recogneu que le revenu de la terre étoit le plus utile et assuré, comme étant celle qui produit les fruits et les matières propres pour toutes sortes de nourritures, d'ouvrages et manufactures qui sont au commerce des hommes, nous avons à cette occasion désiré et fait rechercher les moyens de faire desseicher un grand nombre de marais, palus et terres inondées en plusieurs endroits de notre royaume, desquels le fonds est bon et fertile, s'il étoit en état d'être cultivé. Pour lequel notre dessein effectuer, nous avons mandé et fait venir des pays bas le sieur Humfrey Bradleij, gentilhomme du pays de Brabant, natif de Bargues sur le Zoom, notre maître des digues, personnage fort expérimenté et entendu aux desseichemens et diguages des terres inondées; sur les ouvertures duquel nous aurions fait notre édict du mois d'avril 1599; mais ledit Bradleij s'étant mis en devoir de faire travailler au desseichement de plusieurs marais de nostre royaume, il y auroit été interrompu par les traverses, procès oppositions et autres procédures, par la longueur des-

---

(1) V. ci-devant l'édit d'avril 1599, et la note. — Celui-ci fut suivi d'une déclaration du mois de février 1607, qui confirme le sieur Bradleii dans son privilége, et nomme en chaque généralité une commission pour connaître des procès relatifs aux desséchemens.

quelles les ouvrages estans demeurez en aucuns lieux, les eaux ont regaigné les terres et rendu la pluspart de son travail quasi inutile. Comme aussi cette entreprise estant de grand soin et ne se pouvant exécuter sans une grande advance de deniers, à quoy ledit Bradleij ne pouvoit pas seul suffire, il se seroit associé avec des personnages de qualité, de mérite, d'industrie et de grands moyens, entre lesquels sont les sieurs Hierosme de Comans, nostre conseiller et maistre d'hostel ordinaire, Marc de Comans, les enfans de défunct Gaspard de Comans, gentilshommes du pays de Brabant, François de la Planche, gentilhomme flamand, et Hierosme Vanufle, gentilhomme dudit pays de Brabant, tant pour eux que respectivement chacun d'eux pour les autres associez, pour lesquels ils se sont et portent forts: tous lesquels nous ont fait entendre qu'ils étoient résolus de poursuivre cette entreprise, et rendre lesdits marais et palus desseichez en nature de terres labourables, prez et pastis, y faire bastir des maisons et des bourgs et des villages, pour y retirer et faire habiter plusieurs familles de flamands, hollandois et autres étrangers qu'ils y feront venir, pour faire valoir lesdites terres, et en retirer la pluspart des commoditez requises pour la vie humaine, pourveu qu'il nous pleust avoir leur entreprise agréable, et pourvoir aux difficultés et inconvéniens par lesquels les ouvrages dudit desseichement ont été cy devant arrêtés et interrompuz, et leur accorder les priviléges et immunitez portées par les articles qu'ils nous ont présentez, pour jouir librement du fruit de leurs labeurs, grandes risques et advances qui sont à faire en cette entreprise. Nous, après avoir veu leurs articles et demandes, et icelles fait voir aux princes, prélats, seigneurs et notables personnages de notre conseil, Sçavoir faisons que de l'advis d'iceluy et de notre certaine science, pleine puissance et authorité royale, avons dit statué et ordonné, disons, statuons et ordonnons par ces présentes, voulons et nous plaist ce qui s'ensuit.

(1) Que l'édict fait au mois d'avril 1599 pour le desseichement, vérifié au parlement de Paris le 15 novembre suivant, ait lieu et sorte son plein et entier effet pour tous les susdits associez et entrepreneurs, suivant leur contrat d'association, tout ainsi que s'ils étoient desnommez en iceluy, selon les ampliations, modifications et interprétations contenues en notre présente déclaration, et ce pour vingt ans, à commencer du jour que cettedite déclaration aura esté vérifiée en chacun parlement.

(2) Et pour autant que pour l'exécution de cette entreprise pro-

fitable au public, nous recognoissons qu'il faut un grand fonds de deniers, et une continuelle assistance de personnes expérimentées aux affaires, nous avons déclaré et déclarons avoir ladite association pour agréable, et permis et permettons à toutes personnes tant ecclésiastiques, nobles et officiers que du tiers-état, de quelque qualité qu'ils soyent ou puissent estre, d'entrer et entrer en ladite société, sans pour ce préjudicier ne déroger à leurs charges, dignitez, privilèges, exemptions, immunitez et autres prérogatives.

(3) Avons aussi permis et permettons auxdits entrepreneurs de faire travailler audit desseichement et canaulx navigables qui se feront èsdits marais, non seulement en vertu dudit édict fait en leur faveur, mais aussi en vertu des contracts qu'ils ont faits ou pourront faire de gré à gré avec tous princes, seigneurs, ecclésiastiques, communautez ou autres particuliers; auquel cas les clauses et conventions portées et contenues par leurs contracts seront entretenues, encore qu'elles ne fussent conformes au contenu dudit édict, ains plus ou moins advantageuses pour eux, pourveu qu'il n'y ait rien èsdits contracts qui soit contre le droict public et les coustumes des lieux que les particuliers sont tenus de suyvre et garder.

(4) Et d'autant que lesdits entrepreneurs associez nous ont fait entendre qu'encores que leur intention soit de traicter de gré à gré avec tous les propriétaires et usagers desdits marais pour l'achapt d'iceux tant particuliers que communautez, il pourroit néantmoins advenir qu'eux ayant acquis en une mesme étendue et continence la plus grande part du territoire, ceux à qui la moindre part appartiendroit y feroient difficulté ou refus de traiter avec eux aux mesmes conditions des autres qui y auroient le plus grand intérêt; ce qui arrivant, ils seroient contraints de cesser leurs ouvrages et quitter leurs marchez pour ne travailler et faire de grands frais au profit d'autruy. Pour à quoy remédier, nous avons ordonné et ordonnons que les propriétaires, usagers et autres prétendant droict ou intérest èsdits marais, qui ne voudront s'accorder avec lesdits entrepreneurs, seront contraints par nos juges des sièges plus prochains ou par les commissaires, qui à ce seront députés, de faire vente de leurs parts desdits marais aux mesmes prix et conditions des autres qui y en auroient la plus grande part, si mieux ils n'aiment laisser et quitter leursdites terres et marais pour leur juste prix et valeur, selon l'estimation qui en sera faite par lesdits juges ou commissaires par l'advis d'experts; et ce qu'aura esté ordonné par lesdits juges ou

commissaires tiendra et sera exécuté par provision, nonobstant oppositions ou appellations quelconques, sans que par dénonciation de nouvel œuvre, complainte ou autrement, lesdits propriétaires ou usagers qui auront fait ledit refus puissent empescher ou retarder l'ouvrage entrepris, pourvu que, si lesdits propriétaires ou usagers choisissent de recevoir le prix, ils en soyent payés et satisfaits par lesdits entrepreneurs, ou bien qu'ils ayent consigné duement à leur refus, selon et ainsi qu'il sera ordonné par les juges ou commissaires.

(5) Et pour leur donner plus de courage d'entreprendre et de facilité d'exécuter ce desseing, avons encore ordonné que tous matériaux, comme briques, pierres, chaux, bois et autres semblables, ensemble toutes sortes d'outils qui peuvent servir tant au desseichement des marais et terres inondées qu'à la construction des eschenaux, canaux navigables, ponts, ecluses et tous autres édifices et bastimens qu'ils voudront faire esdits marais concernant le desseichement d'iceux, seront et passeront libres et exempts du payement de tous péages, pontages et toutes autres charges et contributions qui se payent aux passages, de quelque part que leur commodité soit de les avoir et tirer, soit par eau et par terre, de quoy nous les avons exemptez et deschargez, exemptons et deschargons par ces présentes, et faisons très expresses inhibitions et deffences à toutes personnes d'exiger et prendre aucune chose d'eux pour ce regard.

(6) Comme aussi nous leur avons permis et permettons de faire venir toutes sortes de bestiaux, soit des autres provinces du royaume ou pays estrangers, pour en peupler lesdits marais qui seront par eux desseichez, en payant néantmoins par eux les droits qui nous sont deubs ès lieux et passages où ils sont establis, tout ainsi que tous nos autres subjects.

(7) Et afin que lesdits entrepreneurs ne soient divertis de faire travailler au desseichement des marais et terres inondées qu'ils auront acquises à quelque tiltre que ce soit, de crainte qu'elles soient retirées par les lignagers ou seigneurs féodaux, après qu'ils les auroient mises en bonne nature avec beaucoup de peines et frais; ordonnons que le retraict lignager et seigneurial n'aura point de lieu pour les premières ventes et aliénations qui seront faites auxdits entrepreneurs, sans préjudicier pour ce en autres cas aux droicts desdits lignagers et seigneurs féodaux.

(8) Tous les marais palus et terres inondées qui sont de nostre domaine et seront desseichez par les entrepreneurs en vertu dudit

édit, seront nobles, et les déclarons dès à présent de ladite nature et qualité pour en jouyr par lesdits entrepreneurs et ceux qui auront droict d'eux, noblement, en fief et en toute justice, haute, moyenne et basse, à la charge de les relever de nous et nos droicts qui nous devront appartenir à cause de ce, selon les coustumes des lieux où lesdites terres seront assises. Promettons néantmoins à chacun desdits entrepreneurs et associez en particulier de disposer de sa part et la mettre en censive et roture si bon lui semble. Et pour le regard des terres qui sont en la seigneurie censive ou directe des communautez et seigneuries particulières, n'entendons y toucher; mais voulons que ce qui aura esté stipulé et convenu par les contracts et traitez faits de gré à gré soit suyvi et gardé.

(9) Et afin que lesdits entrepreneurs puissent faire habiter et cultiver lesdits marais et terres inondées, qui seront par eux desseichées, leur promettons aussi d'y faire bastir et construire des bourgs et villages ès lieux et endroits qu'ils jugeront les plus commodes, et en iceux des églises parochiales, et y establir des foires et marchez, pourvu qu'ès jours ausquels se tiendront lesdites foires et marchez, il n'y en ait à quatre lieues à la ronde.

(10) Dans lesquels bourgs et villages et terres desseichées, tous estrangers seront receuz et y pourront habiter et construire maisons, cultiver les terres pour les rendre fertiles et en bon estat, et y travailler, faire toutes sortes d'ouvrages, manufactures et trafficqs; ce que faisant, ils seront tenus et reputez pour vrais et naturels françois, pour jouir des mêmes droits, franchises et priviléges qu'eux, après néantmoins qu'ils auront déclaré pardevant nos juges les plus prochains, ou desquels ressortissent lesdits lieux. qu'ils y éliseut leur domicile et habitation ordinaire, et qu'ils auront prins un certificat de leur demeure, qui leur sera délivré par les entrepreneurs ou l'un d'eux, lequel acte de leur déclaration susdite et certificat serviront de lettres de naturalité en vertu des présentes, sans qu'il leur soit besoin d'autre expédition.

(11) Lesquels étrangers naturalisez, après avoir travaillé audit desseichement, ou cultivé partie des terres desseichées, trois ans continus, pourront se retirer, si bon leur semble, en autres lieux de la France pour s'employer aux manufactures, négociations, traficq et labeur, sans pour ce perdre leurs priviléges et naturalité.

(12) Et pour inciter encore davantage lesdits étrangers à venir habiter et cultiver lesdits marais, terres desseichées, bourgs ou

villages construits par lesdits entrepreneurs, voulons qu'ils demeureront exempts pendant vingt années de toutes tailles pour les biens qu'ils tiendront èsdits lieux, non toutefois pour ceux qu'ils pourront acquérir ès autres endroits du royaume; pour le regard desquels ils contribueront tout ainsi que nos autres sujets. Le semblable sera observé pour les naturels françois qui acquerront des biens et possessions èsdits marais desseichez et réduits en culture et prairies; et quant à la traite foraine, nous les en avons aussi exemptés à perpétuité pour toutes sortes de choses et denrées, tant grosses que menues, qui ne sont à présent comprises en nos fermes.

(13) Voulons en outre que ceux qui résideront èsdits lieux soyent exempts de toutes charges personnelles, comme commissions de justice, assiette et collecte des tailles, charges de ville et communautez, guet et garde des portes et places fortes, tutelles et curatelles et autres semblables, sinon que ce soit pour et au dedans de l'estendue desdits marais, terres desseichées, bourgs et villages construits par lesdits entrepreneurs, et au profit des personnes qui y demeureront ou des enfans de ceux qui y seront décédez.

(14) Ès provinces et endroits où les tailles sont réelles et payées par les possesseurs, de quelque qualité qu'ils soyent, pour les héritages tenus en roture, et non pour les héritages nobles, si lesdits entrepreneurs y acquierront quelques marais et terres inondées, qui auparavant leur acquisition n'estoient subjectes à aucune contribution, mais exemptées et tenues noblement, ils en jouyront avec la mesme immunité. Et pour le regard des marais et terres qui estoient roturières, et n'avoient esté exemptées que pour cette seule considération, qu'elles ne rapportoient aucun profit aux possesseurs d'icelles estans mises en valeur, la moitié sera exempte pour jamais desdites contributions, sans qu'elle puisse estre comprise en roolle des tailles et cadastres qui se feront des héritages èsdits lieux; et l'autre moitié jouyra de cette exemption pour vingt ans seulement, mais ledit temps passé, sera assubjettie tout ainsi que les autres héritages de même qualité et nature.

(15) Avons pareillement ordonné que lesdits marais et terres qui auront esté desseichées et mises en culture, ne payeront aucune dixme, soit aux ecclésiastiques ou autres seigneurs séculiers qui les pourront prétendre, comme estans au territoire dans lequel ils ont droit de lever et percevoir dixmes, et ce durant le temps de dix ans, à compter du jour que lesdits marais auront

esté réduits en culture; lequel passé, seront tenus les possesseurs desdits héritages, les payer, mais à raison seulement de 5o gerbes l'une, ores que les dixmes des paroisses où lesdits héritages seront assis, ou bien des lieux circonvoisins, ayant accoutumé d'estre payées à plus haut compte.

(16) Et sur ce que lesdits entrepreneurs nous ont remonstré qu'ils feroyent volontiers des canaux assez larges et profonds pour la navigation ès lieux et endroicts où la commodité s'en offriroit, encore que cette dépense ne fust nécessaire pour la perfection de leurs ouvrages; pour les inciter davantage de le faire, comme estant un travail qui doit estre utile à tous nos subjects, nous leur avons promis et accordé, après que lesdits ouvrages et canaux auront esté faits, d'y establir des péages à leur profit et pour leurs successeurs à perpétuité, tels et ainsi que nous jugerons raisonnables, ayant esgard aux frais que lesdits entrepreneurs auront faits pour les construire, à la dépence de l'entretenement et utilité publique.

(17) Et d'autant qu'ils feront ledit desseichement à leurs despens, périls et fortunes, tous les comptes qu'ils auront à rendre pour raison de ce, seront rendus et examinés entre eux mesmes, comme affaires particulières, sans qu'ils soyent subjects à aucune reddition de compte par devant nos officiers, quels qu'ils soyent, si bon ne leur semble.

(18) Lesdits entrepreneurs et tous ceux qui auront charge et pouvoir d'eux, soit pour arpenter lesdits marais qu'on voudra desseicher et mettre en culture, dresser les plans et figures, faire les alignemens et toutes autres sortes de marques concernant ledit desseichement ès canaux navigables, pourront entrer, passer et repasser par les héritages d'autrui quand il sera nécessaire, ou qu'ils ne pourront prendre ledit passage ailleurs qu'avec trop d'incommodité; à la charge toutefois de payer de gré à gré l'intérest du maistre et propriétaire, (si aucun intérest y a eu), s'ils ne s'en peuvent accorder selon qu'il sera arbitré et jugé sommairement par le juge ordinaire du lieu, ou les commissaires qui seront par nous à ce ordonnez, sans que, pour raison desdits différends (s'il y avoit quelque longueur), l'ouvrage puisse estre en aucune sorte empesché ou retardé.

(19) Pourront lesdits entrepreneurs, pour faire ledit desseichement et la construction et entretien des canaux navigables et non navigables, et des digues, levées, escluses, ponts et autres ouvrages, dresser des réglemens tels que bon leur semblera

pour leur commodité particulière; mais s'ils en veulent obliger autrui ou le public, ils les mettront en mains des commissaires, qui en feront leur rapport au conseil pour les y faire voir, considérer et auctoriser, et jusques à ce ne pourront servir de loi et règlement.

(20) Et d'autant que les ouvrages d'eau et les saisons de travailler aux marais et terres inondées pour les desseicher et les garantir contre les inondations et débordemens de la mer et des rivières et des torrens, ne peuvent recevoir aucune demeure ne délay après la besougne commencée, nous avons permis et permettons auxdits entrepreneurs de faire travailler audit desseichement et entretien d'icelui pendant les fêtes quand besoing sera, sauf et excepté les dimanches, les quatre fêtes solennelles et fêtes de notre Dame et d'apostres, pendant lesquelles leur travail cessera, selon et ainsi qu'il a cy-devant esté ordonné par nos édicts.

(21) Sera aussi loisible auxdits entrepreneurs de faire abattre et oster tout ce qui pourroit les empescher ou retarder de faire ledit desseichement, comme les escluses, glacis, moulins et autres obstacles qui arrêteroient le coulement des eaux et les empescheroient de passer et continuer leurs trenchées, fossez, canaulx, levées, ponts, chemins et tous autres ouvrages nécessaires pour l'exécution de leur entreprise, en réparant néantmoins de gré à gré le dommage qu'ils feront à autruy; et s'ils ne s'en peuvent accorder, en le faisant au préalable visiter par les juges des lieux ou commissaires qui seront par nous députez pour cognoistre la commodité ou incommodité des choses et en faire estimation, à fin que lesdits entrepreneurs dédommagent les particuliers intéressés selon et ainsi qu'il a esté cy dessus dit en l'article 18°.

(22) Et d'autant que par le moyen dudit desseichement faict aux dépens, périls et fortune desdits entrepreneurs, tous lesdits marais et terres inondées seront améliorées de beaucoup plus grande valeur, en telle sorte que la moindre partie vaudra plus que ne le fait tout à présent; nous avons ordonné et ordonnons qu'après qu'ils auront fait ledit desseichement, soit en vertu de l'édict, ou en vertu des contracts et traictez faicts avec les particuliers, la part qui leur appartiendra sera et demeurera franche, libre et quitte de toutes debtes, douaires, engagemens, hypothèques et autres charges et prétentions généralement quelconques, dont lesdites terres pourroient estre auparavant chargées envers

qui que ce soit, sauf à ceux qui y prétendoient droict d'hypothèque ou autres d'avoir recours sur la portion qui sera demeurée aux seigneurs et propriétaires, ou sur les cens, rentes et devoirs qu'ils se seront réservez.

(23) Et pour le regard des marais, paluz et terres inondées, qui seront acquises par lesdits entrepreneurs à prix d'argent, avons ordonné pour l'utilité publique et seureté desdits acquéreurs que l'hypothèque qui estoit sur lesdits marais sera transmue et remise par les deniers en provenant, et à cet effet que les créanciers seront colloquez sur iceux suyvant l'ordre de leurs hypothèques et tout ainsi que si c'était un immeuble; et à cette occasion, seront tenus lesdits acquéreurs consigner et déposer le prix de leurs achapts ès mains des receveurs des consignations ès lieux où il y en aura, sinon aux greffes de la jurisdiction royale la plus prochaine du marais aliéné, par auctorité de laquelle les criées et proclamations seront faites comme il est accoustumé en aliénations par décret des immeubles, et ce, à la diligence du premier des créanciers qui en voudra prendre la charge; et si aucun ne se présente, à la diligence desdits entrepreneurs qui en auront fait l'achapt, les frais desquelles diligences seront prins sur les deniers déposez, puis au bout d'un an, seront lesdits deniers délivrez au propriétaire auquel ils doivent appartenir, ou distribuez par ordre d'hypothèque aux créanciers, si aucuns surviennent dans ledit temps, lequel temps passé et lesdites proclamations faites en la forme susdite, lesdits entrepreneurs en demeureront valablement deschargez, sans que sous prétexte de minorité, absence ou autrement, l'on puisse plus s'adresser à eux ne auxdits marais et terres desseichées.

(24) Et à fin que ce qui aura esté commencé par lesdits entrepreneurs se puisse parachever selon leur intention, et que nuls autres ne les en divertissent, nous avons défendu et défendons à toutes personnes, sous peine de 1000 livres d'amende, moitié de laquelle appartiendra ausdits entrepreneurs et l'autre moitié à nous, et de plus grande peine si elle y eschet, de desbaucher ou faire desbaucher les ouvriers desdits entrepreneurs; et avons ordonné et ordonnons que les estrangers qu'ils auront fait venir en France, ou auront commencé à travailler pour eux et à leurs ateliers, ne pourront de trois ans après servir à autres, ne travailler à faire fossez et desseichemens en autres lieux, sinon du gré et consentement desdits entrepreneurs, et

s'ils le faisoyent, les pourront contraindre par justice de retourner à leurs ateliers ou de se retirer hors du royaume.

(25) Et pour donner plus de courage ausdits entrepreneurs de continuer leur desseing, déclarons estre nostre vouloir et intention de gratifier et honorer du tiltre de noblesse douze d'entre eux, choisissant ceux qui ne le sont point par leurs naissance, que nous jugerons avoir plus de mérite et contribuer davantage à la perfection desdits ouvrages, à condition toutefois que ceux qui auront esté décorez de ce tiltre de noblesse, ne feront après ledit annoblissement aucun acte dérogeant à ladite qualité, nous réservans en outre d'accroistre cy-après le nombre de douze, si nous jugeons que faire ce doive.

(26) Lesdits entrepreneurs, leurs gens et ceux qu'ils feront venir demeurer ès terres qu'ils auront desseichées et ès bourgs et villages qu'ils auront construicts, pourront seuls, privativement à tous autres, par privilége spécial pendant vingt années, faire en iceux des fromages à la façon de Milan, turbes et houilles de terres propres à brusler, comme aussi y faire venir des cannes à sucre, du riz et de la garance.

(27) Comme encores nous avons permis et permettons ausdits entrepreneurs, leurs domestiques et commis pour travailler ausdits desseichemens de porter bâtons à feu ausdits marais proche et au long d'iceux pour six ans seulement, espérant que dedans ledit temps, ils auront par leur soing, travail et advance rendu lesdits marais peuplez et habitez, et que par ce moyen ils n'auront besoing d'autres armes et protection que de celles dont il est permis à nos autres sujets d'user.

Si donnons, etc.

N° 187 — *Édit qui établit à Paris et dans les autres villes du royaume des manufactures de tapisseries* (1).

Paris, janvier 1607. (Blanch., compil. chronolog.)

---

(1) Nous n'en avons pas retrouvé le texte. — Cet établissement reçut en 1663, de Colbert, une nouvelle organisation; plus tard, il fut presque abandonné, lorsqu'en 1715 le duc d'Antin lui rendit son activité. (V. Dulaure hist. de Paris, tom. V, p. 209.)

N° 188. — Déclaration *qui permet aux substituts des procureurs du roi dans les bailliages et sénéchaussées, d'écrire, plaider et consulter dans les causes où le roi n'a pas d'intérêt* (1).

Paris, 22 février 1607. (Font. I, 438. — Joly II, 1261. — Descorbiac, p. 1284.)

N° 189. — Édit *qui rétablit les offices de changeurs supprimés par un édit précédent* (2).

Paris, avril 1607; reg. en la cour des monn. le 22 juin, et le 17 juillet, avec modifications sur lettres de justice. (Font. I, 1017.)

Henry, etc. Sur les plaintes qui nous furent faites pour le fait de nos monnoyes, et notamment sur le transport des meilleures et plus fortes espèces d'or et d'argent hors notre royaume, que du chommage et peu d'ouvrages qui se faisoit en tous les lieux où nos monnoyes sont establies, l'on nous fit entendre que ce désordre procédoit du faict des changeurs que les roys nos prédécesseurs avoient cy-devant créez en titre d'office formé, s'estant licenciez de billonner et faire triage desdites fortes espèces d'or et d'argent; et par les intelligences et correspondances qu'ils avoient avec les corratiers de change, en faisoient transport aux estrangers mesmes, divertissoient les matières d'or et d'argent et billon qu'ils avoient changées, au lieu de les apporter en nos monnoyes pour y estre fondues, affinées, forgées à nos coings et armes, les vendoient aux orfèvres, qui était la seule cause du chommage qui se faisoit en nosdites monnoyes, et de la cherté et surhaussement de prix des espèces d'or et d'argent. Ayant désiré apporter quelque ordre en cette confusion, nous aurions par nostre édict du mois de décembre 1601, supprimé tous lesdits offices de changeurs, et iceux offices, unis et incorporez à toujours, avec les fermes et maistrises de nosdites monnoyes, pour estre exercez inséparablement par lesdits

---

(1) V. l'édit de création, mai 1586.

(2) V. l'édit de Henri II, août 1555, à sa date, qui établit les changeurs en titre d'offices. — Par édit de mai 1580, confirmatif de celui de 1555, Henri III établit des changeurs dans toutes les villes du royaume, en déclarant leurs offices transmissibles et héréditaires. (Nous n'avons pas donné le texte de cet édit, non plus que celui de 1601, par lequel Henri IV supprima ces offices; celui de rétablissement en rappelle les principales dispositions.) Aujourd'hui cette industrie est libre en payant patente. Le comte Mollien, dans un rapport à la chambre des pairs sur la loi des monnaies, en 1829, a signalé d'énormes bénéfices faits par eux dans la fonte des monnaies en lingots.

maistres et fermiers d'icelles, mais au lieu d'en tirer l'effect de nostre intention, et en recevoir quelque utilité au bien de nous et de nos sujets, nous avons trouvé en effect que ça esté introduire le désordre et la confusion, ce que l'expérience nous a fait cognoistre, n'ayans lesdits maistres fermiers, depuis qu'ils ont jouy conjoinctement desdites fermes et offices de changeurs, fait fabriquer si grande quantité d'espèces que l'on souloit faire auparavant, ce qui a fait soupçonner que l'on avoit diverty les matières changées, de sorte que nos monnoyes en sont demeurées désertes et sans travail, et le prix de l'or et argent augmenté de plus que nos ordonnances. Aussi plusieurs de nos sujets, attirez de tel gain, se sont mis à billonner, estant aujourd'huy un des plus grands et mauvais trafics qui se face en ce royaume, où nous et nos sujets avons un très grand intérêt, recognoissant que l'institution des offices de changeurs avoit esté très nécessairement instituée par les roys nos prédécesseurs, lesquels ont tousjours fourny de matières en nos monnoyes pour le travail d'icelles, soit ou du change des espèces, ou du droit de faisort, que leurs offices estoient chargez, pendant que l'on les a contraints de garder nos ordonnances et réglemens faits pour ledit fait de change. Désirans apporter à l'advenir quelque bon réglement et ordre au fait de nos monnoyes, remettre le travail en icelles, bannir les billonnemens qui se font par plusieurs de nos subjets.

Sçavoir faisons que nous, de l'advis de nostre conseil, auquel cest affaire a esté traité et meurement délibéré,

(1) Avons par cestuy nostre édict perpétuel et irrévocable, et de nostre certaine science, plaine puissance et authorité royale, révoqué et révoquons par ces présentes nostredict édict du mois de décembre 1601, portant suppression desdits offices de changeurs; et en ce faisant avons remis et restably, remettons et restablissons par ces présentes lesdits offices de changeurs héréditaires aux mêmes honneurs, prérogatives, libertez, franchises, exemptions, fruicts, profits et esmolumens qui leur sont attribués par l'édict sur ce fait au mois de may 1580 par le défunt roy, nostre très honoré sieur et frère, dernier décédé, vérifié en nostre cour de parlement de Paris, au mois de juillet 1581, et ampliation et déclaration sur ledit édict de changeurs héréditaires, du mois de décembre 1581, vérifié en la cour des monnoyes au mois de février 1582, dont les copies sont cy-attachées souz le contrescel de nostre chancellerie, pour estre par nous

pourveu ausdits offices de changeurs héréditaires de personnes suffisans et capables pour exercer le dit fait de change qui prendront de nous nouvelles provisions, et payeront en nos parties casuelles la taxe qui sera faite de chacun desdits offices; et pour convier les personnes d'honneur et de mérite à prendre lesdites charges, et qu'ils aient plus de moyen de gaigner en leur vacation, et entretenir eux et leurs familles;

(2) Avons ordonné et ordonnons, voulons et nous plaît que le nombre desdits offices de changeurs, porté par l'édict de création soit réduit et restrainct à la moitié pour chaque ville, sans que nous ny nos successeurs roys puissent pourvoir à l'advenir à plus grand nombre, sçavoir est en nostre bonne ville de Paris, au nombre de douze, Thoulouze, Lyon, Rouen; à chacune six, et autres bonnes villes de ce royaume, de deux à quatre, selon la grandeur et commerce d'icelles. Tous lesquels offices de changeurs seront chargez du mesme faisort porté par l'édict de création, lequel faisort ils seront tenus de livrer en espèces, l'or portant l'argent et l'argent l'or, sans qu'il leur soit permis de payer ledit droict en argent monnoyé. Seront aussi tenus de faire fidèle registre journal de toutes les espèces qu'ils changeront, de cizailler tout sur l'heure toutes les espèces qui n'ont point de cours par nos ordonnances, d'apporter de trois en trois mois en nos monnoyes toutes les matières qu'ils auront changées, sans fraude ny déguisement, sur peine de cent escus d'amende pour la première fois, applicable, la moitié à nous et l'autre moitié au dénonciateur, et de privation de leurs offices pour la seconde fois, sans espoir d'aucune modération.

(3) Déclarons par ces présentes que les maistres et fermiers de nos monnoyes, par cy-après ne pourront estre changeurs, ny faire aucun fait de change que dans le comptoir estably de tout temps dans l'hostel de nos monnoyes et non ailleurs, directement ou indirectement, ainsi qu'ils avoient accoustumé de faire de toute ancienneté, défendant à tous marchans, tant de nos subjets qu'étrangers, corratiers de change, orfèvres, joyaliers, affineurs et autres de quelque estat et condition qu'ils soient, de se mesler en aucune sorte et manière que ce soit du fait de change, d'acheter ny prendre en payement, ny en troque, aucunes espèces d'or ny d'argent et billon défendu par nos ordonnances, sur peine de deux cents escus d'amende pour la première fois, le tiers applicable à nous, un autre tiers au dénonciateur, et l'autre tiers à la communauté des changeurs

de la ville où le délit sera arrivé; et pour la seconde fois, de punition corporelle.

(4) Défendons audits changeurs, sur peine de la vie et de confiscation de leurs biens, de divertir de nos monnoyes les matières d'or et d'argent et billons qu'ils auront changés, pour les vendre aux orfèvres et affineurs, ny de les employer ou faire employer en autre ouvrage que ce puisse estre, leur défendant pareillement, sur les mesmes peines, d'aider ny favoriser le transport des espèces d'or et d'argent hors nostre royaume, directement ou indirectement, ny avoir accez et correspondance pour raison de ce avec les corratiers de change, marchans ny autres; et à fin de tirer ceux qui ont pris les fermes et maistrises de nos monnoyes hors de tout intérêt, nous nous chargeons par ces présentes de les faire rembourser des deniers qui leur pourront estre deuz de reste des advances qu'ils ont faites pour le remboursement desdits offices de changeurs, déduit et rabattu ce qui se doit rabattre chaque année pour leur remboursement, sur le prix de leur ferme, au prorata du temps qu'ils ont jouy, et ce avant qu'ils puissent estre dépossédez de leurs baux, des deniers qui proviendront de la composition et taxe desdits offices de changeurs, par les mains de celuy que nous commettrons à ce faire; voulons et nous plaist qu'il soit de nouveau procédé auxdits baux à ferme de nosdites monnoyes, èsquelles lesdits offices de changeurs ont esté annexez et jointes, et que ceux qui les tiennent à présent soient indemnisez pour le temps qui reste de la jouissance de leurs baux.

Si donnons, etc.

Premier enregistrement à la cour des monnoyes. 22 juin.

Enregistré pour estre pourveu ausdits offices de changeurs ès villes, et en tel nombre qu'ils estoient auparavant la suppression, et à mesure que les baux des fermes des monnoyes qui ont esté faits avec l'union du change seront expirez, et aux modifications contenues en l'arrêt de la cour du 25 (1) octobre l'an 1581, inter-

---

(1) Ces modifications consistaient en ce que les pourvus d'offices étaient tenus de présenter leurs lettres de provision à la cour, et ne devaient prendre plus grand intérêt pour prêt d'argent que le prix de la vente constitué à chaque ville.

venu sur la vérification des lettres de déclaration desdits offices de changeurs héréditaires, et outre à la charge que pour éviter à la perte et diminution des droicts du roy et chommage des monnoyes, les pourveus desdits offices, tant ès villes où le change avoit esté cy devant uni et incorporé ausdites fermes des monnoyes, qu'autres de ce royaume, seront tenus de livrer aux fermiers desdites monnoyes, à sçavoir ceux de Paris, 25 marcs d'or et 200 marcs d'argent, chacun pour leur faifort, et ceux de Rouen, Lyon et Tholoze, 25 marcs d'or et 150 marcs d'argent aussi pour leur faifort, et ceux des autres villes, chacun 20 marcs d'argent aussi pour leurdit faifort. Et à faute de livrer par lesdits changeurs le nombre desdits marcs d'or et d'argent en nature, qu'ils seront tenus de payer le seigneuriage d'iceux marcs d'or et d'argent, qui feront partie du prix des fermes desdites monnoyes.

Deuxième enregistrement, 17 juillet 1607.

Enregistré aux charges et modifications portées par ledit arrest du 22 de juin dernier, sinon en tant que touche le faifort desdits offices de changeurs, la cour a modéré et modère, à sçavoir ceux de Paris à dix marcs d'or et cent marcs d'argent, ceux de Rouen, Lyon et Thoulouze, dix marcs d'or et 75 marcs d'argent, et ceux des autres villes chacun 8 marcs d'or et 50 marcs d'argent, le tout pour leur faifort par chacun an. Et à faute de livrer par lesdits changeurs le nombre desdits marcs d'or et d'argent en nature, seront tenus de payer le seigneuriage d'iceux marcs d'or et d'argent qui feront partie du prix des fermes desdites monnoyes.

N° 190. — Edit *qui accorde un octroi à l'Hôtel-Dieu de Paris pour la construction d'un hôpital de santé à l'effet de recevoir les pestiférés* (1).

Paris, mai 1607; reg. au parl. le 19, et en la ch. des comptes le 25. (Vol. YY, f° 11. — Traité de la pol., I, p. 618.)

---

(1) Cet édit lui attribue pendant 15 ans la totalité de l'impôt de 10 sous qui se levait sur chaque minot de sel dans les greniers de la généralité de Paris, et à perpétuité une concession de 5 sous pour la construction de la nouvelle maison de santé. — Il incorpore à l'Hôtel-Dieu l'hospice Saint-Marcel, précédemment destiné à recevoir les militaires invalides (V. édit de juillet 1604), et qui n'avait pu recevoir cette destination faute de fonds, pour le même usage d'une maison de

N° 191. — Edit sur la réunion à la couronne de l'ancien patrimoine privé du roi (1).

Paris, juillet 1607; reg. au parl. le dernier août, et à celui de Toulouse le 17 décembre. (Vol. YY, f° 44. — Fent. IV, 1205. — Code Louis, II, 18.)

Henry, etc. Les roys nos prédécesseurs depuis plusieurs siècles en ça (2), se sont avec beaucoup de prudence tellement rendus soigneux de leur domaine, que comme chose sacrée ils l'ont tiré hors du commerce des hommes, et par le serment solennel de leur sacre obligez à la conservation et augmentation, lequel serment ils ont déclaré pour ce regard faire part de celuy de fidélité (3), qu'eux (à qui toute fidelité estoit deuë) doivent à leur couronne. Ceste conservation a comblé ce royaume d'autant de bien que la distraction y avoit auparavant apporté de mal (4), et quant à l'accroissement et augmentation, c'a esté le principal remède qui a préservé l'estat de la confusion en laquelle il estoit tombé, eslevé et maintenu l'authorité et puissance royale, en ceste grandeur admirable, entre toutes les grandeurs. reigles et polices qui soient aujourd'huy sur la face de la terre (5), relevé l'ordre légitime de la monarchie, par la réunion de tant de grandes seigneuries détenuës et possédées par seigneurs particuliers : la cause la plus juste de laquelle réunion a pour la plus part consisté en ce que nosdits prédécesseurs se sont dédiés et consacrés au public, duquel ne voulans rien avoir de distinct et séparé, ils ont contracté avec leur couronne une espèce de mariage communément appellé saint et politique, par lequel ils l'ont dottée de toutes les seigneuries qui à tiltre particulier leur pouvoient appartenir, mouvantes directement d'elles, et de celles lesquelles y estoient jà unies et rassemblées, la justification de ce grand et perpétuel dot se peut aisément recueillir d'une bonne

---

santé. Ces deux maisons furent d'un grand secours, dit le Traité de la police, en 1619, lors de la peste. Maintenant tous les hôpitaux de Paris sont soumis à une administration unique. Leur revenu annuel est de près de 10 millions.

(1) V. lettres du 13 avril 1590.
(2) Les exemples que nous en avons sont depuis 620 ans, que le roy Hugues dit Capet fut eslevé à la couronne. (*Note de Fontanon.*)
(3) Forme de serment du roy en son sacre.
(4) Par les partages des enfans des roys en forme de royaumes, sous la première et seconde lignée. (*Id.*)
(5) Pour la réunion des provinces distraictes du corps de l'estat, soit sous prétexte de pairies gouvernement ou autres droits successifs des possesseurs d'icelles. (*Id.*)

partie desdictes unions, et spécialement la très illustre remarque qu'en fournit la ville capitale de la France auparavant le domaine particulier du très noble et très ancien tige de nostre royale maison. De sorte que s'il y a eu des réunions expresses, elles ont plustost déclaré le droict commun, que rien déclaré de nouveau en faveur du royaume. Aussi auparavant et sans icelles réunions expresses, nosdits prédécesseurs ont esté maintenus par des arrests de nostre cour de parlement, en la possession des terres et seigneuries qui leur estoient renduës contentieuses soubs prétexte de quelque prétenduë division entre le domaine public et privé. Et néantmoins la sincère affection que nous portions à feu nostre très chère et très-aymée sœur unique, et le soin de payer nos créanciers, ausquels nous et nos prédécesseurs roys de Navarre, et ducs de Vandosme, avions engagé et hypothéqué plusieurs parts et portions du patrimoine par nous possédé de nostre chef, et à titre particulier, nous ont retenu de déclarer ceste union. Au contraire par nos lettres patentes du 13 d'avril 1590, aurions ordonné ce nostre domaine ancien tant en nostre royaume de Navarre, souverainetés de Béarn et de Domezan, pays bas de Flandre, que nos duchés, comtés, viscontés, terres et seigneuries enclavées en ce royaume, fust et demeurast désuni, distraict et séparé de celuy de nostre maison et couronne de France, sans y pouvoir estre aucunement comprins ny meslé, s'il n'estoit par nous autrement ordonné : ou que Dieu nous ayant fait ceste grâce de nous donner lignée y voulussions pourvoir. Et à ceste fin pour ne changer l'ordre et formes observées en la conduitte et maniement d'iceluy nostre domaine (1), aurions déclaré nostre intention estre qu'il fût manié et administré par personnes distinctes, tout ainsi qu'il estoit auparavant nostre advénement à la couronne : et sur les difficultés que nostre cour de parlement de Paris faisoit de procéder à la vérification desdites lettres, aurions fait dépescher deux autres lettres en forme de jussion, les unes au camp de Chartres, du 18ᵉ jour d'avril 1591, les autres du 29 may ensuivant, nonobstant lesquelles nostre procureur général se seroit rendu partie pour la défense des droicts de nostre couronne (2); lesquels ayant représenté à nostre cour, s'en seroit

---

(1) La cour fit pareille difficulté au roy Louis XII qui avait fait expédier semblables lettres pour son patrimoine privé. (Note de Fontanon.)
(2) Acte vertueux et digne du sieur de la Guesle, procureur général du roi. (*Id.*)

ensuivy arrest du 29 juillet 1591, par lequel elle auroit arresté ne pouvoir procéder à la vérification desdites lettres ; d'ailleurs aucunes de nos autres parlemens pressés de nos très-exprès commandemens, auroient vérifié lesdites lettres du 13 d'avril, mais despuis ayans considéré les moyens sur lesquels nostredit procureur général s'est fondé, ensemble les raisons qui l'ont meu, et nosdites cours, touchés de l'affection que nous devons à nostre royaume, auquel nous nous sommes totalement dédiés, et postposans nostre particulier au public :

Sçavoir faisons, que de l'advis de nostre conseil auquel estoit nostre très-chère compagne et espouse, et assistez de plusieurs princes de nostre sang, et autres princes et officiers de nostre couronne, et autres grands personnages, et de nostre certaine science, pleine puissance et authorité royale, avons révoqué et révoquons par cestuy nostre édict perpétuel et irrévocable, nosdites lettres-patentes du 13 avril 1590, Ensemble les arrests intervenus en conséquence d'icelles, en aucunes de nosdites cours de parlement. Et entant que besoin seroit, confirmé et confirmons ledit arrest de nostre cour de parlement de Paris, du 29 juillet 1591. Et en ce faisant déclaré et déclarons les duchés, comtés, viscomtés, baronnies et autres seigneuries mouvantes de nostre couronne, ou des parts et portions de son domaine, tellement accreus et réünis à iceluy (1), que dès-lors de nostre advénement à la couronne de France, elles sont advenuës de mesme nature et condition que le reste de l'ancien domaine d'icelle, les droicts néantmoins de nos créanciers demeurant en leur entier, et en la mesme force et vertu qu'ils estoient auparavant nostre advénement à la couronne.

Si donnons, etc.

N° 192. — ÉDIT *sur le fait des chasses et la défense du port d'armes* (2).

Paris, juillet 1607 ; reg. au parl. le dernier septembre. (Vol. XX, f° 49. — Font. II, 345. — Baudrillart, rec. des réglem. forestiers, tom. I.)

HENRY, etc. Encore que les feuz roys nos prédécesseurs et nous

---

(1) Ceste clause est fort importante pour mettre hors de difficulté la renonciation de ce qui se trouvera aliéné de cest ancien patrimoine depuis l'advénement du roy à la couronne. (Note de Fontanon.)

(2) V. l'ordonnance de François Ier, mars 1515, et la note, et ci-devant l'édit de juin 1601.

depuis nostre advénement à la couronne ayons fait plusieurs édicts, ordonnances et réglemens touchant le faict de la chasse : ce néantmoins au préjudice d'iceux sommes journellement advertis que plusieurs princes, seigneurs, gentilshommes et autres, soubs prétexte de quelques permissions qu'ils disent avoir de nous pour chasser en l'estenduë de leurs terres, vont dans nos forests, bois, buissons et garennes, où ils tirent sur toutes sortes de bestes fauves et noires, contre nosdits édicts et ordonnances. Ce qui provient à l'occasion que nos juges et officiers connivent avec eux. Pour à quoy remédier et faire observer nos anciennes ordonnances sur l'édict faict de la chasse :

(1) Avons après avoir pris l'advis des princes, seigneurs et gens de nostre conseil, et de nostre certaine science, pleine puissance et authorité royale, par ce présent édict perpétuel et irrévocable, très-expressément inhibé et deffendu à tous seigneurs, gentilshommes, hauts justiciers et autres de quelque qualité et condition qu'ils soient, de chasser ny faire chasser aux bestes fauves et noires, perdrix, lièvres, phaisans, et autre gibier deffendu par nos ordonnances, en nos bois et forêts, avec chiens courans ou couchans, porter ou faire porter bricolles, pants de rets et pièces, ne tirer ou faire tirer de l'harquebuze en icelles, ny à une lieuë à la ronde desdites forests, parcs, bois, buissons et garennes, et spécialement en celle de Saint-Germain-en-Laye, Cruye, les Alluets, Arpent-le-Roy (suit la nomenclature de 5o et quelques forets), à peine ausdits seigneurs et gentilshommes de désobéyssance et encourir nostre indignation, et de 150 liv. d'amende. Et pour les roturiers d'estre menez et conduits en nos gallères, où ils seront retenus pour nous faire service durant le temps de six ans.

(2) Et parce que nous avons certaine cognoissance que plusieurs princes, seigneurs et gentilshommes de nostre dit royaume sont addonnez à l'exercice de la chasse, lequel nous n'entendons entièrement retrancher, désirant les gratiffier comme ils méritent, nous nous réservons de leur accorder et faire expédier les permissions de chasser en nosdites forests, bois et buissons, ainsi que nous adviserons et verrons estre à propos : à la charge de n'en abuser. Lesquelles permissions néantmoins ils seront tenus faire enregistrer au greffe des juges ordinaires, qui ont accoustumé de cognoistre du faict des chasses des forests et bois, où ils devront chasser, fors et excepté en celles de Saint-Germain et Fontainebleau.

(3) Et d'autant que parmy lesdits princes, seigneurs et gentils-hommes il s'en pourroit trouver aucuns qui pourroient avoir droict de chasse en l'estenduë de nosdites forests, bois et buissons, ne voulons les priver desdits droicts : au contraire les conserver et maintenir en la jouissance d'iceux, en cas qu'ils ayent aucuns tiltres. Ordonnons que dedans deux mois après la publication du présent édict, sur les lieux ils seront tenus de nous en faire apparoir : et jusques à ce leur sont faites deffences de chasser et user dudict droict.

(4) Pour oster toutes occasions à la licence que plusieurs prennent de tirer de l'arquebuze dans nos forests, avons fait et faisons inhibitions et deffences à tous de quelque qualité et condition qu'ils soient, excepté les quatre cents archers des quatre compagnies de cheval des gardes de nostre corps, et les cent archers de la prévosté de nostre hostel, lorsqu'ils serviront leur quartier, iront ou viendront de leurs maisons, où nous serons pour le faict dudit service, portant leurs casaques, ou bien un certificat de leurs capitaines à chef, signé de leur main, et cacheté du cachet de leurs armes. Les archers de la connestablie et mareschaucée de France, vibaillifs, visseneschaux establis par les provinces, allans et venans pour l'exercice de leurs charges, portans aussi leurs casaques, de porter arquebuzes dans nosdites forests. Et seront les contrevenans punis pour la première fois par confiscation desdites arquebuses, et amende de 10 liv., qu'ils seront contraints payer par emprisonnement de leurs personnes. La seconde fois, outre ladite confiscation, par doublement de l'amende, payable en la mesme sorte, en laquelle aussi seront condamnez ceux qui seront repris la troisiesme fois, et d'avantage bannis pour un an, à quinze lieux de la forest.

(5) N'entendons comprendre aux rigueurs du présent nostre édict les officiers de nostre louveterie, pour le regard du port d'arquebuze aux assemblées qui se feront pour courre et prendre les loups en nosdites forests, bois et buissons en dépendans, avec permission des capitaines de nosdites chasses en icelles, ou de leurs lieutenans, et assistez de l'un des gardes ordinaires desdites chasses.

(6) Et d'autant que la chasse du chien couchant fait qu'il ne se trouve presque plus de perdrix et de cailles : avons, conformément aux précédentes ordonnances des roys nos prédécesseurs, et de nous, totalement interdict ladite chasse à tous, de quelques qualitez et conditions qu'ils soient, ny d'avoir, nourrir et dresser

chiens couchans. Enjoignons aux capitaines desdites chasses, maistres des eauës et forests, gruyers ou leurs lieutenans et autres officiers de nosdites forests : comme aussi aux prévosts des mareschaux, visbaillifs, lieutenans de robbe courte, visénéchaux et leurs lieutenans, de tirer lesdits chiens couchans qu'ils rencontreront : ensemble aux capitaines et autres commandans en nos gendarmeries et infanteries, empescher qu'aucuns des gendarmes, chevau-légers et soldats puissent retenir dans lesdites trouppes, compagnies et à leur suitte aucuns chiens couchans, sur peine d'en demeurer eux-mesmes responsables envers nous.

(7) Deffendons pareillement à tous laboureurs, leurs chartiers et autres, de mener quand ils iront aux champs aucuns mastins avec eux qu'ils n'ayent le jarret coupé. Et enjoignons aux bergers, à peine du foüet, de tenir perpétuellement leurs chiens en laisse : sinon quand il sera nécessaire de les lascher pour la conduitte et conservation de leur troupeau.

(8) Suyvant l'édict de nostre très-honoré seigneur et grand oncle le roy François, seront les larrons de garennes et estangs très-rigoureusement chastiez et puniz des peines ordonnées contre les autres larrons.

(8) Seront plantez par toutes les limites de nos Garennes et Varennes, poteaux où seront apposez placards, contenant les deffenses faites pour les chasses.

(9) Et d'autant (1) que la fréquence des délits qui se commettent en nosdites forests procèdent de l'impunité, voulons et entendons les délinquans estre condamnez et punis par les mesmes peines portées par l'édict du réglement général des chasses, du mois de juin 1601, vérifié en notredicte court de parlement, sans qu'elles puissent estre modérées, en aucune façon que ce soit.

(2) Défendons aussi à tous juges ordinaires en l'estendue des capitaineries de Saint-Germain-en-Laye et Fontainebleau, de prendre cognoissance des délicts qui se pourront commettre au

---

(1) Néantmoins la cour par sa modification sur le présent édict, a ordonné que les peines demeureront arbitraires : mais il semble que cela ne se doit entendre que pour la cour, qui tempère la rigueur des loix avec sa prudence souveraine, et non pour les premiers juges qui demeurent astreints aux termes de la loy. (*Note de Fontanon.*) Voy. Arrêt de la Cour de cassation du 28 décembre 1827, affaire Fabien et Bissette, qui décide que pour les colonies les peines sont arbitraires.

luit desdites chasses, sur peine de nullité de procédures, et de cent livres d'amende, en ayant attribué et attribuant par ces présentes toute cour, juridiction et cognoissance en première instance aux capitaines desdites forests.

(11) Deffendons à toutes personnes, de quelque estat et condition qu'ils soient, de tirer de l'arquebuze sur des pigeons, à peine de vingt livres parisis d'amende.

(12) Ne pourront les appelans, quoyque condamnez seulement en amende pécuniaire, estre eslargis avant le jugement de l'appel, qu'en consignant actuellement lesdites amendes.

(13) Comme les ordonnances chargent les prévosts des mareschaux, visbaillifs, vissénéchaux et leurs lieutenans, d'exécuter les décrets et autres jugemens des juges ordinaires; aussi leur enjoignons-nous très expressément, sur peine de suspension de leurs charges; et privation s'il y eschet, de tenir la main et procéder en toute diligence à l'exécution des décrets et jugemens esmanez desdits capitaines de Saint-Germain et Fontainebleau, maistres de nos eaues et forests, gruyers, ou leurs lieutenans et autres nos juges sur ce qui dépend desdites chasses.

(14) Ressortiront suyvant l'art. 28 d'iceluy édict, toutes les appellations interjettées des juges desdites chasses en nostre cour de parlement.

(15) Et d'autant que nostre exercice et plaisir est plus ordinaire en nos forests de Fontainebleau et Saint-Germain qu'en aucunes autres, voulons aussi ordonnons et nous plaist que lesdites appellations soient relevées en nostre cour de parlement, nonseulement des sentences définitives, mais aussi des interlocutoires, mesmes des décrets contre les accusez, sans qu'il leur soit loisible de se pourvoir ailleurs qu'en nostredite cour. Et néantmoins, sans préjudice desdites appellations, enjoignons aux capitaines des chasses desdites forests de Saint-Germain et Fontainebleau, de procéder à l'instruction des procez, jusques à sentence définitive, comme il est enjoint par nos édicts et ordonnances à nos autres juges ordinaires, les lieutenans de longue robbe desdites eaues et forests, et le substitut de nostre procureur général à ce appelez.

Si donnons, etc.

N° 193. — Edit sur les attributions du grand voyer, la juridiction en matière de voierie, la police des rues et chemins, etc. (1).

Paris, décembre 1607; reg. au parl. le 14 mars, ch. des comptes le 19 mai 1608. (Vol. YY, f° 96. — Bacquet, p. 322. — Dict. de Voierie, p. 467.)

Henry, etc. Ayant reconnu cy-devant combien il importoit au public que les grands chemins, chaussées, ponts, passages, rivières, places publiques et rues des villes de cestuy nostre royaume, fussent rendus en tel estat que, pour le libre passage et commodité de nos sujets, ils n'y trouvassent aucun destourbier ou empeschement; Nous aurions à cette occasion fait expédier nostre édict du mois de may 1599, pour la création du titre d'office de l'estat de grand voyer de France, afin que celuy qui en sera par nous pourvu, y apportast un tel soin, vigilance et affection, que nous et le public en peut tirer l'utilité requise, ce qu'ayant depuis fait pour la personne de nostre très cher et amé cousin le sieur duc de Sully, grand maistre de nostre artillerie, gouverneur et nostre lieutenant général en Poitou, qui s'en serait jusqu'à présent si dignement acquitté, qu'il nous a donné tout sujet de contentement. Mais d'autant que depuis la discontinuation de ladite charge de grand voyer, il s'est glissé plusieurs désordres au fait de ladite voyrie, particulièrement en nostre ville de Paris, par les entreprises des juges des seigneurs hauts-justiciers, lesquelles, outre leurs fonctions ordinaires, disputent les droits attribuez à leurs charges; aussi par la négligence de nos officiers en icelle, pour n'avoir assez donné à connaistre à un chacun ce que portoient les réglemens cy-devant sur ce faits et sur les droits qui sont attribuez à la voyrie de ladite ville; nous avons estimé non seulement utile, mais très nécessaire pour le bien de nos sujets, leur donner une particulière connoissance sur celui de ladite voyrie, comme aussi pour leurs droits, que nous voulons estre d'oresnavant perceus par nos voyers, ou ceux qui seront par eux commis à cet effet.

A ces causes, nous, de l'avis de nostre conseil, ausquels estoient plusieurs princes de nostre sang et autres notables seigneurs de

---

(1) V. l'édit de mai 1599, et la note.

nostre royaume, avons, par cestuy nostre édit et règlement perpétuel et irrévocable, voulu et ordonné que les articles contenus en iceluy contenant ladite voirie, soient entretenus, suivis et observez de point en point par tous nos sujets.

(1) Que la justice de la voyrie sera à l'avenir exercée, ainsi et par les juges qu'elle avait accoustumé auparavant, sans toutefois préjudicier au droit d'icelle.

(2) Nous voulons que nostre grand voyer, ou autres par luy commis ayent la connoissance de ladite voyrie, tant des villes, fauxbourgs et grands chemins, vulgairement appelez chemins royaux, et que nos amez et féaux conseillers, les gens de nostre chambre du trésor de Paris, connoisent de tous différens qui interviendront pour leurs droits deuz et affectez à ladite voyrie, ausquels nous avons attribué et attribuons la connoissance de tels différens, qui y seront par eux jugez et terminez, nonobstant et sans préjudice de l'appel, jusqu'à la somme de dix livres parisis d'amende et au-dessous, et pour les sommes excédant dix livres parisis par provision, pour ce qui est de nostre domaine seulement et du prévost de Paris, pour ce qui regarde à la police, comme les allignemens, périls éminens et autres cas semblables de la ville et fauxbourgs d'icelle, et par appel en nostredicte cour de parlement; la moitié desquelles amendes à nous réservée, sera mise entre les mains du receveur de nostre domaine de ladite ville, et l'autre moitié appartenant audit grand voyer et sesdits commis, pour et au lieu des frais qu'il convient faire journellement en l'exercice de sa charge, au payement desquelles les particuliers seront contraints en vertu des sentences ou extraits du greffe en la manière accoutumée.

(3) Voulons aussi et nous plaît que lorsque les rues et chemins seront encombrez ou incommodez, nostredict grand voyer ou ses commis enjoignent aux particuliers de faire oster lesdits empeschemens, et sur l'opposition ou différens qui en pourroient résulter, faire condamner lesdits particuliers qui n'auront obey à ses ordonnances, trois jours après la signification qui leur en sera faite, jusqu'à la somme de dix livres et au-dessous pour lesdites entreprises par eux faites, et pour cet effet, les faire assigner à sa requeste pardevant ledit prévost de Paris, auquel nous donnons aussi tout pouvoir et jurisdiction.

(4) Deffendons à nostredict grand voyer ou ses commis de permettre qu'il soit fait aucunes saillies, avances et pans de bois aux bâtimens neufs, et mesme à ceux où il y en a à pré-

sent de contraindre les réédifier et y faire ouvrages qui les puissent conforter, conserver et soutenir, ny faire aucun encorbellement en avance pour porter aucun mur, pan de bois ou autres choses en saillie, et porter à faux sur lesdites rues, ains faire le tout continuer à plomb, depuis le rez-de-chaussée tout contremont, et pourvoir à ce que les rues s'embellissent et élargissent au mieux que faire se pourra, et en baillant par luy les allignemens, redressera les murs ou il y aura ply ou coude, et de tout sera tenu de donner par écrit son procez-verbal de luy signé ou de son greffier, portant l'alignement desdits édifices de deux toises en deux toises, à ce qu'il n'y soit contrevenu : pour lesquels allignemens nous lui avons ordonné soixante sols parisis pour maison, payables par les particuliers qui feront faire lesdites édifications sur ladite voyrie; encore qu'il y eût plusieurs allignemens en icelle, n'estant compté que pour un seul.

(5) Comme aussi nous deffendons à tous nosdits sujets de ladite ville, fauxbourgs, prévosté et vicomté de Paris, et autres villes de ce royaume, faire aucun édifice, pan de mur, jambes estriers, encoigneures, caves ny caval, forme ronde en saillie, sièges, barrières, contre-fenestre, huis de caves, bornes, pas, marches, sièges, montoirs à cheval, auvens, enseignes establies, cages de menuiserie, châssis à verre et autres avances sur ladite voyrie, sans le congé et allignement de nostredict grand-voyer ou desdits commis. Pourquoy faire nous lui avons attribué et attribuons la somme de soixante sols tournois, et après la perfection d'iceux, seront tenus lesdits particuliers d'en avertir ledit grand voyer ou son commis, afin qu'il recolle lesdits allignemens, et reconnoisse si lesdits ouvriers auront travaillé suivant iceux, sans toutes fois payer aucune chose pour ledit recollement et confrontation, et où il se trouveroit qu'ils auroient contrevenu ausdits alignemens, seront lesdits particuliers assignez par devant le prévost de Paris ou son lieutenant, pour voir ordonner que la besongne mal plantée sera abattue, et condamnez à telle amende que de raison, applicable comme dessus.

(6) Deffendons au commis de nostredict grand-voyer, de prendre aucuns droits pour mettre les treillis de fer aux fenêtres sur rues, pourvu qu'ils n'excèdent les corps des murs qui seront tirez à plomb, et pour ceux qui sortiront hors des murs payeront la somme de trente sols tournois.

(7) Faisons aussi deffenses à toutes personnes de faire et creuser aucunes caves sous les rues, et pour le regard de ceux qui

voudront faire degrez pour monter à leurs maisons, par le moyen desquels les rues estrecissent, faire sièges esdites rues, estail ou auvent, clorre ou fermer aucunes rues, faire planter bornes au coin d'icelles, ès entrées de maisons, poser enseignes nouvelles, ou faire le tout réparer prennent congé dudit grand voyer ou commis. Pour lesquelles choses faites de neuf, et pour la permission première, nous luy avons attribué et attribuons la somme de trente sols tournois pour la visitation d'icelles, et pour celles qu'il conviendra seulement réparer et refaire, la somme de quinze sols tournois; et où aucuns voudroient faire telles entreprises sans lesdites permissions, le pourra faire condamner en ladite amende de dix livres, payable comme dessus, ou plus grande somme, si le cas y échet, et faire abattre lesdites entreprises; le tout au cas que lesdites entreprises incommodent le public, et pour cet effet, sera tenu le commis dudit grand-voyer se transporter sur les lieux auparavant que donner la permission ou congé de faire lesdites entreprises.

(8) Pareillement avons deffendu et deffendons à tous nosdits sujets de jeter dans les rues eaues ny ordures par les fenestres, de jour ny de nuit, faire préaux ny aucuns jardins en saillies, aux hautes fenestres, ny pareillement tenir fiens, terreaux, bois, ny autres choses dans les rues et voyes publiques, plus de vingt-quatre heures, et encore sans incommoder les passans, autrement lui avons permis et permettons de les faire condamner en l'amende comme dessus, auquel voyer ou commis nous enjoignons se transporter par toutes les rues, mesmes par les maistresses, de quinze jours en quinze jours, afin de commander qu'elles soient délivrées et nettoyées, et que les passans ne puissent recevoir aucunes incommoditez.

(9) Deffendons aussi à toutes personnes de faire des éviers plus haut que rez-de-chaussée, s'ils ne sont couverts jusqu'audit rez-de-chaussée, et mesme sans la permission de nostredit grand voyer, ses lieutenans ou commis, pour laquelle permission luy sera payé trente sols indistinctement, tant pour ceux qui sont au rez-de-chaussée, que ceux qui ne se trouveront audit rez-de-chaussée.

(10) Ordonnons à nostredit grand-voyer ou commis, de faire crier aux quatre festes annuelles de l'an de par nous et de par luy, à ce que les rues soient nettoyées, et outre qu'il y ait à ordonner aux charretiers conduisans terreaux et gravois et autres immondices de les porter aux champs, aux lieux destinez aux

voyries ordinaires, et au défaut de luy obéir, saisira les chevaux et harnois des contrevenans, pour en faire son rapport, sans qu'il puisse donner main levée qu'il n'en soit ordonné.

(11) Enjoindra aux sculpteurs, charrons, marchands de bois et tous autres, de retirer et mettre à couvert, soit dans leurs maisons ou ailleurs ce qu'ils tiennent d'ordinaire dans les rues, comme pierres, coches, charettes, charriots, troncs, pièces de bois et autres choses qui peuvent empescher ou incommoder ledit libre passage desdites rues, comme aussi aux teinturiers, foullons, frippiers et tous autres, de ne mettre seicher sur perches de bois, soit ès fenestres de leurs greniers ou autrement sur rues et voyes aucuns draps, toiles et autres choses qui peuvent incommoder et offusquer la veue desdites rues, sur les peines que dessus, et sur les contraventions qui se feront, lesdites deffenses estant faites par ledit sieur grand-voyer ou ses commis, seront les contrevenans condamnez en l'amende comme dessus.

(12) Voulons et nous plaist que ledit grand-voyer et ses commis ayent l'œil et connoissance du pavement desdites rues, voyes, quais et chemins, et où il se trouvera quelques pavez cassez, rompus ou enlevez, qu'ils les fassent refaire et rétablir promptement, mesme faire l'ouverture des maisons des refusans d'icelles, aux dépens des détempteurs desdites maisons, injonction préalablement faite ausdits détempteurs, et prendra garde que le pavé de neuf soit bien fait, et qu'il ne se trouve plus haut élevé que celuy de son voisin.

(13) Deffendons au commis de nostredit grand-voyer, de donner aucune permission de faire des marches dans les rues, mais seulement continuer les anciennes ès lieux où elles n'empêchent le passage.

(14) Ne pourra aussi nostredict voyer ou commis, donner permission d'auvent plus bas que de dix pieds, à prendre du rez-de-chaussée en amont, et pour ceux qu'il donnera, ensemble pour les enseignes luy appartiendra pour les permissions nouvelles, trente sols tournois, et pour le changement des enseignes, réfection et changement d'auvent, n'en prendra que quinze sols tournois.

(15) Et d'autant que la plus grande partie des abus qui se sont commis en ladite voyrie sont provenus à cause des permissions que donnent les commis d'aucuns seigneurs hauts justiciers, tant laïcs qu'ecclésiastiques prétendans avoir droit de voyrie en

notredite ville, fauxbourgs, prévosté et vicomté de Paris, qui n'ont tenu compte délivrant lesdites permissions, de prendre exactement garde, si elles estoient conformes aux réglemens et ordonnances faites sur le fait de ladite voyrie. A cette cause, nous voulons et entendons qu'où il se trouvera que lesdits voyers particuliers ayent cy-devant donné ou donnent cy-après icelles permissions contre la teneur de nosdits édits et ordonnances, ledit sieur grand voyer, ses lieutenans ou commis, les feront appeler pour les faire condamner à réparer ce qui auroit esté mal fait, le tout sans préjudice desdits seigneurs, et autres prétendus droits de haute justice et voyrie en nostredite ville et fauxbourgs, lesquels nous voulons, après la vérification du présent réglement, estre appelez à la diligence de nostre procureur général, auquel mandons ainsi le faire, pour eux ouïs, et les titres qu'ils produiront veus et examinez, leur estre pourvu, ainsi que de raison.

(16) Entendons aussi que ledit grand-voyer et ses commis en la ville, prévosté et vicomté de Paris, jouissent bien et duement, comme les autres voyers ont cy-devant jouy, de tous les autres menus droits qui lui sont attribuez par les titres de ladite voyrie, extraits de nostre chambre des comptes, trésor et chastelet de Paris, comme chandelles, gasteaux, beurre, œufs, fromages, figues, raisins, bouquets, roses et plusieurs autres menus droits qui se cueillent et perçoivent par chacun an ès jours et saisons accoustumées, de ceux et celles qui estallent et placent sur ladite voyrie, tant ès marchez, rues, voyes et places publiques de nostredicte ville, fauxbourgs, prévosté et vicomté de Paris; tous lesdits droits ordonnez estre perceus par plusieurs arrests, sentences et jugemens donnez, tant par nostredite cour de parlement, les conseillers de ladite justice de nostre tésor, que par nostre prévost de Paris.

(17) Voulons et nous plaist que ledit grand-voyer ou commis, pourvoyent des places vulgairement et anciennement appelées les places ordonnées par le feu roy saint Louis, estre aumosnées à pauvres femmes, veuves et filles orphelines et à marier, sises tant ès halles de Paris, rue au Feure, qu'ès environs, comme aussi de toutes les autres places dépendantes de ladite voyrie, sises tant esdites halles, cimetière Saint-Jean, grand et petit Chastelet, marché Neuf, place Maubert, et autres lieux et endroits de nostre ville et fauxbourgs de Paris, pour en jouir comme cy-devant les voyers en ont jouy bien et deuement.

(18) Lesquels lieutenans et commis de nostre grand voyer

pourront commettre en chacune ville, un maçon ou autre personne capable, pour donner les allignemens sur rues, dont le nom sera registré en la justice ordinaire, le surplus des autres charges et fonctions, ledit commis les fera en personne. En quoy faisant lui sera obéy, sans qu'il soit besoin de sergent pour faire faire lesdites significations appartenant à sadite charge, sauf, s'il employe autres gens sous luy pour voir les contraventions, auquel cas seront tenus les commis des lieutenans de nostredit grand voyer de se servir de sergens ordinaires.

Si donnons, etc.

N° 194. — LETTRES *qui déclarent les rois, princes et seigneurs étrangers admissibles à l'ordre du Saint-Esprit* (1).

Paris, dernier décembre 1607. (Statuts de l'ordre du Saint-Esprit, p. 111.)

N° 195. — LETTRES-PATENTES *pour la construction d'un pont Marchand à Paris* (2).

Paris, janvier 1608; reg. au parl. le 8 août. (Vol. YY, f° 184.)

N° 196. — EDIT *qui substitue au titre de contrôleur général des postes celui de général des postes* (3).

Paris, janvier 1608. (Trait. de la pol. IV, 559.)

N° 197. — DÉCLARATION *qui permet aux jésuites d'exercer les cérémonies du culte catholique et leurs autres fonctions dans le pays de Béarn* (4).

Paris, 19 février 1608. (Font. IV, 1049; — Merc. de France, I. 230.)

HENRY, etc, A nos amés les gens tenans nostre conseil ordinaire, et cour souveraine de Béarn, séant à Pau, salut. Par les remonstrances que vous nous auriez cy-devant faites par vos députez en nostre ville de Blois, le 11 septembre 1599, sur nostre édict portant restablissement de l'exercice de la religion catholique en nostre païs souverain, vous nous auriez entre autres

---

(1) V. décembre 1578, édit d'institution de cet ordre.
(2) Ce pont, qui tira son nom de l'architecte Marchand qui le fit construire, fut bâti en remplacement du pont aux Meuniers que la violence des eaux avait emporté en 1596. (Dulaure, Hist. de Paris, t. 5, p. 219 et 220.)
(3) V. ci-devant édit de mars 1597 et la note ; et ci-après, lettres-patentes de Louis XIII, 25 février 1622.
(4) V. arrêt du 28 décembre 1594 et la note.

choses, représenté sur le septième article d'iceluy édict, qu'il estoit expédient pour le bien de nostre service et repos de nos subjects, que les religieux de la compagnie de Jésus, appellez communément jésuistes, ne fussent admis à faire exercice de ladite religion catholique, apostolique et romaine en nostredit païs souverain. Nous ayant requis, en tant que besoin seroit, de leur en interdire l'accez et l'entrée, lequel poinct et affaire, nous vous aurions renvoyé par l'apostille, et réponse mise sur ledit article de vosdites remontrances. De sorte que conformément à icelles vous auriez par vostre arrest du 27 octobre de ladite année, déclaré que lesdits jésuites ne pourroient estre receus dans ledit païs, pour faire aucun exercice de ladite religion catholique, ny résidence en iceluy. Ayant enjoint et mandé aux évesques et tous autres nos subjets d'y tenir la main; ce qui auroit esté gardé et observé inviolablement jusques à présent, que nous avons advisé et jugé estre nécessaire pour le bien de nostredit service, que lesdits religieux et jésuistes soient admis et receus en nostredit païs, comme les autres ecclésiastiques et religieux des autres ordres, estans mesme nostre intention d'y envoyer en bref certains pères d'entre eux, desquels nous avons fait élection à l'instante prière et supplication que les sieurs évesques de nosdits païs nous auroient faite.

À ces causes, et autres à ce nous mouvans, avons dit et déclaré, disons et déclarons, voulons et nous plaist, que nonobstant et sans avoir égard, tant à nosdits renvoy qu'à vostredit arrest, notre vouloir et intention estre, que lesdits religieux de la compagnie de Jésus, appellez jésuistes, soient d'oresnavant admis et receus indifféremment à faire exercice de ladite religion catholique, et leurs fonctions ecclésiastiques dans nosdits païs souverains, tout ainsi et de la mesme manière que font les religieux des autres ordres, en observant et se soubmettant aux formes et reiglemens prescripts par nos édicts et ordonnances, et à la discipline ecclésiastique que tous les autres religieux et séculiers sont tenus d'observer et garder : comme d'avoir l'approbation et mission de l'évesque diocésain, et autres formalitez ordinaires et requises.

Si voulons, etc.

N° 198. — Déclaration *qui exempte du droit d'aubaine* (1) *les citoyens et bourgeois de la république de Genève, à condition que le même privilège s'étendra aux Français dans ladite république.*

Paris, juin 1608; reg. au parl. le 13 juillet. (Vol. YY, f° 179. — Bacquet du droit d'Aubaine, part. 1re, ch. 6.)

N° 199. — Lettres-patentes *confirmatives des statuts des marchands fruitiers de la ville de Paris* (2).

Paris, juin 1608; reg. au parl. le 10 octobre. (Vol. YY, f° 203. — Traité de la pol. liv. 5, tit. 23, p. 1458.)

N° 200. — Edit *pour l'entretien des rues de Paris, et défense d'y jeter aucun immondice* (3).

Paris, septembre 1608. (Traité de la pol. IV. 214. — Code de la voirie, in-4°.)

Henry, etc. Encore que cy-devant les roys nos prédécesseurs ayent fait plusieurs ordonnances et réglemens sur le fait de la police de nostre ville et fauxbourgs de Paris, et particulièrement pour ce qui concerne le nettoyement des rues, places publiques, et autres endroits étant en icelle, néanmoins les dites ordonnances auroient été si mal gardées et observées, ou il seroit glissé tant de désordre, soit par la négligence de nos officiers, ausquels la connoissance en étoit attribuée, ou autrement que la plupart du temps il n'y a aucun moyen de passer par la plus grande par-

---

(1) V. la loi des 6 août 1790 et 13 avril 1791, le Code civil, art. 11 et 776 et la loi du 14 juillet 1819.

(2) Les premiers statuts de cette corporation avaient été publiés par le prévôt de Paris, sous saint Louis en 1258; il leur en fut donné d'autres en 1412, sous Charles VI, en 1499, sous Louis XII; quelques articles furent ajoutés à ces statuts par le parlement de Paris en 1594. — V. février 1631; 1er mars 1680, 1er septembre 1689 et déclaration de Louis XIV, du 19 juin 1691.

(3) V. au traité de la police, t. IV, p. 202 et suiv., réglement du prévôt de Paris, 5 février 1348, approuvé par lettres du roi Jean, de janvier 1356; ordonnances de police de 1374, 2 juillet 1393, 9 novembre 1395, 28 juin 1404, 20 octobre, 21 novembre 1405, 21 novembre, 19 juin 1414, 19 juin 1428, 14 mars 1472, 24 juin et 10 juillet 1473, arrêt du parl. du 22 mars 1476; dans notre recueil, lettres-patentes de Charles VI, du 1er mars 1388, janvier 1404; de François Ier, novembre et janvier 1539; de Charles IX, 22 novembre 1563, 4 février 1567; de Henri III, 1577, ci-devant réglement de police de 1600, et notre traité de la voirie.

tie des rues d'icelle; chose qui apporte non-seulement une grande incommodité à nos subjects, mais aussi qui pourroit avec le temps causer plusieurs sortes de maladies, comme il s'est vu par le passé, pour à quoi remédier et y apporter l'ordre que nous avons estimé sur ce nécessaire, nous aurions fait passer contrat en nostre conseil le 21° jour de juin dernier avec Rémond Vedel dit Lafleur, capitaine général du charroy de l'artillerie de France, et Pierre de Sorbet, qui se seroient soumis à faire le nettoyement desdites rues pavées et non pavées de notredite ville et fauxbourgs, et des égouts qui s'y estendent, à la charge de faire entretenir par tous les habitans d'icelle notredite ville et fauxbourgs, le réglement concernant l'ordre que nous voulons être doresnavant par eux gardé et observé à cet effet.

Nous, à ces causes, et de l'avis de notre conseil, auquel étoient plusieurs grands et notables seigneurs de cetui notre royaume, avons par cetui notre présent réglement voulu et ordonné que les articles contenus en iceluy soient entretenus, suivis et observés de point en point par tous nosdicts subjects.

(1) Nous défendons à toutes personnes de quelque état, qualité et condition qu'ils soient, demeurans en nostredite ville et fauxbourgs de Paris, de jetter ou faire jetter en la rue aucunes ordures, immondices, charrées, paille, gravois, terreaux, fumiers, râclures de cheminées, ne autres ordures que ce soit, sur peine de six livres d'amende payables sans deport, savoir, la moitié aux entrepreneurs du nettoyement desdites rues, et l'autre moitié au dénonciateur, et seront les maîtres des maisons devant lesquelles lesdites ordures auront été trouvées, contraints au payement de ladite amende, encores que fussent leurs valets ou chambrières, ou autres, qui y eussent jetté lesdites ordures, les maîtres et maîtresses demeurans responsables du fait desdits valets ou chambrières.

(2) Enjoignons à tous chefs d'hôtels, propriétaires et locataires des maisons de notredite ville et fauxbourgs de Paris, sur les mêmes peines que dessus, de faire retenir dans leurs logis lesdites ordures dans des paniers ou mannequins, et icelles faire porter et jetter dans des tombereaux, qui passeront tous les jours par les rues pour les recevoir et emporter hors ladite ville, ès lieux destinés pour cet effet.

(3) Pareillement enjoignons ausdits chefs d'hôtels, propriétaires et locataires desdites maisons, de faire balier deux fois le jour devant leursdites maisons, chacun en son regard, jusques au

ruisseau, sçavoir le matin et le soir; faire amonceler près la muraille de leursdites maisons lesdites balieures, et pour être emportées hors la ville par les conducteurs des tombereaux, sans que les bourgeois soient tenus charger, ou lever lesdites bouës; lesquels conducteurs chargeront lesdites bouës et immondices, ensemble celles qu'ils trouveront ès huis et portes étant dedans mannequins, seaux, paniers ou autres vaisseaux : et à l'instant que lesdits propriétaires desdites maisons, ou locataires demeurans en icelles, auront fait balier, seront tenus faire jetter deux seaux d'eaue nette sur ledit pavé, comme aussy faire semblable, lorsqu'ils feront vuider urines, eaux grasses, croupies, et lavetures d'écuelles dans le ruisseau, ou bien quand ils les feront écouler par les égouts de leursdites maisons aboutissans ès rues, et ce sur les mesmes peines que dessus.

(4) Est aussi enjoint à tous laboureurs, vignerons, jardiniers et toutes autres personnes, que lorsqu'ils feront charger du fumier sur charriots et charrettes, ou emporter sur bêtes de sommes, hors la ville ou ailleurs, de n'en laisser tomber par les rues, sur les mêmes peines que dessus.

(5) Enjoignons aussi à tous maîtres maçons, entrepreneurs de bâtimens, tailleurs de pierre, couvreurs, charpentiers, et toutes autres personnes, de faire emporter hors la ville vingt-quatre heures après qu'ils auront fait abbattre quelque maison, les démolitions d'icelle, terre, gravois, éclats et taillures de pierre de taille, tuiles et tuilleaux, provenans des couvertures desdites maisons et radoub d'icelles, étant sur le pavé de ladite ville et fauxbourgs : lesquelles démolitions et autres vuidanges ci-dessus, ils feront emporter dans les tombereaux bien clos d'ais, afin qu'il n'en puisse point tomber par les rues, sur peine de dix livres parisis d'amende, payables comme dessus : et sera loisible ausdits entrepreneurs du nettoyement des ruës, les vingt-quatre heures passées, faire emporter hors ladite ville, aux dépens desdits maîtres maçons, charpentiers, couvreurs, ou propriétaires des maisons, lesdites démolitions, terres, gravois, taillures de pierres, tuilleaux et autres vuidanges, qui seront contraints par corps au payement du travail qui sera fait par les entrepreneurs pour lesdites vuidanges, lequel sera arbitré par les commissaires députés pour juger les différends du nettoyement desdites ruës.

(6) Défendons à tous bouchers de jetter aucun excrément de bête dans la ruë, ni faire écouler par l'égout de leurs maisons, ou bien porter au ruisseau sang de bœuf ou autres bêtes, eaux

où ils ayent lavé chair et tripailles; leur enjoignant les faire transporter hors ladite ville, et lieux accoutumés, de les emporter en tels vaisseaux qu'ils verront bon être, lesquels toutes fois seront bien clos et tenans eau, afin qu'il n'en puisse rien tomber par les rues, sur peine de dix livres parisis d'amende payables comme dessus.

(7) Défendons aussi sur les mêmes peines à toutes personnes de jetter ou faire vuider par les fenestres de leurs maisons, tant de jour que de nuict, urines, excrémens, ni autres eaux quelconques; leur enjoignant faire porter au ruisseau de la rue lesdites eaux et urines, et à l'instant y faire jetter un seau d'eau nette, comme il est déclaré au deuxième article du présent règlement.

(8) Défendons aux maistres fify et des basses œuvres, de ne laisser épandre par les rues nulles ordures ou excrémens, en vuidant les basses fosses et retraits, sur les mêmes peines de dix livres parisis, payables comme dessus.

(9) Voulons aussi et nous plaît que ces présentes ordonnances soient publiées tous les mois de l'an, par tous les carrefours de ladite ville et fauxbourgs de Paris, à son de trompe et cri public, et néanmoins qu'elles soient attachées en un tableau, écrites en parchemin et en grosses lettres, en tous les seize quartiers de ladite ville et fauxbourgs, et lieux les plus éminens et apparens d'icelle, afin qu'elles soient connuës et entenduës par un chacun, et qu'il ne soit loisible d'ôter lesdits tableaux, sur peine de punition corporelle.

Si donnons, etc.

N°. 201. — LETTRES-PATENTES *qui ordonnent la suppression des fontaines et concessions particulières d'eaux à Paris* (1).

Paris, 19 décembre 1608; reg. au greffe de la Ville, le 22. (Girard, eaux de Paris, 1812. — Reg. de la ville de Paris, vol. 17, f° 416.)

HENRY, etc.; ayant été avertis qu'en plusieurs maisons, tant en notre bonne ville qu'ès environs, y avoit des fontaines particulières prises et dérivées des tuyaux et canaux des fontaines destinées pour le public, qui, par ce moyen, diminuoient et empê-

---

(1) V. note sur l'arrêt du conseil, du 23 juillet 1594; rapport du préfet de Chabrol, sur les eaux de Paris, dans les recherches statistiques, 3° vol. publ. en 1826, in 4° de l'imprim. royale.

choient souvent l'usage et la commodité desdites eaux publiques, nous vous aurions ordonné de faire visitation de toutes lesdites fontaines, commençant à la prise d'icelles et aux branches qui en dépendent, afin de donner à l'avenir un bon réglement pour l'entretenement et conservation d'icelles qui sont destinées au public; et depuis ayant fait la visitation, marqué essentiellement toutes les eaux qui se distribuent des canaux du public esdites maisons privées et particulières, avec le procès-verbal, modèles et figures portant la même grosseur et échantillon de ce qui peut servir, tant au public que pour l'usage des particuliers, pour le tout nous être représenté, et sur ce vous faire entendre notre vouloir et intention;

Savoir faisons qu'après avoir fait voir en notre conseil ledit procès-verbal avec lesdits figures et modèles, désirant préférer le bien et utilité du public à la commodité des particuliers, avons, de l'avis de notre conseil et de notre certaine science, pleine puissance et autorité royale, dit, déclaré et ordonné, disons, déclarons et ordonnons, voulons et nous plaît, sans avoir égard aux permissions et concessions desdites fontaines qui ont été ci-devant faites et ordonnées par nous ou nos prédécesseurs, ou par vous, ou par ceux qui ont été devant vous en votre charge et depuis confirmées de nous ou de nosdits prédécesseurs, ni à la jouissance qui s'en est ensuivie en vertu d'icelles, que toutes lesdites fontaines privées et particulières des maisons de notre bonne ville, fauxbourgs et ès environs, qui ne servent aucunement au public, soient rompues et cassées réellement et de fait, et le cours d'icelles remis au conduit et canal public, excepté celles dont les conduits et canaux distillent ès maisons de notre très cher et très amé cousin, le comte de Soissons, les ducs de Guise et de Montmorency, notre très chère et amée sœur la duchesse d'Angoulême, celle des pauvres filles de l'Ave-Maria, des Filles-Dieu, Filles pénitentes, et l'hôpital de la Trinité, en la rue Saint-Denis; ensemble celle des cordeliers réformés, dits Récollets, au faubourg Saint-Martin.

Voulons aussi que ceux qui ont des fontaines à l'endroit de leurs maisons, servant audit public, et qui, pour leur aisance et commodité, attirent et prennent les eaux dudit public dedans leursdites maisons et jardins, soient également privés de la commodité qu'ils ont prises en leursdites maisons au dommage du public, et que les conduits qui distillent en icelles maisons et jardins, soient rompus et remis entièrement à l'usage public, et

« les regords qui sont faits dedans bouchés et étouppés, et au lieu d'iceux, qu'il en soit fait d'autres hors icelles maisons pour l'ouverture en être faite ainsi que par nous sera ordonné.

N° 202. — DÉCLARATION *portant peine de nullité pour omission d'élection de domicile dans les exploits de saisie* (1).

Paris, 26 janvier 1609; reg. au parl. le 2 février. (Vol. YY, f° 273. — Font. I. 63, Néron I. 735.)

N° 203. — DÉCLARATION *qui défend l'exportation de toutes monnaies d'or ou d'argent* (2).

Paris, 15 février 1609; reg. en la cour des monn. le 16. (Fontan. II. 243.)

N° 204. — DÉCLARATION *qui confirme les évêques et archevêques dans le droit de connaître des revenus de fabriques* (3) *et qui défend aux juges royaux d'en prendre connaissance.*

Paris, 16 mars 1609; reg. au parl. le 18 décembre. (Vol. YY, f° 373. — Bouchet, bibl. du droit français, v° Visitation. — Mém. du clergé, III, p. 334.)

N° 205. — ÉDIT *portant que les prêteurs de deniers constitués en rentes, seront subrogés de plein droit* (4) *sans qu'il soit besoin de transport, dans les droits des créanciers.*

Paris, mai 1609; reg. au parl. le 4 juin. (Vol. YY, f° 315. — Néron I, 736.)

---

(1) V. l'ordonnance de Blois, mai 1579, art. 85. Cette déclaration est motivée sur ce que grand nombre de créanciers se dispensaient de faire élection de domicile dans les exploits de saisie. — V. Code de procédure civile, article 61 et 675.

(2) V. l'édit de septembre 1602 et la note.

(3) Ce droit leur avait été conféré par ordonn. du 3 octobre 1571. — V. le décret du 30 décembre 1809, loi du 14 février 1810, avis du conseil d'état du 9 décembre même année; id. du 22 février 1813, et ordonnance du 28 mars 1820. — La cour de cassation a jugé, par arrêt du 9 juin 1823, que les comptes des trésoriers des fabriques doivent être rendus, débattus et réglés en la forme administrative et non devant les tribunaux.

(4) V. art. 1251 du Code civil sur la subrogation légale.

N° 106. — Édit *Contre les banqueroutiers frauduleux, qui déclare nulles les ventes faites par eux* (1).

Paris, mai 1609 ; reg. au parl. le 4 juin. (Vol. 2 Y, f° 310. — Font. I, 763. Néron I, 735.)

Henry, etc. Désirans pourvoir aux désordres et crimes plus fréquens que la corruption des mœurs procédante de la licence des troubles passez a introduits, et remettre en cettuy nostre royaume la justice en son autorité et ancienne splendeur, afin que sous elle nos sujets soient conservez et maintenus en leur devoir, nous avons considéré que l'une des choses à laquelle nous avons promptement à remédier est l'abus et tromperie évidente qui se commet sous le nom et prétexte de banqueroute, au préjudice des pauvres veuves, orphelins et autres nos bons sujets, par le moyen duquel crime qui se rend fréquent et comme ordinaire faute d'estre puny comme il le mérite, la foy publique et confiance entre nos sujets est grandement diminuée, et le trafic et commerce quasi du tout ôté.

Et d'autant que les anciens rois nos prédécesseurs auroient ordonné peu de peines contre les banqueroutiers, parce que durant leurs règnes l'infidélité et corruption des mœurs ne s'étoient point encore si avant glissez ès cœurs de leurs sujets ; le roy François Ier, nostre très honoré seigneur et grand oncle, sur les avis qui lui furent donnez en la ville de Lyon, ordonna en l'an 1536, qu'il seroit extraordinairement procédé contre les banqueroutiers faisans doleusement faillite, leurs facteurs et entremetteurs, par information, confrontation de témoins et autres voyes extraordinaires, et la fraude découverte, les coupables punis corporellement par condamnations d'amendes honorables et profitables aux parties intéressées, application au carcan et pilory, et autrement, comme il seroit arbitré par justice, et à tenir prison fermée jusqu'à pleine et entière satisfaction. Et le roy Charles IX, aussi nostre très honoré sieur et frère, sur les plaintes qui lui furent faites en l'assemblée des estats tenus à Orléans, que ledit crime de banqueroute se rendoit trop fréquent, ordonna que ceux qui feroient faillite en fraude seroient punis ex-

---

(1) V. l'ordonn. de François Ier, du 10 octobre 1536, et la note ; l'ordonn. d'Orléans, janvier 1560 (art. 143), celle Blois, 5 mai 1579 (art. 250), l'acte constitutionnel du 13 décembre 1799, le Code de commerce de 1807, et le Code pénal de 1810, art. 402 et suiv. En 1827, le gouvernement a demandé aux ch. de commerce un nouveau projet sur les faillites. Celui de Marseille, rédigé par M. Thomas, aujourd'hui député, est le plus remarquable.

traordinairement et capitalement; lesquelles ordonnances le feu roy dernier décédé auroit confirmées par son édit de Blois de l'an 1579, et déclaré son intention estre, que ceux qui dolosement feroient faillites ou cessions de biens, fussent punis et chatiez exemplairement, sans statuer d'autres peines particulières contre les délinquans. Ce qui a rendu ledit crime si familier que plusieurs de nos sujets en ont souffert et souffrent journellement de grandes pertes. Voulant faire cesser les plaintes qui nous ont esté faites, après mûre délibération, nous avons jugé nécessaire de renouveller et augmenter lesdites peines contre les banqueroutiers et cessionnaires faisans faillite en fraude. Pour ces causes et autres considérations à ce nous mouvans, de l'avis de nostre conseil, et de nostre certaine science, pleine puissance et autorité royale, par cettuy nostre présent édit perpétuel et irrévocable, avons dit, statué et ordonné, disons, statuons et ordonnons, voulons et nous plaist,

(1) Que conformément à l'ordonnance de nostredit sieur et frère, sur les plaintes des estats tenus à Orléans, il soit extraordinairement procédé contre les banqueroutiers et débiteurs faisans faillite et cession de biens en fraude de leurs créanciers, commis, facteurs et entremetteurs, de quelque estat, qualité ou condition qu'ils soient; et la fraude estant prouvée, ils soient exemplairement punis de mort, comme voleurs, affronteurs publics.

(2) Et néanmoins, parce que le plus souvent lesdits banqueroutiers font faillite en intention d'enrichir leurs enfans et héritiers, et pour couvrir plus aisément leur dessein malicieux, font transport et cessions de leurs biens à leursdits enfans, héritiers ou autres leurs amis, afin de les leur conserver, nous avons par même moyen déclaré et déclarons tels transports, cessions, venditions et donations de biens, meubles ou immeubles faits en fraude des créanciers, directement ou indirectement, nuls et de nul effet et valeur; faisans défenses à tous nos juges d'y avoir égard; au contraire, s'il leur appert que lesdits transports, cessions, donations et ventes, soient faites et acceptées en fraude desdits créanciers; Voulons les cessionnaires, donataires et acquéreurs estre punis comme complices desdites fraudes et banqueroutes.

(3) Voulons aussi et nous plaist, que ceux qui se diront, contre vérité, créanciers desdits banqueroutiers, comme il arrive souvent par monopoles et intelligence, afin d'induire les vrais

créanciers à composition et accord, soient aussi exemplairement punis comme complices desdites fraudes et banqueroutes. Faisans très expresses inhibitions et défenses à toutes personnes de retirer lesdits banqueroutiers, leurs cautions, facteurs ou commis, biens meuble et papiers, ni leur donner aucun confort ni assistance en aucune sorte et manière qui puisse estre, à peine d'estre punis comme complices, ainsi que dit est.

(4) Défendons aussi à ceux qui sont véritablement créanciers (à peine d'estre declarez déchus de leurs dettes et actions, et autres plus grandes, s'il y échet), de faire aucuns accords, contrats ni attermoyemens ausdits banqueroutiers et leurs entremetteurs, mais les poursuivre par les voyes de justice, suivant nostre intention, permettans à un chacun de nos sujets, même sans décret ni permission, d'arrester les banqueroutiers fugitifs et les présenter à justice, non obstant tous jugemens, arrests, usances et coutume au contraire.

N° 207. — Edit *contre les duels* (1).

Fontainebleau, juin 1609; reg. au parl. le 26. (Vol. YY, f° 324. — Font. I. 667. — Tribunal des maréchaux de France, 1, 139.)

Henry, etc. Les roys nos prédécesseurs et nous, avons fait divers réglemens et édicts contre les combats en duel pour en retrancher et abolir l'usage commun et familier en nostre royaume. Mesu du devoir et acquict de nos consciences envers Dieu comme roys très chrestiens et du salut commun de tous nos subjects comme pères très-débonnaires, et pareillement du soing que nous devons avoir de la conservation de nostre authorité souveraine grandement lezée et offensée par la licence trop effrenée desdits combats. A ceste fin, nous aurions par nostre édict du mois d'avril 1602, fait par l'advis des princes de nostre sang, officiers de nostre couronne et autres personnages de nostre conseil qui estoient lors près de nous, déclaré criminels de lèze majesté, et ordonné estre punis comme tels, tous ceux qui souz prétexte de tirer raison d'une prétendue offense appelleroient ou feroient appeler les autres au combat, iroient sur un appel, les assisteroient et seconderoient, avec défenses très-expresses à tous

---

(1) V. l'ordonnance de Moulins, février 1566, note sur les lettres-patentes de Henri III, décembre 1585, et ci-après, édits de Louis XIII, 1626, 1634; de Louis XIV, 1643, août 1669, 28 octobre 1711; de Louis XV, février 1723, et projet adopté en 1829 par la ch. des pairs, par suite de la divergence des cours sur le silence du code pénal.

nos officiers de toutes qualitez de dispenser les coulpables de la peine ordonnée par les loix de nostredit royaume, contre les criminels de lèze majesté, ny de la modérer pour considération aucune;

Espérant par la gravité et terreur de ladite peine, réprimer la liberté et coustume detestable desdits combats; mais tant s'en faut que nous ayons obtenu nostre louable désir, que lesdits duels ont depuis esté plus fréquens à nostre extrême regret et non moindre mespris des commandemens de Dieu et des nostres. Ce que nous avons remarqué procéder principalement d'une fausse et erronée opinion de longue main conçue et par trop enracinée ès cœurs de la noblesse de nostredit royaume (qui a tousjours eu l'honneur plus cher que la vie) de ne devoir demander ny pouvoir rechercher raison d'une injure reçue, par autre voye que par celle des armes, sans flestrir sa réputation, et encourir note de lascheté et faute de courage, singulièrement ès cas qu'elle s'imagine ne pouvoir estre suffisamment réparés que par les armes, jaçoit que pour luy lever ce scrupule ou prétexte, nous ayons par nostre susdit édict, voulu par exprès prendre sur nous tout ce qui pourroit estre imputé pour ce regard, à ceux qui se soubmettroient et rangeroient à l'obéyssance et observation d'iceluy. Davantage plusieurs aussi malings que téméraires, très-mal informez du vray jugement que nous faisons de semblables actions s'y engagent et précipitent souvent de propos délibéré, au péril de leurs ames comme de leurs personnes, pensans par telle voyes accroistre leur réputation et s'advantager sur les autres. Combien qu'en effect elles soient directement contraires au vray et solide honneur, du tout indignes de vrais chrestiens, et à nous très désagréables et à contrecœur, de sorte que tant s'en faut qu'ils doivent espérer par icelles aucune faveur de nous, que nous en détestons l'usage, comme nous faisons tous ceux qui les pratiquent, comme une fureur plus que brutale. De quoy désirans pour la dernière fois esclaircir et détromper tous ceux qui bâtissent telles opinions sur un si pernicieux et faux fondement, et par mesme moyen pourveoir à nostre possible aux malheurs et inconvéniens qui naissent journellement du débordement de cestedite licence. Tout ainsi que l'expérience nous enseigne qu'il est quelquefois nécessaire pour bien faire à la république de changer les loix et les accommoder aux accidens qui surviennent pour les rendre profitables, nous avons jugé nécessaire, aussi par l'advis desdits princes de nostre sang, officiers susdits de nostre couronne, et autres grands et notables personnages estans près de nous, lesquels se sont assemblez plusieurs fois sur ce subject, par nostre exprès commandement, d'adjouster aux précédens réglemens et édicts faits par nos prédécesseurs et nous contre lesdits combats (sans néanmoins les révoquer ni annuler), la présente ordonnance, laquelle nous voulons estre gardée et observée inviolablement par toutes sortes de personnes, de quelque qualité et condition qu'elles soient. A toutes lesquelles nous faisons deffenses très expresses à cette fin, et mesmes à la royne, nostre très chère et aymée compagne, comme à tous lesdits princes de nostre sang, autres princes, et à nos principaux et plus spéciaux officiers et serviteurs de nous faire aucune prière, requeste ou supplication contraire à icelle, sur peine de nous déplaire, protestant et jurant par le Dieu vivant de n'accorder aucune grâce desrogeante à ladite présente ordonnance, ny de dispenser jamais personne des peines ordonnées par icelle, en faveur et contemplation de qui que ce soit, ny pour quelque considération, cause ou prétexte que l'on puisse prendre, proposer ou alléguer.

(1) Nous enjoignons à tous nosdits subjects de quelque qualité et condition qu'ils soient, de vivre à l'advenir les uns avec les autres en paix, union et concorde, sans s'offenser, injurier, mespriser ny provoquer à haine et inimitié, sur peine d'encourir nostre indignation, et d'estre chastiez exemplairement.

(2) Leur ordonnons d'honorer et respecter les personnes qui par nature et par les charges et dignitez dont nous les avons pourveuz, méritent d'estre distinguées des autres, comme nous entendons qu'elles soient, et que ceux qui manqueront à tel devoir et respect, soient chastiez et mulctez de peines, eu esgard à la qualité de la personne offensée.

(3) Lesdites personnes de qualité s'abstiendront aussi d'offenser les autres et les contraindre de perdre le respect qui leur est dû; et où ils le feroient, seront tenus le réparer ainsi qu'il sera ordonné.

(4) Tous différens intervenans entre nos subjects, et dont la demande et décision peut et doit estre faite en justice, seront terminez et vuidez par les voyes ordinaires de droict establies en nostre royaume; et deffendons aux parties d'en former une querelle, sur peine à celui qui en sera l'agresseur, de la perte entière de la chose contentieuse, laquelle, dès à présent comme pour lors nous adjugeons à sa partie.

(5) Et d'autant que par l'indiscrétion et malice des uns, les

autres sont quelquefois si griefvement outragez, qu'il leur semble impossible d'en tirer réparation qui les satisface en leur honneur, que par la voye des armes, laquelle estant interdite et deffendue par nosdits édicts, ils s'ingèrent de la rechercher eux-mêmes ou par leurs amis, la praticquent et exercent journellement, au grand mespris de nos lois et de nostre authorité, de quoy naissent les désordres et meurtres si fréquens que nous voulons à présent réprimer, nous avons jugé nécessaire, pour obvier à plus grands et périlleux accidens, de permettre, comme par ces présentes nous permettons à toute personne qui s'estimera offensée par un autre en son honneur et réputation de s'en plaindre à nous ou à nos très chers et amez cousins les connétable et mareschaux de France, nous demander ou à eux le combat, lequel leur sera par nous accordé, selon que nous jugerons qu'il sera nécessaire pour leur honneur.

(6) Ceux qui seront en nos provinces pourront s'adresser aux gouverneurs d'icelles, et en leur absence à nos lieutenans généraux, et en défaut d'iceux, aux gouverneurs ou lieutenans généraux des plus prochaines provinces, pour leur faire leurs plaintes et demander ledit combat, lesquels gouverneurs ou lieutenans généraux décideront lors desdits différends, si faire se peut. Et s'ils sont de telle qualité qu'ils ne les puissent terminer que par le combat, ils nous en advertiront pour recevoir et faire exécuter sur cela nostre commandement.

(7) La partie qui aura offensé l'autre sera tenue de comparoistre par-devant nous ou lesdits connestables et mareschaux de France, comme par-devant lesdits gouverneurs ou lieutenans généraux, en la forme susdite quand elle sera appelée par nous ou par eux, que notre mandement ou le leur aura esté signifié à sa personne ou à son domicile jusques à deux fois avec la plainte de l'offensé et la demande du combat qu'il aura faite; à quoy défaillant elle sera lors adjournée à trois briefs jours; et ne comparoissant, sera ledit désobéissant suspendu de son honneur, rendu incapable de porter aucunes armes, et renvoyé aux gens tenans nos cours de parlemens, chacun selon son ressort, pour estre puny comme réfractaire à nos ordonnances; auxquelles cours nous enjoignons d'en faire leur devoir.

(8) Si l'une desdites parties a juste subject de récuser les juges susdits, ausquels il leur est enjoinct d'adresser leurs plainctes, elle aura recours à nous et y pourvoyrons; mais si les causes pour lesquelles elle requerra telle récusation sont trouvées légères et

frivoles, et partant indignes d'estre admises, elle sera renvoyée avec blasme audit juge pour en ordonner.

(9) Celui qui demandera le combat et sera jugé non-recevable pour s'estre offensé trop légèrement et sans aucun subject, sera renvoyé avec honte.

(10) L'aggresseur qui aura fait injure à un autre, qui sera reconnue et jugée toucher à l'honneur, sera privé pour six ans des charges, honneurs, grades, offices, dignitez et pensions qu'il possède, et n'y pourra estre restably avant ledit temps ny après icelui, sans nous demander pardon, avoir satisfait à sa partie, ainsi qu'il aura esté ordonné et pris de nouvelles provisions et déclarations de notre volonté pour rentrer auxdites charges. Il ne pourra aussi durant ledit temps approcher et se trouver à dix lieues de notre cour.

(11) Celuy qui n'aura office, charge, dignité ny pension perdra le tiers du revenu annuel de tout le bien duquel il est jouissant durant ledit temps de six ans, lequel tiers sera pris par préférence à toutes charges, debtes, hypothèques quelconques, et employé à l'effet que nous déclarons cy-après; et celui duquel ledit tiers de son revenu montera moins de deux cents livres ou qui n'en aura point du tout tiendra prison où nous l'ordonnerons deux ans entiers.

(12) Quiconque appellera quelqu'un au combat pour un autre, ou sera certificateur du billet, ou portera parole offensive en l'honneur, sera dégradé de noblesse et des armes pour toute sa vie, tiendra prison perpétuelle, ou sera puny de mort infamante, selon qu'il sera par nous ou par les juges susdits ordonné; plus sera privé à perpétuité de la moitié de ses biens, meubles et immeubles.

(13) Celui qui s'estimant offensé appellera pour soy même et n'aura demandé le combat, comme il est cy dessus enjoinct, sera descheu de jamais pouvoir se comparer par les armes à aucun, ny obtenir aucune réparation et satisfaction de l'offense qu'il prétendra avoir reçue; et si celui qui aura esté par lui appelé nous en donne advis, ou à nosdits cousins les connestables et mareschaux de France, ou bien auxdits gouverneurs et nos lieutenans généraux, comme nous lui ordonnons de faire, la charge, office ou pension qu'aura ledit appelant sera donnée, comme dès à présent nous la donnons et affectons à l'appelé, s'il est de qualité pour tenir lesdites charges. Mais si celui qui est appelé va sur le lieu de l'assignation ou fait effort pour cet effet, sans donner le susdict advis, sera puny des mesmes peines dudit appelant, et disposerons lors

des charges, offices pensions de l'un et de l'autre ainsi qu'il nous plaira.

(14) Si contre les défenses portées par notre présent édict, il advient que quelqu'un se batte et tue un autre, celui qui aura tué encourra la peine de mort portée par toutes nos ordonnances, et en attendant qu'il soit appréhendé, il sera privé des charges, dignitez et pensions qu'il possède. Davantage, la moitié des biens du tueur sera pour dix ans affectée aux mesmes effets que nous ordonnerons cy après, sans aucune amende néantmoins envers les héritiers du mort, d'autant qu'il sera désobéy à nostre présent édict; et si les deux parties meurent audit combat, leurs corps seront privez de sépulture, et le tiers de leurs biens en fonds affectez aux mêmes œuvres, et s'ils n'ont nuls biens, leurs enfans seront déclarez roturiers et taillables pour dix ans, et s'ils estoient desjà taillables, seront déclarez indignes d'estre jamais nobles, ny tenir aucune charge, dignité ni office royal.

(15) Ceux qui auront assisté lesdits combattans, s'ils ont mis les armes en la main, perdront la vie et les biens suivant nos premiers édicts, et s'ils n'ont été que spectateurs et s'y sont acheminez et rendus exprès pour cet effet, seront dégradez des armes et privez pour toujours des charges, dignitez et pensions qu'ils possèdent; et si c'est par rencontre qu'ils s'y sont trouvés, et néantmoins ne se sont mis en devoir de séparer lesdits combattans et les empescher d'en venir à l'effect, ils seront suspendus de l'exercice et jouissance desdites charges, offices et pensions pour six ans, et après ledit temps, ils ne pourront estre réintégrez en icelles, qu'au préalable ils ne nous ayent demandé pardon et pris de nous nouvelles provisions.

(16) Ceux qui se battront d'eux-mêmes en duel encourront la peine de mort ou de prison perpétuelle, avec la perte de la moitié de leurs biens; et en attendant qu'il soient appréhendez, seront dégradez de noblesse et privez leur vie durant de tous biens.

(17) Si les offenses sont faictes en lieux de respect, outre les peines cy-dessus apposées, desquelles nous protestons ne dispenser jamais personne, ceux qui les commettront seront subjects aux plus rigoureuses et sévères peines portées par les lois et ordonnances anciennes et modernes de nostre royaume.

(18) Toutes lois, pour bonnes et sainctes qu'elles soient, sont néantmoins défectueuses et souvent plus dommageables qu'utiles au public et peu honorables au législateur, si elles ne sont observées et exécutées en toutes leurs parties, comme elles doivent estre. C'est pourquoi nous enjoignons et commandons très expres-

sément à nosdits cousins les connestables et mareschaux de France auxquels appartient la cognoissance et décision des contentions, débats et querelles qui concernent l'honneur et réputation de nosdits subjects, de tenir la main exactement et diligemment à l'observation de notre présent édict, sans y apporter aucune modération ny permettre que par faveur, connivence ou autre voie, il y soit contrevenu en aucune sorte et manière, nonobstant toutes lettres closes et patentes, et tous autres commandemens qu'ils pourroient recevoir de nous, auxquels nous leur défendons d'avoir aucun esgard, sur tant qu'ils désirent nous complaire et obéir.

(19) Nous faisons pareil commandement aux autres officiers de nostre couronne, même pour le regard de ceux qui sont sous leurs charges, et aux gouverneurs ou lieutenans généraux de nosdites provinces pour nos subjects estans en icelles, qui auront recours et adresse à eux, ainsi qu'il leur est permis et ordonné par nostredit édict; nous réservant d'adjouter à icelui, par forme d'augmentation ou ampliation de peines, ce que le temps, la pratique et expérience des réglemens portez par iceluy nous fera cognoistre estre nécessaire pour du tout faire cesser en notre royaume la licence et confusion susdite desdits combats en duel, trop témérairement entreprise sur notre authorité, et par ce moyen garantir nosdicts subjects des périls inévitables de leurs ames, comme de leurs personnes et biens, auxquels ils se précipitent journellement par telles voyes; lesquelles nous avons déclaré et déclarons par ces présentes du tout infames et honteuses, comme contraires au vray honneur, autant comme leur seront honorables et advantageuses à l'advenir celles desquelles il leur est fait ouverture par ces présentes.

(20) Et afin qu'il plaise à Dieu bénir notre présente intention et la diriger et faire prospérer à sa gloire et au salut de tous nosdits subjects, nous avons voué, destiné et affecté, vouons, destinons et affectons tous les deniers qui proviendront des peines pécuniaires, saisies, perception et jouissance des fruicts et revenus des infracteurs à notredit édict, tant à la nourriture des pauvres et à la construction d'un hospital royal que nous avons délibéré faire bastir exprès pour cet effect, qu'à la réfection et réparation des églises de notredit royaume, sans que lesdits deniers puissent estre divertis, mis et employés ailleurs, sur griefves peines. Cependant voulons lesdits deniers estre receus par le receveur

de l'Hostel-Dieu de notre bonne ville de Paris, et à sa diligence, jusques à ce que nous en ayons autrement ordonné.

N° 208. — ORDONNANCE sur les places vagues et masures de Paris. Paris, juillet 1609; reg. au parl. le 3 août. (Vol. YY, f° 339. — Traité de la pol. t. IV, p. 358.)

HENRY, etc. Nous avons fait paroistre non-seulement par les édifices et ornemens publics, mais par nos actions particulières, l'affection que nous portions à notre bonne ville de Paris, laquelle par ce moyen est autant accrue en toutes choses, comme auparavant par la division elle s'étoit affoiblie et diminuée; et ne désirant qu'il se présente aucun objet des misères et guerres passées dont les ruines de plusieurs maisons en la ville et fauxbourgs, témoignent encore la fureur, et en ôter la difformité, laquelle procède de ce que les places sont contentieuses ou affectées à rentes et hypothèques, qui ne se peuvent discuter à cause des minorités, substitutions et autres empêchemens, ou pour ce que les fonds ne valent pas autant que les frais qu'il conviendroit faire pour crier et subhaster lesdites places, et faire l'ordre des créanciers, nous avons estimé être besoin et interposer notre autorité tant pour la décoration de notredite ville, que pour conserver à un chacun le droit qui lui pourroit appartenir sur lesdites places :

A ces causes, nous, de notre pleine puissance et autorité royale, avons ordonné et statué, voulons, ordonnons et statuons, que dedans six mois toutes personnes de quelque qualité qu'elles soient, prétendans droit ez places et masures estans en notre ville et fauxbourgs, même les ecclésiastiques, chapitres, communautez et tuteurs de mineurs, seront tenus faire rebâtir icelles, du moins les édifices étans sur les ruës, et à cette fin feront vuider les procez si aucuns y a pour le droit foncier ou de propriété, par les juges ausquels la connoissance en appartient, ausquels enjoignons de procéder aux jugemens sommairement à jours tant ordinaires que extraordinaires, toutes autres affaires cessant; et ledit temps passé (sans qu'il soit en la puissance des juges prolonger le délay sous quelque prétexte et occasion que ce soit), voulons et ordonnons que à la requête et poursuite du substitut de notre procureur général en la prévôté de Paris, et diligence des commissaires et examinateurs de notre châtelet, chacun en leur quartier et département, lesdites places soient venduës au plus offrant et dernier enchérisseur après trois publications qui seront faites à cry public et son de trompe de quinzaine en quinzaine, et affiches mises tant aux portes des églises parrochiales desdites masures, que aux portes de notre palais, châtelet et maison de ville, avec nos panonceaux pour toute solemnité; après lesquelles trois quinzaines, seront toutes enchères receues au greffe pendant la huitaine ensuivant, pour enfin d'icelles estre l'adjudication faite sommairement au dernier enchérisseur; *à la charge de rebâtir lesdites maisons, et y mettre les ouvriers à l'instant*, suivant les allignemens et devis qui seront donnés par notre très-cher cousin le sieur duc de Sully, pair et grand-voyer de France, ou ses lieutenans; sans que pour opposition afin de distraire ou conserver, il soit différé à ladite adjudication; ains sera passé outre nonobstant oppositions ou appellations quelconques, et sans avoir égard à icelles, réservé à faire droit aux opposans sur le prix tant pour la distraction qu'ils eussent pû prétendre sur le fonds, que pour les hypothèques : le jugement desquelles oppositions, hypothèques et ordre sera différé pour trois mois après l'adjudication, pendant lesquels tous autres créanciers pourront être receus à s'opposer sur ledit prix, lequel néanmoins sera consigné par l'adjudicataire dedans la huitaine après l'adjudication, et avant que son décret lui soit délivré; lesquels décrets qui seront ainsi faits, nous avons validés et validons de notre autorité; dérogeant pour ce regard seulement, à toutes ordonnances ci-devant faites pour la solemnité des décrets, à toutes coutumes, us et styles à ce contraires.

N° 209. — ÉDIT *sur la défense du port d'armes, et prohibition de porter sur soi des pistolets de poche sur peine de la vie* (1).

Paris, 12 sept. 1609; reg. au parl. le 15. (Vol. YY, fo 352. Font. I. 658.)

N° 210. — ORDONNANCE *de police sur la discipline des comédiens de l'hôtel de Bourgogne, et sur la censure théâtrale* (2).

Au Châtelet de Paris, 12 novembre 1609. (Trait. de la pol. I. 440.)

Sur la plainte faite par le procureur du roy, que les comédiens

---

(1) V. ci-devant édits d'août 1598, juin 1601, et juillet 1607 et les notes.
(2) V. ci-devant sous François II, lettres patentes de mars 1559 et la note.

www.ingramcontent.com/pod-product-compliance
Lightning Source LLC
Chambersburg PA
CBHW050312170426
43202CB00011B/1870